刑警誓言

万安 陈琳 ◎ 著

文汇出版社

本书人物（依出场顺序）

程　功	单　宇	尹慧伊	张萍华	郑　涛	李威威
欧阳瞳	聂小庆	纪　闻	魏明铭	黑　皮	庞　伟
小鱼儿	冯雅媛	田秀珍	刘　正	滕识龙	赵　孟
黄博峰	杨珊珊	林薇如	王大鹏	段成才	姜松涛
刘志祥	路殷南	杨力鸣	洪兆红	汤建成	周　睿
钱宝军	沈小军	陆肖佩	廖聪茗	汪永刚	常大利
侯巧慧	朱　然	马　妍	王自达	张泉羽	清风徐来
罗　羽	庄秋生	李　强	方　辉	霍　兰	郝三阳
葛社全	黄春风	阮萌萌	赵秀容	宋帆帆	张　凡
秦小玲	宋香娣	彭　倩	邓　腩	罗　耿	白　勇
常天华	郭　昊	刘凯龙	郑　兴	艾夏芸	徐　桐
康久方	安吉拉	栾　彪	闻大卫	詹　岚	容　强
周　兴	常　鑫	赵义山	何　雷	李　喆	高贺梁

特别声明：

本书故事，纯属虚构。如有雷同，纯属巧合。

序
为这样的创作喝彩

单大国

公安题材,历来是文学创作的一个热点,特别是随着一些影视剧,例如《湄公河行动》《破冰行动》《白日焰火》等的热播,一些优秀的公安题材更是像雨后春笋般佳作频出。由中国刑警学院98届毕业生、上海公安作家万安主创的作品《刑警誓言》,便是此类佳作中的翘楚,该作品让读者走进了一线刑警的真实空间,追逐那金戈铁马般的生死搏杀,感悟那正义与邪恶的非凡较量,融入那捍卫法律尊严与刑警荣耀的热血豪情。因此,《刑警誓言》被业内人士誉为最硬核刑侦小说。

所谓硬核,指的是该作品源于刑警的真实办案经历和真实刑警生活。作家万安在刑侦一线工作过多年,经历过许多次生死边缘,见识过各种各样的刑事犯罪,通过多年刑侦工作积累,万安整理了3 000多个真实而曲折的素材。许多案件的情节令人匪夷所思,但是却真实发生,即使是水平再高的编剧也很难设计出来。同时,万安作为中国刑警学院的科班毕业生,对刑警的生活、刑警的喜怒哀乐非常了解,在作品《刑警誓言》中许多精彩的桥段便是源于刑警的真实生活。作品中的男一号程功,便是中国刑警学院毕业的典型优等生,他在作品中的一举一动,每一个情节无不体现出扎实的刑警文化底蕴和浓郁的刑警生活质感,从而也体现出了主创人员饱含刑侦激情的赤诚之心。

为这样的作品喝彩,不仅仅是所谓的硬核,更是创新。刑警题材的文学创作没有固定定式,永远是一个寻求突破创新的过程。然而,遗憾的是很多刑警题材的作品缺乏创新思考,往往会出现一些"炒冷饭"的作品,这样很容易就会落入窠臼。例如,反黑题材火了,大家都一股脑的去写反黑题材,甚至连里面的侦破情节都直接套用。人物设置更是似曾相识,缺乏新意,不是让警察和警察谈恋爱,就是和嫌疑人谈恋爱等等,更有很多读者戏言,好好的刑侦剧,怎么就变成了都市爱情剧?作品《刑警誓言》用每一个真实精彩的故事和真挚朴实的言语告诉我们,刑侦类题材的文学作品要更上一层楼,呈现出丰富多彩、百花齐放,必须源于创新,源于作家对刑警生活的深入思考。只有这样才能让读者品味出人性的真善美与假恶丑,才能在荡气回肠之余体现出现实主义文学创作的浩然正气。

为这样的作品喝彩,因为这样的文学创作是一定思想高度的表达。文艺工作是"培根铸魂"的工程,习近平总书记对新时代的文艺工作者提出"四个坚持"的要求——"坚持与时代同步伐""坚持以人民为中心""坚持以精品奉献人民""坚持用明德引领风尚"。公安部根据习近平总书记的要求,提出要"讲好警察故事,发好警察声音"。金色盾牌,热血铸就。《刑警誓言》正是以一线刑警为创作主体和服务对象,讲述了京海市的刑警们在自己的刑侦岗位上,用实际行动守护着从警时的誓言,捍卫着警徽的荣耀,从而在寓教于乐中牢筑了警魂,培育了人民警察的核心价值观,构建了人民警察共有的精神家园。

单大国

2020 年 6 月

(作者为全国著名刑侦专家、刑事技术教授、中国刑警学院副院长)

序
南有万安
侯小强

随着网络电视剧《三叉戟》的热播，80后公安作家吕铮被广大观众所熟知，一个神秘的群体——公安作家，更是走进了人们的视线。而在新一辈的公安作家当中，有"北吕铮南万安"的说法。这种说法看似有些江湖气，但是不论南北，不论东西，公安作家们对公安工作深刻的见解，以及对公安工作饱满的热情，都在他们的作品中有淋漓尽致的展现。

吕铮的代表作《三叉戟》与万安的代表作《刑警誓言》，两部作品中充沛的感情能让读者有真切的现场感，都将读者和观众们带入到真实的公安生活之中，对公安干警的艰辛与悲欢感同身受，因此更加接地气。然而我认为万安的公安作品不仅仅有扎实的公安的底蕴，更难能可贵的是跳出公安圈子，站在整个社会的角度，对公安工作、公安生活进行观察和思考，因此他的作品更加冷静，更具备社会意义。

万安笔下《刑警誓言》的主人公程功，通过侦破一系列刑事案件，不断的成长与自我救赎，让主人公逐渐打破了物欲和权力的牢笼，在荡涤世间恶魔、保护人民群众生命财产安全、维护社会正义的同时，也保护了自己那颗善良的心，践行了永世不变的初心和誓言，从而在世俗中渐渐地觉醒，升华了自己的境界与灵魂，让读者们在唏嘘感慨、荡气回肠之余，深深地领悟到：一切都会灰飞烟灭，只有被誓言守护的爱才会永存。

《刑警誓言》的内涵，超越了简单的警察破案，超越了形而上的正义战胜邪恶，以及犯罪分子的认罪伏法，他不拘泥于仅仅歌颂刑警的责任与担当，而是上升到了对生而为人的尊严、友情、亲情的探讨和尊重，从人性深处的本质去剖析和挖掘。这源于万安对社会生活观察的广阔视角和深刻的洞悉力，再加上身为刑警的那种强烈的社会责任感，对刑警职业的深深眷恋，那种直抒胸臆的快感和痛切，都是难能可贵的创作源泉。

《刑警誓言》的独特魅力还在于作品营造的是一种都市刑侦小说的氛围。万安作品的特点大都以上海这样的大都市为背景，不论是在情节设计上，还是在刑侦人员的工作生活的细节上都有所体现。万安笔下的刑警，是有着良好的专业素养以及办案手段和能力的精英警员，他们在自己不同的专业领域内都是行家里手，他们的配合非常地默契，再狡猾凶残的犯罪分子，在他们面前也无以遁形。《刑警誓言》的精彩之处就是和高智商犯罪进行过招，作品中程功等人的对手就是这座繁华大都市内的前刑警、具有专业化知识的心理医生以及漂白身份的黑社会大佬等。只有这样的发生在大都市的警与匪的精彩对决，才能称之为都市刑侦小说。

"一花独放不是春，万紫千红春满园。"公安文学的创作，应该多出像《三叉戟》和《刑警誓言》这样的精品，多出一些能够广而传播、打动人心、深入群众的好作品。从公安文学几十年的发展历程来看，其间充满了可贵的担当、坚守等品质，也是一代代优秀的公安作家的心血凝聚。因为公安文学事业是一个有传承的体系，它是所有公安干警的精神家园，它不仅仅是一种单纯的文学，更是一种精神、一种信仰。只有像万安、吕铮这样的公安作家笔耕不辍，以及更新一代的公安作家层出不穷，并不断地茁壮成长，才能让每一名干警都能感受到公安文化的力量，从而凝聚起整个公安队伍的精气神，公安文学的血脉才能生生不息地延续下去。

侯小强

2020年8月

（作者为火星小说创始人、诸神联盟

世界创始人、中国版权协会副理事长）

目 录

序/为这样的创作喝彩 …………………………………… 单大国　001
序/南有万安 …………………………………………………… 侯小强　001

一、你是我的秘密 ………………………………………………… 001
狭小幽闭的房间内。
程功猛地发出一声低沉的喘息,从噩梦中骤然惊醒。

二、绝不放过他 ………………………………………………… 064
"程功,马上到东郊区出现场。"郑涛的声音非常沉重,"汤建成队长遇害了。"
"什么?"程功一个激灵,坐了起来。

三、迷雾重重 …………………………………………………… 127
"我想想,好像是两个箱子。"汤家表妹比较健谈。
程功眼光闪动,追问道:"两个箱子都搬上楼了?是什么样的箱子?"

四、你心里的鬼 ………………………………………………… 186
"程功,晟铭律所的方辉出了车祸,人死在车里了!你过去看看情况!"
程功猛然抬眼,震惊错愕。

五、请你不要走 ······ 245

魏明铭走过来,一起看向塑料袋。

程功觉得袋子的手感偏重,随手翻了翻那堆现金,翻出来两块金灿灿的金条。

六、生死边缘 ······ 306

"后悔什么?后悔不该抢那5万块钱?"程功淡淡地问。

"都是,都是因为那两个箱子……"他彻底崩溃了。

七、迷雾背后 ······ 368

程功眼中锐意闪动,问:"这个8888,能查到是什么人?"

单宇点击鼠标,屏幕上出现一个中年男人的照片及身份信息。

八、破晓之初 ······ 444

"我没想到……王自达是头野狼,根本不可控!这件事儿到后来,已经完全失去控制了……"洪兆红的眼神越来越暗淡,垂下了头。

一、你是我的秘密

> 狭小幽闭的房间内。
> 程功猛地发出一声低沉的喘息,从噩梦中骤然惊醒。

4月29日。京海市,南郊区。

暗夜沉沉。暴雨滂沱。

"盛兴大楼"的建筑工地。一栋即将竣工的高楼,在大雨中静静矗立。值夜班的保安不知躲到了哪里偷懒睡觉,工地内空荡无人,在雨声中显得愈发幽暗沉寂。

"砰!"一声闷响。

一个男人从高楼上骤然坠落,重重地砸在一片沙土堆旁。

男人年纪很轻,原本端正的五官扭曲变形,身体微微抽搐一下,便一动不动。

暴雨如注。殷红的鲜血从男人的身体下渗出。他双眼微睁,死不瞑目。

血腥随雨,蜿蜒而行。

5月27日。凌晨时分。

狭小幽闭的房间内。

程功猛地发出一声低沉的喘息,从噩梦中骤然惊醒。

他半坐起身,呼吸沉重急促,额头上渗出细密的冷汗。

这是京海市公安局刑侦队大楼顶楼的一间禁闭室。室内灯光昏暗,没有窗户,狭窄的空间里,除了四面白墙、一扇铁门,只有一张硬板床和极为简易的洗漱设施。

昏暗之中，程功眼神锐利，神色沉郁，下巴冒出了青色的胡茬，高大的身体在窄小的硬板床上明显伸展不开，身上简单的白衬衫和警裤都有些皱巴巴的。

他抬头看看墙角灰旧的换气扇，擦擦额头的汗水，平复了一下呼吸，利落起身，走到水池前冲了把脸。身上的白衬衫已经被汗水浸湿，他随手脱了下来，露出精壮的上身。

程功身材高大，肩宽腿长，肌肉紧实，充满了男性的荷尔蒙与力量感。他多年来坚持高强度的运动和锻炼，即便是在禁闭室的局促之中，也不曾中断。

既然走不出去，也睡不着觉，他便活动了几下身体关节，俯身在地，开始做标准的伏地挺身。

汗水从线条分明的脸颊滴落，程功眼里的光芒，愈发锐利如锋。

与此同时。

东城区。

大卧室内，粉红色系，壁灯微亮，暧昧诡异。

墙壁上，贴满了一个英俊少年的半裸写真。写真中的少年看起来二十出头，脸庞俊秀，身材清瘦，眼神迷离而诱惑，颇有几分挑逗意味。墙上除了写真照，还贴着两张赤裸男女的性感海报，画面火辣，令人想入非非。

卧室中央，有一张装饰奢华的大床。床上挂着薄纱，帷幔飘逸，引人遐思。

然而，大床上不单没有旖旎景象，反而是血迹斑驳。英俊的少年全身赤裸地躺在床上，已经成为冰冷的尸体。少年清秀的五官因为窒息和失血已经苍白变形，双眼充血。更可怕的是，他的生殖器被利器割掉，伤处血肉模糊，下半身处的床单已被鲜血浸透。

浓重的血腥味，充斥在粉红色的房间内，经久不散。

5月28日，上午。

京海市中心医院。

临床心理科门诊2号诊室内。单宇穿着淡蓝色的衬衫和牛仔裤，坐在椅子上，修长的双腿有些不安地并拢在一起，显得拘谨、无奈。

尹慧伊坐在单宇斜对面,穿着白大衣,乌黑的长发束成利落的马尾。她静静地看着面前英俊斯文的青年男子,目光温和淡定。

单宇轻轻咳了一声,嗓音干涩地说:"尹医生,我没什么想说的。要不,我早点儿走吧!"

尹慧伊微微一笑,说:"你上次来,只待了3分钟。今天还能来就诊,而且谈了十几分钟,已经有进展了。过度的洁癖,影响到工作和生活了,就要想办法解决。咱们目标一致,一起往前走。"

单宇看看尹慧伊,眼神有些纠结,欲言又止。

此时,他牛仔裤口袋里的手机"嗡嗡"地震动起来。他看看尹慧伊,不好意思地掏出手机看了一眼,欠身说:"不好意思啊!尹医生,单位有事,我得先走了!抱歉。"

尹慧伊微笑着摇摇头,说:"没关系,下周记得来复诊。"

"好。"单宇犹豫了一下,还是点头答应。他一手握着震动的手机,一手从牛仔裤口袋里掏出一张纸巾,垫着门把手拧开房门,匆匆离开诊室。

尹慧伊看着他离开诊室的背影,若有所思。

上午。京海市公安局刑侦队。

刑侦楼端正矗立,警徽高悬。

"京海市公安局刑侦队"的铜制大字在阳光下折射光芒,庄严肃穆。

刑侦楼的顶楼。春夏之交的阳光透过走廊的玻璃窗,映照在整洁的白墙上。

禁闭室的铁门,缓缓打开。程功走到禁闭室门口,身上的白恤衫和警裤更皱了,脸上的胡茬也更多了。但是,瑕不掩瑜,他依然高大英武,挺拔出众。

政治处监察室韩主任站在门口,身着警用蓝色长袖衬衫,肩佩二级警督警衔,左胸前的警号上方,不偏不倚地佩戴着一枚党徽。韩主任三十八九岁,浓眉方脸,魁梧沉稳。他神色严肃,语气温和地说:"程功,你的禁闭期结束了。"

程功走出禁闭室,面对突然袭来的光线,微微眯了眯眼,没有说话。他坚毅的脸庞在光影折射下,显得更加冷峻。

韩主任微叹了口气,拍了拍程功的肩膀,语气愈发温和:"走吧!郑队在办公室等你。"

程功点点头,神情淡然,低声说:"谢了。"

通过了禁闭室外的层层门禁,程功从穿着警服的监察室民警手中,接过自己的运动背包。他肩上斜搭着背包,身姿笔挺,独自穿过狭长的走廊,乘坐电梯来到刑侦楼四楼。

程功刚出电梯,走廊上迎面走来一个50岁出头的女人——刑侦队政治处主任张萍华。张萍华穿着深蓝色警服,肩佩一级警督警衔,一扭一扭地走了过来。她身材瘦削,脸颊凹陷,两条纹过的眉毛又高又细。

她看到程功,挑起眉毛,声音颇为尖细地说:"哎呀!这么快出来啦?"

程功脚步微顿,沉默不语。

张萍华摇摇头,一副瞧不上的样子,啧啧道:"程功,你看看你现在成什么样子了?这才关了你半个月!要不是监察室那个韩主任坚持,郑队也是心软,怎么能同意放你出来……"

"借过!"程功绕开张萍华,迈开大步就走,完全没理会她。

张萍华气得扭回头,指着程功的后背,尖利地说:"我看你这样儿,就应该再关上一个月禁闭!"说完,她气哼哼地按开了电梯,翻着白眼走了进去。

程功头也没回,径直走到走廊尽头的刑侦队队长办公室前,敲一敲门,沉声道:"报告!"

"进!"刑侦队队长郑涛穿着警用白色长袖衬衣,肩佩深蓝色三级警监警衔。

郑涛四十出头,面容方正,双目有神,老成持重。他的办公室面积不大,布置简洁,只有两个书柜、一套办公桌椅和一个三人沙发。办公桌后的墙上,挂着一幅笔墨苍劲的楷书:"行止无愧天地,褒贬自有春秋。"

郑涛看到程功进来,把手里的茶杯往桌上重重一放,沉声问:"想通了?"

程功目视前方,一语不发。

郑涛斟酌了一下,语重心长地说:"程功,关你的禁闭,是不得已而为之。你的心情,我能理解。你是重案队的队长,刑侦队的顶梁柱。只要以后不再违反纪律,过去的事情,既往不咎!"

程功眼眸微垂，还是不说话。郑涛看程功这个样子，心里百感交集，语气不由得严厉起来："但是，我决不允许你再感情用事，自毁前途！"

程功抿抿嘴唇，语气平淡地说："郑队，我想回队里干活儿。"

郑涛看着程功，神情复杂。最终，他叹了口气，沉声道："这样，重案队来了个新人，单宇。他是东城区分局的技侦骨干，也是'刑侦智能云'的研发主力。他这两天到政治处办报到手续。你呢，多带带新同志！"

"好。"程功微微颔首，面色平淡。

郑涛熟知他的脾气，低头看了看笔记本，说："刚才，东城区分局报上来一个凶杀案，在柳园小区……"

"我马上出发！"程功眼睛一亮，朗声说道，反应十分迅速。

"你啊！"郑涛看到程功的双眼突然迸发出光彩，心里也松了口气。

他微笑着挥挥手："赶紧去现场吧！"

"是！"程功领命，疾步离开。

中午，艳阳高照。

京海市东城区，柳园小区。

警车鸣笛，警灯闪烁。

一辆警车从主干道驶来，放慢速度，准备拐进柳园小区的正门。

一个中年男保安迎上来，拦住警车，摆摆手说："车子不好进了，里面没位置了！"

程功按下车窗，语气温和："师傅，市局刑侦队，办案。"

他出门前简单地洗漱了一下，刮了胡子，还在刑侦队楼下的小理发店里，花10块钱剃了头发。极短的圆寸衬出眉目清朗，他看起来非常精神，英气逼人。

中年男保安又摆摆手，摇头说："车子不好进了！刚才有警车进去，差点儿擦碰了！老小区的路窄，都堵住了……"

程功神色不变，淡淡地跟中年男保安点点头，利落地打方向盘，将警车向前开了一小段路，停在了路边。

柳园小区的确老旧。因为没有地下停车库，小区车辆都只能横七竖八地停在路边，原本就弯窄的道路更加逼仄。

案发现场的住宅楼外，两辆警车只能斜斜地挤在绿化带边，旁边还歪着几辆电瓶车。两名身穿警服的民警正在楼下设置警戒线。警戒线外，三三两两地站着看热闹的大爷大妈。

程功穿着简洁干练的衬衫长裤，大步走来。

一个穿着蓝色现场勘察服的年轻技侦人员迎上前，拉开警戒线，细细看了看程功，灿烂一笑："程功！"

"威威！"程功冷峻的脸上出现笑意。

李威威浓眉大眼，一看就是阳光爽朗的好青年。他看看程功，关切地问："你没事儿吧？"

"没事儿！"程功微微一笑。

李威威的大眼睛闪了闪，说："欧阳料事如神啊！她说，你这两天肯定能出来！我本来还担心……"

程功神色淡然，拍拍李威威的肩膀，拦住他后面的话，转身快步上楼，问："现场怎么样？"

"我在外围找东西，欧阳在中心现场。"李威威紧跟在程功身后。

"你在找什么？"程功的脚步顿了顿。

李威威神秘一笑，露出两颗小虎牙，说："待会儿，你一看便知！这个现场啊，挺妖的！"

案发现场在二楼。

老式小区没有电梯，程功和李威威走楼梯上来，看到柳园小区所在派出所的谢所长站在门口。李威威简洁介绍道："柳园路派出所的谢所长，重案队的程队。"

"谢所，程功！"程功略一点头，伸出手跟谢所长握手。

"程队！"谢所长40岁左右，看起来比较干练。

谢所长看看现场内部，开始介绍基本情况："死者聂小庆，23岁，以前在酒吧打工，目前无业。聂小庆在柳园小区租房子快两年了，房东月底收租，手机联系不上,到家里查看时发现了尸体。"

"谢谢。"程功一边听情况,一边利落地穿戴了鞋套和手套,走进房间,开始观察现场环境。

这是一套50多平方米的老公房,被改造成了一室一厅。狭小的餐厅、过道和厨房布置简单,物品整齐。原来的客厅和卧室打通,合并成了一间近30平方米的大卧室,装修成粉红色系。

大卧室内。

欧阳瞳和其他现场勘察人员一样,穿着连身的白色勘察服,干练利落。勘察服设计简洁,胸前有一根精致的银色拉链,背后印着银白色的"现场勘察"四个大字,折射出淡淡的光华。欧阳瞳身边放着一个亮银色的铝制现场勘察箱,里面装着她"出征"现场的"精武利器"。

欧阳瞳正站在床前,俯身检查尸体。听到程功的脚步声,她抬起清丽的脸庞,看向程功。她神色平静,对程功的回归似乎毫不意外,只是微微点点头示意。

程功看着欧阳瞳,冷静到漠然的表情,终于显出几分不同,眼神更加深邃复杂。他和欧阳瞳默契地都没说什么,同时低头,开始研究大床上苍白僵硬的男尸。

欧阳瞳说:"死者全身体表黄白,贫血貌,双侧球、睑结膜见出血点。初步判断是机械性窒息死亡。从尸斑的情况初步判断,死亡时间应该是在两天前。死者的外生殖器被完整地用锐器割掉,还没有找到。"

欧阳瞳拉开了暂时遮盖尸体下半身的白单,死者的下体处黑红斑驳不堪,床单上有大片暗黑色的血迹。

程功半蹲下来,端详着死者下体的伤痕,问:"凶器呢?"

"卫生间的地上有一把水果刀,被冲洗过。我带回刑技中心,跟死者的伤口做进一步比对。纪闻和威威在外围现场,再找找其他线索。"欧阳瞳站起身,从卧室衣柜的抽屉里,拿出一个鼓鼓囊囊的塑料袋。

她把袋子递给程功:"这是刚才发现的,里面有不少K粉、摇头丸和大麻,有些包装我都没见过。"

程功翻了翻袋子里的东西，嘴角弯了一下，说："应该是市面上的新货，小包装大存量，看来是个老手！"

欧阳瞳翻开死者的手臂，指着手臂上几个新旧不一的针眼说："从手臂上的针眼看，可能是以贩养吸，而且时间不短了。"

李威威走到卧室门口，说："中心现场和外围现场看下来，没有发现什么物证、痕迹，死者的生殖器也没找到。"

欧阳瞳眉头轻皱："没有丢到外面，会不会被冲进马桶了？"

程功翻了翻梳妆台上的 LV 男式背包和苹果手机，若有所思，说："有没有可能，被带走了？"

"带走了？带那东西干嘛？"李威威的大眼睛睁得更大了。

程功把 LV 背包里的钱包掏出来，说："现场的家具和物品摆放整齐，门窗没有被撬过的痕迹。要么是骗门进入，要么，是熟人作案。卫生间和卧室有很多护肤品和化妆品，满墙都是写真、裸照，说明死者重视外表，两性关系复杂。而且，死者的钱包、手机都留在现场，凶手不是为了劫财。"

程功走到床边，俯身平视床上那两个扁扁的枕头，说："你仔细看，床上的两个枕头都有被枕过的痕迹。死者被害前，很可能跟伴侣在一起，有情杀可能。如果是情杀，为什么割下来，就好解释了。因爱生恨！说不定带走，做纪念了！"

5 月 29 日。

京海市公安局刑侦队。刑事技术中心。

法医解剖室。

聂小庆的尸体被平放在不锈钢解剖台上，苍白冰冷。欧阳瞳穿着白大衣，握着手术刀，站在解剖台前操作。两个年轻刑警穿着白大衣，一位拿着相机在拍照固定证据，一位站在一旁协助解剖并做记录。

欧阳瞳手持锋利的手术刀，利落细致地划开尸体的胸腹部，开始尸检。她专注认真，冷静地口述："死者聂小庆，男性，尸体长 176 厘米，全身赤裸，皮肤呈黄白色。尸斑呈暗紫红色，分布于尸体背部等低下未受压部位。解剖见下颌部下缘两处大小分别为 1.5×1 厘米及 0.5×0.9 厘米的皮下出血，两侧下颌下腺周围软组织及甲状软骨两侧软组织见出血。舌骨与甲状软骨骨折,舌根部瘀血水肿,会厌黏膜见多量出血点。符合生前被他人卡压颈部,机械性窒息死亡。

"胃内见约300克褐色糊状内容物,可分辨出菜叶、米粒等成形物。根据体表尸斑和胃内容物判断,死亡时间在5月26日,上周六,晚餐后2到4小时,也就是晚上8点到12点之间。提取死者的心血、颈部皮肤涂取物、肛门拭子送生物物证室检验。提取胃及内容物、尿液送毒化室做毒物检验。"

欧阳瞳拿起证物袋里的水果刀,俯身观察着下体的伤口,说:"现场发现的水果刀经过比对,跟死者下体的伤口一致。伤口边缘粗糙,切割手法暴力。"

她微微侧身,看向聂小庆苍白僵硬却依然五官清俊的脸庞,轻声问道:"谁这么恨你呢?"

京海市公安局刑侦队会议室。

会议室内陈设简单,正中间是椭圆形的会议桌,投影屏幕在正前方的墙面上。郑涛、程功、欧阳瞳、李威威、纪闻、谢所长及几位刑警、刑事技术人员正在召开案情分析会。

欧阳瞳穿着黑色的现场勘察背心和长裤,脚蹬黑色警用皮靴,利落帅气。她立在投影屏幕前,说:"尸检情况就是这样。死者的手指甲剪得很短,指甲涂取物没有检测到第二人的DNA。对死者的肛门也做了检查,没有检测到第二人的DNA。生殖器至今没有找到,无法检测。"

这时,京海市公安局刑侦队缉毒队队长魏明铭走进会议室。他三十四五岁,五官分明,轮廓深邃,身材瘦高,气质刚毅。

郑涛看到魏明铭,温和地说:"明铭来了,坐!"

魏明铭坐到会议桌的一角,跟程功面对面。程功温和地低声说:"魏哥。"

魏明铭微笑着对程功点点头。他知道程功刚从禁闭室出来,看向程功的眼神中有关心,也有问询。

郑涛说:"谢所先介绍下情况。"

谢所长说:"柳园小区是个老式小区,因为快拆迁了,小区里就一直没安装监控。根据片警掌握的情况和周围邻居反映,聂小庆这个人昼伏夜出,很少跟邻居交流，也没闹出过什么事情。"

李威威在电脑上操作，投影仪展示出聂小庆的身份证复印件、租房合同、柳园小区照片等。他补充道："柳园小区外面的公路上有监控，但只能看到小区门口的一部分，加上来往车辆和人员比较多，目前没发现可用线索。"

李威威一边展示现场勘察照片，一边详细解说现场勘察情况："案发现场的整个房间，都被冲洗和擦拭过，现场物证破坏严重，目前没发现有价值的痕迹线索。从现场看，案犯有一定的反侦查能力。"

欧阳瞳展示了一份毒化检测报告，说："死者房间里藏有不少软性毒品。毒化检测结果刚出来，冰毒和迷幻药都是次品，里面掺了不少杂质。"

纪闻说："毒品掺假，主要是为了赚钱。劣质毒品吃多了，也是要命的。聂小庆以贩养吸，以次充好，肯定结了不少仇家，会不会是被涉毒人员报复杀害？"

纪闻二十八九岁，年近而立，是重案队的骨干探长，短发方脸，精干利落。

程功轻轻摇摇头，说："死者的钱包和手机都在，柜子里还有几千块钱现金。如果是吸毒人员作案，不会放过这些值钱的东西。"

李威威说："可能是凶手临时起意，冲动杀人后惊慌失措，没来得及拿。"

程功又轻轻摇摇头，说："凶手很小心，有反侦查意识。作案后，把门把手上的指纹都擦掉，把地上的鞋印和血迹都冲洗干净了。而且，如果是买家报复杀人，为什么要割下死者的生殖器？"

欧阳瞳眉头微皱，有些不解地说："我也觉得挺奇怪的。从死者的颈部损伤情况看，凶手是从正面控制住死者，扼住颈部导致窒息死亡的。凶手应该是身强力壮、孔武有力的。如果是情杀，一般女人的体力，很难从正面掐死一个清醒的成年男性。"

欧阳瞳想了想，接着说："但是，考虑到死者身体比较单薄，又是长期吸毒的，可能个别身体强壮的女性也能做到。"

郑涛沉吟片刻，看看谢所长，说："谢所，你也是刑队出来的老侦查员，谈谈想法。"

"郑队，我谈谈自己的看法。"谢所长清清嗓子，说："我认为不一定有什么性行为，可能就是案犯为了制造假象，故意割掉死者的下体，切碎了从马桶冲掉！

也可能,根本就是这个凶手精神有问题！咱们干刑侦的都知道,很多长期吸毒的人,脑子都坏掉了！干什么出格的事儿,也不稀奇啊！"

欧阳瞳摇摇头,说:"我不这么看……"

纪闻也坚持自己的看法,说:"欧阳,是不能排除的……"

郑涛摆摆手,示意大家暂停,沉声道:"聂小庆的社会关系很复杂。他因为涉毒,微信和短信记录都很小心,还没发现什么可用的线索。根据目前的情况,涉毒人员犯案的可能性,确实比较大。"

郑涛看向魏明铭,说:"今天魏明铭过来,就是要让缉毒队配合重案队,调查一下聂小庆吸毒、贩毒的上下线。"

魏明铭点点头:"郑队,根据聂小庆被害前三天的通话记录,查到几个通话频繁的号码,跟缉毒队重点监控的涉毒人员有关。我们正在对这些人进行排查。"

郑涛点头道:"好,程功,你和明铭一起排查,再调查一下死者的社会关系。欧阳、威威再看看痕迹和尸检有没有新的线索。命案不过夜,是我们刑侦队的优良传统！这几天大家都住单位,全力以赴！"

"是！"大家纷纷起身。只有程功站起身来,眼眸低垂,不发一言。

郑涛看了一眼程功,眼神微沉,和谢所长寒暄着离开会议室。

欧阳瞳走到程功身边,轻声问:"还是不服气吗？"

程功比欧阳瞳高出不少,他微微弯下腰,靠近欧阳瞳的耳边。

程功身上的男性力量感和清冽气息向欧阳瞳压迫而来,他压低声音说:"我服从指挥。"

欧阳瞳微吸了口气,眼神澄澈,说:"禁闭使人清醒。"

"欧阳,我一直都很清醒。不清醒的人是你！你真相信,他是自杀？"程功轻声说,定定地看着欧阳瞳,眼中光芒锐利。

欧阳瞳垂下眼眸,冷冷地说:"程功,不是只有你一个人难过。"说完就转身离开。

程功看着欧阳瞳的背影,嘴角浮现出一个弯弯的幅度,眼神中却毫无笑意。他静静地坐回到椅子上,恍然发觉,会议室里只剩下自己和魏明铭。

魏明铭一直坐在桌子一角，沉默地看着程功，眼神看起来平和关切，不像程功那样锐利沉郁。魏明铭站起来，走到程功身旁，拍了拍他的肩膀，什么也没说。

程功身上的戾气似乎消散了不少，低声说："谢谢魏哥。"

5月29日，当晚。夜深安静。

京海市公安局刑侦队。

刑侦楼的空间布局简单实效：六楼顶层主要是库房和禁闭室。五楼是郑涛等刑侦队领导的办公室、政治处、监察室及会议室等。四楼是缉毒队的办公室、接待室和值班室。三楼是重案队的办公室、接待室和值班室，程功和重案队的同事们都在一间大办公室办公。二楼是刑事技术中心实验室，欧阳瞳、李威威和刑事现场勘察组的同事们在二楼办公。一楼是训练室、接待室和门卫室。地下一层是留置室、审讯室、审讯监控室和射击训练室。

刑侦楼内，整洁肃穆的白墙上挂着庄严的警徽，大厅左右两侧的立柱上有两行金光肃穆的铜制大字："对党忠诚、服务人民；执法公正、纪律严明。"

大厅沿墙摆放着一排绿植，简朴大方。初来者甚至会感到几分安静平淡，体会不到在这栋刑侦楼里，曾经发生、正在发生和将会发生的惊心动魄、荡气回肠。

走廊灯光照映下，单宇背着一个大背包，手拿一叠资料，走出三楼电梯。他来到重案队的办公室门前，看到房内透出光线，用右手指尖轻轻一碰，推开了门。

单宇刚一进门，就听到男女放浪的呻吟声，还夹杂着呢喃暧昧的日本话。单宇猛地一愣，往后退了半步。

重案队办公室有八个格子间，左右依次排开。程功独自一人，坐在靠里的桌前，正对着笔记本电脑全神贯注地看视频。他抬头看到有人突然推开了门，赶紧去关闭正在播放的视频，不知为何关了两下都没关成。"呃呃啊啊"的淫声浪语似乎更大了。

单宇立在门口，进退两难，俊脸发红，尴尬地说："不好意思！打扰！打扰！"

程功终于按停了视频,忙站起来解释:"不是！我在工作！"

单宇边往门外退,边急急地说:"您忙！您忙！"

程功往外走两步,急吼吼地说:"我真是在工作！柳园……"

他突然回过神来,问:"你是哪位啊?"

单宇也迅速恢复淡定,轻呼了口气,儒雅地走上前,说:"你好！我是单宇,今天刚到队里报到。"

"你好！我是程功,重案队队长。"程功迅速恢复淡然,伸出右手。

单宇愣了愣,犹豫了一下,慢慢伸出右手。程功的手掌宽长有力,握了握单宇修长冰凉的右手。单宇的神态有瞬间僵硬,很快抽开右手,悄悄地把手放在背后,在衬衫上擦拭了下。程功敏锐地注意到这点小动作,神色不变,看着单宇。

两个身高都超过一米八的男人近距离对视,打量着对方。程功十分英挺,气场很强,目光逼人。单宇则是身材颀长,彬彬有礼,温润如玉。

程功指了指和自己并排的格子间,说:"这是你的位置。"

单宇微笑着点点头,看了下左右两个位置:自己的格子间内干干净净,空空荡荡。程功的格子间则杂乱许多,格子间案头的台上摆着一列列的书籍:《犯罪现场勘察》《犯罪心理学》《刑事案件办案手册》《刑事诉讼法释义及使用指南》……大多数书籍看起来比较陈旧,显然被翻看过多次。办公桌的桌面上堆满了案卷,还放着一个特大号的保温杯,半杯热茶,散发着陈茶香气。

程功的办公椅椅背已经有些磨损,椅子后面还有一张支开的行军床,床下露出一对加重的哑铃,床边立着一个颇为破旧的蓝色小行李箱。

单宇淡淡一笑,说:"早就听说,市局刑侦队的工作模式是天天加班,5＋2,白加黑,随时出差。看来确实如此。"

程功点点头,伸手去拿保温杯,问道:"是啊！你怎么这么晚过来?"

单宇把背包放到桌上:"哦,白天一直在办手续……"

"嗯……啊……"单宇话没说完,程功边拿杯子边坐下时,不小心碰到了鼠标,电脑屏幕上暂停的画面又开始播放。只见一个半裸的女子骑在男人的身上,用一根带子勒紧了男人的脖子,男人的表情既痛苦又享受。

程功和单宇的耳朵根子都有些发红,一时间气氛尴尬。

程功赶紧把视频点了暂停,清了清嗓子,神情严肃地说:"这个电影是根据日本的真实案件改编的。女性凶手把她的情人勒死后,割掉生殖器,随身带着跑了。那个柳园小区的案子,你可能还不太了解……"

"我了解一些。"单宇从背包里拿出消毒湿纸巾,不动声色地擦了擦手,又开始擦桌子:"我跟欧阳老师碰过面,刑事科学研究院的工作也做了对接。现场勘察组的刑事技术资料很齐全,不过数据库还很薄弱。"

程功嘴角轻轻抿起,身体放松地靠在椅背上,说:"不愧是计算机专业的高材生,分局有名的技侦专家。"

"为了尽快熟悉工作环境,总要做点功课。"单宇不紧不慢地细细擦着桌子台面和抽屉:"程功,刑侦队的重案队队长,刑警学院侦查专业毕业。警院建校以来唯一蝉联两届冠军的散打王,据说,一个眼神就能把对手吓得腿软。以专业第一的成绩进入京海市刑侦队,业务突出,作风强悍。因为工作太投入,至今单身。"

"用眼神儿那个,是吹牛的。我在京海刑侦干这么多年,这些信息都很容易查到,还有吗?"程功微笑地看着单宇,眼神锐利又略带寻味。

单宇擦好了桌子,又抽出一张湿纸巾细细地擦手:"您出身于警察世家,父亲是西镇市公安局的刑侦队队长。12岁开始学习散打,读中学时,在学校斗殴伤人,差点儿被开除。"

程功淡淡笑着,说:"行!不错!纠正两点:一、我爸已经病退了;二、我当时不是在学校打同学,是在校门口,打了敲诈学生的小混混。单宇,你技侦业务不错,用你的智慧云,敲敲鼠标,钻研技术不是挺好吗?干吗要调到刑侦一线冲杀搏命?"

单宇坦然地看着程功:"是刑侦智能云,刑事科学研究院的重点项目。我主要负责技术,大数据导入和数学建模。智能云要和一线刑侦结合才能发挥最大效用。比如我和欧阳合作的项目,就是要加强刑事技术数据库的信息完善和升级。"

程功端起大保温杯,喝了口茶水:"所以,你就科研人员下基层了。"

单宇语气坚定："不,我就是要做刑警。"

程功把大保温杯放下,不置可否。

单宇问："程队,你呢？你为什么想做刑警呢？"

程功平静地看着单宇,说："我从小到大,就没考虑过刑警以外的职业。"

单宇温和地笑笑,说："我跟你一样,干警察,就要干刑警。"

程功轻轻点点头,语调平和又隐含强势,问："那好,根据你了解的情况,柳园小区这个案子,你有什么想法？"

单宇没有回答,探身看了看程功电脑屏幕里的半裸女子,抬抬下巴,问："这个,是你的想法吗？"

程功一本正经地点点头,说："凶手把现场清理得很干净,说明她十分冷静,心思缜密。凶手从正面扼死被害人,是控制欲很强的表现,不像是个瘾君子,倒像……"

程功沉吟着,抬眼望向单宇,说："像是个变态狂。"

"但是,根据受害人的背景和目前的线索看,吸毒人员报复杀人的可能性最大。"单宇从文件夹里拿出一叠通话记录单,不紧不慢地说："我的思路是,重点放在缉毒队监控的几个涉毒人员,排查他们的作案时间。凡是可疑的,就上监控手段,追踪定位,先找到人再说！"

程功挑了挑浓眉,不置可否,转身合上了笔记本电脑。

5月30日,早上。

京海市公安局刑侦队。大院门口的支路上,停着一辆普普通通的民用牌照商务车。单宇提着电脑包,脚步匆匆地走到车前。驾驶座的车门猛然打开,一个三十多岁的圆胖子走下车。他长着一张圆胖脸,个头不高,身材结实,秃头剃得锃亮,只在头顶留着一撮黄毛,粗壮的脖子上戴着一条金链子。

单宇看到此人,猛地脚步停滞,轻退一步,低头看了看车牌号码。圆胖子嘿嘿一笑："单宇？"

单宇一愣："我是。你,您是？"

圆胖子摸了摸头顶的一撮黄毛,说："我缉毒队的,你彭哥。"

此时，程功、魏明铭和纪闻大步走了过来。魏明铭了然一笑，说："单宇，介绍一下，这是我们缉毒队的老彭。老彭，重案队新来的单宇。"

老彭嘿嘿一笑，头顶的黄毛和脖颈上的金链子相互映衬，眼神灼灼："见过了！走吧！"说完就上车，举手投足十分利落，发动了车辆。

纪闻笑着拍拍单宇的肩膀，以示安慰："单宇，老彭这发型可有讲究！"

单宇下意识地往后躲了一下，纪闻以为他生性腼腆，不以为意地微微一笑，边上车边说："老彭就是靠这个造型，打入毒贩内部，立了大功！"

老彭也不谦虚，自我欣赏地看着后视镜，摸了摸头顶的黄毛，说："关键是吉利！LUCKY黄！"

程功面色平淡地看看单宇，他的神色仍有些不自在。程功意味不明地笑了笑。

1小时后。

北郊区的城中村外。一个破旧但开阔的停车场。

商务车的车窗被窗帘密实遮盖，安静地停在停车场的一角。车内，程功、魏明铭、老彭和纪闻，正在检查通讯耳麦、枪支、手铐等装备。单宇坐在后排，面前的小桌板上放着笔记本电脑等便携式的定位追踪设备。魏明铭拿着两张包含地图的资料，大家头碰头地凑过来看。

魏明铭说："黑皮是个老油条，在我们缉毒队挂了号儿的。他前年倒腾大麻被打击过，隔段时间就换个电话号码。聂小庆被害前，接过好几个他的电话，时间都很短。这个城中村地形很复杂，大家熟悉一下主要道路和重点场所。单宇给黑皮的手机做了定位。目标现在到哪儿了？"

单宇修长的手指在键盘上快速敲击，埋头回答："目标一直在城中村的中心部位，刚才开始移动，往西北方向。我查到他刚发出的一条信息：'象牙棒贼好使。你丫烧开水呀？'对方回了一条：'水烧不开了，今天4号，老地方碰头。'"

单宇抬起头，有点疑惑："今天不是30号吗？"

老彭听了，摸摸头顶的黄毛，嘿嘿一笑。纪闻解释道："他们说的是黑话，4号是普通海洛因，象牙棒是优质冰毒。看来，黑皮手里东西不少，他们要在老地方交易了。"

老彭笑道："纪闻兄弟在缉毒队干过，黑话门儿清。"

"哦。"单宇对缉毒和反黑工作不熟悉，不好意思地点点头，脸色微红。

魏明铭沉稳宽厚，安慰单宇道："单宇，多熟悉熟悉就好了。外面情况复杂。待会儿，你在车上留守，跟进定位和涉案信息。"

单宇低声说："魏哥，我，我想跟你们一起去。"

这时，纪闻的手机在裤子口袋里嗡嗡作响。他拿出手机看了一眼，显示"老婆"来电。魏明铭用征询的眼光地看看纪闻。

纪闻把电话挂了，塞回口袋，说："我老婆，没事儿。单宇想去就去吧，早晚都要参与抓捕！"

纪闻看看程功。程功面无表情，淡淡地说："跟远点儿，注意安全。"

单宇忙说："我会的！"

"行。"魏明铭点点头，看向程功，眼神坚定信任："走吧？"

程功利落地打开六四式手枪的保险，将子弹上膛后放回腰间的快枪套，挑眉道："贩毒的一个都不能放过！魏哥，咱走！"

魏明铭沉声道："出发！"

城中村。

村内到处是违章搭建和占道经营，道路狭窄，高低不平。

魏铭明和程功带队来到城中村西北片的一个丁字路口。魏铭明站在路口一侧，看到斜对面不远处，又黑又瘦的黑皮，晃里晃荡地走过来。

魏明铭低声说："目标出现，大家隐蔽。"

这时，黑皮停下脚步，向四周张望了一下，拐进了路右边的一条小巷子。

小巷短窄，只有一家门面破旧的小吃店。现在时间还早，店里没有顾客。老板也不在店铺里，躲在后院休息。只有一个脸色苍白的胖子，独自坐在小吃店沿街的一张小桌边，神色紧张。

黑皮慢悠悠地晃了过去，坐在胖子对面，掏出一个小塑料包。胖子接过塑料包，打开时手还有些发抖，准备验货。

魏明铭低声说:"我和老彭从大路进小巷,程功和纪闻绕到巷尾,堵住后路。"

抓捕组马上兵分两路,各就各位。程功用耳麦轻声说:"就位!"

魏明铭压低声音说:"行动!"

"收到!"程功反应极快,迅速冲了出去。胖子恰好面向巷尾,刚尝了口货,一抬头就看到程功和纪闻冲过来。胖子吓得脸色煞白,马上将小塑料包扔到地上,扭头就跑。

黑皮发现情况不妙,回头一看,程功距离自己只有几米之遥,纪闻紧随其后。

黑皮猛地站起身,看到路边的简易煤炉上烧着一锅热水。他情急之下,端起汤锅就向程功和纪闻泼去!

程功速度很快,只来得及稍一侧身躲避,滚烫的热水还是泼到了他和纪闻身上。灼热带来剧痛,程功猛地顿了一下,嘴里抽了一口凉气。黑皮趁着这一晃神的空档,夺路而逃,向巷尾奔去。

程功拔腿就追!纪闻双眼发红,边追边喊:"警察!别跑!"

此时,魏明铭和老彭已经把胖子按倒在地,正在上手铐。胖子垂死挣扎了几下,苍白虚肥的脸憋得通红,发出杀猪般的嚎叫。老彭拍了下胖子的脑袋:"警察!叫什么叫!"

黑皮长期在城中村打混,熟悉地形。他从巷尾拐到大路上,又从大路拐入另一条小巷,一边疯狂奔跑,一边不停地推倒路边的自行车和电瓶车,掀翻路边的水果摊,给程功设置路障。

程功反应迅速,紧追不舍,马上就要追上黑皮。黑皮猛地推翻了路边一个挂满被单的铁质晾衣架,厚重的铁架子眼看要砸到程功身上!

程功身手敏捷地跳上路边门面房的窗台,又顺势一跃而起,将黑皮扑倒在地!

"砰!"晾衣架沉重落地,荡起微尘。

黑皮趴在地上,拼命扭动挣扎,被程功死死按住肩膀和大腿。程功喘着气说:"警察!兔崽子!跑挺快啊你!"

纪闻跃过晾衣架,俯身掏出手铐,先铐住黑皮的左手,又去抓黑皮的右手。

就在这一瞬间,黑皮的右手猛地向纪闻的手挥动了一下!程功一把摁住黑皮的右手腕,发现他右手里居然藏了一个锋利的刀片!

程功握住黑皮右手腕的手猛一使劲,黑皮"啊"地痛叫一声,右手一哆嗦,刀片滑落。

纪闻把黑皮的双手铐好,才注意到自己的右手被划破了一道长长的口子,渗出鲜红的血珠。有几滴血溅落在程功的浅色衬衫上。

程功一见纪闻挂彩,更加怒气升腾。他双目泛红,脖子青筋突出,一把将黑皮揪起来,狠狠地撞到墙上!

黑皮被撞得头晕眼花,喉咙被程功的铁臂紧紧压住,喘不过气。窒息让黑皮的脸色涨红又变青紫,却挣扎不得。

纪闻把程功压住黑皮喉咙的胳膊往外拽了下,低声说:"带回去再说!"

黑皮憋气憋得快翻白眼了,突然喉头一松,能喘上气了!他大口喘着气,双腿发抖,有种逃出生天的感觉。

黑皮被程功吓破了胆,埋着头,老老实实被纪闻拽走,不敢再看程功那双发红的眼睛。

单宇一路跟着程功他们跑了过来,只是落后一段距离。他只看到程功紧紧勒住黑皮脖子的一幕,不由得顿住脚步,神情复杂。

程功大步走回来,浅色衬衫上带着血迹、热水和汗水的痕迹,浑身散发着锐意和冷厉。他走到单宇身边时,脚步微顿,低哑地说了句:"刑警,就是以暴制暴!你行吗?"

单宇第一次参与抓捕,确实有些不知所措。他垂下眼帘,握了握拳头,没有说话。

京海市公安局刑侦队。

审讯室内。

黑皮坐在审讯椅上,弯着腰苦着脸,两个胳膊上有多处烫伤的新旧疤痕,戴着手铐的双手不停地摸着脑袋。

魏明铭敲敲桌子，说："别装了！医生都给你看过了，哼哼什么！"

纪闻右手的划伤就涂了点碘酒，左胳膊也被烫伤了几处，有些红肿，只随便抹了点药膏。纪闻黑着脸，严肃地说："黑皮！你买卖毒品的情况，我们已经很清楚了。今天找你，主要是谈聂小庆！你最近跟他频繁通电话，是怎么回事儿？"

黑皮东倒西歪地说："唉……跟他，没什么关系啊……"

魏明铭提高声音，严厉地说："黑皮，老实点儿！你干了什么心里清楚！现在问你，是给你个争取宽大处理的机会！"

黑皮耷拉着头，眼神浑浊，嘴唇嗫嚅了几下，没发出什么声音。

纪闻突然问道："黑皮！聂小庆是不是你杀的？！"

黑皮吃惊地抬起头，着急地说："他，他死了？什么时候死的？我操！我可没杀人啊！我啥也不知道！政府，不要栽赃陷害啊！"

纪闻猛地拍了一下桌子，语气强硬地说："黑皮！不要敬酒不吃吃罚酒！你贩毒、吸毒、拒捕、袭警，坏事儿都干尽了！还涉嫌杀人！现在是给你机会，在缉毒队审你。还不老实，带你去重案队审讯室！那个抓你的高个儿警官会好好招呼你的！"

黑皮一听要换地方，还是换到程功那个凶神恶煞的手里，不由得打了个冷战。他面露惧色，声音都有点发颤了："别！那个大高个儿，我这辈子再也不想再碰见他了！妈的，他是真想弄死我啊！太吓人了！"

魏明铭眉头一皱，严厉地说："有事儿说事儿！袭警你还有理了？！"

黑皮叹了口气，低声说："政府，能不能给根儿烟。"

魏明铭盯着黑皮，感觉这货要撂了，心里暗暗给程功竖了下大拇指。他对纪闻使了个眼色，纪闻心领神会，走过去给黑皮塞了支香烟，用打火机点了火。

魏明铭语气放缓，说："把你知道的情况都交代清楚，积极配合警方调查。"

黑皮抬起戴手铐的双手，贪婪地吸了一大口烟，吐出烟圈，说："唉……姓聂的这个傻货，从我这儿带货赚差价，还他妈的掺假料！"

魏明铭问："都有什么货？"

黑皮想了想："K粉，麻古，还有最近特火的精灵药。我给他的可都是好货！

这个傻货敢做不敢认,坏了老子的名声。我跟他说,最近有一批新货,想趁他来拿货的时候,给他放点儿血,让他长长记性。结果这小子,说来又没来。原来,已经被人做掉了……"

纪闻问:"26号,上周六晚上,你在哪儿?"

黑皮此时是真发急了,小剂量贩毒罪不至死,杀人可是要偿命的。他慌忙辩解道:"周六晚上,我跟小鱼儿他们一起喝酒。政府,巧了!庞哥他们也在找聂小庆!"

魏明铭听到小鱼儿三字,心里一动,问:"怎么回事儿?"

黑皮抽了口烟,冷笑一声,说:"那小子啊,自己作死,得罪人太多了!小鱼儿说,他把庞哥的妞儿给睡了!庞哥一直在找他,要把他给做了……"

纪闻随即问:"庞哥是什么人?叫什么名字?"

"好像,好像叫庞伟!在西城区挺混得开,好几个夜场都是他看场的。"黑皮望着魏明铭和纪闻,皮笑肉不笑地说,"政府,我这,我这算是立功表现吧?"

审讯监控室内。

监控室的一整面墙都是监控屏幕,即时呈现审讯室内监控摄像头拍摄的场景。屏幕前的操作平台上,有监控屏幕的控制台和话筒等设施。监控室里除了沙发、办公桌椅外,门口角落处还挂着一面穿衣镜。

郑涛和单宇站在监控屏幕前,看着屏幕中嬉皮笑脸的黑皮。

程功坐在后侧的沙发上,上身只穿了件紧身背心,露出肌肉结实的肩背部。他身上的烫伤比纪闻严重不少,右臂大片发红,还起了水泡,正在用左手给右胳膊涂烫伤药膏。

魏明铭走进监控室,说:"郑队,黑皮说的小鱼儿,是西城区分局缉毒队的线人。我打算让老彭和纪闻接着查黑皮,我去见见这个小鱼儿。"

程功把烫伤药膏往桌上一扔,站起身说:"他说的那个庞伟,我有印象,有涉黑前科。我们现在就出发,去探探他的底。"

单宇看看程功,犹豫了下,说:"我去吧!你的胳膊……"

"烫几个水泡而已,没事儿!"程功一脸无所谓,把手边的白色长袖衬衫穿上，遮住了手臂。

程功指指屏幕，对单宇说："看见黑皮的胳膊了吗？那个才是烧伤！吸完毒散冰的时候，用烟头儿和打火机烫的！你多留心点儿，这些人，不干净。"

单宇点点头没说话，突然间想到了什么，低声说："原来分局有个刑警，抓吸毒人员时受伤，差点儿感染艾滋……"

郑涛看看有些消沉的单宇，温和地说："所以说，需要积累经验。单宇，你先去查查庞伟的手机和通话记录，慢慢来！"

单宇抬起头，望向郑涛："好的，郑队！"

华灯初上。

市区高架桥。

一辆民用牌照的黑色桑塔纳，平稳行驶在下班晚高峰的车流中。

魏明铭刚毅内向，不爱讲话，一直在尝试戒烟但一直没有戒掉。连日的加班工作，让他感到困倦和压力。他愣了愣神，拉开副驾驶座前的储物盒，在杂物里摸索了一下，掏出一包"中南海"和一个打火机。

魏明铭点燃一支香烟，打开车窗，悠悠地吐出一道烟圈，布满血丝的双眼露出短暂的放松和失神。

程功开着车，扭头看看一脸疲惫的魏明铭，有些心疼，说："魏哥，听说你刚出差回来，就帮我们忙案子……"

魏明铭微笑了下，说："都是应该的。这回出差没白跑，打掉了一个家族式运输贩毒的团伙。"

魏明铭顿了顿，扭头看看程功，说："你出事儿的时候，我在外地……"

程功目视前方，轻声打断了魏明铭："魏哥，我都明白。"

魏明铭抽了口烟，没说话，静静看着车窗外。

车流穿梭，灯火渐亮。

程功岔开话题，问："魏哥，我们队新来那个，你觉得怎么样？"

魏明铭靠在椅背上，微微笑了一下，说："单宇啊……程功，你还记得去年那个两车盗窃案吗？丢的都是摩托车、电瓶车，量大又难搞。是他从大数据分析找到了突破口,把近三年的两车盗窃案数据进行分析比对,找到固定的偷盗人员和销售渠道,挖出了销赃团伙。那可是个大工程!要对800多名重点对象进行建档、监控、排摸。最后查出来,是一伙儿吸毒人员为了筹措毒资,团伙作案。东城区分局跟我们缉毒队配合,抓了100多个吸毒盗车的嫌疑人。单宇立了首功!"

程功打了把方向盘,不以为然地说:"魏哥,我承认他的技侦水平!他可以去刑事科学研究院,做好他的刑侦智能云啊!要来重案队当一线刑警,就得有刑警的十八般武艺!咱们这工作,也不是谁都能干的!"

魏明铭微微一笑,说:"所以说,你要多带带他。"

程功有点儿不服气,说:"魏哥,我还劝你早点儿戒烟呢,你也没戒成啊!"

魏明铭轻笑出声,搓了搓夹烟的指尖,有点不好意思:"这个烟,焦油含量很低的。"

这时魏明铭的手机响了。他接起电话,听筒传来女儿稚嫩的声音:"爸爸!爸爸!"

魏明铭的声音不由得温柔起来:"圆圆啊,爸爸今天不回家吃饭啦!对啊又要加班啦!你跟妈妈说,你们先吃饭,爸爸今天晚上,争取早点儿回家,好不好?好,圆圆乖啊!拜拜!"

魏明铭挂了电话,看看指间抽到一半的香烟,想了想,扔进手边的矿泉水空瓶里。

程功啧啧笑道:"魏哥要戒烟,还得魏圆圆出马!"

魏明铭脸上带着柔和的微笑,望向前方的车水马龙。

车流焦躁,夜风清凉。

晚上7点多。

星美酒店。

程功把车开到酒店门口,靠边停车,魏明铭关闭车窗,准备下车。这时,一个戴着墨镜的30岁左右的清秀女人,步履匆匆地从酒店走出。

魏明铭看到这个女人,明显愣了一下。他下车后,立在原地看着女人快步离开的背影,眼神中有些疑惑。

酒店门口,站着一个皮肤黝黑的年轻保安,脸庞略带稚气。

酒店大堂的前台。一个圆圆脸的女服务员独自坐在柜台后面,偷偷地看手机视频。

一个留着小平头的男服务员从工作间走出,凑到她身后,低声吓唬道:"还敢玩手机?小心被经理看到。"

圆脸女服务员盯着手机,头也没抬:"这会儿又不忙。你不打小报告就行了!"

男服务员盯了一眼手机里的电视剧,嘿嘿一笑,说:"人家都说了,刑侦剧就是演警察谈恋爱,有啥好看的?"

圆脸女服务员抬起头,瞟了他一眼,说:"你懂个啥?这些警察又帅又会抓坏人,谁不想跟他们谈恋爱?"

男服务员讨个没趣,讪讪一笑,回到工作间里。

大堂里只有几个偶尔进出的住客,颇为清静。一个30多岁的板寸头男子,窝坐在大堂角落的沙发上,东张西望。

魏明铭和程功走进酒店,板寸男子急忙站起身,咧开嘴,露出烟草熏黄的牙齿,低声招呼道:"唉!领导!"

魏明铭和程功走到板寸男对面的沙发前坐下。工作中的魏明铭,隐去了温和内敛,非常冷峻强硬,沉声道:"小鱼儿,讲一讲庞伟的情况。"

小鱼儿眼神忽闪,飘来飘去,压低嗓音说:"领导,庞哥这几年风头劲啊!手下好多小弟,罩着七八个场子!这个酒店,就是他们的一个据点儿。"

程功放低声音,说:"那你胆子挺大呀,约我们在这儿见面。"

小鱼儿狡黠一笑,说:"晚上这个点儿啊,他们都去场子里忙了。再说,领导交办的事儿,我得努力表现呀……"

魏明铭开门见山地问:"你知道聂小庆的事儿吗?"

"知道!"小鱼儿眯了眯眼睛,露出了满嘴黄牙。

小鱼儿嘴皮子利索,说得绘声绘色:"他呀,就是个小白脸儿!去年底吧,把庞哥的妞儿给睡了,还骗了不少钱!美女赔钱又赔心,咽不下这口气啊!到处找他！结果，就让庞哥给发现了！当时就带着人去酒吧，要骟了他！"

小鱼儿做了个往下体挥刀的手势，撇撇嘴说："这小子命大，躲起来了。"

程功和魏明铭对视一下，说："聂小庆，他前几天被人杀害了。"

"死了？"小鱼儿明显愣了一下。

他随即又堆起笑脸，问魏明铭："领导，您现在不管缉毒，管杀人案啦？"

魏明铭没搭理小鱼儿，目光犀利，问："庞伟最近有没有提过聂小庆？"

"这个……我也就是给庞哥他们送送货，还真没听说……"小鱼儿正吞吞吐吐地说着话，突然看着门外，眼睛瞪得溜圆。

他猛地弓着腰站起来，连声说道："哎呀卧槽！庞哥来了！我得走了！卧槽卧槽，他怎么来了……"

小鱼儿如同见了鬼一般，弯着腰一路小跑，从大堂角落的侧门逃了出去。

魏明铭和程功扭头看向酒店门外，一辆风骚高调的黄色法拉利跑车停在了酒店门口。一个剃着光头、身形高大、穿着短袖紧身T恤的壮汉走下车，手里提着一个黑色的大塑料袋。

程功看了看魏明铭，低声说："是庞伟！拿下吧？"

魏明铭轻声道："还没办批捕手续。"

程功压住声音，说："他肯定有事儿，先控制住！"

此时，庞伟身材高大，提着黑色的大塑料袋，意气风发地走进酒店大堂。

"楼上可能还有人，速战速决！"魏明铭声音极低，已进入战备状态。

程功看似不经意地站起身，立在了最容易进攻的位置。

这时，庞伟马上就要穿过酒店大堂，拐到乘电梯的通道上。

魏明铭急促又压低地说："上！"

程功如猎豹一般迅捷，猛地冲向庞伟，将他扑倒在地。

魏明铭喊道："警察！别动！"

他紧跟上前，去控制庞伟的双手。庞伟身强体壮，拼命地挣扎，把手里的塑料袋猛地往后一甩！

黑色大塑料袋被甩开，几十沓百元人民币四散开来！

庞伟面红耳赤，冲着前台大喊："306！叫306的人！"

前台那个玩手机的圆脸女服务员被眼前这一幕吓呆了。她把手机往桌上一扔，抖抖划划地去按座机电话按键。

魏明铭赶紧一手用力按住庞伟，一手从口袋中掏出警官证，对着前台亮出，喊道："警察！别动！"

此时，女服务员已经下意识地拨出了内线 306 的号码。她看到魏明铭亮出警官证，吓得把电话听筒一扔，蹲到墙角，瑟瑟发抖。工作间里的小平头男服务员听到动静，走到门口看了一眼，就赶紧躲了回去，还关上了门。

门口的年轻保安朝里张望了下，在大门口想进又不敢进来。魏明铭转身向他亮了一下警官证，喊道："警察！不要乱动！"

年轻保安一看，哆嗦着跑到门外，赶紧掏出手机拨打 110 报警。

庞伟十分凶悍，大力地挣扎反抗，面目狰狞。程功费了很大劲，才把他双手控制住，用手铐扎了个背铐。

魏明铭和程功试图把庞伟从地上拉起来。庞伟躺在地上，死扛着不起来，声嘶力竭地大喊："306！来人啊！来人！306！"

魏明铭和程功揪住庞伟的胳膊和 T 恤衫领子，将他硬拽起来，准备带离酒店。魏明铭腾出一只手，把地上四散的现金捡进塑料袋。此时，一阵喧嚣声突然传来。

"庞哥！庞哥！"十几个纹龙画虎的年轻男子大声嚷嚷着，从安全通道跑下楼来，个个手里拿着钢棍和砍刀，气势汹汹地冲到大堂。

魏明铭提着装有大部分现金的黑色塑料袋，压住庞伟的肩膀和胳膊往酒店门口撤。

程功抢先一步站到他们身前，迅速从肩背式的枪套中掏出手枪，"啪"地打开保险，对着这帮持械的黑社会混混，厉声喝道："警察！退后！不要乱动！"

小混混们骂骂咧咧的，已经冲到距离程功不到 5 米的地方，突然看到程功掏出手枪，顿时吓愣住了。他们站在原地，都被程功强大的气场震慑住了，只能把蠢蠢欲动的目光投向庞伟。

"操，你妈的！"庞伟一边挣扎，一边大喊："给老子……"

魏明铭马上意识到：不能让庞伟发出袭警的指令！

他一记寸拳,猛击庞伟的颈部!

庞伟立刻脸色发白又发红,"上啊"两字被生生打咽下,头脸脖子上青筋暴露,疼得说不出话。

魏明铭拽着庞伟迅速向后撤退。程功一边后退一边举枪对着十几个小混混,气势凌人,厉声喊道:"退后! 不想死的,都别乱动!"

魏明铭在庞伟的裤子口袋里摸了一下,搜到法拉利的车钥匙,喊了一声:"程功!"立刻将车钥匙抛给程功,拽着庞伟走出酒店大门。

程功头也没回,眼角余光扫过,右手持枪,左手稳稳地接住车钥匙。一个手持铁棍的黄毛混混往前冲了两步,想要从侧面偷袭程功!

程功十分机敏,反应迅速地用枪对准黄毛混混的脑袋,厉声道:"别动! 再动我崩了你!"

黄毛混混面露惧色,站在原地,又悄悄后退了一小步。

程功退到了酒店门口。他右胳膊上的水泡已经被磨破了,贴在白色长袖衬衫上,沾染了点点血迹。因为高度紧张,他没有感到疼痛,十分冷静地持枪站立,死死地盯着十几个小混混,以一夫当关万夫莫开的气势,掩护魏明铭带走庞伟。

魏明铭动作很快,一把将庞伟塞进民牌警车后座,迅速开车离开酒店。

程功听到车辆离开的声音,开始持枪后退,走出酒店大门。在十几个持械混混虎视眈眈的目光中,他镇定地坐进庞伟的法拉利跑车,迅速开车离开。

此时,远处传来警笛声。110出警的警车正在驶来。

十几个呆立在大堂的小混混听到警笛声,猛然回过神,转身看看地上散落的一大片红色钞票。

黄毛混混愣了会儿,说:"这是庞哥要给我们发的钱,赶紧拿钱走!"

其他人也都如梦初醒,马上扔掉手中的钢管、砍刀,趴在地上各自抓了几把钞票,慌乱地四散逃离。没几秒钟,大堂里就空无一人了。

前台的柜台后,圆圆脸女服务员蹲坐在地上,脸色发白,一动也不敢动。小平头男服务员悄悄拉开工作间的门,探出身张望一下,弯着腰走到她身边,问:"你没事儿吧?"

圆圆脸女服务员眼圈一红,泪水流了下来,哽咽道:"没事儿。"

小平头服务员听着越来越近的警笛声,心中安稳许多。他长吁了口气,扶着她起来,嘴巴碎碎地说:"你看看,警察有什么好的!刚才多危险啊!"

圆圆脸女服务员的泪水流得更凶了。

次日,5月31日。上午。

京海市公安局刑侦队。审讯室内。

庞伟歪斜着身子坐在审讯椅上,浮肿的眼睛半睁半闭,一副死猪不怕开水烫的样子。纪闻和单宇坐在审讯桌后。两人通宵工作,双眼发红,警用衬衫都有些发皱。

纪闻敲敲桌子,说:"庞伟!想了一晚上,想好了吗?"

"不知道!"庞伟眼皮都不抬一下。

单宇低头看看面前的审讯提纲,熬了半宿的声音有些沙哑,说:"上周六晚上,你在哪儿?"

"不记得!"

单宇压了口气,问:"聂小庆,认识吗?"

"不清楚!"

纪闻"啪"地一拍桌子,大声说:"庞伟!从昨天晚上到现在,问你什么,都是不清楚、不记得、不知道!你到底知道什么?!"

"什么都不知道!"庞伟斜着眼看看纪闻,又望向天花板,一副赖扛到底的模样。

纪闻额上青筋轻微爆出,眼看就要发火。此时,纪闻和单宇佩戴的耳机里,传来郑涛的声音:"你们先出来,缓一缓。"

纪闻和单宇对视一眼,起身走到审讯室外。审讯室门口的两名穿制服的年轻民警,随即走进审讯室,保持室内两名以上警察在场。

监控室内。

郑涛和程功站在监控屏幕前,看着屏幕里混不吝的庞涛。

纪闻和单宇走进监控室。

纪闻搓一搓熬夜疲惫的脸,说:"郑队,这个庞伟皮硬得很!"

郑涛点点头:"三进宫的老油条,不好搞!缉毒有个紧急的案子,明铭今天早上就去外地了。老彭查过黑皮和小鱼儿,都有不在场证明,说的几点也基本能对上。咱们现在,还得落到庞伟身上撬线索。"

纪闻点点头,又扭头对单宇说:"单宇头一回做预审,就碰上硬茬儿了!"

单宇抿抿嘴,没吭声。

程功拿了两个一次性纸杯,从桌上的热水壶里倒了两杯热茶,递给纪闻和单宇,说:"我去试试!不过……"

程功看向郑涛,眉毛一挑,说:"头儿,我得自己跟他谈。"

单宇端着热茶杯,诧异地看看程功,手指尖被微微烫红了也没察觉。程功也看向单宇,眼神坦荡又略带审视。

郑涛露出常见的无奈神情,摇摇头又笑了笑,说:"你去试试吧!"

程功答了声"好",迅速对着穿衣镜整理了一下衬衫和发型。不到十秒钟,马上就变得精神抖擞的样子。

临出门前,他扭头看了单宇一眼,嘴角的微笑似乎在说:"让你这个预审菜鸟看看,什么是真正的高手!"

单宇低下头,放下手中的热茶杯,搓了搓烫红的指尖。

审讯监控室内。

郑涛、纪闻和单宇静静看着监控屏幕。纪闻双手抱着杯子喝茶提神,单宇则把水杯放在桌上,再没有碰过。

屏幕内,程功独自走进审讯室,第一个动作就是关闭监控设备的拾音器。他对着墙角的监控摄像头,浓眉微抬,略带挑衅地笑笑。

郑涛有些无奈地摇摇头。纪闻则呵呵一笑,心照不宣。

只见庞伟依旧腆着肚子,抬眼望天。程功走到铁栏前,对他说了句什么,庞伟就猛然抬头,看着程功,神情变得有些奇怪,开始回话。

程功不知从哪儿摸出一包软中华烟,递给庞伟一支,还掏出打火机给他点了火。程功自己也点了支烟，闲闲地立在铁栏前，抽着烟，说着话。

庞伟的表情和肢体明显放松许多，他正对着程功，抽着香烟，抖动双腿，甚至有几分悠悠然。没一会儿，庞伟就跟程功你问我答地交谈起来。

单宇看到屏幕里的庞伟的变化，不由得低声问："他们在说什么？"

纪闻欣赏地看着屏幕中的程功，说："兽有兽言，人有人语。对刑警来说，讲黑话，骂脏话，都是门儿功夫。"

单宇想到老彭的发型，程功的自信，暗暗攥紧拳头，点了点头。

一支烟的时间。

程功把香烟头扔到审讯室的垃圾筒内，打开了监控设备的拾音器，说："进来吧！"

单宇马上对郑涛说："郑队，我去！"

单宇快步走进审讯室，程功已经笃笃定定地坐在审讯桌后了。

单宇还没坐稳当，庞伟就主动开口，说："警察同志，我交代！我是认识聂小庆，叫什么 Kevin 的，我跟他有仇！不过，我没杀他！"

单宇看着庞伟，感觉他跟刚才那个死硬顽抗分子相比，完全判若两人。单宇索性直截了当地问："聂小庆跟你的女朋友，是真的吗？"

庞伟欠了欠身子，叹口气，说："唉！说起来，真他妈丢人！去年在夜场，认识那个贝贝。我一看，那胸，那小腰儿……"

"咳咳！"单宇咳了两声。

庞伟回过神来，愤愤地说："我就让她跟着我，给她花了好些钱！结果没多久，她就跟那个杂碎混到一块儿，给我戴了绿帽子！她还让那小子骗了好几万！那他妈都是我的钱啊！"

"你讲话注意点！"单宇是个斯文人，皱皱眉道。

"行啊！"庞伟当老大当惯了，不经意间仍透出一丝傲慢。

他昂起头，愤然道："我前两个月才知道这事儿，马上就带人去找聂小庆！结果，我还没到那什么 NONO 酒吧，他就躲起来了！怂样儿！我是放话说，要把他给阉了！剁了！不过我没找到他！警察同志，做生意不容易啊！你们昨天抓我的时候，我刚取了 80 万，准备给兄弟们发工资哪……"

程功想起那个黑色的大塑料袋,轻微地弯了弯嘴角,没说话。

单宇问:"上周六晚上,你在哪儿?"

庞伟说:"上周六,我跟几个兄弟在西城区刚开张的店里看场,从晚上 8 点忙到早上两三点。多少人都看着呢!"

单宇想了想,说:"你人不在,也可以指使手下的人,去找聂小庆寻仇啊?"

程功扭头,看了眼单宇。

庞伟摇摇脑袋,说:"警察同志,那个贝贝再漂亮,胸再……"

庞伟用戴着手铐的手在胸前比划了下,颇有几分潇洒地说:"不就是个妞儿吗?我早把她甩了!再说这年头儿,谁头顶上还没点儿绿啊?我不闹点儿动静出来,道上的人会说我庞伟是个乌龟软蛋!但真要做掉那个烂仔,花功夫不说,还耽误我挣钱!犯不上!犯不上!"

庞伟扯扯嘴角,看着程功和单宇:"警察同志,我也进去过三回了!早发现了!现在啊,都不流行搞古惑仔那套了!这年头儿,挣钱才是王道……"

京海市公安局刑侦队。会议室。

郑涛和程功、单宇、欧阳瞳、纪闻等在开案情碰头会。

单宇汇报监控录像的调查情况:"夜店的监控录像显示,案发当晚,庞伟那帮人确实在店里待到凌晨 2 点多才离开。"

纪闻说:"他手下那几个被抓回来的马仔,也都审了。这帮人主要就是看场子,都有不在场证明。那个卖 K 粉的黑皮,查下来也没有作案时间。"

欧阳瞳说:"我和威威复勘了现场,中心现场和外围现场又查了一遍,还是没有找到死者的生殖器,也没有发现其他线索。我在想,难道真的被情人带走了?"

郑涛点点头,问:"死者的社会关系查得怎么样?"

纪闻说:"聂小庆是川西人,来京海三四年了。他以前在 NONO 酒吧当调酒师,还在 K2 酒吧和水色酒吧打散工。两个月以前,就是庞伟准备收拾他的时候,他就不在酒吧干了,处于无业状态。"

程功说:"聂小庆的母亲很早就去世了,他父亲在老家又结婚生子了,父子俩很少联系。我和单宇把他近一个月的通话和短信记录查了一遍,除了涉毒人员和几个无主号码,还有几个手机号,看短信内容,可能是他的情人。"

郑涛说:"你们抓紧时间,把这些人都排查一遍。"

"是!"单宇和程功站起身。

走到会议室外,程功对单宇说:"待会儿见这几个人,都是女的,你来问。"

单宇猛地顿住脚步,摸不清这是对自己的轻视,还是惯例,眼神晦暗不明。

程功转身,认真地说:"你要做预审,总不能用三进宫的老油条练手吧?"

程功说完,转身离开,身直腿长,步伐极快。

单宇看着程功的背影,抿抿嘴唇,迅速跟上。

缉毒队办公室外的走廊。

纪闻从缉毒队办公室出来,迎面碰到风尘仆仆的魏明铭,笑道:"魏哥,出差回来了?"

魏明铭神色有些疲惫,点点头:"紧急任务,刚跑了一趟。"

"魏哥辛苦,我把黑皮的材料都交给老彭了。走啦!"纪闻转身准备离开。

"纪闻。"魏明铭下意识地叫住纪闻,踌躇了一下,说,"忙完这个案子,多陪陪家里人。"

"唉!干咱们这行的,不是没办法吗!"纪闻不在意地笑笑。

魏明铭也笑了笑,没再说什么。

"谢谢魏哥,走啦!"纪闻挥手道别。

魏明铭看看纪闻利落的背影,轻轻叹了口气。

深夜。

京海市人民公园。

公园东侧,有一大片郁郁葱葱的灌木丛,只有一条鹅卵石小道蜿蜒绕过,显得格外偏僻幽静。

灌木丛深处,光线极为幽暗,隐约可以看到一对男女厮缠在地上,喘息粗重。

片刻之后,他们似乎发生了争执。男人愤怒压抑的声音,隐隐传出。

"啊!"女子发出短促沙哑的惨叫声,倒在地上。

6月1日,上午。

东城区。

高端写字楼的大堂内,装修气派。大堂一侧,摆放着几圈沙发座椅。

程功和单宇坐在一张长沙发上,对面坐着一位二十七八岁的女白领。

她穿着得体,妆容精致,只是眼神稍显憔悴。她低声对程功和单宇说:"一年前,我在NONO酒吧跟朋友聚会,认识了Kevin,就是聂小庆。"

女白领有些不安地看看四周,确认没有熟人,低声说:"他是NONO最受欢迎的调酒师,长得帅,很温柔,很多女孩子都喜欢他。有些女孩儿,就是冲着他去NONO玩的。他当时主动约我,我真的很开心,觉得自己,在他眼里很不一样。但是,没过多久,他就开始跟我借钱……"

单宇眉头轻皱,问:"你借钱给他了?"

女白领微微点头,眼眶泛红,说:"他每次都有不同的理由,借个一两万,几千块也有。我工作几年的积蓄,都借给他了。后来……"

女白领的眼泪终于顺着眼角滑落。她微微侧脸,迅速地用手指拭去泪水,抬头说:"后来,他发现我确实没钱了,就提出分手!凭什么?凭什么他说开始就开始,他说结束就结束?真把我当钱袋子吗?我不甘心!"

她神情复杂,有愤恨又有眷恋,说:"我就一遍遍地给他打电话!他是真的心狠,电话从来也不接,微信也不回。后来干脆把我微信给拉黑了!前几天,他突然接了我的电话,说是最近过得不错,有钱就会还给我。结果,还没来得及再见,他就……"

女白领说着,眼泪又溢出了眼眶。

单宇看着面前一会儿哭一会儿恨的年轻女子,从背包里翻了翻,递给她一张餐巾纸。他看着女白领用餐巾纸擦眼泪,张了张嘴,有些不知说什么好。

程功轻咳一声。单宇望向程功,程功向他露出"怎么不问作案时间"的表情。

单宇不自然地清了清嗓子,问:"26号,上周六的晚上,你在哪里?"

女白领眼睛红红的,睫毛膏都有点哭花了,说:"上周六?哦,我大学同学上个周末来京海玩,就住在我租的房子里。我周末都在陪她,她还劝我,别太钻牛角尖了……"

程功坐在一旁,静静地看着女白领,若有所思。

市中心,繁华地段。

五星级大酒店的一楼,有一间雅致的咖啡吧。

咖啡吧的软座内,程功、单宇与一位40岁左右的女人对面而坐。女人保养得当,神情淡漠,身侧放着一个爱马仕的经典款手包。

她的美甲做得很华丽,纤细的指尖在咖啡杯的杯沿上划圈,缓缓地说:"Kevin不错,很爱钱,但是不黏人。我挺喜欢他的。不过,有阵子没跟他见面了。打电话给他,是想让他陪我去日本玩几天。他说,最近不太方便,我就另找他人咯!"

单宇问:"尤女士,你跟聂小庆有金钱往来?"

尤女士悠悠地说:"我们之间不是金钱关系,难道是恋爱关系吗?我给他花了有几十万吧!挺好的,他很帅,也很会哄人开心。这样的小奶狗,不好找……"

尤女士轻挑柳眉,看着英俊腼腆的单宇,说:"单警官,你说是不是?"

单宇的耳根子突然有点发红,愣愣地没接话,低下头去看手里的记录本。

程功好整以暇地看看单宇,又看看尤女士,也不说帮忙。

尤女士微微一笑,看向窗外,淡淡地说:"我前夫不仅有小三,还有小四、小五、小六。那些贱货,难道跟他是恋爱关系吗?再说,我也没有违法吧?"

单宇愣怔了一下,问:"那,那上周六的晚上,你在哪儿?"

"上周六……"尤女士想了想,说,"我白天在公司,晚上一个人在家。我儿子在国外读书,周末,阿姨请假休息了。"

她看着单宇,又看看程功,悠悠地喝了口咖啡,说:"我住的别墅区里,到处都是监控录像,应该可以证明,我没有出去过。"

6月1日。下午。

京海市区的高架桥上。程功和单宇奔波了大半天，但是发现不多。

单宇坐在副驾驶座，翻着手里的记录本，说："这几个手机号码查下来，机主都跟聂小庆有男女关系，还有金钱纠葛。但是调查下来，他们都没有作案时间。"

眼看线索又断了，单宇眉头微皱，心底有点茫然。

程功开着车，若有所思地说："这个案子，总觉得哪点儿不太对。"

此时，程功的手机铃声响起，他用耳机接起电话："喂？是，什么时候？好，我马上过去！"

程功脸色发沉，挂了电话就说："我有急事，去趟中心医院。"

单宇还没回答，他就已利落地打转向灯、变道。

车子向市中心医院驶去。

20分钟后。京海市中心医院。

急诊大厅内熙熙攘攘，人流穿梭。大厅两侧和走廊上，有躺在担架床上的病人，有坐在轮椅上吸着氧气袋的老人，有拿着病历本和片子走来走去的病人家属。

程功在急诊室的挂号收费窗台前排队，神色焦急。

单宇站在急诊大厅和门诊大厅的过道处。匆匆往来的人流中，他修长的身影，看起来安静而又疏离。他不知道程功在忙活什么，也只好耐心等待。

这时，两个年轻的女医生从门诊一楼的电梯间走出。一位女医生二十四五岁，高挑清秀，气质温婉，胸牌上写着"临床心理科/尹慧伊"。另一位女医生年龄稍长，二十八九岁，白皙纤瘦，看起来聪敏清高，胸牌上写着"临床心理科/冯雅媛"。

尹慧伊医生看到单宇，停下脚步，微笑着说："你好。"冯雅媛则脚步未停。

单宇一向气场清冷，此时却显得有些拘谨，跟尹慧伊点点头："尹医生。"

尹慧伊声音不大，说："今天我没有门诊。"

"哦，我陪同事来办点事儿。"单宇弯弯嘴角，算是笑了。

"好,下周见!"尹慧伊笑得温和,眼神中带着鼓励和期待。

冯雅媛此时已经走到门诊楼的大门口。尹慧伊轻轻喊了声:"师姐!"便脚步轻盈地快走几步,追上了冯雅媛。两人低声说起了什么,轻声笑了起来。

单宇看到尹慧伊离开门诊楼,轻轻吁了口气,放松了不少。这时,程功从挂号收费窗台前的排队人群中挤出来,皱着眉头,心情不悦地抱怨:"怎么不能直接付费?"

话音未落,他的手机铃声又响起。程功接起电话:"喂?对!好!我们马上到!"

他挂了电话,大步走到单宇跟前,打开钱包,掏出里面所有的百元钞票,大约两三千元,递给单宇,语速很快地说:"人民公园有案子,咱们得马上过去。我来不及取钱了,你帮我把这个交给病房大楼呼吸内科7床的病人家属吧!病人叫田秀珍。"

他顿了顿,恳切地看着单宇:"帮个忙,别提我的名字。就说,就说你是王大鹏的同学。"

单宇犹豫了下,用两根手指接过钱,看看一直冷静自信的程功这样恳切的眼神。他什么都没问,拿着钱快步走出门诊楼,向病房大楼走去。

很快,他来到呼吸内科病房,找到了7号病床。病床上的田秀珍50多岁,面带病容,身体瘦弱,闭着眼睛,躺在床上打点滴。

单宇看了一圈,没找到7号病床的陪床家属。他只好走到床前,轻声喊田秀珍:"阿姨,阿姨!"

田秀珍人在病中,昏昏沉沉地睁开眼睛。

单宇把钱放到田秀珍的右手里,温和地说:"阿姨,我是王大鹏的同学,这个给您。您安心养病。"

田秀珍看看手里的钱,有点恍惚。单宇微叹一声,匆匆离开病房。他走到走廊上,掏出湿纸巾擦拭碰过钱的手指,回头看看病房,若有所思。

几分钟后,单宇来到市中心医院的停车场。

程功等在车中,看到单宇空着手回来,向自己微微颔首,心里的一块石头似乎突然放下了。短暂的放松之后,心头又隐隐地有些酸痛。

程功神情冷淡地开着车。单宇一字不问,一言不发,只是又拿出一张湿纸巾,细细擦拭着双手。程功瞥了眼单宇,也什么都没说。不经意间,两人竟也形成了某种默契。

京海市人民公园。

公园的东侧,灌木丛外停了一辆警车,围起了一圈警戒线,两名民警守在现场外围。

程功和单宇出示了证件,拉起警戒线,沿着鹅卵石小路向案发中心现场走去。

他们来到灌木丛深处的一小片空地前,看到一具男尸仰卧在地上,姿势诡异。

死者30岁左右,身材瘦小,留着寸头,却穿着一件七分袖的红色连衣短裙。红裙上身的拉链被拉开,红色的胸罩被翻起至乳头上方。红裙的下摆被掀起,红色蕾丝短裤和黑色连裤袜都褪到了大腿以下,腰身以下布满黑红色的血污,下体处一片血肉模糊。

天气闷热,灌木丛内蚊虫环绕。虽然是室外,空气里仍有一股血腥和腐败的味道。不管天气多热,欧阳瞳都要穿着完整的白色连体现场勘察服,内里如同蒸笼。

她脸庞微红,额头有汗,声音却依然清冷:"平时来这儿游玩的人不多,今天下午,清洁人员发现的尸体。死者面部淤血肿胀,口唇紫绀,舌骨骨折,初步判断死因是扼颈致机械性窒息死亡,死亡时间约为昨晚八点到十二点。最关键的一点是……"

欧阳瞳顿了顿,说:"死者的外生殖器也被割掉了。"

程功蹲下身,仔细观察着尸体和中心现场:死者旁边的地上,散落着一个女士挎包,一个棕黄色长发的假发套,一团用过的卫生纸,一个被用过的安全套和拆开的安全套外包装。

程功目光闪动,说:"怪不得这么急,把我们叫来了。"

程功发觉身边的单宇一直没有动静,转身看了看他。单宇从看到尸体的那一刻,脸色就开始发白。他虽然尽力保持平静,但毫无血色的嘴唇和额角留下的虚汗,都暴露了他内心的紧张。

程功好像没看到一样,环顾四周,问:"威威呢?"

"在这儿!在这儿!"李威威从一旁的灌木丛里站起身。

李威威手里提着一个透明的物证袋,袋子里装着一团红黑色的东西。他也穿着现场勘察服,热得汗流满面不说,脸上还被蚊子叮咬了几个大红包。他却像是毫无察觉,兴奋地挥动了一下物证袋,大声说:"这回可让我给找到了!扔到草丛里我也能叫它无处遁形!"

"威威厉害了!"欧阳瞳冲李威威点了个赞,扭头对程功说:"都是年轻男性被掐死,都被割掉了下体,会不会是?"

"连环杀人?"单宇站在离尸体一米多远处,俊脸苍白。

程功目光微动,问欧阳瞳:"这两个尸体情况有什么不同吗?"

欧阳瞳点点头,认真地说:"有的,这个死者的肛门有出血和膨出物,应该是被害前发生过同性性行为。但是,聂小庆的身上没有类似痕迹。而且……"

"而且,凶手把死者的生殖器割下后,随手就扔到灌木丛里了。"程功淡淡地说:"钱和手机都在,凶器却不见了。如果外围现场还找不到,可能是带走了。"

程功戴着手套,小心地检查着地上的老款智能手机和女士挎包,翻出几百元现金和一张被检过的火车票。

程功看看火车票上的信息,说:"死者可能叫滕洪龙,从江北县来的。"

李威威小心地把地上的安全套收入物证袋中,说:"还没有发现凶器,我再找一下。不过啊!"

李威威从旁边灌木丛的树根下,又捡起一个用过的安全套,晃了晃,说:"这地方,是个野战圣地啊!遍地都是这黄白之物!"

单宇第一次离尸体这么近,本就是在勉力支撑,看到那个沾着灰尘草叶、裹着白浊液体的安全套在眼前晃来晃去,终于压抑不住胃里翻涌上来的恶心感,往后退了两步,俯身一阵干呕。

程功眼疾手快地走过去,递给他一个证物袋。单宇抓着袋子就吐了出来,脸色愈发苍白，喘着粗气说："谢，谢谢。"

程功冷冷地说："不用谢，我是怕你污染现场。"

欧阳瞳抬起头，淡淡地看了程功一眼。程功顿了顿，勉强安慰道："头一回出现场，有些人会恶心呕吐的。"

单宇埋着头，仿佛听到了一点鼓励，声音喑哑地问："你也吐过吗？"

程功面无表情地说："当然没有。"他又指指欧阳瞳和李威威，说："他俩也没吐过。"

单宇擦了擦额头的虚汗，抿住嘴唇，强忍恶心。

欧阳瞳有点看不下去了，说："有时候出完现场，我也吃不下饭的。单宇，慢慢适应就好了，你先休息会儿吧。"

李威威吐吐舌，赶紧把安全套装进证物袋，说："几天时间里发生两个类似的案子，会不会真是连环杀人啊！"

程功轻轻摇摇头，说："杀害聂小庆的凶手，对现场清理非常谨慎，几乎没留下任何痕迹线索。而这个凶手，既没有清理现场，也没有拿走财物，反而把生殖器割下来随手扔掉。他为什么要这么做呢？很可能是因为……"

"愤怒。"欧阳瞳蹲在尸体旁边，用解剖剪子指着死者的下体伤口，冷冷地说："是因为愤怒。聂小庆下体的伤口边缘粗糙，切割手法暴力，但是伤口相对平整，可以看出凶手操作时非常冷静、稳定，只是手法不熟练。但是这个被害人的下体有多处切割伤，是多次、反复切割形成的，伤口血肉模糊，看得出凶手当时很急躁，手在发抖，是有意伤害，泄愤的表现。"

欧阳瞳接着说："我认为，杀死聂小庆的凶手文化水平较高，有一定的行为自控力。而本案的凶手，应该是学历偏低的，自我控制力差。"

李威威眼睛睁得大大的，隐约觉得一阵凉风从下身飘过。他不自然地用手捂了捂裤子拉链处，说："什么仇什么怨？六一节这么欢乐的日子，要干这么个事儿！"

程功俯身看着尸体，仔细观察了一下，点头道："欧阳说得有道理。"

他把死者的手机用证物袋装好，递给正在用湿纸巾擦手的单宇，说："被害人是男扮女装。他这种情况，不管是卖淫还是约炮，站街搭讪的难度都比较大，很可能是用聊天工具约会的。手机里会有线索。单宇,交给你了。"

单宇看着物证袋里脏兮兮的手机,上面沾染着血污和一些不明液体的痕迹,不由得愣住了。

程功看到单宇的犹豫和抗拒,眼神中不由得有点戾气,皱着眉头说:"连个证物都拿不了,我要你这个搭档干嘛?"

单宇深吸一口气,伸手接过证物袋,他的手接触到透明的物证袋时,还有点发抖。他尽力控制自己慢慢稳下来,脸色虽还有点发白,点点头,哑声说:"放心。"

程功嫌弃地看看单宇,冷哼一声。

6月2日。傍晚。
京海市公安局刑侦队会议室。

程功、欧阳瞳、李威威和纪闻等向郑涛汇报案情进展。单宇一边听介绍,一边埋头在电脑上操作。

程功在投影仪上展示了死者的身份证等信息,说:"根据现场发现的火车票,查明了死者身份。滕洪龙,35岁,江北县人。死者长期以男扮女装的流窜卖淫为生,上周来到京海,住在公园附近的小旅馆里。他每天穿着女装出入,跟旅馆老板说,自己是在娱乐场所表演反串节目的,也就没有引起怀疑。"

李威威介绍现场足迹和痕迹检测结果:"中心现场周围的路灯很昏暗,监控录像没有查到可用线索。除了尸体旁边有一个比较新鲜的用过的安全套外,我们在灌木丛附近,一共发现300多个丢弃的安全套。"

"头儿,这种工作量,我就不多说了。"李威威轻轻叹了口气,显见得这个工作过程不太开心。郑涛微微一笑,见怪不怪。

李威威又展示了几张足印图片,接着说:"根据中心现场提取到的痕迹物证,主要是足印,一个40码的高跟鞋印,一个42码的运动鞋印。可以推断现场曾经出现过两个成年人,一个是被害人,另一个很可能就是凶手。"

欧阳瞳在法医室做了细致的尸检后,展示详细尸检结果:"在死者的颈部和肛门没有检测到他人DNA。但是,在死者右手食指和中指的指甲盖里,查到了一些皮肤碎屑,非本人DNA。而且和安全套里的精液DNA相吻合。可以推测,凶手与被害人发生性关系后,在扼住被害人喉咙的过程中,曾遭到过反抗。不过,在前科人员信息库中进行比对,没有发现DNA比中结果。"

郑涛点点头,问:"单宇那边呢?"

单宇抬起头来,自信地说:"从被害人近期的通话记录和微信记录看。他活动很隐蔽,谨慎小心,没有固定的住处和关系人。近3天和被害人联系的手机号码只有两个,已经确认一个是送快递的,一个是送外卖的。不过……"

单宇修长的手指在键盘上飞速操作,熟练地切换了投影仪的画面,展示了一系列微信聊天记录的截屏,说:"死者这几天一直在用微信'摇一摇''附近的人'等方式交友。我恢复了他手机里被删除的部分聊天信息,通过梳理,发现昨晚8:03,死者通过'附近的人',添加了一个微信名叫'江北骆驼'的好友,两人约在人民公园的东门见面。"

单宇播放了一段监控录像视频,说:"人民公园东门的监控录像显示,当晚8:37,死者男扮女装出现在东门口。8:42,一个中等身材,二三十岁的男人走过来跟死者搭讪,之后两人一起进入公园。但是,昨晚公园所有出口的监控录像都排查过,没有发现这名男子离开。"

程功斩钉截铁地说:"凶手犯案后很可能不敢从正门走,在偏僻处翻墙逃窜了。这个'江北骆驼'具有重大作案嫌疑。"

"视频太模糊了,看不清楚脸。我就对嫌疑人的外貌做了恢复,这是恢复后的画像。"单宇在模糊的监控录像截图基础上,做出了清晰显示嫌疑人五官的画像。只见这个嫌疑人眉目清秀,看起来只有二十出头。

郑涛看看程功,说:"程功,你怎么看?"

程功没有犹豫,说:"虽然这两个案子发生时间相近,手法也有类似,但没有证据支持并案。我认为只是巧合。更大的可能性是……"

程功眼前仿佛重现杀人现场的场景,声音沉缓地说:"昨天晚上,凶手在昏暗的环境里跟死者发生了性关系。可能是因为嫖资纠纷,也可能是因为男扮女装之类的隐私问题,两人产生矛盾。凶手在暴怒之下,掐死了对方!事后仍不解气,就用随身携带的刀把生殖器割下来,随手一扔,泄愤。"

郑涛点点头,问单宇:"那个'江北骆驼',查到手机号了吗?"

单宇埋头在电脑前边操作边说:"我已经查到了这个微信号绑定的手机号码,没有实名认证过,通话记录也很少。现在正在跟踪这个号码的位置。"

单宇猛地从电脑屏幕前抬头,兴奋地说:"这个手机1分钟前自动登录了西城路肯德基的WIFI!"

郑涛、程功他们都是眼睛一亮,看着单宇。

单宇迅速在地图上定位、查询,很快就说:"西城路肯德基距离人民公园不到2公里,看来凶手就在那一带生活。目前,WIFI仍处于登录中。"

"马上出发!"郑涛当即拍板。大家立刻起身,前往西城路。

晚上8点。

西城路车流穿梭,人来人往。

西城路肯德基门外,纪闻看似随意地站在人行道上。肯德基斜对面的路边,停着一辆民用牌照的商务车。

车内,程功对单宇说:"我和纪闻在肯德基里查了一遍,男厕所也看了,没有发现符合嫌疑人体貌特征的。你那边儿情况怎么样?"

单宇看着电脑,说:"肯德基WIFI在7:06自动登录,在线8分钟后下线,10分钟后短暂连接,很快又下线。"

单宇抬起头,目光冷静:"我感觉,嫌疑人就在这附近转悠。"

"行!我的手机已经连上这个WIFI,现在走一圈看看范围。"程功说完就跳下车。他拿着手机进行实地侦查实验,测试肯德基WIFI连接的范围。

程功先往肯德基的东侧走,走到东侧第一个红绿灯的路口处,他看看手机,WIFI信号消失,随即折返走向西侧。过了肯德基往西走不到十米,程功低头看看手机,在一间门面房前停了下来,抬头看看二楼的霓虹灯招牌:魔力网吧。

程功看了看肯德基门口的纪闻,纪闻马上心领神会。

魔力网吧,生意火红。

一排排的年轻人聚坐在一起,打游戏、看视频,空气中弥漫着香烟、泡面和烤串儿的味道。

程功和纪闻看似漫不经心地走在网吧的座位之间，打量着网吧里的每一张面孔。在网吧靠内侧的一排，一个坐在角落里的年轻人吸引了程功的目光。

这个年轻人穿着一件皱巴巴的T恤衫，一条半旧的牛仔裤，低胯的裤腰上系着一个银色钥匙链，上面挂着一把水果刀，斜斜地半揣在裤兜里。年轻人歪坐在电脑前，边打游戏边喝啤酒。他头发有点蓬乱，下巴冒出了胡茬，长相清瘦，跟欧阳瞳还原的嫌疑人画像有几分相似。

程功向不远处的纪闻示意了一下，纪闻微微点头。两人逐渐靠近，猛地冲上去按住这个邋里邋遢的年轻人："警察！别动！"

年轻人挣扎了几下，脑袋和上身都被牢牢压制在电脑桌上，只能从嗓子里哼哼唧唧地发出几声。

坐在他旁边打游戏的一个小伙子看到这个抓捕阵势，不由得"我靠"一声，吓得往后一躲，靠在同伴身上。同伴正在全神贯注地吃鸡，完全没注意到旁边发生的大事件，不耐烦地说："边儿去！"

深夜。

京海市公安局刑侦队。

底楼审讯室旁的留置室内，邋里邋遢的年轻人站在身高尺前，神情颓废而又焦躁，被拍摄了正面和侧面照片。随后，李威威给他打了指纹印。欧阳瞳用一次性针头扎破他的手指，采集了血液，用以检测DNA。

李威威将刘正随身的物品收入证物袋。欧阳瞳指指装水果刀的证物袋，说："这个给我！"

半小时后，审讯室。

年轻人坐在审讯椅上，低垂着头，嘴唇有些发抖。

单宇说："刘正，昨天晚上你在哪儿，都干什么了？"

刘正眼神有几分绝望，低着头，沉默不语。

程功慢悠悠地说："被杀的人叫滕洪龙，是个30多岁的男人。他的尸体旁边扔了个安全套,里面是你的精液。你说你这么个年轻小伙子……"

"我怎么了?!我怎么了?!"刘正被程功话语中的潜台词刺激到,突然激动地按起头,大声说:"他妈的装成女的骗我!黑灯瞎火的把老子给骗了!"

程功还是慢悠悠的口气:"他骗了你,你就杀了他?"

"我,我没有。"刘正又深深地低下头,不再言语。

这时,欧阳瞳进入审讯室,把一张DNA检测报告单递给程功。

程功看后,嘴角微微一弯,说:"刘正,你随身带的钥匙串儿上有一把水果刀。我们检查了,这水果刀上有滕洪龙的血。"

"怎么可能?"刘正神色惊讶,声音也有些嘶哑。

程功发现刘正说漏了嘴,紧逼道:"你是不是觉得自己冲洗很多遍,肯定没问题啊?我告诉你,折叠式的刀鞘是很难洗干净的!就算有那么一点点残留,哪怕肉眼都看不到,也能被我们查出来!"

刘正仍一脸惊讶地看着程功,双眼微微发红,嘴唇抖得更厉害了。

单宇突然大声说:"刘正!现在证据很充分!让你讲,就是给你个坦白从宽的机会!"

刘正愣了愣,本就脆弱的心理防线很快崩塌。他耷拉着脑袋,小声说:"我,我真的不是故意的!我长到二十多,头一回找小姐,竟然找了个男的!我搞完了才发现他前面……我真的气疯了!脑子一懵,就掐住他脖子。等我回过神儿来,他已经没气了。"

单宇问:"人都死了,你为什么还要割掉他的生殖器?"

"当时啊,我看他躺在地上,假发套也掉了,连他妈的裤衩儿都没穿!我看见就恶心!拿出刀就给切掉扔了,出口恶气!"刘正皱着眉头,似乎仍感到羞耻、反胃。

程功突然问了句:"你怎么没把水果刀给扔了?"

"唉!"刘正懊悔地搓了搓脸,"那把刀是亲戚从国外买的,我好不容易才搞到手,老贵了!我想来想去也没舍得扔,已经反反复复地洗干净了,没想到……真是小不忍则乱大谋……"

程功和单宇听他突然来了句不伦不类的成语,不由得相视一笑。

单宇又问:"刘正,26 号也就是上周六,你在哪儿?"

刘正有些迷茫,想了想说:"上周六?我在江宁,老板让我运一车货回他老家,我周日才回来。"

夜审结束。程功和单宇走出审讯室。

单宇心情不错,说:"24 小时不到就破案,要都能这么快速,该多好!"

程功笑了笑,意味深长地说:"案子都能水落石出,就很不容易了。这回能快速拿下刘正,得多亏了欧阳,及时送来 DNA 结果。特别是刀鞘里面的血迹,这么短时间就能查出来,很不容易!"

"听说她在刑警学院读书的时候,就是学霸,还是系花!"单宇心情好,也八卦起来。程功低低一笑,没吭声。

两人走出三楼电梯,正准备回办公室,突然听到旁边的安全通道里传出欧阳瞳的声音。他俩都不由自主地放缓脚步,甚至停了下来。

欧阳瞳正站在二楼和三楼之间的楼梯拐角打电话。她正被妈妈的催婚连环 CALL 逼得无可奈何,嗓门不由得也有些大了:"妈,我知道您都是为我好!但是,结婚这个事儿又不是考研,我努努力就能考上!妈,不是我眼光高,是人家还看不上我呢!我这工作又怎么了?"

程功和单宇发觉不小心听到女同事的隐私,都有些尴尬。程功轻轻地咳了一声,两人心照不宣地快步离开,回到办公室。

欧阳瞳听到咳嗽声,不由得向三楼方向看了看。她对程功的声音十分熟悉,本是为了避开二楼同事才躲到拐角处,却未料想被三楼的程功听到。欧阳瞳心里又羞又恼,低声说了句:"妈,我不说了啊!我加班呢!晚安!"

欧阳瞳挂了电话,噔噔噔地爬楼梯来到三楼,看到重案队大办公室的灯果然亮着。她抿了抿嘴唇,不知道心里在气着什么,又噔噔噔地走楼梯回到二楼。

大办公室内。

程功和单宇很默契地都没有提欧阳瞳的事情,各自坐在桌前写工作报告。程功的桌子上除了电脑和一个超市里最常见的大保温杯外,堆满了各种案件照片和资料,看起来杂乱无章,但他似乎总能从一堆东西里迅速找到自己想要的。

单宇的桌子则干净整洁,所有的资料都码得整整齐齐,用文件夹一丝不苟地收好。单宇在电脑上看着案件资料,突然问程功:"死者的家属通知了吗?"

"滕洪龙的?"程功从电脑前转过身,想了想,说:"纪闻在办,怎么了?"

"我查了滕洪龙的信息,他离过婚。这些年来,除了寄钱给父母,就没回过家。他在老家有个儿子,还不到10岁。"单宇沉声说。

程功靠在椅背上,淡淡地说:"唉,这人啊,没办法选择出身,也没办法选择皮囊。他这样的人生,说不上对错,但注定是一条很难走的路。"

单宇点点头,说:"嗯。滕洪龙的微信里,能看到一些特殊人群的信息,异性癖、异装癖、同性恋、双性恋,他们聚在一起,形成自己的小圈子,彼此还有交集……"

程功原本淡然地靠在椅背上,突然眼睛一亮,打断了单宇:"等等!"

他从一堆文件里迅速抽出了聂小庆案子的卷宗,查找起来:"聂小庆除了在NONO酒吧当调酒师,还在K2和水色酒吧打过散工。"

程功又在电脑上搜索着什么。只见他盯着电脑屏幕,突然拍了下桌子,说:"啊!我明白了!"

单宇看着程功,一脸不明白。

程功扭脸对单宇神秘一笑:"走!我请你喝两杯!"

单宇脸色微变:"加班备勤,不能喝酒……"

午夜时分。

东城地铁站附近的一个狭长的巷子里,两侧都是KTV、酒吧、餐吧等休闲娱乐场所。街上三三两两走过半醉的年轻男女,发出一阵阵嬉笑的声音。巷子东头一间不大的门面上,挂着淡白色的霓虹灯招牌:水色酒吧。

门内先是一个小小的门庭和前台,内侧是一扇黑色推拉门,门背后隐约传来喧嚣音乐声。

程功穿件紧身的哈雷黑色短袖T恤,愈发显得剑眉星目,英武俊朗。单宇穿件白色丝质衬衫,斯文儒雅,干净清爽。两人站在一起,各有千秋,十分养眼。

门厅内站着一个穿着一身黑色制服的保安壮汉,一个穿着黑色肌肉背心的年轻服务员。服务员看到程功和单宇走进来,不由得眼前一亮,热情地说:"欢迎光临!"他拿出几个塑料手环递给程功和单宇挑选,手环有红、黄、蓝三色。

程功拿了一个蓝色的递给单宇,自己则戴了红色的塑料手环在手上。男服务员看程功的眼神亮晶晶的,殷勤地拉开推拉门,请他们进入。

爆棚的音乐声和人群热浪扑面而来。酒吧装修风格前卫,室内光线昏暗,只有中央舞池的灯光闪烁迷离。

单宇朝四周看看,发现酒吧里虽然有一些跳舞喝酒的年轻女孩,但绝大多数都是男人,不乏穿着前卫的帅哥型男,还有不少外国男人,黑的、白的、棕的。音乐震耳欲聋,他只好靠近程功,说:"怎么这么多男的?"

程功微微一笑,说:"就因为全是男的,我才带你来!要不然就带欧阳了!这儿啊,可是全市最新最潮的gay吧!"

这时,舞台中间的高铁架上出现两个只穿着紧身短裤的男舞者,伴随着鼓点强劲的音乐起舞。舞池的人群发出一阵欢呼,更加热情高涨。站在来往穿梭的人群中,程功又靠近单宇一点,在他耳边说:"我总以为不是直的就是弯的,是我大意了!还有双的!"

单宇猛地一愣。这时,一个穿着紧身T恤、戴着耳钉的年轻男子迎面走来,力道不轻地撞了程功的肩膀一下。

程功和单宇不由得看了看那个年轻男人,对方也扭回头看着他们,眼神怪异,似有不忿。程功看看单宇,问:"你认识他?"

单宇摇摇头,说:"好像有点儿面熟,想不起来了。"

程功不以为意,随即和单宇穿过型男帅哥的海洋,来到造型新颖奇特的吧台。吧台后,五六个年轻的调酒师造型时尚,穿肌肉背心或半裸上身,正忙着调酒。

程功对一个穿着紧身黑背心的调酒师说:"你好!两瓶啤酒!"

调酒师30岁不到的样子,看到程功和单宇年轻英俊,气质出众,颇为引人注目,随即眼中含笑地说:"好的帅哥!叫我Ian就好!"

程功笑着点点头,低声跟单宇说:"等会儿我来安排,你来问。"

单宇压低声音说:"张主任说,队里办案都要按最低消费,不能超标。"

程功不屑地说:"那个老妖婆,理她干啥?"

他两人座位相邻,贴耳交谈,看起来十分亲密。调酒师 Ian 不由得露出欣赏又暧昧的笑容,放了两杯淡蓝色的马天尼在他俩面前。

单宇忙说:"我们没点这个。"

Ian 一笑,眼神更加暧昧不清,示意道:"有人请你们喝。"

程功和单宇顺着 Ian 的眼神,望向吧台的另一侧。两个穿着紧身T恤和紧身衬衫的型男,外形精致帅气,正脉脉含笑着向他们举杯。

程功也微笑着向对方举杯,还抿了一口酒。

单宇头回看到有男人向自己示好,耳根子有些发红,低头不自在地转了转酒杯,又赶紧掏出湿纸巾擦手,讪讪地说:"他们干嘛请我们喝酒啊?"

Ian 在他们面前上了两瓶啤酒,笑着说:"欢迎两位常来啊,你们很受欢迎!"

单宇耳根子更红了,问道:"听说,你们这儿有个叫聂小庆的调酒师?"

Ian 一愣,说:"哦,你说的是 Kevin 吧?他已经不在了。"

Ian 熟练晃着手里的调酒器,漫不经心地说:"Kevin 以前每周就来一两次,不过,他很受欢迎。"

程功从钱包里拿出两百元,压在酒杯下,推给 Ian,问:"现在怎么了?"

Ian 将调酒器中的酒倒入杯中,抽走两百元塞到口袋里,俯身靠近说:"你们是慕名而来的吧?可惜啊,来晚了!Kevin 前几天被人做掉了!"

程功故作吃惊:"真的假的?他被人杀了?"

Ian 神秘一笑:"他是很帅,但也很烂!咱们这个圈子,有玩家,也有动真格儿的。他把人吃干抹净,再一脚踹开,去跟大老板,太狠了!我早就说过,他早晚要出事儿!"

单宇又问:"他坑了什么人?"

Ian 似乎觉得自己说多了,笑了笑没作声,转身招呼起其他客人。程功将杯中的马天尼一饮而尽,又掏出两百元压在杯子下,推给 Ian。

Ian 瞟了一眼,不动声色地将钱收起,又俯身说道:"他坑的人可不是一个两个。有个做生意的最痴情,在他身上花了大把钱。后来没钱了,马上就被甩!

那可是个情种,被甩以后还总是来找 Kevin。可惜啊,根本没戏!"

单宇问:"那个做生意的是什么人?"

Ian 看着酒吧一侧,高深莫测地一笑,说:"两位帅哥今天运气不错,痴情种今天又来了!"

程功和单宇顺着他的目光看去,只见一个 30 多岁的矮胖男子,正独坐在吧台一角独自喝酒,看起来很颓废。

程功和单宇对视一下,便对 Ian 说:"帮我倒杯酒送给他。"

Ian 并不多言,利落调酒,亲自将酒杯送在男子面前,并轻声说了两句。男子惊讶地抬起头,望向程功和单宇,有点茫然。

单宇和程功站起身,走到男子面前。

"能聊会儿吗?"程功客客气气地问。

男子呆呆地看看他,又看看单宇,摇摇头,声音软和沙哑地说:"你这样的,为什么要请我这样的喝酒。好烦哦!我没钱的,你们走吧!"

程功微微一笑,说:"我是 Kevin 的朋友,听说他出事了,想跟你聊聊。"

男子突然激动地站起来,大喊道:"什么 Kevin!我不认识,我他妈的什么都不知道!"话未说完,转身就往酒吧门口冲!

程功和单宇迅速跟上,一左一右地架住他,把他拽出酒吧,按在转弯处的墙边。男子意识到情况不对,慌乱地尖声喊道:"你们!你们要干什么!"

程功掏出警官证,说:"你不要激动。我们是市公安局的,找你了解聂小庆的情况,你配合一下!"

男子愣了愣,身体一软就顺着墙壁往下滑,他蹲在地上,痛苦地抱头哭泣。

单宇问:"你叫什么名字?跟聂小庆,也就是 Kevin,是什么关系?"

男子哽咽地说:"我,我叫赵孟……是我,是我害死了他……"

程功拍拍赵孟的肩膀,声音尽量温和地说:"你冷静点儿,讲讲情况。"

赵孟抬起头,眼眶发红,说:"我,我以前有老婆有孩子,但我从来不知道自己是谁!跟 Kevin 在一起,我才找到活着的感觉!但是,我只是个公司的技术员,怕他看不上我,就跟他说我是做生意的老板。为了他,花多少钱我都愿意!后来……后来我老婆发现了,跟我闹离婚,把房子也拿走了。我实在是供不住他了,他就跟了那个处长!就是那个狗屁处长害了他……"

单宇急问:"什么处长?你怎么知道是他害了聂小庆?"

赵孟抹了把眼泪,说:"去年年底,Kevin跟我提出分手。我就知道他有新人了!我太嫉妒了,悄悄地跟踪过他们几次。那个人经常在这儿等他下班,一起回柳园小区过夜。后来Kevin不在酒吧干了,我就到柳园小区找他,看到他们在小区门口争吵,那个男的抓着他的胳膊,差点儿打了他!没多久,小庆就出事了……"

程功问:"你怎么知道他是处长?"

赵孟抬起头,说:"那天他们吵架后,那个混蛋没进小区,自己走了。我就一路跟着他,看到他进了市规划局设计院的大院,门口有人跟他打招呼,喊他什么王处长!狗屁处长!杀人凶手!"

程功问:"你是哪一天看到他们吵架的?"

赵孟想了想,说:"我记不清了,好像是上个月。"

程功问:"5月26日,上周六的晚上,你在哪里?"

"上周六晚上……我前妻出差,把孩子留给我了,我一直在家陪孩子。"赵孟老老实实回答。

单宇问:"你既然知道这些情况,为什么不跟警察讲?"

赵孟眼神中满是痛苦,低声说:"我怎么讲?我算什么人?我只敢偷偷摸摸地跟着他们……"

6月3日。上午。

京海市规划局设计院人事处。

办公室内,谢处长看看电脑里的名单,对程功和单宇说:"警察同志,我们局姓王的处长有两个。一个是女的,还有一个50多岁的男同志,明年就退休了。"

程功想了想,问:"南方口音王黄不分,会不会是黄处长?"

谢处长五十出头,体态发福,摇摇头,说:"有一个姓黄的副处长,30多岁,不过他在外地支边,下半年才回来。"

"谢处,麻烦您在人事系统里再查查?"单宇恳请着说。

谢处有点不耐烦，站起身说："我干了这么多年人事，心里都有数的，再查也没有啊！警察同志，我们已经很配合你们工作了。处里还有个会，要不，先这样？"

程功和单宇对视一眼，起身道别。他们出了办公室，一前一后地走在走廊上。斜前方，一个30岁左右的短发女工作人员从档案信息科走出，拿着一叠文件，迎面而来。

程功脚步微顿，看了短发女子一两秒钟。短发女子似乎对他的眼神有所回避，低着头向墙边靠了靠，侧身而过。

京海市规划局设计院门口。6月的阳光，让地面温度升腾。

程功和单宇坐进车里，放下车窗，透出热气。单宇清秀的脸庞被晒得粉扑扑的，闷闷不乐地说："这个赵孟可是不靠谱啊！"

程功额头微汗沁出，双手放在方向盘上，没有发动汽车。他出了会神，扭头对单宇说："我总觉得漏了什么。聂小庆的通话记录再给我看看。"

单宇从背包里拿出一叠通话记录单，又打开笔记本电脑，说："我把聂小庆过去两年的电话记录都调出来了，实名登记的号码全部查过，还有6个无主号码，目前都是停机或长期关机的状态。"

程功翻着厚厚的通话记录单，眉头微皱，十分专注。他突然停在一处，说："你看这个无主号码，半年前开始联系聂小庆，每个月通话四五次，聂小庆在被害前一天，给这个号码打过电话。"

"这个号码是去年11月启用的，除了跟聂小庆通话，没有其他通话和短信记录……"单宇在电脑上查着资料，突然灵感一现，说，"赵孟说聂小庆是去年年底有了新欢！这个新欢用无主号码跟聂小庆单线联系，到现在刚好半年！"

"所以还有一种可能，他是半年前才来到京海的。"程功缓缓地说。

他突然眼神灼灼地看向单宇，说："单宇，为了查案，你得牺牲一下。"

单宇懵懵懂懂："牺牲什么？"

程功吐字清晰，一字一顿地说："美男计！"

单宇微张着嘴巴，以为自己听错了。

京海市规划局设计院人事处。

文印室内,短发女工作人员刚复印好资料。一份文件复印出几十份,再分别装订,厚厚的一大摞资料。短发女子看着小山一样的材料,有点犯愁。

此时,一个儒雅阳光的年轻男子出现在门口,轻轻敲敲房门,说:"需要帮忙吗?"

短发女子看到单宇斯文俊秀的面庞,不由得脸色微红,说:"不用。"

单宇自来熟地走进文印室,温和地说:"您别客气,我是市局来办事的。这么一大叠,不能让女士一个人搬,当心纸把手割伤了。"

他边说边把材料规整了一下,眼含微笑地问:"就这些吧?我帮您抱过去。"

短发女子脸色绯红,掩不住的笑意,说:"那,谢谢了。"

单宇身姿笔挺,毫不费力地抱着厚厚的资料,跟着短发女子走进档案信息科,又细心地把桌子稍作清理,放好了资料。

短发女子感谢地说:"谢谢你啊,我给你倒杯茶。"

单宇温润地笑笑,说:"您别客气!应该的!不过,有件事儿是真想跟您请教一下,这是我的证件……"

几分钟后。

单宇和程功坐在档案信息科的凳子上,目不转睛地看着短发女子。

短发女子坐在电脑前,略带羞涩地说:"这是近一年新调入的人员名单,确实没有姓黄和姓王的……"

"市局肯定有很多外地来交流、进修的干部,近一年的名单能查到吗?"单宇恳切地问。

短发女子含笑点点头,边敲电脑边说:"嗯!每年都有来交流培训的干部,他们的信息不进人事系统,有专门的人员登记表。我在去年的登记名单里查一下……哦,有一个姓黄的副处长,34岁。"

"真的?"单宇和程功猛地凑到电脑屏幕前。电脑屏幕里是一份挂职干部的简历,照片中的男子五官端正,颇有风度。

单宇英俊的面庞贴近短发女子的侧脸,她的心跳有点快,轻声说:"他叫黄博峰,去年11月从江宁市来挂职培训的,5月份培训结束,已经回去了。"

"太感谢你了!"单宇有些激动,眼睛闪闪发亮。

短发女子笑着看向单宇:"你找我帮忙就对了,我刚好是做人事信息系统的。你说,怎么那么巧呢?"

单宇看到短发女子带着期盼的殷切眼神,微微一愣,不由自主地看了眼程功。程功因为案子有进展也很高兴,嘴角挂着笑意,眼神却是无关自己、高高挂起。单宇尴尬地笑了笑:"这个……是好巧啊,谢谢您!再见!"

单宇耳根发红,落荒而逃。

傍晚时分。

江宁市规划局设计院。

高大魁梧、衣冠楚楚的黄博峰处长,跟几个同事一道,从规划局设计院办公大楼走出。

一个30多岁的女干部又钦佩又羡慕地说:"黄处,真要祝贺您啊!马上就是咱们单位最年轻的正处啦!"

黄博峰应对从容,谦逊微笑:"哪里那里!都是做好本职工作。"

这时,他看到两个高大冷峻的青年男子迎面走来,手心骤然出汗,脸上的笑容开始僵硬。

程功和单宇走到黄博峰面前,说:"黄博峰,我们是京海市公安局刑侦队,有一个案件要请你配合调查。"

几个同事面露异色,纷纷看向黄博峰。黄博峰面无表情,看似镇定。

6月4日。

京海市公安局刑侦队。

审讯室外,站着两名身着制服的年轻警察。单宇穿着清爽舒适的T恤衫和牛仔裤,站在走廊上,翻阅着案卷资料。

电梯铃声响起,程功从电梯里走出。他穿着雅白色长袖衬衫,藏青西裤,皮鞋锃亮,短发向后梳得一丝不苟,看起来精神抖擞,庄重严肃。

程功看到单宇，脚步一顿，说："单宇，你换身儿衣服再来吧。"

"我从江北一回来，就洗澡换衣服了。"单宇有些胸闷，声音低沉地说："审案子又不是走秀，需要穿这么正式吗？"

程功神情平淡，语气严肃："让你换就换！这是场硬仗，你不行就别上！"

"我怎么就不行了？论爱干净，谁能比得过我？！"单宇也有些急了，脸色微微发红。

他转身想要拂袖而去，但是想想同事们和自己对聂小庆案子的付出，眼瞅着黄博峰就在审讯室里，如果自己摸不到预审机会，该是多大的遗憾！

单宇顿住脚步，只略微纠结了一下，便又转回头，有点为难地说，"咱们在队里住了快一个星期，我就剩下这一身儿干净衣服了。"

程功不以为意地说："我更衣柜里还有身备用的，你先穿去吧。"

"我不穿别人的衣服！"单宇急了，他怎么能穿别人的衣服呢？尤其是程功的！

"这是为了工作！欧阳他们还在江宁做搜查，时间不等人！你想当刑警，先把这好干净、穷讲究的毛病给我改了！"程功眉目清冷。

"我不是穷讲究，我是……"单宇一时语塞，有种被看透的窘迫。

程功低声说："爱干净挺好的，但不能耽误工作。黄博峰是个成功人士，心高气傲，头脑聪明。就算被关进来，他身上也有傲气。他是高智商犯罪，现在心里肯定盘算着证据不足，能侥幸逃脱。对这样的嫌疑人，必须从一开始就树立执法者的威严和压迫，才能有震慑作用，早点儿撬开他！"

"那，我跟你去换衣服。"单宇心服口服地点点头，跟着程功离开。

审讯室。

两名穿警服的年轻刑警笔挺地站在门口。黄博峰端正地坐在审讯椅上，十分沉稳，虽然双手戴着手铐，神色中仍带着成功人士的倨傲。

审讯室的门打开，程功和单宇走了进来。他俩高大挺拔，一身正装，果然显得正气凛然，不怒而威。

黄博峰感受到了执法者的气场和威慑力，眼神闪过一丝不自然。

程功坐了下来，看着黄博峰，说：“黄博峰，我们谈谈吧。”

黄博峰抬起头看着程功，面容僵硬，一言不发。

与此同时。

黄博峰的办公室。

欧阳瞳正在忙碌地检查现场。工作人员打开了两个锁住的文件柜，柜子里装着一叠叠的材料和文件盒。欧阳瞳仔细查看着，似乎一切都很正常。这时，她的手机短信声响起，是李威威发来的短信："家里、车里都一无所获。"

欧阳瞳轻轻地吸了口气。她缓缓地站直身体，站在被翻查一遍的办公室中央，扫视着整个房间：文件柜，窗边柜，沙发，茶几，办公椅，办公桌……

欧阳瞳的目光留在了办公桌上，桌面陈设简单：电脑屏幕，一部电话，一个文件盒，一个笔筒，一盆花。白色小花盆里养着一株淡紫色的紫罗兰，清雅悠然。欧阳瞳走到桌前，用手触摸了一下盆内的泥土。

盆内潮湿新润，似乎刚添新泥。

京海市公安局刑侦队。

审讯室内，黄博峰长时间的沉默让审讯陷入胶着状态。

程功看着一直保持沉默的黄博峰，严厉地说："黄博峰！从进来到现在，你就没有开过口！但我告诉你，装聋作哑没有用！只要证据充分，零口供一样可以定罪！"

黄博峰抬眼看着程功。

程功的语气又温和下来："黄博峰，我们现在跟你谈，是给你机会。既然你不肯开口，我就先讲给你听听。"

程功声音温润，徐徐道来："你是家里的独子，从小就是学霸，高考时，以全校理科第一名的成绩考上重点大学。大学期间，你是学生会主席，同学们心中的偶像和目标。毕业后，你娶妻生子，事业成功，马上就要成为你们系统最年轻的正处级干部。在外人看来，你一直都是顺风顺水的人生赢家。但其实，你的内心痛苦不堪，因为，你有一个隐藏很深的秘密。"

黄博峰的脸色越来越苍白，目光闪动，似乎是往事的起伏与苦痛翻涌而来。

"半年前，你到京海挂职锻炼，在水色酒吧认识了聂小庆。很快，你们俩就有了不一般的关系。你很谨慎，专门买了一个没有注册过的手机卡，和聂小庆单线联系。可惜，没多久，你们俩的感情就出现了问题。上个月，有人看到你和聂小庆在柳园小区门口激烈争吵，你还动了手。然后，你就杀了他。"

程功紧盯着黄博峰，字字如刀。

黄博峰的额头冷汗沁出，嘴唇颤抖着，终于说出进入审讯室后的第一句话："我不知道你在说什么！"

程功说："根据市规划局设计院的监控录像，上周六晚上7点多，你从局里出来，打车到了柳园小区附近。凌晨1点，你才回到规划局设计院的宿舍。第二天一大早，你就带着行李回了江宁。黄博峰，你知道我在说什么！"

黄博峰埋下头，使劲擦了把脸，神色恢复平静，说："警察同志，我认识聂小庆，但我没有杀他！那天我去找柳园找他，没找到，就回去了。现在是法治社会，你们没有充分的证据，怎么能平白无故地冤枉我？"

黄博峰的办公室。

欧阳瞳摸了摸花盆里的泥土，双眼一亮，右手将紫罗兰连根拔起，左手在盆中翻找。很快，泥土里露出一个蓝色的小布袋。

欧阳瞳打开布袋子的封口，向内一看，嘴角微微上扬，立刻拿出手机拨打电话。

审讯室。

单宇把聂小庆的尸体照片和布袋子的照片同时放在黄博峰面前，说："黄博峰，你看这是什么？"

黄博峰抬眼一看，马上嘴唇发白，浑身发抖，彻底失去了伪装的镇定。

程功厉声说："都说越危险的地方越安全，把聂小庆的生殖器藏在办公室里，你的确胆大心细！说吧！你为什么要杀害聂小庆？还要残害他的尸体？"

黄博峰的精神防线终于崩溃。他双手抱头，声音嘶哑地说："能不能给我一支烟?"

程功从审讯桌的抽屉里,掏出一包硬壳中华烟,打开后给黄博峰递了一支,又拿出打火机给他点上火,静静地看着他。

黄博峰猛抽两口烟,呛得直咳嗽,眼泪都出来了。他平复了好一会儿,深吸了口气,低哑地说:"我……我从小就知道自己跟别人不一样……但是,迫于压力,我还是结了婚,过着所谓正常人的生活。你说得对,我心里有多痛苦,没有人知道!在京海,小庆给了我这辈子从来没有过的快乐!为了他,我掏心掏肺,出钱出力,我把一颗心都给他了!他,他竟然要甩了我!那天我去柳园小区找他,远远就看到他从一辆奔驰车上下来。他一看到我,就让我滚,别再缠着他!我当时,我当时真是气疯了!"

黄博峰的眼中充满了痛苦和煎熬:"我劝了自己很久,5月份挂职就结束了,我会离开京海,也离开小庆。没想到,他上周主动给我打电话,约我周六见面。我很开心,那天晚上,我去找他……我们,我们上了床。我以为,一切都好了,谁知道他突然翻脸!说他刚查出有艾滋病!他说自己没得活,不如带我一起死!反正我活得这么窝囊……"

黄博峰双眼发红,两手颤抖:"我当时就懵了。我才34岁,有事业有家庭有前途,就这么被毁了!虽然我是同性恋,但我一直洁身自好,压抑着自己。跟他在一起半年,我从没用过安全套,那是因为我喜欢他!我相信他!我爱他!他呢?他从来都看不起我,还要毁了我!我当时头脑一片空白,就想掐死他!掐死这个白眼狼!等我明白过来,他已经断气了……我……我很后悔,我还是很爱他。我就,就割掉了他,带着他回江宁,让他每天陪着我……"

程功看着哭泣的黄博峰,缓缓地说:"黄博峰,和大多数人不一样,并没有什么错。但是,你不应该杀人。"

黄博峰猛地抬起头,眼神空洞绝望:"我知道艾滋病有窗口期和潜伏期,但是我连验血都不敢去!被人知道我就完了!小庆他,他早点上路,等着我吧!"

傍晚。

程功和单宇开着民用牌照的警车,穿梭在市区的车流中。

单宇在跟欧阳通电话:"欧阳,我们已经确认情况了,你那边怎么样?拿到结果了?好的,一会见!"

单宇挂了电话,对程功说:"欧阳拿到医院的检查单了,跟我们调查的情况一样。"程功点点头,轻轻叹了口气。

单宇刚刚参加侦破工作,跟着程功边学习边办案,有些事情虽然做成了,但却是知其然不知其所以然。他想了想,问:"程功,上回在设计院找人事处的女同志帮忙,为什么非得我去,你也可以啊?"

程功面无表情地说:"我这人啊,杀气太强。她第一眼看到我,下意识地就往旁边躲,还能真心帮忙?"

单宇想了想,觉得也有道理。又问道:"那,这么多信息条线,你怎么就找出了水色酒吧这个点?"

程功淡然道:"所谓刑警的直觉,破案的灵感,其实是无数个案子磨出来的。只要用心,都能做到。"

单宇的眼神有点迷茫:"唉,我还得努力。"

"刑警不好当,但是搞刑案,真的会上瘾!你将来就知道了,当然,前提是你能坚持下去!"程功利落地打了方向盘,车辆驶下高架桥,来到京海市公安局刑侦队大门口。

程功和单宇的车子在门口缓缓停下,等候门卫开闸门。一个漂亮女孩突然冲了上来站在车前,大喊一声:"单宇!"

单宇看着女孩愣了愣,一脸无可奈何地下了车,说:"杨珊珊,你怎么来了……"

杨珊珊气呼呼地大声说:"你不来找我,我还不能来找你吗?你既然不愿意和我交往,干嘛跟你妈说我们在约会?!"

程功看情形不对,想要绕开他们进门。他落下车窗挥挥手说:"那个……"

杨珊珊站在车前一动不动,杏眼圆睁地看着单宇,根本不理会程功。单宇面色发红,也有点急了,说:"我什么时候说过咱俩在约会?"

"你!你不就是找我给你打掩护吗?!"杨珊珊一时气急,扭头打量着车里的程功,一副了然于心的样子:"你放心,咱们只不过相过一次亲,约过两次会,分就分吧！我来找你，其实是想告诉你，我已经知道你的秘密了！"

"我什么秘密……"单宇愣住。

"我朋友前两天在水色酒吧看见你们俩了！他说，他早就知道你是……"杨珊珊看看左右，表情神秘地压低嗓音，"是弯的！"

此言一出，不要说单宇，就连坐在车里的程功也是一愣。

单宇突然想起：自己和程功在水色酒吧化装侦查时，曾碰到过一个熟悉的男生面孔，还有意无意地撞了自己一下，想来那个就是杨珊珊的朋友了。

杨珊珊看到单宇和程功目瞪口呆的模样，认为自己直击要害，颇有些得意。她骄傲地说："我杨珊珊是什么人？我就说嘛，你怎么会拒绝我？现在，我知道了你的苦衷，就是来告诉你一声，我原谅你了！"

杨珊珊又看了一眼程功，心想果然跟朋友的描述一样，是个大帅哥。她洒脱地说："单宇，我祝你们幸福！"

杨珊珊说完，觉得十分畅快，潇洒地扭头就走。

单宇愣了愣，突然问了句："杨珊珊！你那个朋友，最多就见过我两次，他怎么会早就知道我是……是弯的？"

杨珊珊扭头神秘一笑，低声说："我朋友说，他总是梦见跟你在一起啪啪啪，你还能不是？"

"哦……"坐在车内的程功不由得点头，恍然大悟状。

"你看你看，他都承认了！单宇，你就不能为爱勇敢一些吗？"杨珊珊指着程功，怒其不争地看着单宇。单宇愣了愣，扭头看向程功。

"单宇！我希望你，大胆去爱！"杨珊珊说完，潇洒地甩着棕色长卷发，脚步轻快地离开。

程功似笑非笑地看着单宇，问："大胆点儿，上车吧！"

单宇突然觉得胸闷，冷着脸说："我自己走。"

看着单宇大步前行的背影，程功不由得闷闷地笑出了声。他面带微笑，开车进入刑侦队大院，突然意识到一点：近两个月来，刚才自己第一次发自内心地笑了。

当晚。审讯室。

程功、单宇和欧阳瞳走进审讯室。黄博峰面色憔悴地说:"该说的我都说了,你们还想问什么。"

单宇说:"我们想告诉你,法医已经给你检测过,你没有艾滋病,而且你也不可能得艾滋。因为,聂小庆根本就没有得病!"

黄博峰呆住:"什么?"

程功说道:"聂小庆吸毒骗钱,朝不保夕,迫切地想要钓一条大鱼。前阵子,一个老板提出要包养他,前提是他不能再有别的情人。他跟你提分手,没想到你反应很激烈。他急于摆脱你,就想出一个馊主意,谎称自己得了艾滋病,想把你吓跑。"

"小庆说他到医院检查了,HIV 阳性!"黄博峰急切地说。

"根据你提到的奔驰车的车牌信息,我们找到了那个想要包养聂小庆的老板。他比你更谨慎,在接受聂小庆之前,专门带他去医院检查过一次,确定聂小庆没有传染病。"欧阳瞳拿出一张从医院调取的检查单,上面显示:艾滋、梅毒、乙肝的检查结果,均为阴性。

黄博峰愣愣地看着检查单,猛地紧闭双眼,流下泪水,颓然叹道:"小庆啊小庆,你怎么那么傻!害了你,也害了我……"

京海市中心医院。

临床心理科门诊 2 号诊室内。尹慧伊嘴角弯弯的,问单宇:"你好像有什么问题想问我?"

单宇想了想,说:"尹医生,您对同性恋怎么看?还有双性恋、易性癖这些人……这跟我自己的事情无关!是在工作上碰到的。我对他们,有点儿不太理解。"

尹慧伊沉吟了一下,说:"咱们国家古代就有龙阳之好和断袖之癖的说法。1950 年代的英国,同性恋是一种犯罪行为,计算机之父图灵就因为是同性恋而获罪,最终自杀。1992 年,联合国卫生组织把同性恋从精神疾病中删除。从现代精神医学的角度看,我认为同性恋不是疾病,也不是另类,只是性取向不同。"

单宇认真地点点头。尹慧伊看他一直像个闷嘴葫芦,现在难得对一个话题感兴趣并愿意开口讨论,心头一动。她目光中带了几分探究,轻声说:"你问这个,是因为?"

"哦!"单宇连忙摆手,"我就是了解一下!我,我不是!"

尹慧伊嘴角弯弯,说:"我没那个意思。有数据说同性恋大约占总人口比例的2%—4%,你的手机通讯录里有500人吧?你按这个比例推算一下。"

单宇想想,还真是这么个道理,说:"是啊,不管什么性别,什么取向,都一样有好人有坏人。"

尹慧伊正色说道:"没错,犯了法都要被警察抓,生了病都要找医生看。"

单宇愣了愣,不由得嘴角弯了起来。

万家灯火,宁静闪烁。

纪闻家住在新城区一个新建小区。

纪闻的妻子林薇如斜靠在床头,脑海中盘旋着一个问题:前几天的那个夜晚,当她戴着墨镜从星美酒店匆匆离开时,魏明铭到底有没有认出她?

她正觉得心烦意乱,听到手机叮咚一响,微信有一条信息出现。

一个网名叫"清风徐来"的人发来信息:"夜深了,我一直在想你。"

林薇如神色复杂,有些羞愧又有些甜蜜,回复道:"别再说这些了……"

"上次你从星美酒店临阵脱逃,我等了你一个晚上,有点伤心。但是,我很理解,因为你是个善良的女人。"对方打字很快,一口气发了好几段。

林薇如被夸得有些羞涩。她不擅调情,发了个害羞的表情过去。

清风徐来继续甜言蜜语的信息轰炸:"那个人每天都在忙,他不懂你,不懂得你这样的女人需要悉心呵护,需要爱的陪伴。"

"你这么美丽,需要爱的滋养。我愿意做你的护花使者,一直陪着你……"

因为纪闻的忙碌,林薇如的婚姻生活安稳平淡,却很寂寞。被这样的糖衣炮弹轰炸后,她觉得对方很懂自己的心事和委屈,不由得眼眶发红,脸颊也有些发红。她正犹豫着怎么回复,突然听到开门的声音。纪闻回来了,便赶紧关了手机。

纪闻加班多日，胡子冒着青茬，衬衫也皱巴巴的。他走出电梯，打开家门，房内黑漆漆的，没有开灯。

纪闻打开壁灯，换好鞋，蹑手蹑脚地走进卧室，看到妻子林薇如已经躺在床上睡了。纪闻轻轻叹了口气，有些愧疚地望着妻子。

林薇如侧身向内躺着，睁开了眼睛，一言不发，继续装睡。

纪闻从背后凑了过来，搂着林薇如的肩膀，歉疚地说："老婆，我回来了。"

林薇如听到纪闻关切的声音，心下一松，看来纪闻什么都不知道，自己多虑了。她扭过头，轻声说："去洗个澡吧，早点休息。"

纪闻轻轻"嗯"了一声，就没有动静了。

林薇如转身一看，纪闻已经躺在床上沉沉地睡着了。他眉头微锁，下巴冒出了青色的胡茬，衣裤都皱皱的，带着汗味。

林薇如眼神复杂地看着丈夫，轻轻叹了口气。

缉毒队办公室。

魏明铭处理好桌面上的一堆材料，疲惫地靠在椅子上。他抬头看看桌架上的相框，温婉的妻子和可爱的女儿正笑容灿烂地看着自己，不由得弯了嘴角。

想到为了爱人和孩子，也得照顾一下自己的身体。魏明铭解开衬衫的纽扣，露出线条清晰的腹肌，清瘦而又结实。在右侧肋下，有一道七八厘米长的伤疤，是几年前抓捕毒贩时被刺伤留下的。

他拉开抽屉，拿出酒精棉球和胰岛素注射器，稍做消毒，便熟门熟路地给自己打了一针。

这就是京海市缉毒队队长魏明铭的秘密：因为长期高压疲惫的工作，他三十出头就患上糖尿病，需要每天打胰岛素治疗。

重案队办公室内。

单宇独自坐在电脑前，屏幕上显示的是王大鹏生前的证件照。照片中，年轻的王大鹏清秀端正，穿着笔挺的警服，双目有神地看向镜头。

照片下方的文档中有一段关于王大鹏的信息：

王大鹏，男，27岁，刑警学院侦查专业毕业生，曾就职于京海市刑侦队重案队、老城区分局。一年前从老城区分局辞职，在京海市晟铭律师事务所工作。家庭地址：老城区兰馨小区12号楼303室。王大鹏父亲王兴国：已病逝。王大鹏母亲：田秀珍。4月29日深夜，南郊区顺德路盛兴大楼建筑工地，王大鹏坠楼死亡。

单宇揉揉酸涩的眼睛，对着屏幕愣了一会，又扭头看看程功的座位。他突然觉得手心黏腻，有一种强烈的不适感，便拉开电脑桌最下方的抽屉：几十块香皂和几十包消毒纸巾整整齐齐地摆放在抽屉里。

单宇拿出一块香皂，走到洗手间，打开水龙头，开始缓慢地、仔细地、重复地洗手。

与此同时。

京海市公安局刑侦队的训练室内，程功独自对着沙袋练拳，汗如雨下。他穿着运动短裤，露出肌肉结实的上身。他的身体，既有长期高强度锻炼塑造的贲张线条，又充满训练有素的敏锐度和力量感。

程功对着沙袋，出拳迅捷有力，拳拳到肉，散发着搏击高手的强大气场。他的眼神中，是毫不掩饰的攻击和锋利。

窗外京海，夜色正浓。

二、绝不放过他

> "程功,马上到东郊区出现场。"郑涛的声音非常沉重,"汤建成队长遇害了。"
> "什么?"程功一个激灵,坐了起来。

1988年。夏夜。暴雨。

京海市郊县的长途客车站附近,有一家小旅店,门口挂着一个饱经风吹日晒的木头招牌:兴荣旅社。

一间狭小简陋的客房里,有两张木板床和一张桌子。满是霉斑的天花板悬下一根电线,挂着一个简单的白炽灯,灯泡顶部的两边各有一个插口。

房间靠内的木板床是空的,外侧的木板床上,躺着一个穿着背心短裤的中年男子。中年男子睡得正香,发出轻微的鼾声。

暴雨如瀑。暗夜中划过一道闪电,短暂凌厉的光线穿过窄小的窗户照入房间。

此时,房间门正被轻轻打开,一个黑影悄无声息地走了进来。黑影面容模糊,从身形看,是个身材瘦小的年轻男人。他手脚灵敏地掩上房门,从口袋里掏出两根电线。两根长长的电线是用几种不同颜色的旧电线拼接起来的,一端露出长长的铜丝,另一端跟一个塑料头箍连在一起。塑料头箍的两端焊接着两个金属物,分别连接着两根电线。

黑影动作熟练地将两根电线头的铜丝插入白炽灯顶部两侧的插口,右手固定住铜丝,左手拿着塑料头箍,把两侧的金属物往熟睡的中年男人额头上同时一碰。

"呃!"中年男子从喉咙中发出一声短促痛苦的闷哼声,身体猛地抽搐了几下,就一动不动了。

窗外，电闪雷鸣。暴雨冲刷之下，一切归于沉寂。

6月19日。初夏。凌晨时分，冷月当空。
新城区的一间公寓，卧室内。
"啊！"程功沉闷地呼出声音，又一次从噩梦中惊醒。他打开微弱的壁灯，擦擦额头的冷汗，不小心触碰到了左眉骨处的一处新鲜擦伤，刺痛感让他微微吸了口凉气。

程功看看闹钟，才凌晨3点。他端起床边的大茶杯，咕咚咚灌了大半杯水。急促的呼吸逐渐平复。他不由自主地看向书桌的方向。书桌上有电脑、书籍和资料，还有一个小音箱。音箱上摆着一个镜框，镜框内的合影中，程功、欧阳瞳和王大鹏，三个穿着警服的年轻人站在京海市公安局刑侦楼前，意气风发，笑容灿烂。他不由得心思涌动，回想起几个月前的情景。

5月2日。深夜。
京海市公安局刑侦队。
一辆满是灰尘泥点的轿车急驶入院内。车辆刚一停稳，风尘仆仆的程功就打开车门，快步走出，直奔队长办公室。

郑涛的办公室还亮着灯。程功没有敲门，推门而入。他双眼泛红，看着办公桌后的郑涛，原本有许多质询和怀疑的话，此时喉头一哽，竟然说不出话来。

郑涛神色憔悴，看看胡子拉碴的程功，顿了顿，低声说："29号晚上，大鹏在南郊坠楼，今天送殡仪馆火化了。"

程功双拳猛地落在桌上，声音沙哑："火化了？没有尸检没有调查，怎么能火化？！"

郑涛预料到了程功的反应，叹口气说："程功，你不要激动……"

程功眼睛充血泛红，咬着牙说："大鹏就这么死了！死得不明不白！我怎么能不激动？如果不是为了我，他不会离开重案队，也就……"

郑涛站起来，严肃地说："他受伤不单是保护你，更是为了完成任务！是刑警的本职工作！"

郑涛叹了口气,说:"我昨天刚从外地回来,听说大鹏出事那天,来队里找过我。这件事情,我也觉得……"

程功皱着眉头,说:"29号晚上,他给我发了条信息,说想见我!我当时在山里抓捕,出来才看到。头儿!大鹏肯定有事儿想跟我们说!我得查清楚!"

郑涛怒道:"没有立案你查什么?事情已经发生了,你冷静面对!不准胡来!"

程功一愣,身体微微后仰。转瞬,他冷冷地弯了弯嘴角,说:"好。我冷静面对。我先走了。"说完扭头就要离开。

郑涛叫住他:"程功!大鹏出事后,南郊区分局刑侦队到现场勘察,确实没发现什么线索。欧阳坚持抽了血,结果是酒精浓度高,没有药物和毒物。汤队也说,大鹏前段时间情绪低落。市局的意思是,没有他杀的证据,应该是自……"

程功打断了郑涛的话:"大鹏绝对不会自杀的!至于意外,他就是喝了10斤酒,好好地跑到南郊的工地干什么?!"

郑涛无奈地说:"程功,你别激……"

"郑队,我先走了。"程功再次打断郑涛,疏离地点点头,快步走出办公室。

郑涛看程功对自己的称呼都变了,知道他心有怨气,不会听自己的劝。他慢慢地坐回到椅子上,叹了口气。

6月20日。早上。

京海市中心医院。临床心理科门诊2号诊室内。

尹慧伊坐在单宇斜对面,说:"你主要是有强迫行为的症状,初步诊断为强迫症。"

"强迫症?"单宇微微皱着眉头,有些自暴自弃地说:"要不,我就这么着吧!"

"我还没放弃,你就要放弃了吗?"尹慧伊温和而又坚定地说,"强迫症是可以治疗的。药物治疗和心理疏导相结合,效果会更好。我给你开一些左洛复,你先吃起来,同时要坚持定期来看门诊。"

"吃这种药,不会伤脑子吧?"单宇迟疑地问。他毕竟是靠脑子吃饭的技侦专家,当刑警更需要反应机敏。

尹慧伊微微一笑:"放心吧,可能会有一点胃肠道不适,副作用不严重的。不过左洛复要吃上半个月到一个月,才会有效果。"

单宇舒了口气:"进展慢不要紧,有效果、不伤脑就行。"

"放心,下周记得来复诊。"尹慧伊很利落地在电脑上开好了药。

单宇点头致谢,匆匆离开诊室。

门诊大楼的走廊上,人来人往。

一个穿着病号服的光头小男孩,脸色苍白却面带笑容,正乐颠颠地追着一个小皮球跑。小男孩跑得急了,一不小心撞在刚走出诊室的单宇腿上,不由得"哎哟"一声,摔了个屁股墩儿。

单宇赶紧弯腰,伸手去扶小男孩,当他的双手快触及小男孩的身体时,突然硬生生地停了下来。

一个50多岁的瘦小男人快步走过来,赶紧从地上抱起小男孩,关切又心疼地说:"斌斌没事儿吧?爷爷跟你说了跑慢点儿!"

单宇迅速把悬在半空中的双手收回,假装无事地揣入裤兜,目光淡淡地看了看这爷孙俩。

光头小男孩趴在爷爷的肩膀上,正用圆溜溜的大眼睛看着单宇,还一眨一眨的。单宇清清冷冷的脸上不由得泛出一丝温柔,微笑着对小男孩点了点头,转身大步离开。

京海市公安局刑侦队。

地下一层的射击训练室内,墙壁两侧有两行大字:"克敌制胜,百炼成钢。"

程功、单宇和纪闻等人正在进行射击训练。

程功的左眉骨处有一处擦伤,伤口不深,但是斑驳发红,衬得他冷峻的五官有些狠厉。他戴着防护耳罩,凝神静气,双手持六四制式手枪,瞄准靶标射击。

"砰!砰!砰!"他先以站姿连续六次射击,以极快的速度换弹夹后,连续6次射击。

标靶拉近,全部10环。

左边的纪闻拿下防护耳罩,对程功脸上的伤痕视而不见,满脸赞赏地冲程功比了个大拇指:"不愧是京海神枪手啊!"

单宇站在程功右侧,戴着防护耳罩,双手持枪,看着远处的靶标。他轻轻咬了咬嘴唇,心跳加速,始终没能扣动扳机。

程功走到单宇身后侧,扶着单宇的手臂,帮他调整了一下姿势,轻声说:"瞄准靶标,调整呼吸,预压扳机。"

单宇边听边照着做,理顺了有些急促的呼吸,耳边只听到程功的声音:"心到,眼到,手到。击发!"

"砰!"枪声响起。8环。

程功淡淡地说:"好好练吧!别拖重案队的后腿!"

单宇面无表情,只是修长的手指紧紧握成拳头,手心汗水冰凉。

几秒钟后,他慢慢松开拳头,用湿纸巾擦干净手,拿起枪,继续练习射击。

1小时后。

重案队办公室外的走廊上,欧阳瞳拿着一个大文件袋从电梯里走出来,碰到迎面而来的程功。欧阳瞳看到程功脸上的伤痕,猛地停下脚步,神色严肃地低声问:"你脸怎么了?"

此时,单宇刚练好射击,正从楼梯上到3楼。3楼楼梯间的门虚掩着,他听到欧阳瞳压低的声音,不由地顿住脚步。

程功站得笔直,轻描淡写地说:"没事。散打训练不小心碰了。"

他刚在洗手间洗了把脸,几滴水珠顺着硬朗的下颌线缓缓流下,洇湿了雅白色的衬衫领子。

欧阳瞳眼神黯淡,低声说:"我跟你说过的,经济上我愿意尽全力帮忙……"

"这是我的事。跟别人没关系……"程功生硬地打断她,转身想要离开。

欧阳瞳神情复杂,叫住他说:"程功!我们都是普通人,背负的东西太多,会扛不住的……"

"扛不住,就要逃避吗?"程功微微侧身,冷冷地说。

欧阳瞳猛然抬头,眼神愤怒而又委屈。

这时,电梯门打开,李威威抱着两纸箱材料从电梯里走了出来,对程功和欧阳瞳喊:"来来来!伸出援手!"

程功微微一笑,大步上前接过一个箱子。李威威看到程功的脸,挑挑眉说:"哎哟!挂彩啦!程功,你可要对得起我们警院散打王的称号啊!"

"队里下个月体能考核,你练好了吗?!"程功对待李威威的方式显然简单粗暴得多。他怼完李威威,就迈着大长腿走进重案队办公室。

"我这不是边给你们上货边锻炼身体嘛!"李威威抱着纸箱一路小跑跟上。

单宇无意中听到了程功和欧阳瞳的对话,晃了晃神。为了避免尴尬,他等了半分钟,才走出楼梯间,进了办公室。

李威威已经把手里的纸箱放在单宇桌上,见他进来,大声说:"单宇!来来来!京海30年旧案悬案,时不我待啊!"

单宇走到桌前,看看李威威摆出的阵仗,又看看程功脸上的伤痕,淡淡一笑。

欧阳瞳笑道:"威威的文学素养越来越高,都会用时不我待了!"

"切!我一直都是刑警学院文学青年的代表人物,出口成章的成语小王子。"李威威眼睛圆圆的,一脸自豪。

"噗!"正在喝水的单宇忍不住笑喷了,赶紧用纸巾捂住嘴,轻轻咳嗽。

欧阳瞳笑得灿烂,对单宇说:"单宇,你来队里可真是太好了!全靠刑侦智能云的技术支持,我们的刑事技术数据库全面更新换代!谢谢你啦!"

单宇有点不好意思:"我只是做技术支持,主要是你们的资料很齐全,梳理得也很清楚。"

程功端起自己的大保温杯,走到饮水机跟前,咕咚咕咚地接热水。欧阳瞳看看程功,笑容有些黯然。

李威威的大眼睛圆圆亮亮的:"单宇,你这个刑侦智能云,真那么智能吗?"

单宇谈到自己最为擅长的内容,话明显多了起来,主动介绍说:"在大数据和信息化的时代,刑侦智能云更像是一个大的信息平台和技术手段。在京海这样的国际化大都市建设刑侦智能云,有三个最重要的模块:第一个是刑事技术数据库,覆盖全市,联网全国;第二个是刑侦智能云支持的天网系统,也就是街面智能探头的网格化排布和升级,结合最新的智能人像系统和动力定型技术。第三……"

李威威的眼睛更亮了:"第三是什么?"

单宇看了看程功:"第三个,还是我的设想,我希望能建立覆盖全京海的数据信息导入。"

程功抬眼望向单宇,问:"实线情报导侦,你做得到?"

单宇的眼睛焕发出别样的神采:"刑事科学研究院已经立项了,技术上完全没问题,主要是行业壁垒和配合度……"

程功面无表情地扭过脸,不置一词,显然信不过单宇。

欧阳瞳见状,圆场道:"市局很重视刑侦智能云,已经在全市范围内测试新的指纹鉴定系统和人像识别系统,还在力推实线情报导侦的项目。"

程功喝了口茶水:"希望吧!"

李威威长叹一声:"得嘞!郑队说既然有了新技术,就把全市积累的悬案旧案再梳理一遍吧!我们就又要加班啦!"

"加班儿怎么了?当刑警你还打算朝九晚五过双休吗?"程功站起来,敲了敲李威威的头。

李威威摸摸头,忙说:"没见过领加班材料还能开心的!走啦走啦,领导召唤!"

刑侦队队长办公室。

郑涛把几个厚厚的档案袋推到程功、单宇、欧阳瞳和李威威面前,说:"30年来的旧案悬案里,这个案子发案时间最早,性质最恶劣,当时在京海和周边省市引起了不小的社会恐慌。你们看看。"

程功拿起陈旧发黄的档案袋,袋子上面标注着:1988年,连环电击杀人案。

欧阳瞳对物证进行电子化转换时已经研究过这些卷宗,说:"这是30年前的案子,1988年6月到10月,京海市长途客运站附近和周边县市的客运站附近,连续发生5起电击杀人案,导致4人死亡。被害人都是在外出差的青壮年男性,住在客运站附近的小旅社里,晚上入睡后,被自制的电线电击死亡。第5

起案件的被害人运气好,被电击后没有昏迷,清醒过来就跟凶手搏斗,但是没能抓住。凶手跑了以后,就没再发生过类似的电击案。"

"有目击证人,还没抓到他?"单宇问。

欧阳瞳摇摇头,说:"80年代的旅社没有身份证登记,也没什么安保措施。凶手有三次是用伪造的介绍信住进了旅社,还有两次就是趁着前台没人,从外面偷偷潜进房间的。现场提取到了几枚不完整的指纹,当年的侦查员还根据目击证人的口供,给凶手做了模拟画像。但是,都没能找到直接线索。"

程功翻出卷宗中的一张模拟画像,图中的年轻男子面庞瘦削,眼睛细长,容貌平常。程功盯着画像,喃喃自语:"30年了,他也该变老了。"

"是啊!"欧阳瞳点点头,"我正在对这幅画像进行处理,根据年龄增长的生理变化,模拟出他现在的样子。同时,尽量把现场的残留指纹进行修复,在数据库里重新比对。双管齐下,希望概率能大一些。"

单宇说:"最新的智能人像系统已经上线,搞不好能派上用场。"

欧阳瞳感慨地说:"30年前的案子,再新的技术,落实起来也是大浪淘沙!"

郑涛点点头,说:"80年代的交通很不便利。第1起案件发生在江宁市,第2起在东城县,最后3起案件都发生在京海市郊。凶手应该就住在京海周边。"

李威威睁着大眼睛,问:"郑队,您对这个案子这么熟悉啊?"

郑涛微微叹了口气,说:"咱们刑侦队的老领导余队,是当年负责这个案子的侦查员,欧阳手里的模拟画像就是他当时画的。我刚进队里工作的时候,他还带我追过这个案子,但是没查出来什么。"

"余队是我的偶像!他侦破的几个案子,是我们警院课堂讨论的经典案例……"李威威眼睛亮晶晶的,很快又暗淡了下去:"可惜啊……"

郑涛的神情肃穆沉重,缓缓地说:"余队去世前,一直惦念着手里没破的悬案,尤其是这个电击杀人案。他攥着我的手跟我说,抓不到凶手,就不能让4个被害人瞑目,不能让4个受害的家庭心安。"

郑涛看着程功、单宇、欧阳瞳和李威威说:"现在刑事技术的水平不断进步,但也过去30年了。这次旧案大排查,可能是我们抓到凶手的最后机会!希望大家尽力!不管过去多久,都不能放过他!"

程功、单宇、欧阳瞳和李威威郑重地点头："是！"

走廊上。

程功、单宇、欧阳瞳和李威威从郑涛办公室出来。单宇和欧阳瞳走在后面，讨论刑侦智能云的建设和刑事技术数据库的更新。欧阳瞳时不时看看前面的程功。

李威威凑到程功身边，轻声说："程功，你别这样！欧阳心里也不好受。"

程功微微低头，下颌角分明，没有说话。

李威威说："从禁闭出来，你就变了！别以为我看不出来，你瞧着挺正常，其实……"

程功轻笑一声："我哪儿不正常了？"

李威威看看程功的神情，有些闷气，低声说："你对欧阳，对郑队的态度都不正常！我觉得，你跟我们不交心了……"

"别多想！干活儿！"程功用力拍拍李威威的肩膀，大步向前。

李威威被他的掌力震得一抖，哀怨地揉揉肩膀，小碎步跟上。

中午13:30。

烈日炎炎。

新城区的大学路在修路，同时又有一辆公交车熄火在等拖车，路上拥堵了长长的车流。程功和单宇坐在一辆民用牌照轿车中，无奈地看着前方的拥堵车辆。程功坐在驾驶座上，目视前方。

单宇看看他，想了想，给欧阳瞳打了电话："欧阳，我们从市局过去！对，堵在大学路了。好，我们尽快！"

单宇挂了电话，看看程功，犹豫了一下，说："欧阳和威威马上就到了，他们会先勘察现场。"

程功微微点点头，看着前方，眼神冷肃，不知在想什么。

单宇掏出一张湿纸巾，擦了擦手，说："程功，我知道我是新手，要让你接受、认可，不容易……"

"你看那辆出租。"程功打断了单宇的话，扶着方向盘的修长手指，指了指左前方的出租车。

出租车的门刚刚被推开,一个20岁出头,穿着粉色吊带背心和牛仔七分裤的女孩下了车。女孩身材苗条,长发披肩,斜背着一个牛仔背包,似乎心情不错地关上了车门,看了看两侧的车流。

程功指了指前方路口右侧的快捷酒店,说:"她要去那家快捷酒店。"

单宇惊讶地看看女孩,又看看程功:"你怎么知道?"

程功的眼神里露出难得的一点笑意,说:"不信你看。"

这时,女孩已经穿过马路上拥堵的车流,走到了马路右侧人行道上,快步向快捷酒店方向走去。巧的是,拥堵的车流此时开始缓慢行驶,恰好可以跟上女孩的脚步。

单宇看着女孩的身影,问程功:"你认识她?"

程功拿起保温杯,喝了口温热的茶水,摇摇头。

"你听见她跟出租车司机说话了?"

程功瞥了单宇一眼:"我又不是顺风耳。"

很快,女孩脚步轻巧,走进了快捷酒店的大门。

再次堵在车流中一动不动的单宇,有些失神,问程功:"你怎么知道她要去酒店的?"

程功一笑,说:"小姐打车出门,当然要去酒店了。"

单宇瞪大眼睛:"你怎么知道她是小姐呢?"

程功拧上保温杯盖子,说:"刑警的直觉。你啊,且得慢慢练。"

单宇被噎了一下,说:"出现场,你还带保温杯啊?"

程功微微叹口气,说:"市局开会,一坐3个小时,不喝茶怎么熬?还好要出现场,才能跑出来……"

单宇想了想,决定不耻下问:"程功,你到底怎么看出来的?"

程功目视前方:"判断社会身份,女人看头,男人看腰。其他的,只可意会不可言传!"

单宇看看快捷酒店,百思不得其解。

程功看看单宇呆呆的眼神,扭脸望向窗外:"怎么这么慢?再堵下去,欧阳看完现场,搞不好把案都破了……"

新城区,一处建筑工地。

一辆警车驶入工地,在工地一角靠边停下。

欧阳瞳和李威威穿着蓝色的现场勘察服,提着现场勘察箱,走下警车。李威威抬头看看天上的大太阳,擦擦汗说:"还没到7月就这么热!都有中暑死亡的人了!"

欧阳瞳瞥了他一眼,说:"是不是热射病,还得看看好吧?"

李威威耸耸肩膀,低声说:"看就看咯!真相只有一个!"

这时,新城区分局刑侦队的付队长带着一个中年男人迎了过来,微笑道:"辛苦你们了!"

欧阳瞳和李威威点头打招呼。欧阳瞳说:"付队,程功他们一会儿就到。"

付队长四十岁出头,头发很短,有点谢顶,个头不高但非常结实,浑厚练达。他指指身边的中年男人,说:"这是建筑工地的负责人仇经理,就是他,中午发现工人许吉平中暑死亡,赶紧报的案。"

仇经理擦擦额头上的汗水,低声说:"老许早上还好好的!快吃晌午饭的时候,他还在搬黄沙。不知怎么,突然就晕倒了!唉,说不行就不行了。"

付队长指了指工地西北角的空地,欧阳瞳和李威威抬眼望去:一个50岁左右的男性工人趴在地上,脸侧对外,一动不动。

欧阳瞳点点头,边向尸体走去,边说:"好,我们先看现场。"

仇经理小跑跟着,气喘吁吁地说:"警察同志,这中暑死人,也没啥好看的!这么热的天,你们太辛苦了,到我办公室坐坐……"

欧阳瞳走到死者旁边,蹲下身仔细地观察了一下死者许吉平的身体,确认死亡。她头也不回,清冷地问:"仇经理,他倒下来的时候就是这样吗?"

仇经理愣了愣,说:"是啊,当时大家都去吃饭了。我呢,刚好路过,看见他就这么趴在地上。我过来一看,人已经不行了!"

欧阳瞳若有所思,随即抬起头,说:"谢谢。您忙去吧。"

"哦。"仇经理讪讪一笑,慢慢走开。

欧阳瞳抬起死者戴着工地手套的双手看了看,眉毛轻轻挑起,说:"威威,拍几张照片吧。"

李威威脖子上挂着摄像机,开始拍照,固定证据。欧阳瞳认真检查着尸体,掀起死者上身泥灰色的老头衫,看到死者的背部有个螺纹状的印痕。死者死亡两小时左右,红色印痕依然明显。

欧阳瞳抬眼看向李威威。两人默契地点点头,李威威对准印痕拍了几张照片,又帮欧阳瞳给尸体翻了个身,说:"我找找看。"说完,便开始在周围寻找可以形成螺纹状印痕的物件。

欧阳瞳继续现场尸检,炙热的阳光下,她的汗水不停流下。她把死者的袖子卷起,手套脱掉,仔细看着尸体的双手和胳膊,突然眼睛一亮。

欧阳瞳站起身,向四周环顾。李威威正站在西南角的杂物堆旁,俯身观察着地上的一堆钢筋。欧阳瞳走了过去,李威威抬起脸,眼睛亮晶晶的,兴奋地说:"欧阳你看!"

欧阳瞳俯身一看,振奋地说:"钢筋的螺纹跟死者背部的印痕基本吻合!"

欧阳瞳似乎想到了什么,随即站直身,细细地环视一圈,最终把目光停留在旁边的杂物堆。她定定地看着那些废纸箱和旧木板,突然走上前,开始搬纸箱。

不远处,仇经理正在跟一个工人说话,眼神往这边一扫,猛然一愣,赶紧慌里慌张地走过来,说:"警察同志!你这是干啥呢?工地的东西又脏又危险,别乱碰啊!"

欧阳瞳没有理会他,扭脸看看李威威,说:"来帮忙!"

"好嘞!"李威威乐呵呵地应着,开始搬旧木板。仇经理急着上前拉欧阳瞳的胳膊:"别!别!"

欧阳瞳迅速向后一退,李威威一个大踏步,来到欧阳瞳和仇经理中间,警惕地看着仇经理,说:"你干什么?!"

"没!没事儿。"仇经理不敢造次,只好站在旁边搓着手,低头不语。

欧阳瞳和李威威手脚麻利地搬开那堆杂物。没两分钟,当李威威搬走了杂物堆上方的一大块旧木板后,露出了一台埋藏在下面的切割机!

欧阳瞳看了眼仇经理,只见他脸色发白,圆胖脸上不停地流汗。她淡淡地问:"仇经理不舒服?你也中暑了吗?"

仇经理猛地抬眼,说:"没!没有!"

付队长和一名刑警正在跟几个工人谈话做笔录,见状走了过来,问:"欧阳,怎么了?"

欧阳瞳笃定地说:"付队,我发现死者不是中暑死亡,而是电击致死。"

付队长十分吃惊:"电击致死?我没看到伤口啊?"

欧阳瞳把大家带到死者身边,举起死者的左手,说:"死者的左手食指上,这个绿豆大小的黄色斑点,就是电击伤的伤口。"

付队长低头仔细一看,死者的左手食指上果然有一个发黄的圆形斑点,中央凹陷,周围微微隆起,摸上去有点硬。付队长低声说:"哟!真有个伤口!"

仇经理突然开口道:"他戴着手套呢!有个小疤怎么就是触电了?"

欧阳瞳微微一笑,说话声音不大,但每个字都很清晰:"是啊!你说他死之前戴着手套,你还说他死之前在搬运黄沙!可是他的手套上、衣服上,怎么一粒黄沙都看不到呢?"

付队长和分局刑警也仔细看了看衣服和手套,果然没有发现黄沙颗粒。付队长站直身,眯着眼睛看看仇经理,说:"仇经理,搬沙的工人手套上干干净净的,这是怎么回事儿?"

仇经理不由自主地往后退了一步,低声说:"我,我怎么知道?!"

欧阳瞳掀开死者的衣服,露出背部的印痕,说:"你知道的。你说看到死者倒地时就是这个姿势,俯卧位。但是,死者背上这个螺纹状印痕,应该是两小时内留下的,他身边也没有可以形成螺纹的东西。这说明,死者是被人搬到这里的!"

付队长急切地问:"这儿不是第一现场?"

欧阳瞳轻轻摇头,说:"不是,这里没有电源。"

欧阳瞳带着众人走到西南角,说:"第一现场就在这儿。这台切割机刚才被一堆杂物盖着,我们把箱子木板搬开才看到。"

付队长顺着欧阳瞳的目光看向切割机,只见切割机的电缆线有很长一段是裸露的铜线!他一脸震惊,看向欧阳瞳:"你是说,切割机的电缆线漏电?!"

此时，仇经理已经嘴唇发白，眼神飘忽了。

欧阳瞳淡淡地说："是的。切割机连着电源，电缆线又有一段脱皮。我认为，死者是碰到了切割机漏电的铜线，被电击致死。死者倒在旁边的钢筋上，形成背部的螺纹压痕。"

欧阳瞳戴着手套，捡起一根较短的钢筋，给付队长看上面的螺纹。同时，她清冷地看向仇经理："然后，有人把死者从西南角搬到西北角，戴上手套，伪装成中暑晕倒的样子，再去喊人、报警。"

铁证在前，付队长冷厉地看向仇经理，说："仇经理，你怎么解释？"

仇经理浑身发抖，两脚一软，坐到了地上，哭丧着脸说："我！我冤枉啊！我没有害人！工头儿跟我说过，切割机电缆线坏了，我正准备修，老许就，就出事儿了！我，我怕家属来闹，也怕停工审查，延误工期，那我，我就要赔死了！"

仇经理说着，泪水和汗水混合，从皱巴巴的脸上流下。付队长把他从地上提起来，给他戴上了冰凉的手铐。

此时，一辆警车驶来，靠边停下。程功和单宇下了车，大步走来。

李威威笑着迎上前，说："程功，你们来晚啦！欧阳组长已经把案子破了！"

程功眼中带着笑意，看向欧阳瞳。欧阳瞳正在收拾现场勘察箱，神情依然清清淡淡。

单宇赞叹地低声说："厉害了！"

6月21日，下午3点。

老城区的建工小区。

303室门前，一个二十七八岁的女子正在不停地敲门、按门铃，声音尖细地喊："阿成！阿成！"

303室内一片安静，没人应门，倒是对门301室的老大爷听到些动静，推开防盗铁门向外看了看，说："是不是出去了，打个电话吧？"

"打了，没人接！"女子眉头皱起，有点着急，忽然想到了什么，从随身的COACH皮包里翻找出一把钥匙，自言自语地说："还好把钥匙带上了。"

她用钥匙打开门锁，刚推开门就闻到一股刺鼻的煤气味！一进门，便看到一个穿着T恤短裤的年轻男子躺在客厅的地上,一动不动。

女子不由得捂住嘴巴,惊呼出声:"阿成!"

下午4点半。

建工小区。案发现场的楼下,一位50岁上下的警察正在现场指挥,几个年轻警察分头疏散围观群众,拉起现场警戒线。

一辆警车开来,警灯闪烁。程功先下了车,单宇把车开到路边停靠。

程功走到警戒线旁,看看面前这位有些富态的老刑警,伸出右手:"聂队。"

南郊区分局刑侦队的聂队长经常加班,爱烟好酒,突出的肚腩用警用皮带使劲勒住。聂队擦擦额头上的汗水,跟程功握了握手,说:"程功,最近挺好?"

程功客客气气:"挺好的,您怎么样?"

聂队把有些谢顶的头发往后拢了拢:"咳!瞎忙!基层的活儿不好干啊,要不然能把我们汤队累得提前退休吗?"

程功顿了顿,问:"汤建成队长退休以后,去了一家律所?"

聂队嘿嘿一笑:"好像最近也不干了,汤队两口子都回郊区,休养身体了。"

程功迟疑了一下,正想要说什么,就看到单宇走了过来。

程功介绍说:"聂队,这是我们重案队的新同事,单宇。单宇,这是老城区分局刑侦队的聂队。"

"聂队。"单宇文质彬彬,点头问好。

聂队陪他们爬楼梯上楼,累得有点儿喘气,还要介绍案情:"303室住着一家三口。老段两口子都是退休工人,儿子段成才还没结婚。今天下午3点左右,段成才的女朋友丁丽来找他,发现一家三口都煤气中毒了。老两口已经没有生命体征,段成才昏迷不醒,送到医院抢救了。"

说话之间,程功和单宇走到了303室门口,向屋内打量:这是一套两室一厅的老公房,厨房和主卧的门都开在客厅西侧,距离较近。次卧和卫生间均在客厅的东侧。房间内,家具家电都是老式的,虽然干净整洁,但看得出家境一般。房内没有被翻动的痕迹,门窗完好。客厅的餐桌上,还放着一家三口中午吃剩的饭菜,碗碟中有没吃完的鱼、笋和喝剩的汤。

程功和单宇戴好了鞋套和手套,走进客厅,刚好欧阳瞳从厨房走出。她穿着白色连体勘察服,看看程功和单宇,又向站在门外的聂队点头示意:"聂队。"

聂队点点头,指着客厅地面上一个粉笔画的人形图,说:"段成才的女朋友说,他当时就躺在这儿。120医生来的时候,说是意识不清,半昏迷的状态。"

聂队又指指主卧方向:"两名死者都在主卧。报案人丁丽说,主卧的门是半开着的。估计老两口在房里睡午觉,煤气中毒就没醒过来。按说就是个意外,本来不打算惊动你们市局刑队了。考虑到一家三口中毒,死了两个人,还是请你们过来,走个流程。"

程功闻言,挑了挑眉,说:"聂队,煤气中毒不一定都是意外啊!"

聂队拢了拢头顶稀疏的头发,见怪不怪地说:"唉!不是意外还能是他杀吗?大白天的,门窗完好,这一家三口都出事儿了!段家夫妻俩都是老实巴交的退休工人,又没什么仇人。再说了,京海市每年都有好几起煤气中毒的死亡案例,大多都是老房子那煤气接口的皮管子松了引起的。也不是什么稀奇事儿!"

"我先进中心现场看看。"欧阳瞳冷淡地跟聂队点点头,拿着现场勘察箱走进主卧,关上了房门。

程功对单宇说:"欧阳先看,你在这儿接应一下,我跟威威去看外围。"

单宇点点头。两人都没接聂队的话。

聂队一副无所谓的样子,掏出包硬中华香烟,抽出一支在手里敲了敲,打个哈哈说:"你们先忙啊,我跟派出所再沟通沟通。"说完转身下楼。

程功看着聂队离开的背影,眉头微微皱起。

卧室内。

窗户紧闭,拉着厚厚的窗帘,空调吹着冷风。

卧室当中的大床上,60多岁的段家夫妻俩分别穿着背心和睡裙,盖着薄被,平躺在床上,已经死亡。两名死者的面容僵硬,毫无生气,但脸颊和嘴唇却红,粉粉的,嘴角微微上弯,似乎是带着一丝笑意,看起来十分诡异。

欧阳瞳对中心现场环境稍作观察,便关掉了房间的顶灯。在一片幽暗中,她拿着现场勘察灯,仔细地观察地板上的灰尘鞋印。房间内,只有空调吹出冷风的声音,十分安静。

忽然!欧阳瞳听到一阵急促的呼吸声:"呼……呼……呼呼……"

她猛地站起来,迅速将手放在男尸的鼻子下面几秒钟,又放在女尸的鼻子下几秒钟,都没有察觉到任何鼻息。她又检查了一下死者的颈动脉和瞳孔,确认均已死亡。欧阳瞳眉头微皱,摇了摇头,刚才的呼吸声,可能是自己的幻觉吧!

她俯下身,继续勘察现场。突然,粗重的呼吸声又响起了!

"呼……呼呼……"

欧阳瞳不由得头皮发麻,拿起床头柜上的空调遥控器,将空调关闭。密闭的卧室内,只有欧阳瞳细微的呼吸声。她警戒地看着衣柜和窗帘后,似乎想要找到什么。

"呼……呼呼……"呼吸声再次响起!

欧阳瞳终于忍不住了,猛地打开房门,跑出卧室!好在她一出门,就看到在303室门口等候的单宇,心里顿时安稳了不少。

"怎么了?"单宇看欧阳瞳脸色有些苍白,以为她不舒服,关切地问。

"现场,好像有声音……"欧阳瞳是刑事技术中心出了名的冷静淡定,此番慌张之中也有些窘迫,吞吞吐吐地小声说。

"什么声音?"单宇疑惑不解。

"你来看看就知道了。"欧阳瞳转身往里走。单宇愣了愣,随即跟她一起走进昏暗的主卧。

关上门,卧室内,安安静静。单宇没听到什么声音,却闻到一股难闻的味道,无奈地看看欧阳瞳:"什么味道?"

"一氧化碳中毒死亡前,经常会出现大小便失禁。"欧阳瞳轻声快速地说完,迅速用食指比了一个"嘘"的噤声手势。

单宇意识到这股怪味来自死者的便溺,不由得胃内翻涌恶心,用手掩住口鼻一阵干呕。

"呼……呼呼……"呼吸声再次出现!

单宇脸色一变,马上将欧阳瞳护在身后。他迅速进入戒备状态,也顾不得恶心难受了,"砰砰砰"地打开卧室所有的衣柜门,又一把掀起了落地窗帘。

然而,什么也没有。

"呼哧哧……呼呼哧哧……"呼吸声变得更加粗重。

单宇和欧阳瞳的目光同时看向大床,是从床上发出的呼吸声!

床上只有两具尸体,床架到地面的距离不到十厘米,不可能钻得下一个人!

单宇感到头皮发麻,脸色发白,拉着欧阳瞳转身就往外走。这时,程功刚好回来,正在门口戴手套,看到他俩慌慌张张地从卧室内走出,问:"怎么啦?"

单宇来不及回答,冲到门外就是一阵呕吐。好在他这次提前准备了塑料袋,吐到了随身带的袋子里。程功往外看了看,眼神略带嫌弃。

欧阳瞳走到程功跟前,压低声音说:"中心现场有声音。"

"是吗?"程功半信半疑地看看欧阳瞳,看看门外的单宇,从容地走进主卧。

欧阳瞳想了想,不忍心让程功一个人面对未知的"危险",嘟囔了句:"我还是跟你一起吧!"也跟了进去。

单宇赶紧用湿纸巾擦擦嘴,也顾不得够不够干净了,快步跟了进来,本就不大的卧室里,挤进了三个人,诡异阴森的气氛被冲淡了不少。

三人一动不动,程功的眼睛发出锐利的光芒,静静地看着四周的环境。

很快,床上就传来一阵粗重的呼吸声:"呼哧哧……呼呼哧哧……"

程功听到呼吸声,诧异地看看单宇和欧阳瞳,他俩不约而同地点点头,指了指床。程功俯身看了看死者身上粉红色的尸斑,确认均已死亡。

此时,呼吸声再次响起!

程功凝神静气听了几秒钟,俯身按了按床上的薄被子,又沿着床帮摸了一遍。他想了想,双膝半跪在地,打开现场勘察灯,朝床下十厘米高的空隙内看去。

程功看了一会,突然抬头,冲欧阳瞳和单宇微微一笑。他伸出修长结实的手臂,从床底的缝隙里,一点点地向外拉扯着什么。

"出来吧你!"程功低声说着,从床底下拉出来一条蔫头蔫脑的迷你京巴!

这只京巴狗明显是煤气中毒了,呼哧呼哧地喘着粗气,眼睛都睁不开了。

程功眼神揶揄地瞟了欧阳瞳一眼,抱着狗走到门外,递给了门口的派出所民警。

欧阳瞳的脸色由白转红,高冷的刑事技术女神形象突然崩塌了几秒钟。她讪讪一笑,尴尬的话也多了起来:"哎呀,狗狗也煤气中毒了,这谁能想到,真是好可怜啊……"

单宇笑着摇摇头,快步走到门外,去看那只可怜的京巴狗。

程功回到卧室门口时,欧阳瞳已经拉开薄被,开始检查尸体。

程功看着两名死者的嘴角挂着的诡异微笑,低声自语:"有点儿不太对啊!"

他穿过客厅,走进段成才住的卧室。次卧的面积不大,只有一张单人床、一个衣柜、一台壁挂电视机和一个电脑桌。电脑桌上放着一个相框台历,相框内是段成才和女朋友丁丽在日本旅游的合影。单人床上被褥散乱,电视机还开着,播放着京海卫视的综艺节目。

程功回到客厅,看看餐桌上的剩菜剩饭,若有所思。他转身进入狭小的厨房,厨房台面上除了油盐酱醋等佐料瓶,还放着3个干净的红酒杯。程功蹲下身,戴着手套翻了翻地上的垃圾筒,果然看到一个红酒瓶。

"单宇!证物袋。"程功头也没抬地招呼道。

单宇已经戴上了口罩,全副武装地递给程功几个证物袋。程功接过证物袋,小心翼翼地把红酒瓶和红酒杯分别放入袋内,又递回给单宇保管。

单宇一向好洁,接过从垃圾筒里翻出的红酒瓶,有点儿胸闷,说:"程队,要不要把桌上的剩饭剩菜都打包啊?"

程功严肃地点点头,说:"要!"

单宇闭了闭眼睛,咬着牙说:"好!"

单宇戴着口罩去收拾残羹冷炙,程功则专注地观察起厨房间的煤气管线。

老式厨房的煤气闸口的开关和煤气表都隐藏在橱柜内,开关呈开启状态,金属煤气管与一个暗红色的橡皮管子用一个发锈的金属卡口垂直连接。橡皮管子看来有些年头了,已经发硬发脆,发锈的金属卡口已经因严重的锈蚀,几乎失去固定橡皮管的功能。橡皮管带着金属卡口微微下移,接口处露出一条2毫米左右的缝,正是煤气泄漏点。

这时,李威威穿着白色连体现场勘察服走进了厨房。他顺着程功的目光看了看橡皮管,感叹道:"哎!2毫米的泄漏点,真是追魂夺命的一条缝隙啊!"

欧阳瞳也从卧室走出,来到厨房门口,说:"两名死者的死亡时间大约在2小时前,也就是下午2点左右。死者的面部、口唇和躯干部分呈樱桃红色,大小便失禁,典型的一氧化碳中毒体征。"

程功微微点点头,专注地看着带着金属卡口的橡皮管,伸出一只手来。欧阳瞳心领神会,马上把现场勘察灯递给程功,说:"我刚才看过了,没有明显的指纹痕迹。煤气闸口的开关应该是常年不动的,已经被厨房的油烟封死,很难移动。不过金属卡口锈蚀,橡皮管老化,是有可能自然松脱的。"

程功用现场勘察灯照着总开关,环绕了一圈,没发现异样。他站起身,看看厨房其他地方,看起来似乎哪里都正常。但是,多年的刑侦直觉又告诉他,有哪里是不太正常的。

他站直身,对李威威和欧阳瞳说:"垃圾筒里有个红酒瓶,应该是中午刚喝的。酒瓶、酒杯和剩饭都要检测一下。欧阳,详细的尸检结果最好能尽快出来。"

李威威眼睛圆圆的,有点疑惑地问:"煤气中毒搞这么大动静啊?"

程功看看他俩的神色,低眉敛目,没有说话。单宇在一旁,看了眼自己手里"打包"的剩菜剩饭,胃内一阵翻涌,捂着嘴止住干呕。

这时,聂队走到303室门前,看向欧阳瞳,说:"派出所民警打电话来,说段成才已经醒了。他跟民警说,要让父母尽快入土为安。小欧,这尸体恐怕你们拿不走了。"

单宇一愣,说:"法医为什么不能带走尸体?"

欧阳瞳摇摇头,说:"没有直接证据定性为刑事案件之前,我们是不能解剖死者尸体的。除非得到死者家属的同意。"

这时,一个分局民警走上楼梯,对聂队说:"聂队,殡仪馆的车到小区门口了,马上要进来。"

"怎么这么快?分局就这样同意了?"欧阳瞳很惊讶,提起勘察箱就往中心现场走,"我得抓紧时间,再固定一些现场、尸体的证据。"

聂队打个哈哈,一边转身下楼一边说:"市局领导就是工作认真!煤气中毒死人,去殡仪馆也正常嘛!"

程功紧随其后,说:"聂队,这煤气中毒的原因,还是要排除一下的。"

聂队快步走出一楼的警戒线,顿住脚步,回头看看程功,别有深意地说:"程功,你们市局刑队要调查,也得按规矩来!两个死者的唯一亲属,就是他们的儿子段成才。人家明确表示,希望父母尽快入土为安,不要做任何尸体解剖。你有什么权力折腾?"

程功点点头:"聂队,我明白。但是,分局同意殡仪馆拉走之前,是不是先跟我们商量一下?"

聂队无声地笑了笑,掏出香烟用打火机点燃。他用粗胖的手指夹着烟,对程功说:"程功,什么都是你说了算吗?我的警龄比你的年龄都大,我跟你商量个什么?"

程功愣了愣,说:"聂队,您也是老刑侦了!以前汤队跟我们说过,刑侦工作不能放过任何蛛丝马迹……"

"行了行了!你现在有什么证据和线索?"聂队说着,有些烦躁地摆摆手。他抽了口烟,吐出烟圈,说:"我呢,只盼着平平安安地把这个班儿值完,明白吧?"

聂队说完,向程功摆了摆手,转身离开。

程功看着聂队的背影,目光冷淡。他扭头看看斜前方停着的殡仪馆接尸体的车,迅速上楼。到了楼上,程功对单宇低声道:"待会儿咱们跟着殡仪车走。"

"啊?"单宇愣住。

程功低声说:"汤队一走,聂队的工作作风也变了。现在我们很被动,先跟上去,看看再说!"

天色渐晚。

京海市南郊殡仪馆。

程功和单宇一路随着殡仪车进入南郊殡仪馆大门。殡仪车开到了殡仪馆最里面的停尸房前。程功把车停在不远处的路边,看到一个50多岁的大叔从停尸房走出，跟殡仪车工作人员一起把两具尸体推入停尸房。

单宇看程功眼睛不眨地盯着停尸房，递给他一瓶矿泉水，说："咱们破案都破到殡仪馆了，有线索吗？"

程功喝了一大口水，说："走，我们去医院，会会段成才。"

与此同时。京海市公安局刑侦队，队长办公室。

郑涛正在办公室内加班，接到市局姜松涛副局长的电话。

姜局长50多岁，体型富态，谢顶得比聂队还厉害，头顶的几缕头发用发胶固定，勉力维持着偏分发型。他坐在办公室内，背后悬挂着一副京海著名书法家的题字："如履薄冰"。

姜局长拿着座机电话，气定神闲地给郑涛布置工作，强调了近期刑侦的工作任务："郑涛啊，市局党委班子今天开会，根据公安部刑侦局的指示，近期刑侦工作强调对旧案悬案的侦破，目标是除恶务尽！"

郑涛认真记下来，说："姜局放心，刑技中心近期更新的设备、数据库和新技术，都会投入到旧案悬案复侦，发现线索，力争突破。"

"好。"姜局长似乎想到了什么，说："对了，那个程功你是不是放出来了？"

郑涛一愣，马上说："哦，关了他半个多月禁闭，我严肃批评教育他了！队里也确实缺人手……"

姜局长不快地打断："慈不带兵！你就是对他们要求太松，才总出事儿！一定要加强监管，那个程功再捅什么篓子，他就别干了！你也得受处分！"

"好的姜局，我知道了，一定注意。"郑涛闷闷地挂了电话，陷入沉思。

当晚。京海市中心医院。

程功和单宇站在病房走廊，跟段成才的主管医生了解情况。

男医生二十七八岁，沉稳利落，胸牌上写着：内科主治医师刘志祥。刘医生说："这个病人一氧化碳中毒，初步检查下来不是很严重，需要治疗和观察几天。"

"谢谢您！"程功和单宇谢过刘医生，走进病房。段成才长着一张圆胖脸，穿着病号服躺在床上,闭着眼睛,看起来很虚弱。丁丽坐在病床旁边,关切地看着他。

程功温和地说:"丁丽吗,我们是市公安局刑侦队的。"

丁丽忙站起身:"警察同志。"

"麻烦你出来跟我们谈谈,在这儿影响病人休息。"程功温言细语。

"好。"丁丽眼睛有些红肿,看得出刚才哭过。

病房走廊尽头。

"阿成跟我约了下午3点在他家见面。我3点多一点到的,按了半天门铃,敲门都没人答应,打他电话也不接。我就觉得不对劲,还好我身上有一把他们家的备用钥匙,就用钥匙开了门。一进门就看到阿成躺在地上,叔叔阿姨都……"丁丽语带哽咽,眼圈发红。

"你有钥匙,还用敲门?"单宇问。

"我……我们才相处了几个月,又没有结婚,总不好直接开门进去的。"

"那你怎么会有他们家钥匙呢?"程功语气温和,眼神锐利。

"哦,阿成前阵子跟我说,他爸爸妈妈年纪大了,总是忘事,把家里的备用钥匙放在我这儿,万一有什么事,也有个照应。没想到……"丁丽说着,啜泣起来。

程功点点头说:"好在段成才没什么事儿。走,我们去看看他。"说完便跟单宇一起往病房走。

他们推开病房门,段成才还是似睡非睡的样子,只是姿势跟刚才有点不同。

程功坐到病床前的凳子上,说:"段成才,我们是市局刑侦队的。感觉好些了吗?"

段成才微微睁开眼睛,嗫嚅道:"头晕……"

程功说:"你能坚持一下,讲讲今天中午的情况吗?"

段成才低声道:"我头很晕……中午吃好饭,爸妈睡觉了。我在房间看了会电视,去厨房倒水喝,不知怎么就晕倒了……"

程功问:"你中午喝酒了吗?看电视的时候没闻到煤气味吗?"

段成才看看程功,轻轻地摇头:"中午陪我爸妈喝了点红酒。他们有时候睡觉嫌开着空调气闷,会开着门睡。我怕电视声音吵他们,房门一直关紧的,要是早点闻到就好了……"

段成才哽咽着流下泪水。丁丽连忙拿出纸巾,帮他擦拭眼泪。

单宇问:"你还记得几点钟去的厨房吗?"

段成才表情痛苦地说:"2点吧,记不清了……"

程功问:"你看的是京海卫视吧?什么节目啊?"

段成才愣了愣,说:"好像是,'北平谍影'……"

程功问段成才:"'北平谍影',是电视剧吗?今天中午放的第几集啊?"

段成才有些烦躁,眼圈发红地说:"记不清哪一集了!我爸妈都不在了!你们警察怎么问我这些!"

单宇忙安慰道:"不好意思啊,你节哀顺变。"

程功也站起来说:"你好好休息,安心治疗。"

段成才闭目不语,默默流泪。

程功对丁丽摆摆手,和单宇离开病房。

程功走到门外,拿出手机查询了一下,轻轻冷笑一声,对单宇说:"走,回队里。"

晚上9点。京海市公安局刑侦队,队长办公室。

程功、单宇和欧阳瞳正在汇报案情。

程功正在据理力争:"郑队,煤气中毒不是意外,死者的儿子肯定有问题!"

"有什么证据呢?"郑涛拿起茶杯喝了口浓茶。

"段成才说他2点多晕倒的,当时看的是京海卫视的'北平谍影'。'北平谍影'这个电视剧,下午3点才开始播。丁丽3点一刻发现他的时候,他已经昏迷了。这说明,他两点多的时候根本没在看电视!"程功把手机里查到的电视台节目播出时间表递给郑队长看:"下午他还在医院里躺着,刚醒过来就联系殡仪馆,把尸体运走。还说什么入土为安。哼!连最后一面都不见,急着把爹妈烧掉,肯定心里有鬼!"

郑涛说:"这只是你的推理。欧阳,毒化检测结果出来了吗?"

欧阳瞳摇摇头说:"时间太紧张,只做了初步筛查,目前酒瓶酒杯、剩菜剩饭都没有查到有毒物质。"

程功急切地问:"有没有检测出其他微量物证?"

欧阳瞳无奈地说:"也没有发现。杯子如果清洗得干净,是查不到的。何况,也不一定有……"

程功往椅背上一靠:"段成才家里收拾得很干净,但是剩菜剩饭都摊在桌上,碗碟都没收,红酒杯却刷得干干净净,这不正常。老邻居们说,段成才的父母没有喝酒的习惯。一般人午睡的时间不长,死者是有可能察觉到煤气泄漏的。我严重怀疑,两名死者被下过药,做尸检肯定能查出来。"

郑队长把茶杯往桌上一放,说:"程功,你这些都是间接证据,没有直接证据就不能立案。段成才是两个死者的独子,直系亲属,他不同意,怎么做尸检?"

程功站了起来:"我申请查一下段成才的通讯记录、财务账单和个人情况。这小子肯定有问题!"

郑队长看看一直没说话的单宇,问:"单宇,你怎么看?"

程功也直直地看向单宇。单宇抿抿嘴唇,说:"我觉得老城区分局的聂队说的有道理,老公房缺乏维护,煤气意外并不少见。不过,"

单宇顿了顿,抬眼望向郑涛:"案子有任何疑点,都不能放过,我同意程功的意见。"

郑涛无奈地摆摆手说:"纪闻他们在忙抓捕,最近一直在外地。队里就这些人手,你们可以做点调查,排除他杀。但是注意,别给我惹麻烦!"

深夜。重案队办公室。

程功和单宇都坐在电脑前加班。程功抱着大保温杯,喝了口茶水提神。他扭头看看单宇,轻声说:"今天谢了。"

单宇的手边,放着一个精致的咖啡杯,里面的半杯咖啡已经有些冷了。他停下手头的工作,扭头看看程功,说:"不用谢,我也不是要帮你说话,只是觉得你的推测有道理。段家的家境很一般,只有那一套老房子。段成才在超市工作,收入不高。我简单查了下征信记录,他有多张信用卡逾期不还,有的银行已经向法院提出起诉了。"

单宇翻了翻桌上的通话记录单,说:"而且,从通话记录看,他的人际交往不多,平时主要就是跟女朋友丁丽联系。近期多次接到几家银行的电话,都是催债的。他借这么多钱,没买车也没买房,钱都干嘛去了?"

单宇叹了口气,往椅子背上一靠:"没有立案,我的权限只能查这么多了。要不,咱们找经侦帮帮忙?"

程功抱着大保温杯,喝了口茶水:"经侦队的门可不好进,得郑队给他们领导打招呼,明天上午吧。"

6月22日,上午9点半。细雨蒙蒙。

京海市公安局经侦队,位于新城区商贸中心附近的一条主干道上。程功和单宇开着警车驶来,远远看到经侦队大门口站着四五十人,有的打伞,有的穿着简陋的雨衣,还举着一条横幅。

几十个群众里有男有女,大部分是中老年人,围拢在一起,堵住了经侦队的大院门口,车辆无法通行。两个经侦队的中年保安神情无奈,似乎又见怪不怪地站在旁边,做出维持秩序的样子。

程功对单宇说:"现在进不去,贴路边儿等等。"

单宇把车停在路边,打着转向灯,落下车窗向外看去,只见横幅上写着几个白色大字:"聚晋公司还我血汗钱!"

几十个群众异口同声地喊着:"经侦领导出来!经侦领导出来!"

单宇诧异地轻声说:"你说经侦队的门不好进,是这个意思?"

程功没好气地瞥了单宇一眼:"能是这个意思吗?"

程功指着横幅,说:"这是金融公司P2P爆雷了,受害人来找经侦要说法。唉,大爷大妈们平时节衣缩食,想做高回报的投资。殊不知啊,你想要公司的高额利息,公司想要的是你的本金!多少人一把就被骗个几十万、几百万,能咽下这口气吗?他们散落在全市,以蒙蒙雨为信号,定期到经侦门口来。"

单宇说:"那经侦就立案抓人,让公司赔钱给老百姓呗!"

程功淡淡地说:"没那么简单,P2P公司爆雷也算是新型犯罪,牵涉面很广。这种公司都有律师指点,专门钻法律空子,出了事儿就找个小喽啰顶缸。幕后势力动不动得了,都是个问题。钱本来就让那帮孙子挥霍得差不多了,越拖越少啊。经侦要是有勇气拿命拼,搞不好还有点儿希望……"

单宇摇摇头,说:"总这么围着门,也不是办法啊!经侦领导不管吗?"

此时,一辆警车驶来,四个派出所民警从车上下来,开始疏散群众,用一根警戒线围了一条通道出来。

程功略带嘲讽地一笑:"将来你就知道了。经侦楼下豪车多,刑侦楼下尸体多!杨队长忙着呢!派出所也都见怪不怪了。走吧!"

单宇轻叹口气,开着警车驶入大门。

车辆驶过大门时,程功盯着横幅上的几个大字,轻声自语:"聚晋公司……"

10分钟后。

市局经侦队四队的副队长路殷南接待了程功和单宇。路殷南三十六七岁,中等身材,内敛斯文,身上有淡淡的烟草味道。

路殷南跟程功和单宇握握手,说:"我是经侦队四队的路殷南。"

程功说:"我是刑侦队的程功,这是我同事单宇。"

路殷南点头一笑,掏出香烟递了过去。程功和单宇摆摆手:"不抽烟,谢谢!"

路殷南便给自己点了烟,悠悠地抽了口,说:"杨队已经跟我交代过了,说郑队给他打电话了。放心!我们一定全力协助刑侦工作。"

单宇文质彬彬地说:"多谢啊!主要是案件排除过程中,死者可能涉及信用卡诈骗,要麻烦您了。"

"别客气。把资料给我,我们现在就查!"路殷南利落地说。

单宇忙把文件夹递给方辉:"谢谢!"

路殷南客气地笑笑,转身离开接待室。

程功和单宇喝完了手中的热茶,单宇皱皱眉头,说:"来刑侦后,把我20多年没喝过的咖啡、浓茶都喝完了。"

程功一笑:"你这就算适应刑警的加班节奏了!"

这时,路殷南回到接待室,递给程功的文件夹上有两张新的记录纸。

路殷南笑道:"我们已经查到了。段成才名下有 15 张信用卡,他母亲张美芬名下有 7 张信用卡,父亲段常海名下有 2 张信用卡。这二十多张卡基本上都刷爆了,欠费总额将近一百万。一家三口都在征信名单里,现在,已经有 5 家银行向法院提出起诉。"

"谢谢!"程功和单宇接过文件夹。

路殷南说:"我查了一下段成才的消费情况,他买过不少奢侈品,男女都有。另外,经侦关注的信贷公司里,发现了段成才的信息记录,他应该还借了一些高利贷。利息很高的那种,可以说是债台高筑了。"

走出经侦队,单宇问程功:"段成才是欠了信用卡债,但不能说,欠了债就会弑父弑母啊!接下来怎么办?"

程功发动车子,说:"去医院。"

与此同时。

路殷南走到京海市公安局经侦队队长杨力鸣的办公室前,敲了敲门。

"进!"杨力鸣坐在办公桌后,衬衫笔挺,头发梳理得一丝不苟。

路殷南进入办公室,恭敬严肃地汇报程功和单宇的到访情况:"杨队,刑侦的人来过了。"

"事情办好了?"杨力鸣靠在大皮椅的靠座上,语调缓慢。左手握起一块温润柔亮、雕工精美的玉石,轻轻摩挲着。

路殷南没坐,站着答道:"查一个嫌疑人的信贷情况,刚好是我们四队的活儿。已经办好了,他们刚走。"

"那个姓程的,程什么来着?"杨力鸣眼睛微闭,似乎不屑于提起程功的名字:"他怎么样啊?"

路殷南面色沉稳,说:"程功,看起来还行。"

杨力鸣微微一笑,说:"郑涛这个人,就会死干活!管理能力和政治头脑都有待加强!所以啊,刑侦队总出些愣头青,就会打打杀杀,没一点儿规矩!"

路殷南笑了笑,低声附和道:"是啊。所以大家都说,年底市局领导班子换届,您是副局长的最佳人选。"

杨力鸣摆了摆手,平稳中隐含官威:"唉!小路,不要听民间宣传部乱讲,我们不管什么时候、什么位置,都要服从组织的安排。"

路殷南脸上挂着淡淡的微笑,点头称是。

杨力鸣清清嗓子,伸手从桌上拿起一包限量版的黄鹤楼,缓缓抽出一支烟。

路殷南赶紧从口袋里掏出打火机,向前迈了一步,恭敬地给杨力鸣点烟,说:"杨队,派出所已经把门口的人疏导走了。"

杨力鸣就着路殷南的殷勤给香烟点了火,徐徐吐出一个烟圈:"小路啊,你做事情,我还是放心的。我们经侦不容易,多做多错。不过,领导交办的工作,都要全力以赴。这个道理,你慢慢悟吧。"

"是,您说得对。"路殷南态度谦卑地应下。杨力鸣的手机响起,他拿起手机准备接听。

"杨队,那我先走了。"路殷南恭恭敬敬地说,走出杨力鸣的办公室。

办公室内,杨力鸣接起电话,语气客气而又亲热:"洪总,怎么想起给兄弟我打电话了?"

电话对面的洪总,也就是洪兆红,今年46岁,个头不高,白白胖胖,细长的双眼炯炯有神。

洪兆红是寒门出身的高材生,毕业于京海财经大学,一路奋斗,目前是京海市最有影响力的证券公司"京海证券"的一把手。他在京海市的金融市场有翻云覆雨的本事,于公于私都经常和经侦队打交道,与杨力鸣关系密切。

洪兆红西装革履地坐在奥迪A8座驾内,松了松勒在肥胖脖子上的领带,朗声一笑:"老弟啊,晚上出来坐坐吧。我们小范围聚聚,没有外人。"

杨力鸣笑道:"洪总指示,哪敢不从,晚上见!"

6月22日,中午11:15。

京海市中心医院。

程功和单宇走进病房,发现段成才的病床是空的。他们忙到护理站询问,年轻的值班护士说:"7床的病人吗,刚才说要出去办点急事,一会就回来。"

单宇问:"他有没有说去哪里了?"

护士有点茫然地摇摇头。

程功沉吟了一下,猛然抬头说:"糟了!"

6月22日,中午12:05。

南郊殡仪馆。

程功匆匆把车停在路边,快步走进停尸房的接待室。单宇犹豫了一下,还是紧随其后,跟了进去。

接待室内,那位50多岁的工作人员坐在软椅上,闭目养神。程功走到接待室门口,看到接待室门口贴的值班人员表上写着汪向阳,敲敲玻璃窗:"汪师傅!"

汪师傅缓缓睁开眼睛,站起身来。他矮胖身材,脸色微红,慢悠悠地说:"办什么事?"

程功闻到汪师傅身上散发出一股酒气,心中一动,和气地道:"我是工会的,我们单位退休职工段常海去世了,我来看看后事料理的情况。"

汪师傅打了个酒嗝儿,慢悠悠地说:"段常海,哦,那两口子啊!他们儿子上午拿了死亡证明来,说一切从简,不换寿衣也不搞追悼会,要求今天就火化。"

单宇一愣,看向程功。程功面不改色地问:"那,火化了吗?"

"今天火化间已经排满了,最快也要到明天。"汪师傅翻了翻桌上厚厚的登记册,不紧不慢地说:"排了明天火化,估计得到明儿下午2点吧!"

程功眼神锐利,目光扫去,便看到登记册上段常海的编号是18603-17。他客气地说:"谢谢您啊!"

"得嘞!这老两口儿啊!儿子不像儿子,单位不像单位。早烧早了吧!"汪师傅眼神迷蒙地瞟了眼程功,四平八稳地坐回到软椅上。

"汪师傅,您是这儿的老职工吧,看得真通透!"程功半是恭维,半是感慨。

汪师傅也有些感慨,徐徐道:"我呀,在殡仪馆干了20多年咯!这人啊!活着的时候是恩怨情仇,名来利往;死了,就是一股轻烟一把灰,什么都没咯!"

程功一副拉家常的样子,问:"那您晚上一个人值班儿吗?胆气真足啊!"

"怕啥啊?这世上害人的,不是躺着的死人,而是活着的坏人!"汪师傅靠在椅背上叹了一句，又开始闭目养神。

"行嘞！您休息。"程功看看汪师傅，又迅速打量了一下殡仪馆的内部环境，转身出门，匆匆回到车上。

他坐到副驾驶座，马上拨通了聂队的电话："聂队，我是程功。段成才上午到派出所开死亡证明了，您知道这事儿吗？"

"是吗？我今天在区里开会，不太清楚啊！家属要开死亡证明，派出所也是正常流程办理，应该没什么问题吧？程功啊，你还年轻，干什么别太轴，太较真，你看……"聂队的声音疲塌油滑，从电话那头传来。

程功听得心头火起，硬硬地说了声："聂队，信号不好，挂了！"

程功匆匆挂断电话，随即拨通郑队长的电话："郑队，我是程功……"

"什么？这么急着火化？"郑涛听到这一情况，也有些吃惊。

"是啊！他连寿衣都没准备，就急着把他亲爸亲妈烧掉！"程功眼神散发出一丝寒意，"郑队，段成才是个卡奴，欠了一屁股债，各种表现都不正常！我们必须做尸检，一定会有发现！"

郑队的声音顿了顿，说："程功，推理不是证据。公安部和市局都反复强调，要依法办案！我们刑侦不能执法违法……"

程功提高声音说："所有间接证据都指向段成才！咱们总得干点儿什么吧！难道眼看着他把父母给火化了，彻底消灭证据，逍遥法外？！"

郑队的声音也严肃起来："没有达到立案标准，你不能仅凭推理就去蛮干！没有充分证据，是可能制造冤假错案的……"

程功把手机从耳边拉开："喂？喂？领导，进隧道了，信号不好……"他挂断电话，皱着眉头看向远处。

单宇开着车，扭头看看程功，问："现在，回队里？"

程功看看时间，摇摇头："去宝丽大酒店吧。"

"啊？"单宇又愣了。

宝丽大酒店，中餐厅的大包间内。

欧阳瞳作为相亲饭局的女主角，一改职业装束，穿着宝蓝色长裙，长发披肩,端庄淑女。欧阳的父亲是京海大学法学院的知名教授,50多岁,温文尔雅。母亲是市建筑设计院的副院长,衣着讲究,气质雍容。

相亲对象是个二十六七岁的青年,穿着时尚。男方父母都是富贵体面的生意人模样。

欧阳妈妈微笑地看着男主角,说:"小沈留学回来,在公司上班,平时很忙吧?"

沈妈妈说:"在自己家公司上班,他爸爸也要他从基层做起的。"

沈爸爸说:"男孩子肯定要多锻炼啊。"

欧阳爸爸认同地点点头:"来,夏总!"两人碰了一下红酒杯。

沈妈妈看看漂亮斯文的欧阳瞳,心中喜爱,笑道:"瞳瞳平时工作忙吗?这么娇娇弱弱的女孩子,居然是市局的刑警!真是厉害啊!"

欧阳瞳笑笑,低着头抿水喝。

欧阳妈妈说:"我这个女儿啊,什么都好,就是太有主见了!研究生毕业了,还要在一线工作!我一直跟她讲,早点调到办公室……"

欧阳爸爸倒是很开明:"孩子有自己的想法,我们还是要尊重。"

欧阳瞳看了看小沈,只见对方全神贯注地低着头,双手在桌子下方。看手势和表情,应该是拿着手机在打王者荣耀。

沈妈妈推了推儿子,嗔怪道:"讲话啊。"她随即抬头笑着说:"我们儿子啊,比较内向。"

欧阳瞳笑笑,喝了口汤。此时手机铃声响起,她马上接起电话:"喂?"

"欧阳,紧急情况!我到宝丽接你出现场!"

程功话音未落,欧阳瞳就说:"好的!我马上跟你们会合!"

欧阳瞳挂了电话,欠身抱歉地说:"叔叔阿姨,爸爸妈妈,不好意思!单位有紧急任务,我得马上赶回去!"

欧阳妈妈面露不愉:"这周日怎么又加班……"

欧阳爸爸倒是大手一挥:"去吧!工作为重!"

沈妈妈笑道:"是啊是啊!年轻人就是要以事业为重!宝宝,快送送瞳瞳。"

小沈宝宝头都没有完全抬起来,拿着手机就站起往外走,膝盖撞到了桌子腿上,"哎哟"一声手机掉地上了。

欧阳瞳敷衍地挥了挥手,小跑步地走出包间。

单宇把车停在酒店门前的车道上。程功穿着浅蓝色的长袖衬衣,从副驾驶座上下来,向欧阳瞳挥手:"欧阳!"

欧阳看到程功脸上的笑容,不由得愣了愣,随即脚步轻快地上了车。她一上车就板了面孔,平静地问程功:"说吧,找我帮什么忙?"

程功也不生气,淡淡一笑:"我以为你会问我,怎么神机妙算跑到宝丽来打扰你相亲啊?"

欧阳瞳无奈地摇摇头:"这还用问?八卦威可不是浪得虚名的!"

单宇也反应过来了:"哦!早上在食堂,威威说你妈满世界找你,电话都打到办公室了!原来是让你相……"

欧阳瞳飞了个眼刀,显然不想继续这个话题。

程功说:"威威今天值班,刚好,我有要紧事儿跟你俩商量。"

6月22日下午。

京海市公安局刑侦队刑事技术中心。

"什么?"欧阳瞳和李威威同时喊道。

"你让我跟你到殡仪馆去做尸检?"欧阳瞳一脸不可置信。

程功求人也没个求人的样子,站得笔挺:"你就说,去不去吧!"

李威威翻翻白眼,说:"你还要把新进的特种光源设备搬到段家?新设备花了局里多少经费!你不知道吗?要动用这个大家伙,得郑头儿同意。没有立案手续,根本就出不了大门!"

"我知道,所以才找你们帮忙啊!"程功两手一摊,坦然承认,"还有不到24小时,两名死者的尸体就要被火化,段成才就要出院回家,逍遥自在了!现在查来查去都没有直接证据,我们就眼睁睁地看着杀人凶手逍遥法外?"

"你怎么就那么肯定他有罪呢?!"单宇也感到突然和压力,皱着眉问。

欧阳瞳客观地说:"没有证据,段成才连犯罪嫌疑人都不是,他只是死者家属。我们什么都不能做。"

"死者家属？哪个死者家属连最后一面都不见，就急着烧掉亲爸亲妈的？"程功站起来，额头青筋微微突出，"家属不同意，就不能尸检。没有尸检结果，就不能证明是非意外死亡，那就不能立案。没立案就不能证明这个家属是凶手！这不是个死循环吗？！"

李威威弱弱地说："程功，中心现场和外围现场，我和欧阳都看过了，确实没发现问题。一整套设备要是私自带出去，也不一定能查出什么，咱们都得受处分。"

程功看着欧阳瞳，问："欧阳，我就问你一句话，你相信我吗？"

欧阳瞳静静地看着程功。她仿佛听到程功多次问她的一句话："你相信他是自杀吗？"

欧阳瞳的内心有千百句回答喷薄欲出。但是，她依然面容镇静，不发一言。

程功点点头，目光微冷，转身大步离开。

6月22日，下午。

建工小区。

程功大步走进小区，单宇跟随其后。

程功说："你觉得是意外，干吗还要跟我来现场？"

单宇说："我就是想看看，你怎么证明自己是对的。程功，我知道王大鹏的事对你刺激很大……"

程功陡然停下脚步，目光锐利地看着单宇，冷厉地说："你不查案，却来查我？！"

单宇坦然道："你让我去给王大鹏的妈妈送医药费，难道还要瞒住我吗？再说，你被关禁闭的事情，大家都知道。"

单宇叹了口气，说："我们毕竟是搭档，我担心你在这个案子上，有感情用事的倾向，非要证明他们的死不是意外不是自杀，而是谋杀！"

程功摇摇头，望着单宇："如果你这么看我，那我们就当不了搭档。"

单宇直视着程功的眼睛，平静地说："不管你相不相信，我是真心想帮你的。只不过，咱们现在去看现场，可能门儿都进不去了。"

程功果断地说:"刑警破案,不能先想着困难。"说完,他大步向前走去。

程功和单宇走到小区深处,转过弯,看到案发现场楼下仍拉着警戒线,还站着一个派出所的联防队员。

单宇惊讶地说:"派出所居然还没撤岗。"

程功看到警戒线,轻轻舒了口气。此时,他的手机响了,是郑涛发来的微信,很短一句话:"你只有1天时间。"

程功淡淡一笑,对站在房门口的联防队员出示了警官证,说:"市局刑队复勘现场,钥匙给我下。"

联防队员把钥匙递给程功。程功拉开警戒线,用钥匙打开房门,戴上鞋套后走进案发现场。

老公房的采光不好,阴沉昏暗。主卧的窗帘一直拉着,房顶的白炽灯,投射出惨白的光线。单宇静静地站在客厅,看着程功从客厅依次走到厨房、主卧和次卧内,神情专注。

程功站在主卧内,脑海中把所有侦破信息汇总、融合在一起,逐渐复原出昨天的案发情况:

段成才买了瓶红酒,打开后先给自己倒了一大杯。趁父母在厨房忙碌时,他悄悄在父母的酒杯放入不明的粉末,倒入红酒后摇晃均匀。

餐桌上,他有意讨好父母,不断劝酒,段父段母都喝了一两杯红酒。没多久,老两口就觉得头晕不适,于是连碗碟也没收,就回到房间午睡休息。

段成才看父母睡下,赶紧把红酒杯拿到厨房清洗干净,红酒瓶顺手扔到垃圾筒里。他把煤气管道的橡皮管子拧松,又用干抹布把指纹擦拭干净。他嗅到煤气泄漏的味道,就把主卧的房门打开,确保煤气进入父母房间。此时,段父段母已经在床上昏昏沉睡。

段成才回到自己的房间,将房门关紧,拿出手机发微信提醒女友丁丽:"亲爱的,记得3点来我家玩哦,有礼物送给你。么么哒!"

他心不在焉地在房间内等候,电视机里播放着什么他根本没有注意。等到快3点的时候,他用手捂住口鼻从侧卧走出,进入主卧确认父母已经死亡。他放心了,看看时间已经3点,随即躺在客厅地上,等着丁丽来敲门。

段成才被煤气呛得嗓子疼,也只能躺在地上假装,隐约听到卧室里的电视机传出"北平谍影"的主题曲的声音。

随着煤气味道越来越浓,他开始感到胸闷气短,四肢酸胀,意识就逐渐模糊,是种说不出的难受。他甚至有点后悔:不会把自己也搭进去吧?

这时,丁丽开始按门铃:"阿成,阿成!"

段成才陷入昏迷前,脸色露出了得意的微笑。

单宇听了程功的推理,目瞪口呆。

他愣了好一会儿,说:"程功,你的推理很到位。但是,就算我相信你,咱们还是没有证据啊!"

程功长吁了口气,目光看向主卧床尾挂着的一张全家福:段父段母当时也就四十多岁,满脸幸福,中学生模样的段成才坐在父母中间,一脸青涩地微笑着。

程功看着一脸笑容的段父段母,说:"单宇,你知道被冻死的尸体是什么样吗?"

单宇愣了愣:"什么样?"

"人在被冻死之前,体温急剧下降,但是大脑会发出错误的信号,出现一种反常热感觉,越濒临死亡越觉得热。所以,被冻死的尸体很多是自己脱掉了衣服,还有抓挠身体的痕迹。"

程功问单宇:"那你知道什么样的尸体会面露笑容吗?"

"笑容?"单宇仍有些不明所以。

程功说:"我刚到刑队的时候,有位老法医跟我说,人在昏睡中,因为煤气中毒等原因死亡时,很可能中间会醒来,或者有一部分清醒意识。他们能感受到痛苦,大脑能思考,但是身体却无力挣扎,无法自救。大多数煤气中毒死亡的人,看起来神态平静。但是,如果死者濒死前有一定意识,比如情绪极度恐惧、悲愤,就有可能出现夸张的面容,甚至,类似于笑容。"

"就像段家老两口那样!"单宇猛然回想起两个死者脸上那诡异的笑容!

程功缓缓地点点头，说："也许他们临死前，已经明白是儿子要害死自己，肝胆俱裂却又不能动弹……"

单宇有些震惊地望向程功，又看向那张双人床，喃喃道："人间炼狱。"

程功顿了顿，说："走！我还要去趟殡仪馆！"

程功和单宇走出房门。门口的联防队员说："同志，麻烦把钥匙留一下。"

单宇说："我们还要来复勘现场的。"

联防队员无奈地说："所长交代了，就让我们看到明天。人家儿子明天就回家了，也得找我们要回钥匙。"

程功把钥匙还给联防队员，一边大步往外走，一边对单宇低声说："你能不能去市中心医院，想办法把段成才拖住？明天白天一定不能让他出院回家！"

单宇没有信心地说："我们没有正规手续，人家医生不能答应吧！"

程功云淡风轻地说："找你的熟人，打打招呼呗？"

"你怎么知道……"单宇有些奇怪，自己哪有什么熟人。

程功挑眉道："缴费那天我看见了，那个年轻的女医生不是跟你打招呼了吗！"

"那不是熟人，她是……"单宇想要解释，却又不能对程功说尹慧伊是自己的心理医生，不由得愣在那里。

程功大手一挥："你不是说真心要帮我吗？那咱们现在就兵分两路！你去医院，想办法拖住段成才，不能让这小子出院，回来破坏现场！我呢，还得再去趟殡仪馆。"

单宇嘟囔道："你去了也没用！你又不会尸检……"

程功当没听到，快步离开，说："我开车走了啊！你打车，赶紧去医院！"

单宇无奈地叹了口气。

6月22日，傍晚。

京海市中心医院。

单宇在病房大楼的一楼等电梯，神情有些纠结。电梯到了，穿着病号服的患者、病人家属和穿着白大衣的医务人员涌出电梯。

单宇站在电梯外等候的队伍中,突然看到两张熟悉的面孔,正是他想要找的两个人:尹慧伊和内科的刘志祥医生。他们俩都没有穿白大褂,尹慧伊穿着一条淡绿色的连衣裙,看起来充满青春活力,跟单宇之前见到穿白大衣的端庄严谨形象很不一样。刘志祥穿着T恤衫和牛仔裤,清秀方正,精神抖擞。

单宇没想到这么巧,微微一愣。尹慧伊先看到了他,停下脚步,微笑着打招呼:"你好!"

单宇说:"尹医生好!刘医生好!"

刘志祥也认出了单宇,笑道:"警察同志,您好!"

尹慧伊看看刘志祥:"你们认识啊?"

单宇忙道:"哦,工作的事情,刚见过!"

刘志祥温和地看着尹慧伊,问:"你们认识吗?"

尹慧伊一笑,并不多言:"也是工作关系。"

单宇看看身旁的人来人往,说:"刘医生,有事要请您帮忙,麻烦借一步说话。"

三人走到大厅稍僻静处,单宇简明扼要说了来意,但注意隐去了破案的关键信息。他诚恳地说:"我们就是希望段成才能在医院多治疗一两天,身体恢复得也更好一些。"

刘志祥轻松地说:"哦,我们跟病人也谈了,他还要再做一些检查和治疗的。"

刘志祥又看看身旁的尹慧伊,说:"尤其是防范一氧化碳中毒的神经系统后遗症,特别要注意休息!听说上午他还跑出去办事,太危险了!我和护士长再说说,重点关心他,一定照顾好!"

单宇如释重负,笑道:"谢谢刘医生!谢谢您帮忙照顾!"

他又对尹慧伊感谢地说:"谢谢尹医生。"

尹慧伊一笑,一双明亮的眼睛微带笑意,似乎在说:原来你是刑警。

"不客气,再见啊!"刘志祥客气地跟单宇告别,跟尹慧伊转身离开。

单宇望着他们并肩而行的身影,两人看起来十分般配。他隐约能听到刘志祥向尹慧伊殷勤地说:"你想吃什么,西餐好不好?"

尹慧伊轻松地说:"都行啊!要不要叫上冯师姐啊……"

单宇看着尹慧伊的窈窕背影,低下头,淡淡地笑了笑。

与此同时。程功开车来到一个岔路口。

岔路口往南走是南郊殡仪馆方向,往北是市局刑侦队。他想了想,车子靠在路边停下,给欧阳瞳发微信:"我晚上要去南郊。"

微信发出不到三秒,欧阳瞳的电话打过来了,语气平静利落:"死亡时间超过24小时,外周血液凝滞,只能采心血检测。我在队里,过来接我。"

程功说:"好。"他挂了电话,神情复杂地愣了几秒钟,绿灯亮起,开车前行。

深夜,乌云遮蔽星辰。

南郊殡仪馆位于郊区一片待开发的区域,周边十分冷清。程功的车疾驶而来,笃笃定定地停在了殡仪馆外。

"程功,我跟你走这一趟,是为了查找真相。你别觉得是我欠你的……"欧阳瞳坐在副驾驶座上,轻声嘟囔了一句,话没说完就开门下了车。

"谢谢。"程功解开安全带,低声说了句,也不管欧阳瞳是否能听到。

欧阳瞳手提简易的现场勘察箱,跟程功一起走到殡仪馆门口。

殡仪馆门口的传达室内灯光微亮,但十分安静,隐约能听到值班人员的咳嗽声。程功和欧阳瞳对视一下,顺利地从边门进入殡仪馆园区。

偌大的园区内,一片沉寂。除了主干道上几盏昏暗的路灯,既没有行人也没有车辆,偶尔从绿化带中传出几声怪异而尖锐的鸟叫声。

两人穿过灵堂楼宇,闻到一股淡淡菊花百合的味道,花香中夹杂着一股腐败之气。他们来到停尸房前,又闻到一股福尔马林消毒水、酒精、肥皂等混合的气味。

停尸房小楼一片漆黑,寂静无声。

程功看看欧阳瞳,低声说:"这栋楼晚上就一个老师傅值班,先看看正门能不能进去。"

一阵夜风刮来,欧阳瞳抱了抱肩膀,皱皱鼻子,轻声说:"味道这么大?"

程功对气味没那么敏感,压低声音说:"味道大正常!停尸房后面儿就是炼尸房。炼尸炉还不都是烧死人的焦臭味儿!咱们要是不行动,明天下午,这老两口儿就都化作青烟了。"

欧阳瞳点点头,悄无声息地走到门前,从口袋里拿出一个精致的棕色鹿皮小包,包里装着一排乌黑发亮、不同长短的针状开锁工具,行内人称之为探棒。欧阳瞳俯身观察了一下门锁,挑选出两根长短适中的探棒,插入门锁有规律地晃动。

只听"啪嗒"一声轻响,欧阳瞳顺势拉了下门把手,打开房门。

程功低声说:"不愧是刑警学院锁痕专家的关门弟子!"

欧阳瞳神情傲娇,瞥了他一眼,示意他快点进去探路。程功身形敏捷地进入停尸房大门,向前小跑几步,俯身探头透过玻璃窗向值班室内看去。

此时,遮住月亮的乌云被风吹散,月光透过值班室的窗户洒入房内。在月光映衬下,只见汪师傅正斜斜地靠在软椅上,圆睁双眼看向窗外,直直地瞪着程功!

程功看后一惊,急忙俯身,心跳一阵加剧,呼吸声都有些粗了。欧阳瞳在门口观察等候,看到程功的样子,以为他被发现了,不由得神情焦急,做出撤退的准备。

程功定了定神,发现汪师傅没有后续声音和动作,便再次探头向玻璃窗内看去。

他发现汪师傅姿势不变,依然睁着双眼,但是呼吸均匀,神色平静。汪师傅身旁的桌子上,隐约能看到有白酒的空瓶子,隔着门都能闻到淡淡的酒气传出。

程功这才明白,原来汪师傅常年在殡仪馆值班,经常喝酒安神,晚上睡觉也很容易坐着睡着,睡着后还不闭眼睛。他想明白后,不由得一笑,向欧阳瞳挥挥手。两人脚步轻敏,走进漆黑的走廊。

程功打开警用手电筒,查看着停尸间的门牌号。按照 18603-17 的尸体编号推测,推开了 3 号停尸间的门。

停尸间内漆黑一片,用手电筒扫去可以看到空间很大,左侧和里侧是两排存放尸体的冰柜。正中间摆着十几张停尸床,每张床上都有一具尸体。

程功在前,欧阳瞳在后,走进3号停尸间。欧阳瞳轻轻关上了停尸间的门,"啪嗒"一声轻响,房间内就只有他们两个活人和几十具尸体了。

欧阳瞳轻声说:"租冰柜放尸体要花钱。明天就要烧掉的尸体,肯定在外面摆着。"

程功点点头,从外向内边走边看,用手电筒灯光一一扫视尸体。前面八九具尸体是有男有女,有老有少,都穿着寿衣,化了浓妆。

轻微的尸体腐败味和化妆品的脂粉气味混杂在一起,形成了一种特殊刺激而又怪异的味道。欧阳瞳都不由得抽了抽鼻子,轻叹道:"黄泉路上,不分先后。"

程功走到最后的两具尸体前,借着手电光一看,果然是段常海夫妇!

两名死者仍穿着被发现死亡时的那身睡衣,既没有穿寿衣也没有经过入殓化妆师的打理,脸色僵冷灰败,面容扭曲诡异。

欧阳瞳和程功对视了一眼,两人的眼神都十分复杂:既为顺利找到死者尸体而高兴,又为老两口的不幸感到同情和伤感。

欧阳瞳虽然是经验丰富的法医,在夜深人静的殡仪馆做尸检也是头一回。她放下随身现场勘察箱,双手合十,向两名死者微微鞠了个躬。

欧阳瞳从勘察箱里取出一根长长的针管,又拿出一根长约20厘米的特制针头。她戴着白色橡胶手套,掀开死者上身的睡衣,从左腋下起,自上而下摸索左侧的肋骨间隙,又从下往上摸排上去,左手找准心脏位置,右手拿着针头从肋骨间隙猛地刺入。手法稳准狠!

欧阳瞳通过手感确认位置准确,开始用针管回抽血液。暗红色的心包血液缓缓流出,欧阳瞳将血液引流入一个做好了标记的塑料采集管。很快,她就完成了两个死者的心血采集。

程功一直安静地拿着手电筒为欧阳瞳照明和打下手,同时还要观察走廊上有没有异常的响动。他看到欧阳瞳手法熟练,动作迅捷地收集好血液,装入勘察箱内,不由得小声赞叹:"欧阳,你的业务能力始终在线!"

欧阳瞳瞥了他一眼,骄傲地挑挑眉毛。她俯下身,把两名死者的睡衣重新拉整齐,低声说:"走吧!"

两人快步走出停尸间,俯身走过值班室。程功特意探头看了一眼值班室内,只见汪师傅仍靠在软椅上,眯着眼睛呼呼大睡。程功和欧阳瞳相视一笑,两人走出停尸房,迅速消失在夜色中。

6月23日,凌晨。

京海市公安局刑侦队刑事技术中心。

法医室内。实验操作台前,欧阳瞳和同事们紧张而有条不紊地忙碌着,检测血液的各项指标,尤其是详细的毒化检测。

凌晨时分。

京海市公安局刑侦队重案队大办公室内。程功挑灯夜战,办公桌上堆着几厚沓的卷宗材料。

他加班加到太晚,饥肠辘辘地抱着一碗康师傅方便面,埋头吃得很香,边吃边说:"这案子结了,得吃点儿好的,海底捞吧!"

"好!就吃海底捞!"程功旁边的位置上传来一个年轻男人的声音,声音呜呜囔囔的,显然也吃着方便面。

程功爽朗一笑:"我跟你说啊,一到现场,我就知道不是意外,是谋杀!你说是吧?"

他边笑边转头去看身旁的人。坐在单宇位置上的年轻男人也抱着一碗方便面在吃,听到程功的问话,他抬起头,转向程功,赫然是已经死去的王大鹏!

王大鹏脸色煞白,额头上不断流出暗红色的血液,脸上身上都是猩红的血迹,却笑得灿然无害。他笑着说:"是啊程功!是谋杀!"

程功惊道:"大鹏!"

王大鹏咧嘴一笑,突然消失不见!段常海夫妇猛然出现在程功面前!他们仍穿着睡衣,面带诡异笑容地说:"是啊程功!是谋杀!"

程功骇然,汗如雨下,耳边似乎有无数个声音,在重复着同一句话:"程功!是谋杀!程功!是谋杀!程功!程功!"

程功猛然惊醒,映入眼帘的是欧阳瞳清丽的脸庞。

欧阳瞳拍着他的肩膀,正在喊醒他:"程功!程功!"

程功活动了一下酸麻的肩膀,从办公椅上直起身体,用手搓搓脸,歉意地说:"一不小心睡着了。"

"没事儿!"欧阳瞳一脸喜气,挥舞着一张检测报告,"程功,你是对的!两名死者的体内都发现了大量安眠药成分!"

程功猛地站起来:"真的?太好了!我马上去给头儿汇报!"

欧阳瞳笑着点点头,秀丽的眼眸中藏着熬夜后的疲惫血丝,也有掩不住的兴奋光芒。

6月23日,清晨。

京海市公安局刑侦队。

队长办公室内。郑涛看着桌上的血液检测报告,一言不发。

程功和欧阳瞳站在桌前。欧阳瞳说:"我在现场看过段常海夫妇的医保本,段常海有高血压,张美芬血糖高,两个人平时在医院开的都是降压和降糖的常用药,没有安眠药之类药物的记录。"

郑涛点点头,说:"看来确实有问题。不过没有指向段成才的直接证据,证据链还不完整。"

程功说:"郑队,我想申请把新进的特种光源设备搬到现场,重新勘察。"

郑涛想了想,说:"可以,注意安全。"

程功和欧阳瞳高兴地对视一笑:"放心!"

郑涛哼了一声,用手指敲了敲桌上的血液检测报告,说:"心包血……怎么采到的心包血?啊?!你们啊,别给我惹麻烦!"

"是!"程功和欧阳瞳站得笔直,走得快速,笑得开心。郑涛无奈地摇摇头。

6月23日上午。建工小区。

老式小区没有地下停车库,路一侧甚至两侧都停着住户的私家车。李威威开着中型现场勘察车进了小区,勉勉强强,挤挤挨挨地停在了警戒线旁边。

欧阳瞳穿着精干的现场勘察服,提着现场勘察箱下车。单宇、李威威和程功一起往车下搬设备。刚开始搬,一个开着起亚路过的中年男子从驾驶座探出头来:"唉!停这儿怎么过车啊?"

李威威正抬着仪器,回了一句:"稍等啊,警察办案。"

"警察怎么了?警察就能堵住路吗?"中年男子不耐烦地喊,旁边路过的居民纷纷停下,好奇地看向他们。

李威威有点想发火,程功向他摇摇头,三人很快将仪器设备搬到警戒线内。程功几步就上了现场勘察车,利落地打起方向盘,宽长的中型现场勘察车被他开得灵活流畅。

不到30秒,现场勘察车就紧擦着中年男子的起亚车开了过去。两车之间最近时,车距不到1厘米,可以说是神炫技了。

中年男子开始被吓得"唉唉"直叫,后来又惊得说不出话了。

程功从后视镜里看了看目瞪口呆的中年男子,轻笑了一下。他把车停在稍微宽敞的路边停车位上,就马上跟单宇、李威威一起爬楼梯搬运设备。

段成才家。

李威威和欧阳瞳在厨房安装好设备,便开始用黑色幕布封闭厨房的窗户。所有透光的缝隙都遮蔽得严严实实,整个厨房间变成了一个密不透光的暗室。程功和单宇站在厨房门外等候,心情紧张。

李威威说了句:"暗视场布置好了,开始吧!"

欧阳瞳打开了特种光源设备的开关,一道绿光立刻从光源头射出,如同一道绿色利剑,在黑暗中闪闪发亮。

李威威戴着专业的护目镜,小心翼翼地移动着特种光源观察煤气管道的每一个细节。欧阳瞳在操作仪器,更换滤片,调整光源波段,聚精会神地盯着监视器,配合李威威寻找最佳的观察视角。

煤气闸口的开关和煤气表都在橱柜内,李威威架着胳膊观测,这个姿势很累人,没一会儿他就汗流浃背了。

然而,他把金属煤气管、橡皮管尤其是金属卡口都看了一遍,却仍没有找到痕迹线索。李威威不由得摇摇头说:"擦得很干净,看不到指纹。"

欧阳瞳顿了顿,说:"威威,再仔细看看!"

李威威点点头:"墙缝儿里再看看!打开针状成像仪。"

欧阳瞳答:"好!"马上启动了针状成像仪系统,打开了成像屏幕。

李威威架着胳膊,伸着脖子,把光源头和摄像头极为小心地伸入到金属煤气管的内侧。他屏住呼吸,极为缓慢而稳定地移动着光源和镜头。欧阳瞳紧盯屏幕,监测着每一个细节。

"停!"欧阳瞳突然低低地喊了一声。

李威威停下手里的动作,甚至屏住了呼吸,汗水已经完全浸湿了他的上衣。

欧阳瞳迅速把屏幕最上方的一圈痕迹放大,确认是指纹的部分边缘。她压抑住激动的心情,沉声说:"威威,向左上方移动一点。"

李威威轻微地呼吸了一下,缓慢地将光源和摄像头向左上方移动了一点,就在煤气闸口下方的煤气管接口处。

此时,屏幕上出现了小半枚残缺的汗液指纹,淡淡地发着荧光!

欧阳瞳仔细地观察后说:"从荧光反应来看,这半枚指纹是新鲜指纹。"

"太好了!"大家都难掩兴奋之情。站在门外的程功,听到厨房里的声音,不禁激动地挥动了一下拳头!

6月23日。

京海市公安局刑侦队。审讯室。

段成才坐在审讯椅上,蔫头蔫脑地说:"说了很多遍了,我煤气中毒很严重,记不清了……"

单宇说:"段成才,赌球欠了不少钱吧?"

段成才抬眼看看单宇和程功,闷声不响。

单宇说:"我们已经把你的电脑搬到刑侦队了!赌球网站藏得再隐蔽,也一样查得到记录。"

段成才嘟囔道:"我就是玩玩的啊……"

程功突然提高声音:"玩到刷了100多万的信用卡!玩到全家要替你还债?!"

程功"砰"地拍了下桌子,严厉地说:"段成才,你清醒点!警方没有证据是不会把你带进来的!厨房的煤气管道,你就没擦干净!你知道吗?!你不要心存妄想,死拖着拒不交代!我告诉你,你的指纹已经比对上了,证据充分,就算是零口供,也一样能把你送上断头台!"

段成才听到煤气管道没擦干净时,突然抬起头,圆胖脸一片惨白。他还强自辩解:"我,我的指纹出现在自己家,有,有啥问题?"

程功冷笑道:"是新鲜的汗液指纹,就在煤气管道泄漏点的旁边!段成才,刑侦技术是闹着玩儿的吗?你还敢狡辩!"

段成才低下头,嘴唇有些哆嗦。此时,审讯室内的郑涛看着屏幕,对话筒说:"2号方案。"

程功在耳麦里接到指示,语气缓和一些,说:"段成才,我们知道,你是独生子,从小身体不太好,父母对你百依百顺,甚至溺爱。你小学的时候得肺炎,你爸妈半夜淋着大雨把你送到医院,为了照顾你,三天三夜没有合过眼!父母把你养大成人,花费了多少心血!你呢?你是怎么回报他们的?人家都是养儿防老,安享晚年,你爸妈却被你害得死不瞑目!段成才,你还有人性吗?!你有人性吗?!"

段成才的眼眶开始发红,浑身开始颤抖,嗫嚅道:"我,我也不想的。"

程功步步紧逼,厉声问道:"你不想?你不想杀害他们吗?那你为什么要这么做?!"

段成才心理防线完全崩溃,双手捂住脸,眼泪狰狞地流过脸颊,呜呜咽咽地说:"都怪他们!老头子心太狠了,宁愿看我欠债坐牢,也不肯卖房子帮我还债。我赌球,赌球也赢过的!我不会一直输啊……都怪他们,管生不管养!我是,我实在没办法了……"

夜晚。
京海市中心医院。
ICU重症监护室内,曾与单宇偶遇的光头小男孩躺在病床上,已经陷入昏迷。小男孩的口中插着气管插管,浑身插满了各种补液和监测的管子。
ICU重症监护室外,小男孩的爷爷一脸愁容,低头看看手里的"京海市中心医院病危通知书"和"京海市中心医院欠费通知单"。

他的儿子和儿媳蹲在地上难过地抽泣。儿子抬起泪眼,哽咽着说:"爸,家里房子都卖了,小丰可怎么办啊……"

爷爷瘦小的身躯更加佝偻弯曲,看起来苍老憔悴许多。他拍拍儿子的肩膀说:"我回趟老家,再去找你叔你姨他们借点钱,给孩子治病。"

京海市公安局刑侦队。

重案队办公室内,程功、单宇和欧阳瞳等人仍在挑灯夜战。

程功坐在自己桌前,勤勤恳恳地写着段成才煤气弑亲案的报告。欧阳瞳则坐在单宇的办公桌旁,看他熟练而专注地操作电脑。

欧阳瞳说:"电击杀人案现场的几枚指纹,威威修复并扫描,在现在的数据库里做比对,没有发现线索。这个凶手很可能没再犯过案。好在第5起电击案的受害人运气特好,被电后一下子醒了,起来就搏斗!可惜他被电后身体发麻,让凶手给跑了。不过他近距离看过凶手的脸,模拟画像是当时请一位老法师做的,公安部的专家!还原度应该比较高。"

单宇扭头看看欧阳瞳,说:"这种跨度30年重建的模拟画像,当年二三十岁的嫌疑人,现在都奔六十了,复原程度能到50%吗?60%?"

欧阳瞳耸耸肩说:"要是按30年前的铅笔画像,不确定因素太多了。现在用智能人像系统协助,70%的把握还是有的。"

单宇感慨道:"嫌疑人现在是胖是瘦,是死是活,咱们都不知道。搞不好从小瘦子吃成个老胖子了!"

他说着还扭头,对着欧阳瞳嘟了嘟嘴:"你要不要再画一幅180斤的胖画像?"

欧阳瞳不由得扑哧笑出了声。程功在一旁奋笔疾书写报告的同时,插话道:"嫌疑人变胖的可能性极低。我18岁入警,亲身经历和参与研究过的多宗连环杀人案里,凶手很肥胖或者变得很胖的例子几乎没有。全是精瘦精瘦,贼坏贼坏。"

欧阳瞳想了想,说:"你别说,还真是!根据犯罪人类学的理论,身高不到一米七,体型精瘦的男性,执行力往往很强,是连环杀手最常见的体型。我有时间就要研究一下这个课题。"

单宇微微一笑,看看欧阳瞳疲惫的脸色,说:"欧阳,你先去休息,剩下的我来搞定。"

欧阳瞳犹豫了下,说:"好,你们也加班好多天了,别太熬了。"

程功的报告写得差不多了,往椅背上一靠,说:"马上就是刑侦条线大比武了,还得留点儿精神。欧阳,赶紧去睡吧!重案队的老队长说过,他每破一个案子,就会多一个职业病。"

单宇有点奇怪,暂停下手里的工作,问:"为什么?"

程功抱起大保温杯,喝了口茶水,缓缓地说:"人性的丑恶面见得太多了,我们刑警也是人,也会怀疑人生,也会缺乏安全感啊!就像这种弑父弑母的案子,谁看了不感到心寒?"

欧阳瞳猛地站起来,拿着手机就往外走:"哎呀!我得给我妈打个电话,让她把厨房的煤气管道再检查一遍……"

程功低头一笑,说:"看见没,这就是职业病。"

单宇笑着摇摇头,手下不停忙碌。一夜未眠。

窗外。微蒙蒙亮。

重案队办公室内,程功躺在行军床上,身上盖着一件警服,满脸疲惫地沉沉入睡。单宇仍在电脑前忙碌,随手端起咖啡杯,发现杯子空了。他想再冲一杯,拿起桌上的咖啡罐,摇一摇发现也空了。他自嘲地摇摇头:自从到了刑警队,他的咖啡粉消耗量剧增。

旭日初升。

单宇终于完成工作,利落地敲击了一下回车键!虽然十分疲惫,他内心却感到轻松和充实,站起身伸了个懒腰,给欧阳瞳发了个短信:"欧阳,我已经把电击杀人案嫌疑人的模拟画像和相关资料都输入智能人像系统。接下来,就等着天网监控的海量比对了,我会随时跟进。"

欧阳瞳秒回:"希望天网恢恢,疏而不漏。"

天气晴朗,万里无云。

京海市公安局刑侦队的报告厅内,正在如火如荼地召开刑侦条线大比武。

政治处主任张萍华描眉画眼,警服烫得笔挺,立在台上主持:"下面,请京海市各分局的刑侦条线代表,根据抽签情况,依次上台,展示最新的刑侦工作成果和典型案例……"

台下第一排,桌上摆着评委的席卡。姜局长和裴院士坐在中间,郑涛坐在右侧,看看身边的空位及席卡"汤建成",着急地拨打电话,低声说:"老汤,怎么还没到?马上开始了!"

"来了来了!"随着话筒里的声音,汤建成满头大汗地从侧门走了进来,半弯着腰走到座位上,一屁股坐了下来。

汤建成50多岁,曾任老城区分局刑侦队副队长多年,去年工作满30年就办了提前退休,在一家律师事务所工作。他是京海市警校毕业的老刑侦,工作经验丰富,业务能力很强。因为常年操劳,汤建成的面容比实际年龄要苍老,脸颊和额头甚至出现了多处老年斑。

汤建成擦了擦额头上的汗水,左手小指尖有一块缺损,最后一个指节少了一半,形成了一个陈旧的瘢痕疙瘩。他低声对郑涛说:"不好意思啊,郑队,堵车。"

郑涛笑着凑近,低声说:"老汤,你现在贵人事忙啊!我打两次电话才能请你出山当评委。早知道这样,去年你申请提前退休,我就该跟分局商量,别批!"

汤建成端起茶杯喝了口水,习惯性地从口袋里掏出一包熊猫烟,想到报告厅禁烟,就随手把香烟和打火机一起搁在桌上。他叹口气道:"哎!岁数大了,人不服老不行!我老婆身体也不太好,事务所那边儿我也不干了,现在搬回郊区,安度晚年!"

郑涛看看汤建成脸上的皱纹和疲惫的神态,又看看桌上的熊猫烟,低声说:"刑侦比武是大事,各口都准备得很充分。你看老城区分局连微电影都上了。你是刑侦条线的老法师,得多来指导指导年轻人。"

"嗨!只要身体允许,我听刑侦队安排。"汤建成打了个哈哈,看向台上正在汇报的分局刑警代表。

老城区分局刑警代表讲完,程功代表市局刑侦队上台。他上台后,目光炯炯地看向台下。

姜局长见是程功,微微冷哼一声,神色不屑,低头看起了手机。郑涛眼含笑意,神情带着欣赏和鼓励。汤建成则是微微一愣,眼睛望向桌面,有些出神。

程功讲的是近期发生的"调酒师(聂小庆)被杀案"。他用的是传统的幻灯片加解说模式,PPT做得也很简单,没有花里胡哨的动画和图片,但是内容扎实,抽丝剥茧,案例经典,得到绝大多数评委和观众的认可。

最终,程功获得"刑侦条线大比武"的第一名,老城区分局获得第二名。

比赛结束后,政治处办公室。

汤建成和张萍华一起来到政治处。张萍华递给他一个大礼包,里面是夏季洗浴用品和小包装的绿豆、藕粉。

张萍华挑起细眉,说:"汤队,这是给评委专家送清凉的礼包,你收好!"

"谢谢!"汤建成接过来,转身就要走。

张萍华声音尖细地说:"汤队,你也是老评委了!你们怎么总给程功打那么高分啊?你看他那PPT做的,太粗糙了!"

"刑侦比武看的是业务,不是做幻灯。"汤建成头都不回,提着大礼包就走了。

张萍华气呼呼地哼了一声,坐回到位置上,突然想起今天化了半个小时的妆,开始揽镜自赏。

汤建成走出政治处,就看到程功站在走廊一侧,静静地望着自己。

汤建成咧了咧嘴,说:"程功,今天表现不错。"

程功挥了挥手里的获奖证书,一笑:"谢谢汤队肯定。汤队,有时间聊两句吗?"

汤建成叹了口气,说:"哎!程功,这该定性的已经定性了,该说的我也都说了!你怎么那么犟呢?"

程功向前走了一步,声音低沉压抑:"汤队,王大鹏调到老城区分局,就是在你手下工作。你去年提前退休,到律所工作。他也因伤辞职,跟你去了同一家律所。这么多年了，你应该跟我一样了解他！大鹏他绝对不会自……"

"程功，过去的事情，就让他过去吧！我已经50多岁的人了，两口子都是一身的病，就想安安稳稳地过日子！"汤建成摩挲着左手小指尖的瘢痕，有些烦躁地打断了程功的话。

他抬手看看腕上的金表："哎哟！时间太晚了，我还得赶回郊区，先走了！"说完，汤建成大步离开，连电梯都不等了，走楼梯噔噔噔地下了楼。

程功静静地站在原地，望着汤建成离去的背影，神情晦暗不明。

6月25日，上午。园州县。

郊区的一条土路上，一辆商务车颠簸地行驶着。

纪闻和20岁出头的青年刑警周睿坐在车上，正在跟园州县公安局刑侦队黄队长交流情况："黄队，这个小团伙的老大就是园州县的人，本来是在京海一带盗窃保险柜的，上个月，盗窃演变成了抢劫杀人。"

黄队长40岁上下，老道精干，诚恳地说："纪警官，我们县最近一个月发生了三起保险柜盗窃案，就是找不到线索！现在并案处理，我们肯定全力配合，把嫌疑人抓捕归案！"

纪闻感谢地点点头，神情严肃地说："这个老大是个练家子，几十斤的保险柜扛起来就走。他随身带刀，杀人也是一刀毙命。待会儿，咱们都要小心！"

周睿参加工作不久，年轻气盛，热血沸腾地说："纪哥，到时候我先上！"

纪闻轻轻一笑，说："你还没结婚呢，你跟着我！"

车辆向前行驶没多远，距离目标定位越来越近，车内氛围凝重紧张。

前方的岔路口，开过来一辆面包车，转弯后走在商务车前方。

纪闻远远看到，说："尾号337，就是这个车！别急，先离他远一点儿，跟一段时间。"

商务车不疾不徐，远远地跟在面包车后面。面包车开进了一片村庄，停在了一个院门前。一个瘦瘦的中年男人和一个又高又壮的男人，分别从驾驶座和副驾驶座上下来，两人拉开了后备厢，似乎准备搬什么东西进门。

"就是他！拿下！"纪闻急促地说了句。开车的刑警老张经验丰富，将商务车停在不远处的拐角处。

"老黄跟老张负责那个瘦高个,周睿跟着我,抓那个老大!"纪闻简短一句安排好分工,车还没停稳,就拉开车门下了车。

纪闻快步走向面包车,趁着高壮男人背对自己搬运箱子时,猛地扑向他!纪闻刚把高壮男人扑倒,对方迅速反应,力量极大地挣脱开来,从腰间抽出一把尖刀,反手刺向纪闻!

纪闻心中早有防备,侧身一躲,双手趁势伸出,牢牢控制住对方握刀的右手,两人在地上扭打起来,僵持不下。这一切就发生在几秒钟内。

"警察!"周睿紧跟着扑了上去,帮纪闻按住膀大腰圆的高壮男人,死死控制住他持刀的右手。

"警察!别动!"黄队和老张在一旁控制住瘦高男人,扎上背铐。

纪闻、周睿和高壮男人扭打在一处,按落了尖刀,但几次都险些被高壮男人挣脱逃开。缠斗了1分多钟,纪闻和周睿终于制服了高壮男人,给他扎了背铐,牢牢地控制在身下。

短短的1分多钟,体能消耗极大。纪闻、周睿和高壮男人都一身泥土地躺在地上,浑身大汗,喘着粗气,动弹不得。纪闻的脸颊和手背都有严重的擦伤,流出了鲜血,但他却浑然不觉疼痛。

周睿到底年轻,按住嫌疑人的同时,挣扎着抬起上半身,看看自己腿上的裤子,撕烂了好几个口子,脏污不堪。他喘着粗气,哀叹一声:"我去!以后,出来抓捕,再也不穿新裤子了!阿迪达斯啊,头回穿,就牺牲了!"

纪闻呸了一声,说:"呸!别说不吉利的话!坏的不灵好的灵!"

京海市公安局刑侦队。

程功和单宇从外办事返回,看到刑侦楼迎面走出一个穿着长袖衬衫的瘦高男子。程功认出了他,打招呼道:"方队!"

方辉三十出头,气质清俊,金丝框眼镜显出儒雅风度。他自京海市政法学院毕业后入警,业务出众,能力很强,曾任京海市公安局经侦队四队队长。一年前,他从经侦队辞职,很快考出了律师证,到律师事务所工作。

方辉面带微笑,跟程功握握手,又跟单宇点头打招呼,说:"程队,我们律所有个刑案,我过来办事。您以后,就叫我方辉吧。"

程功客气地说:"您现在是大律师了,我们还得多向你学习。"

方辉点头一笑:"太客气了,你们先忙!"

程功脚下没动,问:"方律师现在哪里高就?"

方辉斯文一笑,从公文包里拿出名片夹,递给程功和单宇两张名片:"请多指教。"

程功看着名片上的烫金大字"晟铭律师事务所",说:"晟铭律所,好地方!方队,您认识汤建成,汤队吗?"

方辉淡淡一笑,说:"哦,认识的。汤队是刑侦队长出身,主要做刑辩工作。我是做经济案件的,不在一个部门,平时打交道比较少。"

程功浅浅地笑了下,说:"就是,你们经侦队都是白领警察,当律师也干不了那杀人放火的事情。对了方队,王大鹏,你认识吗?"

方辉思索了一下,说:"王大鹏,好像也是刑警转行的?有点印象,不太熟悉。律所百十号人,大家离开体制,都要土里刨食,也顾不上聚会啊!"

方辉低头看了看手表,温和笑道:"程队,你们先忙,我也要干活去了!咱们回头详谈,再会!"

程功沉默地看着方辉大步离开的背影,目光深邃。

一周多前。6月18日,夜晚。

老城区一个老式小区。

程功沿着昏暗的楼梯,来到3楼。他停在一户人家门前,静静地望着绿漆斑驳的房门。不知过了多久,程功终于伸出右手,手指僵硬地按下了门铃。

房内传出一阵窸窸窣窣的声音,伴随着迟缓的脚步,房门吱呀打开。面色憔悴的田秀珍站在房门内,看到程功,第一反应就是关门。

"阿姨!您别急!"程功急忙用手拦住房门,着急地解释着:"您病还没好,不能出院,我……"程功掏出一个厚厚的信封,想要递给田秀珍。

田秀珍身体瘦弱,本就没几分力气,猛地使劲儿后有些头晕,不由得向后退了两步,跌坐在小客厅的木板床上。小客厅里空间狭小,贴墙放着一张木板床,紧挨着餐桌,灯光昏暗,逼仄惨淡。

程功急忙进屋,关切地问:"阿姨,你没事吧?"

田秀珍面色惨白,声音颤抖:"我,我不想看见你!也不要你的钱!"

"阿姨,对不起……"程功半蹲在门口望着田秀珍,双目泛红,心酸难忍。

田秀珍抽泣着说:"你没有对不起我!你对不起我们大鹏……"

田秀珍扭头抹眼泪,看到贴墙的小柜子上的相框,相框内是程功、王大鹏和欧阳瞳的合影。因为里面有儿子王大鹏,田秀珍一直不舍得丢掉这张照片,可当程功出现在自己面前时,她又觉得这张照片非常刺眼。

田秀珍伸出枯瘦的手臂,抓起相框,对着程功的脸用力砸去!

以程功的身手和反应,完全可以避开,但是他没有躲闪,硬生生地被相框砸在脸上。程功的左眉骨处被划伤,留下红色的血痕。相框摔烂在地,玻璃破碎。

田秀珍似乎也被吓住了,捂住嘴巴,默默流着眼泪。她哽咽着说:"你走吧,我看到你,心里难受!我活不长的……"

程功沉默地将信封放在木板床上,轻轻地关上房门。他静静地站在门口,任由鲜红的血滴从眉骨伤口处渗出。

很快,房门内传出田秀珍悲痛欲绝的哭声。

几滴热泪,落在楼梯间的水泥地面。

6月26日,凌晨时分。

程功猛然从床上惊醒,汗水浸湿了身上的棉恤衫。他胡乱擦拭了一下脸上的泪痕,脱掉棉恤衫,站起身走到客厅。

客厅陈设简洁,摆着哑铃等健身器材,还挂着一个拳击沙袋,一看就是单身汉的家。程功径直走到拳击沙袋前,目光阴沉,用力地挥拳向沙袋击去!

清晨6:45。

程功的手机铃声猛然响起。他头还在枕头里埋着,伸出指关节红肿破损的左手,在床上摸了摸,抓到手机放在耳边,鼻音浓重:"喂。"

单宇的声音从听筒里传来，带着抑制不住的激动和兴奋："程功，电击杀人案的嫌疑人画像有比对了！"

"在哪儿？"程功的身体十分困倦，但是职业敏感性让他迅速清醒，睁开眼睛。

"目标10分钟以前出现在火车站！"单宇边走边说。

他的嗓子因为缺乏睡眠而沙哑，声音却透出一股子亢奋劲："市局已经在天网系统进行监控，也通知了火车站派出所！我现在就过去！"

"这么巧？能确定吗？我马上去火车站！"程功坐起身，活动了一下肩膀。他毕竟年轻且身体素质极佳，已经恢复了不少元气。

"好！我觉得就是他！"单宇看着手中的监控录像截屏图打印版，若有所思地说："而且，我最近见过他。"

图片中，京海市火车站熙熙攘攘的旅客群里，一个瘦小的老年男性提着一个黑色尼龙包，通过安检后走上扶梯。他沧桑瘦削的脸已被红色标记圈出，正是单宇在医院偶遇过的光头小男孩的爷爷。

清晨7:25。

从京海市开往江宁市的动车即将在10分钟后发车。检票口前，旅客们排成两条长队，依次进站。

瘦小的老年男人面带愁容，神情飘忽地跟着队伍缓慢前行。突然，两个高大的男人向他走了过来。

程功站到老年男人的面前，单宇站在他的右侧。老年男人的头还没抬起来，就感受到了巨大的压迫感。

程功出示警官证，说："钱宝军？京海市公安局刑侦队，有个案子需要你配合调查。"

老年男人心中的一个壁垒似乎轰然倒塌，但又像是卸下一个极为沉重的包袱。他眼神飘忽，声音低哑："我，我有要紧的事情，能不能先回趟家？"

单宇也出示警官证，说："是关于1988年的电击杀人案，请你配合一下。"

"什么电击案，我不清楚……"老年男人下意识地把黑色尼龙包抱在怀里，往后退了一步。火车站派出所的两名民警站在他身后,形成了包围之势。

单宇语气平和:"我们会尽快核实清楚,不会耽误你太久时间。"

老年男人嘴唇嗫嚅了一下,终究没发出声音,微弱地点点头。

他佝偻着腰,跟随程功和单宇离开。

园州县至京海市的长途高速路上。

一辆警车奔驰在夜路上。纪闻和周睿等人押解着两名嫌疑人,正在匆匆往回赶。

纪闻双眼泛红,下巴冒着胡茬,脸上的擦伤红肿着,但因为打了胜仗,精神饱满,斗志昂扬。

他一边开车,一边大声唱歌:"几度风雨几度春秋,风霜雪雨搏激流!为了母亲的微笑,为了大地的丰收!"

纪闻虽然五音不全,却唱得很有气势和感染力。周睿也乐呵呵地跟着唱,开心地说:"跑了这么长时间,总算要回家了!"

周睿突然又低头看看破裤子,顿时苦着脸说:"纪哥,我以前想着,当刑警抓坏人,多威风啊!哪知道我会这样,烂着裤子回京海!"

纪闻瞥了他一眼,说:"我不是跟你说了,让你穿我的换洗裤子?"

周睿暗搓搓地说了句:"算了吧!纪哥,你那裤子是哪年的款啊?都洗褪色了,还不如我这带窟窿的呢!"

纪闻无所谓地哈哈一笑,又大声唱起来:"金色盾牌,热血铸就!"

6月26日,下午。

京海市公安局刑侦队。审讯室。

老年男人半蜷着身体,坐在审讯椅上,看起来瘦小干瘪,憔悴软弱。

监控室内。欧阳瞳快步进来,递给郑涛一张刚出炉的指纹鉴定结果报告。

郑涛看看报告,对话筒说:"鉴定出来了,现场遗留的3枚残缺指纹,全都对上了。"

审讯室内,单宇和程功从耳麦中听到这个好消息,不由得对视一眼,两人的眼中都闪动着证据确凿的喜悦。

单宇说："钱宝军,把你带回刑侦队是因为什么事儿,你心里很清楚。我们能把你关到审讯室,肯定是有证据的！现在让你主动讲,是给你坦白从宽的机会。"

钱宝军语气中带着乞求,低声说："警察同志,我,我家里有急事儿,能不能先回家一趟,再来配合你们调查？"

程功厉声道："钱宝军！你要知道自己犯的是什么罪！4条人命在你身上,你走得了？！"

钱宝军猛地抬头,嘴唇翕动着想要辩解什么,却又无奈地低下了头："我孙子在住院,我,我不放心……"

单宇语气温和地说："我知道,你的孙子钱小丰得了重病,现在医院住院治疗。我已经请中心医院熟悉的医生去关心了。孩子的情况是不太好,但是,你要先把你的问题讲清楚,才能提要求。"

钱宝军眼中闪过一丝感动,目光转瞬又变得灰暗,把头埋在胸前。

单宇的手机震动了一下,他打开手机,看到尹慧伊给他发的一张照片：钱小丰躺在ICU的病床上,依旧严重昏迷。

单宇站起身,把手机里的照片拿给钱宝军看："这是钱小丰现在的情况,你先看看,别太担心。"

钱宝军看到孙子浑身插管的模样,不由得老泪浑浊,喉头哽咽。

程功平和而又严肃地说："钱宝军,你心疼你的孙子,你想要见他,照顾他,我们能理解。但是,你有没有想过,你杀害的那些人,死的时候都是青壮年。他们也有父母,也有妻儿！他们也想照顾自己的亲人,陪伴自己的孩子,却再也没有机会了！你在京海做的第一个案子,死者是工厂的采购员,当时只有25岁！你杀了他,拿走了80多块钱的采购款。他的老母亲天天流眼泪,眼睛都快哭瞎了！30年来,她就没有睡过一个安稳觉！快80岁的人了,这些年来,她每隔几个月都会到派出所,到刑侦队来问警察,问杀害她儿子的凶手有没有抓到！"

钱宝军浑身开始发抖,双手捧住头,蜷缩成一团。

程功的声音也微微有些颤抖,但依然充满威严："钱宝军,你相不相信报应？

你为了一点钱,害了4条人命,毁掉了4个家庭的幸福!你觉得自己能安安生生地过好晚年吗?!不是不报,时候未到!你现在还拒不交代,只会给自己,给你的子孙造更大的孽!你们全家遭更多的罪!"

"那就都报应到我身上吧!"钱宝军突然爆发,泪流满面地嘶声道:"小丰才5岁啊!我造的孽,我来还!我拿命还!我知道我错了!我已经卖房卖车,什么都没有了!就让我孙子好起来吧!"

程功和单宇对视了一下,两人都没说话。等钱宝军稍微平静一点,程功默默地递给他一支香烟,给他点上火。

钱宝军手指颤抖地夹着烟,猛抽了一口。他眼珠浑浊无神,喉头滚动,低哑地说:"我那时候,实在没办法!家里太穷,老婆刚生了儿子,连个鸡蛋都吃不上!我就,就杀了4个人。第5个人没死,还看到我的脸了!我很害怕,就跑回老家,做点儿小生意,再也没干过……"

深夜。

审讯结束。程功和单宇从审讯室出来,刚好碰到从监控室出来的纪闻。纪闻冲他俩打了个招呼:"我回去做材料了!好多天没回家了,今天早点回去。"

"没问题,纪哥早点儿回!"程功心情不错,脾气甚好地说。

"你嫂子在家等着我呢!什么叫归心似箭,你们单身狗是不会懂的!"纪闻傲骄地瞥了一眼单身狗程功和单身狗单宇。

"电梯太慢!走了!"纪闻连电梯都不愿意等,赶紧爬楼梯回办公室赶材料了。

程功和单宇相视一笑。两人乘坐电梯,来到四楼的走廊口时,单宇的手机收到一条信息,他打开看了一眼,心里一沉,闷声说:"程功,给我支烟。"

程功惊讶地看看单宇,默默地掏出香烟和打火机,递给单宇,两人走到走廊尽头的窗边。

单宇接过香烟,把手机递给程功看,屏幕上显示尹慧伊发来的一条微信:"患儿钱小丰经抢救无效,刚才走了。"

单宇嘴上含着一支香烟,很不熟练地按了两下打火机,殷红的火苗点燃了香烟。他刚抽了一口,就被呛得直咳嗽。

单宇咳了两下,眼睛有些泛红。程功放下手机,沉默无言。

两个年轻的刑警,站在刑侦楼走廊的尽头,看着窗外的夜色。

夏风吹过树木,利落中又带着些凉意。

程功突然说:"我们必须抓到他,必须让他伏法认罪!"

单宇嗓子略带沙哑,说:"我都明白。就是,这案子破了,心里还是堵得慌。"

程功打开自己的手机,递给单宇,眼神锐利地看着他说:"你看,这是什么?"

单宇低头一看,图片上是一个塑料的女式发箍,除了花色新颖点,样式跟30年前钱宝军用来制作电击工具的头箍一模一样!

单宇猛然抬头,震惊地看着程功。

程功的声音平静到近乎冷酷:"你和威威提取指纹的时候,我翻查了钱宝军随身带的黑包,这是在他包里发现的。我打电话问了医院,他们家拖欠不少治疗费。钱宝军这次回东城筹钱,应该是要重操旧业。如果我们没有及时地抓住他,很可能会有新的受害人死去。"

单宇掏出一张湿纸巾,把燃烧的香烟碾熄在湿纸巾内,说:"程功,我有时候都不知道,你算不算是一个好人。但是,你确实是个好刑警。"

程功扯了扯嘴角,无声地笑了笑。

单宇看看程功俊挺的侧脸,犹豫了一下,说:"程功,我存了些钱。"

程功猛然扭头,敏感地看着单宇:"你说什么?"

"我的意思是,我一个单身汉,也没什么开销,你要是缺钱,周转一下没问题……"单宇有些吞吞吐吐。他明明是好意,也不知道自己在紧张什么。

程功看着单宇,目光微动,缓缓地说:"你调查我?"

"我没有!"单宇急促地说。他犹豫了一下,把心一横,说:"我是不小心,听到欧阳跟你说话。我知道是我多管闲事,但既然咱们是搭档!你是不是……"

程功声音低沉:"是。我在给大鹏家送钱。"

单宇问:"王大鹏的母亲生病了,需要治疗费?"

程功平静地说:"对,就是这么回事儿。单宇,你是怎么认识尹慧伊的,我没问过。我的事儿,你也不要管。"

单宇愣了愣,显然,程功对自己去医院看病的事情有所了解,只是从来不说。他低声说:"好。"

"谢谢。"程功目光平静。

两人沉默地看向窗外。夜色静谧。

6月26日

京海的夜。各家灯火,不同氛围。

纪闻家。

纪闻的妻子林薇如斜靠在床头,手边放着一本言情小说,封面上一对俊男美女正缠绵拥抱,书名是《爱你就不让你哭》。

她的手机叮咚一响,"清风徐来"发来信息:"我看到你朋友圈的照片了!素颜都那么漂亮!"

她正犹豫着怎么回复,"清风徐来"新的信息到了:"你为什么总是隐藏自己的美丽?我期待她为我而绽放,等你。"

林薇如脸红心跳,盯着手机踌躇中。纪闻发来一条信息:"老婆,案子结了,我把材料整理好就回家。"

林薇如看看丈夫发来的微信,把手机扔在了床头,神情怅然若失。

欧阳瞳家。

欧阳家是市中心的大平层,装修高档雅致,显示出家境殷实,书香门第。

欧阳瞳穿着粉白色的睡裙,戴着粉蓝色的发箍,看上去像个粉嫩可爱的女大学生。她坐在书桌前,打开家用的苹果电脑,电脑桌面背景是可爱的卡通图片。

欧阳瞳想了想,把电脑桌面更换成了以前一直用的一张合影。这张合影正是程功卧室里相框内的照片。照片里,程功、王大鹏和她,在刑侦楼前笑得见牙不见眼。

欧阳瞳看着合影,眼底弥漫着悲伤。

她摇了摇头,似乎要挥散掉一些情绪,随手打开了一个PDF文件,开始看英文版本的刑事技术论文。

这时,她的卧室门被推开了。欧阳妈妈穿着家居服,端着一杯牛奶和一盘切好的水果走了进来。

欧阳妈妈满脸笑容和疼爱,把牛奶和水果放在桌上,说:"瞳瞳啊,吃点水果,补充维生素。再喝点牛奶,有助睡眠。"

"谢谢妈。"欧阳瞳从文献上抬起头,笑着说。

"瞳瞳啊。"欧阳妈妈似乎不急着走,坐在床边循循善诱:"最近有没有跟小沈联系啊?"

"妈……"欧阳瞳无奈地捏捏眉心:"我们俩聊不来……"

"都是年轻人,怎么会聊不来的啦?"欧阳妈妈柳眉弯弯,想了想说,"唉,小沈不行就算了。妈妈看他总盯着手机玩,不像是个会疼人的。"

欧阳妈妈看到女儿电脑上的英文文章,心思一动,说:"你张阿姨说,你们单位新来了个年轻人,叫单宇,长得高高帅帅的……"

"妈!"欧阳瞳嗓门突然高了起来:"您怎么又去跟张主任打听我们同事啊?"

欧阳妈妈神秘一笑,说:"我可没打听啊,是张主任今天主动给我打电话的!她说,小单家里是做外贸的,有十几套房子!而且,还是独生子!"

欧阳瞳抚额,无力道:"妈!您别再跟张萍华打交道了,她这人……她怎么随便把同事的隐私跟你说呢?而且,你们这样搞来搞去,我都不好意思在刑侦队干了!"

欧阳妈妈瞪了女儿一眼:"张主任在政治处这么多年,熟悉人事情况,我不问她问谁啊?要不是你爸帮她办过事儿,她还不跟我说这些呢!"

欧阳妈妈看着欧阳瞳,说:"瞳瞳,我都是为你好!其实吧,程功那孩子也不错,长得也精神!但是,张主任说得对,程功家是外地的,好像是单亲,他爸爸还有残疾……"

欧阳瞳有些恼火了,腾地站起来,大声说:"张萍华她,她就是刑侦队第一碎嘴!她就会胡说八道,您怎么听她的呢?程功妈妈病逝的时候,他才十几岁!他爸爸是老刑警,抓捕犯人的时候,为了保护同事,才受的枪伤!人家是英雄,不是残疾!"

欧阳妈妈赶紧好声好气地哄女儿:"哎哎！我可没说程功不好啊！我是觉得这孩子也真不容易。而且吧,论长相还真是一表人才！你说你们俩又是同学,又天天在一块儿工作,怎么也没擦出个火花……"

"妈,人家兔子都不吃窝边草呢……"欧阳瞳的声音已经有气无力了。

"你懂什么？这叫近水楼台先得月！"欧阳妈妈大声说。

欧阳瞳无奈地托着腮帮子,看向窗外。

万家灯火,宁静闪烁。京海的夜,真的很美。

6月27日。

清晨。朝阳初升。

程功四仰八叉地躺在床上睡得正香。手机铃声猛然响起。他仍然是头在枕头里埋着,伸出手在床上摸了摸,抓起手机放在耳边,鼻音浓重:"喂。"

"程功,马上到东郊区出现场。"郑队长的声音非常沉重:"汤建成队长遇害了。"

"什么？"程功一个激灵,坐了起来。他脑海中如同走马灯一样,晃过汤建成的样子:

两年前,王大鹏刚从市局刑侦队调到老城区分局时,汤建成不冷不热地给他安排了一个坐办公室的内勤岗。程功到老城区分局去找王大鹏,刚好看到汤建成站在办公室门口,抽着香烟,劝王大鹏说:"大鹏,管案卷、发通知,这些琐碎工作,也要有同志踏踏实实干啊！"

一年前,王大鹏因为枪伤后遗症,身体变得越来越差,加上家庭经济压力,决定辞职离开老城区分局,离开公安队伍。王大鹏独自搬着东西,离开分局。程功从外地出差匆匆赶回,来接王大鹏时已经晚了。他坐在车里等红灯,远远地看到:汤建成开着一辆白色路虎,来到老城区分局门口,对王大鹏挥手:"大鹏,这是律所给我配的车,我送送你！"

两个月前,王大鹏坠楼身亡。程功对其死因苦苦追查,当他找到王大鹏在分局和律所的两任领导汤建成时,汤建成两手一摊,说:"大鹏前阵子的情绪确实不太好啊！他一直在咯血,年纪轻轻的,以后的日子怎么过！程功,你说说,这能怪谁……"当时的程功,心口一阵涩痛,无言离开。

此时此刻。

东郊区的农民别墅内。汤建成和妻子躺在床上,两人的头颅均被钝器多次重击,血肉模糊,面目全非。

现场一片血腥恐怖,如同修罗地狱。

三、迷雾重重

> "我想想,好像是两个箱子。"汤家表妹比较健谈。
> 程功眼光闪动,追问道:"两个箱子都搬上楼了?是什么样的箱子?"

6月27日。近午时分。

京海市中心的步行街上,开着一家小有名气的网红日料店。

一个娇小玲珑的年轻女孩斜背着一个小背包,背包拉链上挂着海绵宝宝的布偶,脚步轻快地走进日料店。

靠角落的半敞开式小包间里,坐着一个二十七八岁的男子。男人穿着时尚,身材瘦高,乍一看倒有几分潇洒倜傥。男人热情地站起身,问女孩道:"陆小小?"

年轻女孩名叫陆晓佩,是京海财经职业学院的大二学生,听对方喊出自己的网名,有点羞涩地笑笑:"嗯!你是,地狱扫射军?"

男子殷勤地招呼女孩儿入座,递了杯果汁,说:"是我!坐!坐!你是从京海财经职业学院坐地铁过来的?"

陆晓佩接过果汁,脸色微红地说:"嗯。"

他笑得很温柔,说:"我叫沈小军,你跟我表妹年龄差不多,就叫我小军哥吧!看看菜单,喜欢吃什么?"

陆肖佩乖巧地接过菜单:"谢谢小军哥。"

沈小军喝了口水,满脸笑意地看着陆肖佩,眼神灼灼。

东郊区。

庙下街的东南侧,有一户独栋别墅,是当地常见的独门独院。三层小楼简简单单,却也舒适便利。此时,窗外阳光和煦,室内却是一片阴森诡谲。

程功站在二楼卫生间的小窗台前,一扇小窗户已被推开。郊区小楼的设计保守简单,卫生间小窗户最多只能打开30多厘米的宽度。

程功俯身看了看水泥窗台,窗台上有几个模糊的鞋印,印迹勉强可辨。

这时,隔壁传来一阵男人的干呕声。程功转身走出卫生间,看到单宇脸色苍白地捂着嘴巴,跑出卧室,奔下楼梯。

程功见此情景,毫不意外,神色不变地走进卧室,也就是汤建成夫妇被害的中心现场。

卧室的床头与墙壁上血迹斑斑,充斥着厚重刺鼻的血腥味。梳妆台、书桌的抽屉和衣柜的门都被拉开,有翻动痕迹。汤建成夫妇的尸体均仰躺在床上,身着睡衣,头面部血肉模糊,无法分辨面容。

汤建成躺在床外侧,上身斜仰,双臂半举在头两侧,左手残缺的小指尖上,也溅上了暗红的血迹。汤妻在床内侧,上身微蜷曲,双臂向床内侧微曲。两人的胳膊和手上均有伤痕血迹。

欧阳瞳站在床前检查尸体情况,扭头问程功:"单宇没事吧?"

程功淡淡地说:"出一回现场吐一回,还非要在重案队待着!有事儿也是活该!尸检情况怎么样?"

欧阳瞳点点头,说:"两名死者均因钝器击打,导致颅脑损伤死亡。头部和面部都遭到钝器的多次打击,有多处骨折和肌肉损伤。两名死者的上肢均有抵抗伤,但并不明显。这说明凶手下手很重,被害人很快死亡。凶器应该是直径两厘米左右,估计是铁榔头之类的工具。"

程功沉默地走到卧室的窗台前,卧室的窗户已被推开,窗台上没有足印。程功俯身仔细观察,看到窗台外沿有一道不太明显的新鲜擦痕。

程功眉心微微一皱,又走到衣柜前。大衣柜的门敞开着,衣柜右下方有一个放箱子的空间,一个红色拉杆箱半敞着口,倒在柜子里,里面是汤建成夫妇的换洗衣物和杂物。程功戴着手套,翻了翻箱子里的东西,又把红色拉杆箱合上,立在柜子的一侧。这时,可以看到柜子右下方,还留着一部分空间。

大衣柜旁边是一个女式梳妆台,桌面上放着汤妻的紫色女士坤包和汤建成随身带的棕色小皮包。两个皮包都敞着口,包里的东西部分散落在外。程功翻了一下,有两包"熊猫"香烟,两部手机,还有湿纸巾等细碎物件,没找到两人的钱包。

他自言自语道:"钱包不见了,手机还在……汤队都抽'熊猫'了……"

欧阳瞳轻声道:"程功,你最好,别急着产生联想。"

程功抬起头,看看欧阳瞳警惕的眼神,低声说:"联想?你不觉得太巧了吗?大鹏才出事儿两个月,他的顶头上司就被杀了!欧阳,你能没一点儿联想?"

欧阳瞳垂下眼眸,说:"我觉得奇怪的是,汤队这样的老警察,半辈子都在警惕和焦虑中度过,睡眠是很轻的。像我们平时睡觉,都很容易被惊醒。他怎么会没听到翻窗进门的声音?不过,我刚才在一楼餐厅看到几个白酒瓶,问了汤队的父亲,说是昨天晚上他跟汤队喝了一瓶白酒。估计是,酒后睡得比较沉……"

程功沉默地盯着大衣柜,不知在想些什么。

欧阳瞳抬起清澈的眼睛,说:"我知道,凶手下手很重,现场有很多解释不通的地方。我也要做进一步的尸检和实验,有些问题才能搞清楚。"

程功看看欧阳瞳,转身下楼,说:"老人的情绪稳定点儿了,我去做笔录。"

楼下。

一楼的洗手间门没有关紧,里面传来哗哗的水声。程功停下脚步,走到洗手间门口,轻轻推开门。脸色发白的单宇正站在洗手台前,对着哗哗的流水不停地洗手。单宇扭头看了一眼程功,喉头发涩,又有想要干呕的恶心感,不由得捂住了嘴。

他拼命忍耐,想要压住胃内的翻涌,却还是忍不住,发出一阵干呕声。又一次被程功看到自己这个样子,单宇十分窘迫,苍白的脸颊泛起一丝不正常的红晕。他赶紧掬起一捧清水拍在脸上,拧住水龙头,试图掩饰不安和羞愧的情绪。

程功走进洗手间,低声说:"第一次看到熟人被害的尸体?"

单宇清俊的脸庞滑下水珠,神情有些怔忪,眼圈微微泛红。他轻轻点了点头,又摇了摇头。

"大比武的时候,见过。"单宇声音干涩地说。

程功点点头,说:"做刑警就是这样。在鲜血和尸体里打滚,送兄弟,别故人,抓凶手。你要想干下去,就得适应。"

单宇喉结滚动了一下,做了个深呼吸,神情略微放松了些,缓缓点了点头,坚定地说:"我能克服。"

程功转身,大步往外走:"干活儿去!"

一楼卧室。

汤建成的老母亲躺在床上啜泣,一个中年女人坐在旁边安抚。汤建成的父亲坐在床边,不断擦拭着眼泪。

程功温和地说:"汤伯,我们是市局刑侦队的。跟您了解下,汤队最近,怎么回来住了?"

汤父抬起满是皱纹的脸,哽咽着说:"建成平时工作忙,很少回东郊。前一段,他们两口子回家来,说是建成不在律师行干了,要在家休息,还要带我们老两口去欧洲玩,旅行团都订好了……"

程功问:"汤队准备带你们出国吗?"

"是啊!建成回家了,有空陪我们了,还给了他妈5万块钱。我的儿子啊……"汤父想到儿子的孝心,不由得又老泪纵横。

程功问:"汤队晚上睡觉时,二楼卧室的窗户一般都开着吗?"

汤父摇摇头,说:"儿媳妇身体不太好,晚上不开空调,也不吹凉风。建成平时很小心,晚上睡觉前都会看一遍门窗。都怪我!我看他这趟回来,心里有事,昨晚上劝他喝了酒,二楼厕所的窗户,给忘关了……"

程功思考了下,问:"汤队这次回来,带了几件行李?"

"啊?"汤父抹抹眼泪,回忆了一下,"建成说要多住几天,带了不少东西回来……"

"我表哥带了好几件行李回来。"一旁照顾汤母的中年女子是汤建成的表妹,插了句话,"我们家就在庙下街旁边住,建成哥和嫂子回来那天,我刚好来看我姨。他们那车的后备厢装得满满的,全是给家里带的东西,好酒好茶……"

程功问:"除了礼品,带了几个箱子?或者大袋子?"

"我想想,好像是两个箱子。"汤家表妹毕竟年轻,也比较健谈,回忆道:"当时看他们两口子把箱子搬上楼,也蛮费劲的,我要帮他们搬,建成哥说太重了,怕我闪了腰。"

程功眼光闪动,追问道:"两个箱子都搬上楼了?是什么样的箱子?"

"对!好像是一个红的,一个黑的,就那种普通的拉杆箱。"汤家表妹仔细回忆了一下。

她突然觉得有些不对味,问程功:"警察同志,你问这些干嘛啊!你们赶紧去抓坏人啊!建成哥虽说退休了,也是老警察啊!两口子都才50多岁,就这么被害了……"

汤家表妹说着就落了泪,汤父汤母也伤心地哭了起来。

程功沉声说:"伯父伯母放心,我们一定会查明真相!"

6月27日。傍晚。

东郊区庙下派出所,会议室。郑涛、程功、单宇、纪闻、欧阳瞳、李威威和庙下派出所庞所长等人,正在开现场案情分析会。

庞所长50岁左右,介绍道:"咱们东郊区就是以前的东郊县,相对市区来说是地广人稀。尤其是庙下街这一带,都是本地居民。以前治安一直很好,偷鸡摸狗都很少有。所以监控录像这一块,确实没有密集安装。下一步,一定要加强安装、部署监控设备了。"

纪闻介绍走访情况:"汤队的家庭关系比较简单。父母都在东郊区务农,儿子在外地读大学,还没有毕业。他爱人以前是中学老师,身体不太好,前两年就病退在家休息了。跟周围邻居了解了一下,近期没有发现什么异常的人员和情况。要说特别,就是以前汤队夫妻俩,一年在庙下街也住不了两天,这次却说,要长住一段时间。"

单宇打开笔记本电脑里的案发现场周边地图,标记出附近监控摄像头的分布情况,投射在幕布上,说:"从周边地图看,外来人员要进入庙下街,都要从南北两条主干道进来。这两条路的入口处都有摄像头,不过距离最近的监控视野也在 5 米以外了。查看了昨天下午 3 点到今天凌晨 3 点,12 小时内的监控录像。下午到晚上进入庙下街的人员比较多,晚上 12 点到凌晨 3 点,没有发现在街上走动的可疑人员。下一步,会扩大监控查找范围,同时跟分局、派出所一起进行摸排走访。"

郑涛点点头,说:"好。尸检情况怎么样?"

欧阳瞳边展示尸检照片,边介绍尸检情况:"两名死者的死亡时间在今天凌晨 2 点到 3 点之间。汤建成昨晚曾饮酒,初步的毒化检测显示,两名死者体内没有其他常见毒物和药物成分。初步尸检的疑点在于,一般的入室盗窃转化杀人,都是为了杀人后脱身。但是该案,凶手把死者的头面部都敲碎了!铁榔头形成的伤口有圆面有平面,从行为还原来看,凶手有不止一次的连续打击,每次连续击打起码十几下!仇杀泄愤才会下这样的狠手。"

郑涛问道:"有仇杀可能?"

庞所长接了句话:"仇杀?要说这汤家老两口,人缘儿都不错的。汤建成两口子又很少回来,能有啥仇人?"

"我觉得不能排除。"欧阳瞳严肃地说:"根据目前的尸检结果,我推测凶手是一人作案,有熟人仇杀的可能。另外,凶手能从二楼卫生间的小窗户钻进钻出,说明年富力强,体型瘦小。"

郑涛点点头,转向李威威,问:"现场痕迹呢?"

李威威开始展示现场痕迹照片,介绍情况:"中心现场有两组血足迹,一组是穿着死者家中男式拖鞋的,可以看出他穿着拖鞋在房内走动的轨迹,应该是在翻找财物。"

李威威指着卧室门口的半个不太明显的血足迹,说:"另一组是男式运动鞋,血迹量很少。运动鞋的足迹在二楼中心现场、卫生间、走道和墙外侧的雨水管道上都出现过。根据足印的行进轨迹,可以推断凶手是从二楼卫生间入室,进入中心现场杀人后,从二楼卧室的窗户离开。另外,这双运动鞋是阿迪达斯的,41 码,价格应该不便宜,不像是一般务工人员会穿的鞋。"

李威威又展示了一张卧室门口地面的足印照片,说:"这两个拖鞋足印,挺奇怪的,足迹边缘模糊不清,而且有多处重叠,血迹也有浓有淡。形成原因不确定,我要回去做足迹实验确认。另外,现场没有发现犯罪嫌疑人的手印,应该是戴手套作案的。"

李威威接着说:"在外围现场,死者家楼下的地面上,发现了两种新鲜的鞋印。一种是和中心现场阿迪达斯运动鞋一致的鞋印,另外一种是皮鞋鞋印,也是41码。根据成趟足迹的步态特征分析,两个人的身高都不超过170,而且都是40岁以下的青壮男性。所以,从痕迹角度看,我认为是流窜作案的可能性大,有两人作案的可能。"

欧阳瞳坚持自己的看法,说:"汤建成夫妇是在睡梦中被杀害的,凶手进屋后先翻箱倒柜,惊醒被害人后再下手的可能性很小。我认为凶手一进入现场,就是奔着杀人去的,而且每次击打都下手极重,说明仇怨很深。"

李威威和欧阳瞳关系很好,但他们在工作中都公私分明,站在不同的专业角度阐明观点。

他随即说:"你看汤建成被害的体位,上身已经斜躺在床外侧了,双臂都有抵抗伤,说明曾被惊醒并试图反抗。女死者的体位也不是正常睡姿,明显是在往床内侧躲避时遇害的。"

李威威补充道:"我有个大胆的假设,这两个凶手很可能是师傅带徒弟。主犯曾经犯过案,有一定的反侦查能力,只拿现金不拿手机,而且现场没有留下指纹。他贪图享受,爱穿名牌鞋。他带的徒弟穿的皮鞋质量就很一般了,准备跟着师傅入室盗窃发横财。不过,这个徒弟为什么会在中心现场换上拖鞋,我还没想明白,还要进一步做勘察和侦查实验。"

庞所长点点头,说:"我觉得这个推论有道理。这两年,随着咱们京海的经济发展,我们这一片儿的外来人口确实越来越多了。庙下街附近就有两个大的建筑工地,镇里也有不少务工人员来来往往,人员结构确实比较复杂。搞不好就有人浑水摸鱼,流窜作案。"

欧阳瞳听李威威讲的也有些道理,虽然没有被说服,但也不再继续争论。

郑涛扭头看看程功:"程功,你怎么看?"

程功问李威威:"二楼洗手间的窗台和窗外的雨水管道上,都有反复蹬踩的痕迹,可见凶手是从二楼卫生间窗户出入的。但是,二楼卧室的窗户也被推开了,没有足印,却有一道摩擦的痕迹。"

李威威急忙点头道:"我也在琢磨这道痕迹!以我的经验判断,这是绳索在水泥窗台的外沿摩擦产生的。卧室的墙壁外侧没有发现蹬踩痕迹,如果不是人下去了,那就可能是放重物下去了。因为只有一定承重,才能形成这样的摩擦痕迹。"

"汤队的家属说,汤队带回家两个拉杆箱,一个红的一个黑的。红色的拉杆箱还在,黑色的却不见了。"程功的声音冷静沉稳:"汤队这些年,收入跟我们差不多。他是老烟枪,也就是从红双喜抽到硬中华,现在开始抽300块钱一盒的'熊猫'了!他往家里大包小包的带东西,还要带父母欧洲游。我觉得,他有经济反常的迹象。"

庞所长皱皱眉头,似乎想到了什么,说:"听说前阵子,有个从老城区辞职的民警跳楼死了。这才没几个月,汤队两口子又遇害了……"

单宇、欧阳瞳、李威威等人一听,心头俱是一凛,不由得看向程功。程功面沉如水,定定地看着投影仪幕布上显示的二楼卫生间窗台的照片。

郑涛沉声道:"王大鹏坠楼案,还没有最终定论……"

此时,会议室的门突然打开了。

市局姜松涛副局长迈着官步,走了进来,身后跟着他的秘书小夏。刑侦队政治处主任张萍华也亦步亦趋,紧跟着走了进来。

众人纷纷起身,只有程功坐着没动,低头翻着现场照片。

郑涛和庞所长迎上前:"姜局!"

姜局长跟几位下属淡淡地打了招呼,坐到会议桌C位,开口道:"汤建成退休前,是老城区分局刑侦队副队长,30年警龄!他刚退休一年,就出这么大的事情!郑涛,介绍一下情况!"

郑涛把现场痕迹、尸检结果和走访情况等做了简要介绍。

张萍华坐在姜局长的斜对面,根本顾不上听郑涛介绍案情,冲着李威威挥挥手,轻声说:"小李,过来!"

李威威正认真听讲,见张萍华招呼自己,只好从座位上走过来,低声问道:"张主任,您有事儿?"

张萍华的两条眉毛本来就纹的又细又高,此刻不高兴地挑着眉,更显得面相刻薄。

她低声责备道:"姜局长亲自到现场视察工作,你还傻坐着?赶紧给领导拍照啊!"

"唉。"李威威轻声答应了一句,无奈地站起身,拿起刚才拍摄现场痕迹的数码单反相机,对着姜局长拍了两张照片。

他举着相机,冲张萍华点点头,意思是我拍好了,就又坐下来听郑涛汇报案情。

张萍华见状,不满意地摇摇头,低声嘟囔了句:"什么态度?这能拍好吗?"

她担心李威威不能把姜局长现场视察工作的最佳状态展现出来,便拿出自己的苹果手机,探起身给姜局长拍照。

为了拍摄出最佳效果,张萍华费劲地从桌子缝隙挤进内圈,单膝跪在地上,双手握持手机,从下往上地仰视着,给姜局长拍了好几张照片。

姜局长听着郑涛汇报案情,分局刚退休的刑侦队副队长夫妻俩同时被杀,他心里还是有些压力的。但是,他斜眼看到张萍华半跪在地上给自己拍照,还是下意识地拢了拢头顶稀疏的发丝,挺直了腰背,双目炯炯有神,神情严肃认真。

郑涛汇报基本案情后,中肯地说:"目前看,外来人员流窜作案的可能性大,但也不排除熟人仇杀的可能。"

姜局长点点头,口气强硬地命令道:"入室盗窃转化凶杀,要把有限的警力用于正确的方向!郑涛,刑侦队和分局的人手分成两条线,一部分负责排查附近的工地和旅店,摸排所有可疑人员!另一部分,负责东郊的长途客车站还有各个道口,增设警力,进行盘查。绝对不能放过任何线索!"

郑涛想了想,说:"汤队以前在缉毒和反黑都干过,得罪过不少人。我们准备查一下经他手抓进去的涉黑涉毒人员,有没有近期刑满释放的,或者放话要对他不利的。"

姜局长很严肃,不容辩驳地说:"工作要分轻重!这条线,交给分局!从今天起,郑涛每天给我一个案情进展汇报!"

"是！"郑涛领命。

姜局长神色威严，目光扫过程功这个愣头青，官威颇盛地说："袭警杀警是重案。杀退休警察，也是重案！市领导和邵局长都很关心，必须尽快破案！关键时刻，要集中精力！不要乱联系、瞎联想！你们记住，刑侦就要用线索和证据说话！"

程功出神地望着窗外，似乎若有所思。郑涛担心程功控制不住脾气，见他沉默不言，不由得轻舒了口气。

次日，6月28日。

从白天到深夜，程功、单宇和庙下派出所民警一起调查、走访附近的工地，排查可疑人员。纪闻、周睿和分局的民警一起调查长途客运站，还坚守道口，排查出行车辆和人员。但是，一直没有发现有效线索。

6月29日。清晨7点多。

东三环的绿湖苑别墅区。周末的早晨，这片高档小区内还是一片静谧。绿树遮荫下，偶尔有几声清脆的鸟鸣。

绿湖苑北侧临湖处的28号别墅内，叮咚声的门铃响起。

一个穿着半袖衫和七分裤的中年女人走到门前，通过电子门禁的可视屏幕，看到门口站着两个穿物业工作服的男子。两个男子个子都不高，戴着遮阳帽，微低着头，似乎在收拾手中的工具箱。

中年女人比较谨慎，通过电子门禁的话筒问道："有事吗？"

左侧的高个男子说："物业维修，有几家的天然气进气管出问题了。"

中年女人听他说得有门有路，不疑有他，边开门边说："怪不得，刚才一直打不开煤气灶。"

中年女人刚把房门打开，两个男人便猛地冲了进来！

中年女人几乎被撞倒在地，还没来得及站稳，一把冰凉的匕首就架在她的脖子上！

矮个男子脸上戴着一个超市卖的普通口罩，双手戴着工用手套，一手握着匕首架在她脖子上,一手捂住她的嘴巴。

高个男子也戴着口罩和手套,手持一把铁榔头,顶住女人的脑门,压低声音恶狠狠地说:"别叫!"

上午9点。

警笛声鸣,两辆警车驶入绿湖苑,停在了北侧临湖的28号别墅前。此时的别墅前,已经停了一辆派出所的警车和一辆酒红色的保时捷。

程功、单宇、欧阳瞳和李威威从警车下来。为了汤建成的案子,他们昨晚都在队里加班,几乎没怎么合眼,面色均有些憔悴。

李威威黑着一张小圆脸,说:"一个入室抢劫,又没出人命!把重案队连兜端来就算了,欧阳都要出现场!又没有尸体要做解剖!真是杯弓蛇影!"

欧阳瞳拉了拉李威威,低声说:"行了!你没听郑队说吗?被抢的这位冯总,是个女强人,好像还是警民共建活动的商界代表,警风警纪监督员。市局很重视,姜局长专门打电话给郑队……"

"汤队被害的案子就不重要吗?外围现场复勘还能再拖吗?一下雨就完了!"李威威很有情绪。

欧阳瞳心里也很着急,但还是耐着性子说:"你没听郑队布置任务吗?姜局说了,这个案子也是两个身形瘦小的歹徒入室侵害,而且歹徒也戴着手套,拿着铁榔头。领导高度怀疑是连环作案,才绕开分局,必须由我们出现场,排查并案可能……"

"并案?汤建成的案子要并也是跟王……"李威威话没说完,便被欧阳瞳的眼神示意吓得缩了回去。他不由得看向程功。

程功看起来有些疲惫,停下脚步,淡淡地说:"领导定了侦查方向,大家就按照部署执行吧。"

欧阳瞳心下一叹,觉得程功自从关禁闭出来,性子倒还真是沉稳了不少。

她走到程功身边,轻声说:"要真是一拨人做的,尽快串并案,肯定对破案有帮助。"

程功点点头,没说话。他走到别墅门前,对派出所的民警出示了证件,扭头对李威威说:"威威,痕迹先进。"

别墅内的装潢十分豪华典雅。被害人冯总,也就是那位中年女人,正披着一件男士外套坐在客厅里,惊魂未定,脸色仍有些发白。

冯总身旁坐着一个二十六七岁的年轻男子,正在给她倒水喝。一个二十出头的派出所民警,正在一旁做笔录。

欧阳瞳和李威威穿着现场勘察服,提着勘察箱走进房间。李威威马上拿出勘察箱里的工具,开始查看房门口的足迹。欧阳瞳则走到客厅内,跟民警点点头,对冯总温和地问:"冯总,我是市局刑侦队的法医,您有没有受伤?"

冯总抬头看看欧阳瞳,双眼有些发红,轻轻摇了摇头:"没受什么伤,就是吓得不轻……"

坐在冯总旁边的年轻男子身材瘦削,穿着讲究,温文尔雅,站起来对欧阳瞳伸出手:"警察同志,我叫廖聪茗。"

欧阳瞳摊开自己戴着手套的双手,歉意地微笑道:"您是家属吗?"

"我父母跟冯阿姨是好朋友。冯阿姨自己住在京海,又遇到这么危险的事情。我父母现在外地出差,一接到冯阿姨的电话,马上让我过来帮忙。"廖聪茗落落大方,谈吐不凡。

欧阳瞳淡笑着点点头,看向冯总的双手,手腕处有捆绑的勒痕,还有一点擦伤。欧阳瞳用相机给伤痕拍了照,又拿出勘察箱里的药棉,细细地给冯总的手腕伤口消毒。

廖聪茗含笑看着冷静而又细致的欧阳瞳,目光中满是欣赏和好奇。

这时,程功穿好鞋套,也走进房内。他跟冯总和廖聪茗点头示意,坐在冯总对面,说:"冯总,我是市局重案队的。麻烦你再讲一下案情经过。两名歹徒是穿着物业工作服,骗门进来的?"

"对!我太大意了……"冯总惊魂未定地说:"我经常出差,回来住的时候不多。今天凌晨刚从国外飞回来,到家没多久,想煲点汤喝,发现煤气灶打不开。我正准备打物业维修电话,他们就来了。我看他们穿着物业的工作服,说要检修天然气,就开门了。谁知道他们俩一下子冲进来,把刀架到我脖子上了!还拿榔头威胁我!"

程功说:"很可能是他们把天然气阀门给关了。您还记得是把什么样的刀?"

"记得!这么长!"冯总张开双臂比划了一下,快有一米长了。

欧阳瞳不由得嘴角一弯。程功倒是镇定自若,细细地比了一下,问:"是匕首还是水果刀那样的?"

冯总稍作回忆,点点头说:"应该是匕首。矮个儿男的拿着!那个高个子拿着榔头,要敲我的头!太吓人了……"

程功追问道:"您还记得,那榔头是什么样的?"

"大的铁榔头!"冯总依然是张开双臂,用手比划了快一米长,说,"工人常用的那种!吓死人了!"

程功顿了顿,问:"后来发生了什么事?"

廖聪茗体贴地递给冯总一杯温水,冯总喝了一口,情绪稍稍缓解,说:"那个高个儿问我钱在哪儿,我吓坏了,就跟他们说,我是这家的保姆,定期来做保洁的。他们看我穿的也很普通,就相信了,用绳子把我的手背绑了起来。"

冯总五十出头的样子,留着简单的短发,穿着家居简朴,也确实不像是个富婆商贾。

程功目光中流露出赞赏之意,说:"你做得对。紧急情况下,最重要的是保护自身安全。"

冯总接着说:"我跟他们说,这家主人长期在外地。我知道二楼有个柜子,里面有一些现金,还有两块表。"

冯总回忆着当时的场景,十分心悸和后怕:"那是我日常放零钱的抽屉,里面大概有几万块钱。那个矮个儿就拿着匕首,在楼下看着我,高个的上楼找钱。我趁着他不在,跟矮个子说我们家乡话,讲我自己也是个出来打工的,给东家做钟点工,挣得也不多。他应该是信了。后来,那个高个儿拿着钱和表下来,举着榔头就朝我走过来了!他,他是想要用榔头敲死我啊……"

冯总吓得声音有些哽咽了,廖聪茗轻轻拍拍冯总的肩膀,轻声说:"冯阿姨,您吉人天相,没事儿的。"

冯总平复了一下心情，说："我当时，真是吓得要死！那个矮个儿就跟高个儿说，她也是个打工的，都不容易，咱们拿着钱赶紧走吧！高个儿听了，就把刀和榔头都放到包里。他们提着包和箱子就走了。我一个人，费了半天劲，才挣脱了绳子……"

程功问道："他们拿的，是什么样的包和箱子？"

冯总想了想，说："就那种普普通通的背包，箱子，好像是物业维修工用的那种工具箱。"

欧阳瞳问："冯总，您还记得他们有什么面部特征吗？"

"有！"冯总肯定地说。

欧阳瞳急忙问道："什么面部特征？"

"他们脸上都戴着大口罩！"冯总肯定地回答。

她在商场上强硬精明，关键时刻也能冷静自救，但毕竟刚受到惊吓，说的话不由得让欧阳瞳一愣，啼笑皆非。

冯总也意识到自己说的线索对警方没有帮助，有些不好意思地说："警官，我一个人住十几年了。京海一直很安全，真是头一回碰上这样的事情……"

欧阳瞳微笑着说："您遇到突发危险的处置是很正确的，和犯罪分子冷静周旋，保护人身安全最重要。"

程功站起身，说："放心吧，会抓到他们的！京海也会更安全。"

冯总别墅的后墙外。

程功站在天然气入户管道的阀门前。李威威用现场勘察灯观察了一圈，抬起头，说："没有发现什么指纹，估计戴手套了。"

程功沉稳地说："知道提前关天然气阀门，他们很熟悉小区情况！"

李威威用袖子擦了下额角的汗水，问："程功，别墅里的两趟足印我都看了。跟汤队的案子相比，不像是同一拨人！我觉得并案的可能性很小，唉，交给分局和派出所不就得了！我得赶紧回去，确定一下结果就得！"

程功点点头，说："这个案子像是内鬼做的，估计单宇那儿会有发现。汤队那边，现在大部分警力都去查工地、守道口了。你和欧阳抓紧去复勘现场，已经过去一天多了。我们尽快解决这个抢劫案,郑队也好给局里有个交代。"

李威威心情放松一些,笑着说:"好!这也算两全其美。"

看到活泼的成语小王子又回来了,程功微微一笑。两人随即分头行事。

绿湖苑小区的物业办公室。

单宇坐在监控录像室内,正在查看今天清晨的监控录像。程功和小区物业经理一起走了进来。

物业经理是个胖乎乎的中年男人,擦着满头的汗水,忙不迭地对程功说:"警察同志,我们小区的物业管理是5A级的水平!安保方面特别注意……"

单宇看到程功进来,扭头说:"劫匪对小区的环境很了解,有意避开了监控摄像头。不像是流窜作案,是有备而来,而且熟悉情况。"

程功看看物业经理,说:"被害人家的天然气阀门被人关了,她刚出差回到家,嫌疑人就上门了,还穿着小区物业的工作服。我们高度怀疑,物业公司有内鬼。"

"这,这,"物业经理一听,汗流得更厉害了,"这怎么会!你放心!我们,我们一定积极配合警察办案!"

程功说:"好,麻烦给我一份物业的工作人员名单。临时工和近期调入、辞职的人,都要算上。把人召集起来,我要见见。"

物业经理连连点头:"没问题!我先把保安、维修工和保洁都喊过来,还有物业人员信息表!一定积极配合!"

程功点头道谢,回头对单宇说:"我走访一下,待会和你会合。"

"好,我要把外围现场所有的监控查一遍。"单宇答了一句,头也不回,在监控录像室的操控平台上熟练地操作着。

冯总别墅门口。

欧阳瞳和李威威做好了现场取证工作,准备返回刑侦队。李威威去开警车,欧阳瞳提着现场勘察箱准备离开。廖聪茗很有风度地送欧阳瞳到门口,温和地说:"欧阳警官,谢谢你们,希望能尽快抓到罪犯。也希望……"

廖聪茗顿了顿，风度翩翩地站在别墅外的绿树旁，微笑着说："以后有机会再见到你。"

"放心，我们会尽快抓到嫌疑人的。"欧阳瞳微微一笑，转身离开。

她乌黑的长发束成马尾，干练的现场勘察服衬托出纤细而又紧实的身型。廖聪茗站在别墅前，看着伊人身影乘着警车离开，有些失神。

下午。

京海市公安局刑事技术中心。

痕检实验室内，李威威正在痕迹操作台前，研究绿湖苑小区现场的足印。

他看到程功走进实验室，嘿嘿一笑，说："来啦！"

程功走到操作台前，问："怎么样？"

李威威说："入室抢劫的两名嫌疑人留下的足印都是运动鞋，跟汤队夫妇被害案的足印做了对比。可以看出，一个人的足印鞋码偏小，另一个人的足印大小接近，不过这两双都是普通的运动鞋，不是阿迪那种牌子货。"

李威威指着两组鞋印的鞋底照说："你看，这个小点的足印，鞋底花纹是网格状的菱形。大点的足印鞋底是波浪纹。这都是常见花纹，档次偏低，比较便宜。"

"可以！"程功赞许地点了点头。

李威威弯弯嘴角，眼睛更亮了，接着说："不管是两趟足印的鞋底花纹，还是成趟足迹的动力定型，都很明确！这两个劫匪，肯定跟汤队的案子不是一拨人！"

京海市公安局刑侦队会议室。

李威威介绍痕迹情况后，肯定地说："绿湖苑抢劫案现场的痕迹分析，和汤队夫妇被害案的现场有明显不同。从痕迹角度，我可以判断，不能并案！"

程功在投影仪上展示物业公司提供的工作人员名单和简历，介绍调查走访情况："根据物业公司提供的工作人员名单，做了梳理和初步排查。其中性别、年龄、身高和外形基本符合受害人描述的，有13名中青年男性。这13人里，能提供明确不在场证明的有 7 人。剩下的 6 个人里，3 个人在家调休，1 人前天请假回老家，2 人在上个月里刚辞职。"

单宇介绍调查情况："歹徒对绿湖苑很熟悉，精心设计路线，避开摄像头。不过，还是百密一疏。我以中心现场为轴心，逐层向外调取录像。在今天早上 6 点 48 分，小区最后一排左侧的一个摄像头，拍到了可疑人物的片段。"

单宇此时的状态自信而又自然，播放了一段监控录像。屏幕中出现了两个穿着物业工作服的男子，一个人正在戴帽子，另一个手里拿着帽子。两人脚步都很快，从画面角落处一闪而过。

单宇将屏幕定格，把截图扩大，逐渐显现出两名男子尚未被帽子遮掩的大半张脸。

单宇说："图像很模糊，欧阳在做模拟画像处理。"

欧阳瞳把电脑上刚出炉的模拟画像展示出来，两人均是 20 多岁的男性，一个平头方脸，另一个则是瘦削长脸。

欧阳瞳说："这是对监控录像的截图处理后，形成的模拟画像。我把这两个画像，跟程功排查出的 6 个人的照片做了比对，发现和一个叫汪永刚的人相似度很高。另一个画像，没有发现相似。"

电脑上并列出现了平头方脸的嫌疑人模拟画像和汪永刚的证件照，证件照里的汪永刚头发略长，但也是小眼睛方脸庞，的确与模拟画像十分相像。

程功说："根据物业公司提供的资料，汪永刚今年 25 岁，在绿湖苑当过大半年保安，上个月刚辞职。据物业经理说，1 个月以前，物业维修部丢过几件工作服。当时大家都以为是洗丢了，没当回事。目前基本可以判断，汪永刚就是内鬼。至于并案……"

"好！先不考虑并案的问题，绿湖苑的案子抓手明确，证据清晰。"郑涛点点头，疲惫的脸上露出几分欣慰："抓紧时间，先抓住汪永刚！"

"是！"程功等人应声而起。

傍晚。
长途大巴站，候车室。

一个中等个头，瘦瘦的男人戴着太阳帽，背着一个黑背包，坐在候车室角落里。忽然，几个高大的身影出现在他面前，迅速将他围住。

程功的声音冷酷严肃："汪永刚！"

男人猛一抬头，反射性地站起来就往外冲！程功和纪闻一把将他抓住，制服在地。

纪闻说："别动！警察！京海市公安局！"

汪永刚惊恐地抬头，负隅顽抗地扭动着，喊道："干嘛！你们干嘛抓我？！"

此时，候车室的侧门口，一个身形瘦小的年轻男子拿着两个面包走过来，远远地看到抓捕的一幕。年轻男子脚步一顿，转身就跑！

此时，纪闻正在给汪永刚上手铐。程功按住汪永刚的双臂，一眼就看到这个拔腿就跑的年轻男人！

程功大喊一声："别跑！"他的身体已经快于反应，飞奔出去追赶！

单宇和周睿站在外围守候。他俩微微一愣，马上意识到那个人是汪永刚的同伙。

单宇语速很快地对周睿说："你帮纪闻，我去追！"边说边跑了出去。

年轻男人夺路而逃，手里的面包都掉在了地上。他沿着候车室外的马路，一路飞奔。程功迅捷如豹，很快就追上年轻男人，从背后猛地将他扑倒！

"京海市公安局！别动！"程功额角流下汗水，后背衬衫也被浸湿，紧紧压住不断挣扎的男人。

单宇也迅速赶到，和程功一起控制住男人的双臂，程功利落地给他戴上了手铐。

候车室外的马路上人来人往，路过的行人纷纷驻足，用有些害怕又有些好奇的眼神观望着。一个穿牛仔裙的女孩儿拿出手机，拍起了视频。

程功将年轻男人一把从地上拉起来，和单宇把他夹在中间带走。女孩儿用手机跟拍着程功和单宇的背影，感叹道："哇塞！现在的警察都这么帅嘛？好出道啦！"

一旁的马路上，一辆宝马3系轿车驶过。

陆晓佩坐在车内,从副驾驶座车窗向外看去,好奇地说:"小军哥,那边儿围了好多人啊!"

沈小军开着车,不以为意地说:"京海这大城市,什么事儿都有!"

他扭头看看陆晓佩年轻懵懂的面庞,一脸柔情地说:"晓佩,我会照顾你的!"

陆晓佩羞涩地低头,轻声说:"谢谢小军哥。我,我想找一些兼职工作。我室友说,网上那些兼职都是骗人的。"

沈小军豪气地说:"我最欣赏你这种独立、有思想的女孩儿!你放心,我认识好几个老总,开上市公司的!介绍你去实习,没问题!"

沈小军看着陆晓佩发亮的眼睛,顿了顿说:"不过呢,你年纪轻,还要多历练!待会儿到酒吧,喝点儿酒,锻炼锻炼!场面上的事儿,你肯定一学就会!"

陆晓佩乖巧地说:"嗯。我知道的。"

深夜。
京海市公安局刑侦队。
审讯室内,空调的冷风呼呼地吹,室内温度很低。
审讯过程中,汪永刚一直在冒冷汗,抬起戴着手铐的手,擦擦脸上的汗水。
程功严厉地说:"汪永刚,老实交代!你包里的5万块钱和两块手表,是怎么回事?你知道那一块表值多少钱吗?30万!难道是你自己买的?!我告诉你!证据确凿!现在让你开口,是给你坦白从宽的机会!"

汪永刚艰难地翕动嘴唇,似乎有些发不出声音。程功站起来,掏出一包红双喜,递给他一支烟。汪永刚颤抖着手接过来,险些把烟掉到地上。

程功用打火机给他点了烟,自己也点上一支,慢慢地说:"说说吧!"

汪永刚嗫嚅道:"我,我在绿湖苑做保安的时候,就发现,发现里面住的人太有钱了。他们过的,是我这辈子想都不敢想的好日子。凭什么人跟人差这么多?凭什么啊?我就想……那个28号别墅,平常都没啥人住。我就见过一两回有人,好像是个女的,一个人早出晚归。我就觉得,比较好下手……"

汪永刚狠狠地抽了口烟,说:"我从物业辞职的时候,顺了两套工作服。我就,找到我老乡福哥,商量着干一票大的!我们俩寻思,有钱人家里都是密码锁、保险箱啥的,把门骗开,更容易搞到值钱东西。最近早上晚上,趁着人少,我俩就经常穿着工作服,从侧后门进去晃悠。今天早上,就看见28号的灯亮了。我就,就把他们家天然气阀门给关了……"

审讯很顺利。汪永刚和同伙福哥交代了入室抢劫的过程。他们本想带着现金和手表到外地销赃,出于谨慎不敢坐高铁,没想到在长途客运站仍被抓获。

郑涛在监控室的屏幕前,平静地看着汪永刚交代案情,眉头却没有舒展。他对着话筒指令:"汤队的案子,探探他。"

审讯室内。

汪永刚颓然地倒在审讯椅上,说:"该交代的我都交代了,我完了……"

"前天晚上,你在哪儿?"单宇突然发问。

汪永刚疑惑地抬起头,说:"前天晚上?我们俩手里没钱,晚上就在网吧打游戏,凑合睡会儿。眼看着,眼看着,我怎么就发不了财呢?"

"在哪个网吧?"单宇紧追不舍。

"建设路的那个,好像是豆豆网咖。"汪永刚说。

程功转头看看单宇,恰好碰到单宇的目光。程功的眼神中,是一种果然如此的笃定。

此时,他们的耳机里传来郑涛的声音:"马上让纪闻去核实。"

6月30日。上午。

京海市公安局刑侦队。队长办公室。

郑涛坐在桌前看审讯笔录。纪闻匆匆进入,汇报调查进展:"头儿,我到豆豆网咖查了店里的监控录像,也问了值夜班的网吧服务员。前天晚上,汪永刚和福哥两个人确实在豆豆网咖。他们俩在那儿过夜好几天了,晚上就是玩玩睡睡,待到早上5点多离开。"

郑涛用手指轻轻叩了叩桌子,说:"既然有不在场证明,就完全排除并案可能了。"

纪闻不解地问:"头儿,汤队的案子,我们和分局调查了庙下附近的工地,还守了两天道口,都没有什么线索。这侦查方向,是不是要调整一下啊?虽说姜局长这么定了……"

郑涛眼睛里也有熬夜的血丝,微皱着眉头。纪闻是老刑警,心知领导的难处,随即说:"程功和单宇在查监控,说不定会有线索。我先去东郊区了。"

郑涛点点头。纪闻匆匆而至又匆匆离开。

郑涛看着桌上的审讯笔录,陷入沉思。

与此同时。刑事技术中心。

办公室内,李威威正在整理现场勘察箱,准备出门。张萍华踩着半高跟鞋走了进来。

李威威抬头一看,顿时有些愁眉苦脸。他还没开口,就听到张萍华尖细的声音:"小李,姜局长的照片送过去了吗?"

李威威叹了口气,指指办公桌上几大摞资料和照片,说:"张主任,最近队里有多忙,您也知道。我马上要去庙下街复勘现场,好多疑点没……"

"行了!你那点儿工作再忙,有领导的事情重要吗?"张萍华语速很快,递给李威威一个厚厚的大信封,封口已被细密地粘住。

"你赶紧领个车去市局!把这个材料和照片一起交给夏秘书,我已经跟他说过了。抓紧时间!"张萍华不由分说地安排了任务,扭头就走。

李威威翻了个白眼,气呼呼地把信封往桌上一扔,低声骂道:"马屁精!"

他冷静了几秒钟,忍了又忍,拿起电话打给车班:"喂?我是李威威,领一部车,去市局送材料。"

深夜。

京海市公安局刑侦队。重案队办公室。

单宇在电脑前坐了大半夜,头发有些蓬乱,喝了口咖啡,伸了个懒腰,说:"汤建成夫妻俩近一个月的手机通信记录、短信记录、电子消费记录,我都查了一遍,暂时没发现什么异常。汤队的人际交往比较复杂,要跟老城区分局的人再碰一下,排查几个联系频繁的无主号码,看有没有什么线索。"

程功的桌上铺着一张东郊区的地图,电脑屏幕上在播放庙下街附近的监控录像。

他按了暂停键,转身看着单宇,说:"汤建成的通话记录,从去年年底开始查吧!"

单宇没说话,点了点头。

程功转回身对着电脑,闷闷地说了声:"谢谢。"

单宇心中叹了口气,随即一挑眉,问:"你不是说,帮我再看一遍监控录像吗?看得怎么样了?"

"这庙下街的路灯和监控质量啊,我简直无力吐槽。黑黢黢的一大片,正看着呢!"程功对着电脑屏幕上的一片昏暗,翻了个白眼。

单宇不由得笑了:"那儿十几年前就是乡下,算是京海东区最偏的地方了。在庙下拿着手机翻个身儿,就是江宁移动欢迎您!"

"地方再偏,治安基础设施也得跟上啊!我可等着你的刑侦智能云,赶紧普及过去!"程功嘟囔着,喝了口浓茶,目不转睛地看着屏幕。

突然,他惊讶地发出一声:"咦?"

他按了暂停键,仔细分辨了一下,挥挥手说:"你来看一下!"

"怎么了?"单宇站起身,走到程功身旁,看向屏幕。

程功把监控录像回放了几十秒,说:"这个摄像头在靠近南边主干道路口的支路上。摄像头监控范围差不多能覆盖道路的三分之二宽。单看路面儿上是什么都没有,但是你看这儿!"

程功手指着屏幕中沿街的一个门面房,有一块比较大的沿街落地玻璃窗。借着昏暗的路灯光,玻璃窗中隐约出现了一辆电动三轮车,骑车人身影模糊,一闪而过。程功随即把录像暂停在这里。

"玻璃反射!"单宇脱口而出,看着凌晨 1:14 的这帧截图,瞪大眼睛仔细分辨,"他好像是骑着三轮,从庙下街去南侧主干道。"

程功沉吟一下,说:"这个三轮车深更半夜地出来,一路都在躲监控,看来很熟悉地形,搞不好是本地人。我们明天就去庙下街排查!"

单宇点点头,指指屏幕说:"好,我到这个路口做现场侦查实验。"
两人相视一笑,疲惫的神色略有缓解。

东郊区,庙下街。
在靠近南边主干道路口的支路上,停着一辆民用牌照的商务车。
单宇坐在车内,正在膝上的笔记本电脑前认真操作。当看到比对出的结果时,他眼睛一亮,随即拿出手机,拨通了程功的电话。

庙下街派出所的会议室内。
程功跟庞所长及几位民警正对着庙下街的地图和人员资料,讨论走访情况。接到单宇的电话,他利索地问:"单宇,侦查实验怎么样?"
单宇温润的声音传来:"根据现场摄像头的倾斜角度,路面宽度和玻璃窗的距离,对玻璃窗反射的影像进行测算,尽量还原了三轮车的外观和速度。欧阳对监控录像的截图也进行了处理,应该是一辆摩托型的电动三轮车,车身是深蓝色的,可以拉货。三轮车当时的时速在 35 公里左右,算是这种电动三轮的最快时速了。开车的人从体态外观看,是个穿黑色外套的中年男性。"
"好!我马上开始查!"程功挂了电话,对庞所长说,"庞所,我们要查一下庙下街居民里,谁家有深蓝色的摩托型电动三轮车,能拉货的那种。开车的人应该是个中年男性。"
程功略一沉吟,说:"他体型瘦小,性格内向,可能有犯罪前科。"
庞所长点头说:"好!咱们现在就开始摸排。"
这时,站在庞所长旁边的一位 20 多岁的民警突然说道:"唉!这样的人我好像认识一个。叫什么来着……"
他轻轻拍了下脑门:"哦!叫常大利!我今年到他家出过两次警,在院子里见过一辆电动三轮车,好像是蓝色的!这个常大利 30 多岁,又瘦又蔫儿。不过,他应该没有犯罪前科。"
程功问:"小杨,你两次到他家出警,是什么事?"
"嗨!"小杨嘿嘿一笑,"这个我印象挺深的。常大利的老婆又高又壮,性子泼得很！两次都是邻里纠纷，为了一点小事儿，他老婆把邻居家男的脸都挠破相了！邻居报了警，我们出警过去，拉都拉不住，还把我胳膊抓破了一道儿！"

小杨是个责任心很强的基层青年民警，讲得绘声绘色，细节到位。程功和庞所长听了都笑起来，程功说："那我们就去会一会这两口子吧！"

常大利家位于庙下街的西南侧，是一栋普通的带院子的三层小楼。

小杨拍了拍虚掩的院门："常大利在家吗？我们是派出所的！"

院内隐约传出一些声音，但却没有人应门。程功和圆脸民警交换一下眼神，随即推开院门，快步进入院内。院内果然停着一辆七成新的深蓝色电动三轮车。

小杨便往屋里去边喊："常大利在吗？派出所找你了解……"

房内突然传出女人的声音："快！快点儿！"

时逢夏日，一楼房门也没关。

程功反应极快，一把推开房门，疾步冲入房内。只见一个高高壮壮的女人站在客厅里侧，正扶着常大利翻窗户逃跑呢！

"别跑！"程功快步冲上前，小杨紧随其后。

女人猛一转身，挺着胸脯朝程功和小杨扑来。程功身手敏捷，一错身就闪开了。小杨抓捕经验不足，一下子被女人扑住，险些倒在地上。

女人双手缠住小杨，嘶声大喊："来人啊！警察耍流氓啦！来人啊！救命啊！"

小杨奋力挣脱着女人的缠抱，一时竟摆脱不了。眼看着常大利翻窗逃出屋外，程功紧跟着利索地翻过窗户，喊："警察！别跑！"

常大利身高不到一米七，身材瘦小，蹿得却比兔子还快。这是心里有鬼呀！

程功猛地兴奋起来，抓捕欲望爆棚，迅捷地冲了上去！埋伏在屋后的庞所长和两名派出所的民警也冲了出来。

程功对庞所长喊："追！"

庞所长虽然40多岁了，依然身手矫健，边追边大喊："常大利！别跑！警察！"

常大利一听庞所长的声音,更是没命地往前跑,在巷道里左转右拐,冲进一户人家的院子。

院内有一个杂物堆,木材和纸箱等堆了两米多高,常大利慌里慌张地躲到了杂物堆后面。

程功紧随其后,冲进小院。他陡然顿住脚步,警惕地观察一圈小院的环境,目光锐利地看向墙边的杂物堆。

此时,庞所长也跑进小院,程功用眼神示意,让庞所长到杂物堆的左侧包抄。程功走向杂物堆右侧,猛地伸出长腿,用力踢出!

木材和纸箱"哐当"一声倒下!

"哎哟!"常大利发出一声痛叫,捂着头从杂物里挣扎出来。

程功上前,一把摁住常大利,扑倒在地!

庞所长赶紧上来,帮着控制常大利的双臂。常大利额头上蹭破了皮,还肿起个包,"哎哟哎哟"地不停哼哼着。

"警察!别动!"程功边给常大利戴手铐,边对庞所长说:"派人去看看小杨!"

庞所长跑得满脸是汗,说:"有人去帮忙了!"

这时,派出所民警跑到了常大利家的窗户边,准备进屋。

屋内,常大利的老婆还在紧紧缠抱着小杨,哭嚎着喊:"救命啊!救命啊!警察耍流氓啊!警察打人啦!"

年轻腼腆的小杨民警已是面红耳赤,汗流浃背了。

7月1日。

京海市公安局刑侦队。

审讯室内,常大利蜷缩着背,坐在审讯椅上,看起来更加瘦小,像个弱不禁风的软脚虾。

程功看着常大利这副模样,不由得皱了下眉头,问:"常大利,6月26号晚上,凌晨1点左右,你在哪里?"

"我,我记不清了。"常大利声音极低,微不可闻。

单宇严肃地说:"监控都拍到你了!刚发生的事儿,就不记得了?"

"不可能啊!我明明……"常大利惊讶地抬起头,突然意识到自己口误,连忙改口:"睡觉!我在家睡觉!"

"你明明骑着电三轮,躲着监控走?"程功冷冷地接话,"实话告诉你!有你没躲过去的地方!证据很明确!现在问你,是给你个坦白的机会!"

常大利面色发黄,低声说:"我,我就是想搞点钱,省得我老婆成天在家,摔锅打碗的嫌弃我……"

"为了搞钱哄老婆,你就敢杀人?!"单宇提高声音说。

"杀人?"常大利眼睛圆睁,慌忙摇头:"我没有杀人!我,我就是趁着晚上没人,从工地上拉点儿钢筋钢管出去卖!我以为你们查到这个事儿,来抓我的。我老婆就让我,让我赶紧跑……"

程功冷冷地问:"那天晚上发生的凶杀案,你知道吗?"

"知道!知道!真不是我干的!"常大利虽然瘦小懦弱,反应却还不慢,急忙解释道。

程功的声音带着肃杀之感,问道:"你一路躲着摄像头走,就是为了偷点儿钢筋?你当天晚上在哪儿,干了什么,有谁能证明?"

常大利彻底急了,忙说:"我,我从工地拉了钢筋,都是直接送到西镇老李家的回收站!那天晚上,我3点就到老李那儿了!他亲自收的货,你们可以去问他!"

常大利撇着嘴,眼圈红了:"警察同志,我心里苦啊!我那个老婆,你们也看到了,凶得很!她嫌我不挣钱,成天骂我!我就,我就去挣钱给她看!没日没夜的啊,想着怎么躲摄像头,怎么躲工地保安,提心吊胆地赚点儿小钱。我,我哪有杀人害命的胆子啊……"

单宇看了看程功,他神色不变,似乎毫不意外,又似乎在想着什么。

常大利看单宇和程功没说话,壮了壮胆子,问:"警察同志,我老婆她,她没事儿吧?"

程功想到那个泼辣地抱着年轻民警的壮女人,有点哭笑不得,严肃地说:

"她妨碍执行公务，治安拘留3天。"

"要拘留啊?! 我老婆可吃不了这个苦啊！警察同志，她都是为了我啊……"常大利惧怕老婆又心疼老婆，眼泪都快掉下来了。

傍晚，京海市中心。

繁华闹市区，曲径通幽处，一家名为"星荟"的私人会所。

会所一间装潢雅致、低调奢华的茶室内，姜局长正靠在红木座椅上，品一盏香茗。

经侦队队长杨力鸣坐在一旁，笑着说："冯总说，全靠姜局指挥得当，绿湖苑的案子24小时不到就破了，她非常感谢啊！"

姜局长点点头，说："让她放心吧，京海的投资环境和治安环境都是值得信赖的。"

姜局长望向杨力鸣，问："看来绿湖苑的嫌疑人跟汤建成的案子确实没什么关系。老汤这个事儿，你怎么看？"

杨力鸣叹了口气，说："老汤两口子遇害，我心里也不好受。有需要我出力的地方，您随时指示！领导，叫我说，入室盗窃转化杀人这么小概率的事件，有时候都是命啊！还有仇杀可能，老汤在一线干这么多年，从他手里进去的毒贩、黑社会有多少？都是仇家啊！至于那个王大鹏，现在年轻人得抑郁症什么的可多了，没办法！好在，他们俩去年一个退休了，一个辞职了，都不是在职人员，老城区分局的压力也小一些。"

杨力鸣顿了顿，看看姜局长的脸色，说："不过，咱们京海的刑侦条线是有些乱。领导，您这队伍不好带啊！"

姜局长点点头，说："郑涛他们还在查，这是大事儿，总有个水落石出的时候。"

"那是，咱们京海的命案侦破率可是100%！主要是靠您指挥坐镇！"杨力鸣殷勤地给姜局长倒茶，双手奉上。

"哈哈！你别看冯总是个女同志，她可是优秀企业家代表，跟我们市里很多领导关系都不错！"姜局长心情不错，接过茶盏喝了一口，意味深长地说，"对你，也有帮助。"

"多谢师兄栽培！"杨力鸣满脸笑意。

"主要还是靠你自己努力！力鸣，你跟京海证券的洪总，还有那些金融圈的人经常打交道。工作关系吗，要维持好，其他地方还是要保持距离。毕竟，安全第一。"姜局长神色温和，拿起桌上的"黄鹤楼"香烟。

杨力鸣赶紧拿起打火机，给姜局长点烟："您放心，我心里有数。"

姜局长抽了口烟，微微一笑。

京海市中心高架桥上。

姜局长口中的京海证券洪总，也就是京海证券公司老总洪兆红，正坐在奥迪A8座驾内。

洪兆红身宽体胖，西装革履地坐在后排座位上，脸上带着酒后的潮红。他解开领带和衬衣的两粒纽扣，点了支香烟，看起来心事重重。

手机铃声响起，洪兆红接起妻子侯巧慧的电话："喂？"

侯巧慧的父亲曾任京海市副市长，出身优越，嫁给洪兆红后也是顺风顺水，养尊处优。

她心宽体胖，脸庞圆润，坐在一家美容院的大沙发上，一边修指甲，一边打电话给丈夫说："老公，刚才刑侦队那个张萍华来找我了。"

洪兆红吐了口烟圈，问："什么事儿？"

侯巧慧漫不经心地看着刚做好的美甲，说："芯儿不是快回国了吗，我跟她提过两句。她今天主动跑过来，要给芯儿介绍个对象，把刑侦队的档案都拿来了。"

洪兆红轻嗤一声："她能介绍什么对象？"

侯巧慧笑笑，说："我看了档案，小伙子长相还蛮好，好像姓单，家里做外贸生意的，主要是，在京海市区有十几套房子！"

洪兆红心绪不佳，不在意地说："你呀！一个小老板家庭出身的小警察，怎么配得上我洪兆红的女儿，侯市长的外孙女？再说了，芯儿愿不愿意回国，还不好说。"

侯巧慧也是心高气傲惯了，随即说："也是，那我就跟她说算了！张萍华这个人啊，傻乎乎的！经济也一般，美容院的人说，她办个卡都抠抠索索的。"

洪兆红落下点车窗，散散烟味，说："警察能挣几个钱？这样，你跟她说，介绍对象的事不急，最近一起吃个饭。"

侯巧慧有些吃惊，说："你要跟她一起吃饭啊？她的股票账户在你们公司，我们已经给她帮了不少忙了！"

洪兆红说："就是个几十万的小户头，我让小刘办的。小恩小惠，不算什么。"

侯巧慧轻笑一声："切！她一直上杆子贴着我们家，不就是为了这点儿利吗？也不看看自己是什么级别！老公，你以前不是都嫌烦吗？说她是个半老徐娘的瘪三。"

洪兆红看妻子一副没心没肺的样子，揉了揉太阳穴，说："她虽然又傻又穷，但毕竟有刑侦队政治处主任的身份。现在不比往日，姓杨的又靠不住！留着这条线，说不定有用。"

侯巧慧声音沉了下来："行，我知道了，回家再说。"

洪兆红挂了电话，望着窗外的车流，微眯双目，眼神闪动。

7月1日。

市公安局刑侦队会议室。郑涛、程功、单宇、欧阳瞳、李威威和纪闻正在开案情分析会。

纪闻说："头儿，在建筑工地和废品回收站都调查过了，26号晚上，凌晨3点，常大利是拉了一批钢筋钢管去回收站，那批钢材也确实是工地上的。他已经偷了四五回了，工地上赶进度，一直没发现，也就没报过警。"

单宇说："常大利家跟汤建成家基本没来往，也没查到通讯联络的记录。在常大利家搜查，没有发现铁榔头等凶器或其他可疑赃物。"

李威威说："常大利身形瘦小，穿鞋也是41码。不过，在他家没找到同样花纹的运动鞋和皮鞋。而且，他的成趟足迹跟现场的两趟足迹也不太符合。"

郑涛点点头，说："看来，这个常大利不是我们要找的人。"

郑涛右手的中指和食指无意识地敲击着桌面,说:"绿湖苑的案子很顺利,尽快做好报告结案。我已经给姜局长汇报过情况了,没有并案依据。"

他看着一直没说话的欧阳瞳和程功,说:"姜局长说,市局对汤建成夫妇被害案的侦破速度不满意。目前咱们的工作重点,就是全力以赴侦破此案!这个案情确实比较复杂,程功,你有什么想法就说出来,不要藏着掖着!"

程功坦然看着郑队,说:"郑队,我怀疑汤建成夫妇的死跟大鹏的案子有关。"

郑涛虽然有些预料之中,但还是微微皱了皱眉头,没有说话。

程功只当没看到,接着说:"是的,大鹏坠楼的现场痕迹和尸检结果,都没有证据指向谋杀。他的通话记录里,只有一个遇害当晚通话时长一分钟的电话最可疑,无主号码,无处可查。但是,他到底是自己跳下去的,还是被害的,大家心里都有数!"

程功努力平复心情,说:"大鹏是两年前调到老城区分局的,汤队是他的直属领导。一年前,汤队提前退休,到晟铭律师事务所工作。没多久,大鹏因病辞职,在汤队的引荐下,也到晟铭律所上班。这才不到一年,大鹏和汤队夫妻接连出事,已经三条人命了!"

程功顿了顿,说:"我知道,现在没有任何证据证明两起案件的关联性,谁也不能妄下判断。汤队被害案的现场,有很多解释不清,甚至自相矛盾的地方。我感觉不是流窜犯作案,是有目的的预谋杀人。现在,要看欧阳和威威的了。"

欧阳瞳清秀的脸庞看起来有些严肃,点点头说:"我和威威做了详细尸检,复勘了现场,还做了侦查实验,是有一些新的发现。"

欧阳瞳在电脑上展示了汤建成夫妇尸检的照片,说:"初步尸检的疑点在于,凶手为什么要用力击打两个被害人几十次,而且是不止一次的连续打击。我查看了死者的口腔和呼吸道,产生一个推测,当时,凶手击打被害人头面部几次,被害人生还的可能性已经极低了。但是,被害人的头面部严重损毁后,出现了喘粗气、冒血泡的情况,属于濒死期的生理反射。在凶手看来,这些动静就是没杀透!所以,他会补刀,拼命地、反复地击打,直至被害人的头颅完全变形,再也发不出声音。"

郑涛和程功认同地点了点头。单宇看着尸检照片,听着欧阳瞳的现场重现,仿佛看到了那血腥惨烈的一幕,反射性地恶心、反胃。他嘴唇微微发白,拿起杯子喝了几口水,才舒缓了一些。

欧阳瞳接着说:"我仔细检查了死者的颅骨,发现汤建成的颅骨非常的厚,比一般人的颅骨厚度要厚30%左右。凶手把他的颅骨敲碎成这样,需要很大的爆发力,还要有很强的耐力。从这一点看,不能排除两个人作案的可能。"

欧阳瞳脸上流露出一丝不解,说:"我觉得奇怪的是,根据二楼卫生间窗户能打开的缝隙宽度,凶手的身形应该很瘦小。怎么会有那么强的力量?"

"有一种人能爆发这种力量。"程功沉吟道,眼神锐利如芒,"刚吸食过软性毒品的人!"

"对!"李威威点头称是。

欧阳瞳也赞同地说:"还真有这个可能性!"

郑涛思考了下,说:"程功说的有道理。纪闻,让明铭过来开会。"

缉毒队队长魏明铭今天没有出差,很快赶到会议室。他似乎又瘦了一点,依然非常干练而又冷峻,长袖衬衫下隐约显出精瘦的身材。

魏明铭跟大家打了招呼,坐下听李威威分析痕迹复勘的结果。

李威威准备充分,推出来一个很大的展示板,板子上画出了二楼中心现场、卫生间和后院楼下的结构方位图,不同的位置上贴着不同的足印照片,还标出了歹徒的大致行进轨迹。他认真工作时,就不是平时老神在在、八卦兮兮的样子了,看起来颇有青年刑事技术专家的风采。

李威威站在展板前,说:"第一次出现场后,我的推测是,两人作案,入室侵财转化杀人。但是,通过复勘现场和侦查实验,发现了几个解释不通的疑点。"

"首先,卧室门口的拖鞋足印,边缘模糊不清,有多处重叠,而且血迹有浓有淡。我做了足迹实验,推测是,"李威威指指卧室门口的两个模糊的拖鞋印,拉了把椅子坐在上面,两条腿不停地抖动,"凶手杀人以后,没有马上离开现场,而是坐在卧室门口,抖着腿晃着脚,才留下来这种重叠模糊的足印!"

李威威推测的情况实在罕见,在场的同事都面露诧异。

单宇问:"卧室门口又没有凳子,你怎么知道他是坐着的?"

李威威胸有成竹地晃了晃头，指着旁边的一张照片："你仔细看，在拖鞋鞋印旁边的地面上，有四点很轻微的痕迹。把它们连起来，就是四个呈长方形的着力点！我第一次出现场，注意力集中在血足印上，没太留意。后来，程功说汤家可能丢了一个黑色拉杆箱，突然就提醒了我！复勘的时候，我在现场做了实验，推测的结果是，"

李威威变魔法一样，又从会议桌底下拉出一个拉杆箱。

他大马金刀地坐到箱子上，抖动着双腿，说："凶手没有坐凳子，而是坐在拉杆箱上！"

程功的目光定在李威威身下的箱子上，聚精会神。

李威威继续说："而且，他不停地抖着脚，坐了至少半小时！"

"坐了半个小时？"纪闻也有些不解，一般歹徒行凶杀人后，都会尽快逃离现场。

李威威笃定地点点头，站起身指向二楼卫生间和房子后的外围现场，说："在凶手套上拖鞋之前，运动鞋上沾了一些鲜血，也留下了几个血足印。但他离开时，卫生间窗台和楼下空地上的运动鞋足印，基本就看不到血迹了。这说明他等的时间很长，走的时候，鞋上沾的血，已经干了！"

李威威神色平静，重演的却是极度冷血的杀手，惨烈阴森的现场。

纪闻皱起眉头问："他在等什么？"

"他在等凌晨3点，路灯熄灭。"程功说，眉目冷然。

单宇突然也恍然大悟，说："对！我们查监控录像时就发现不对，问了庞所长才知道，庙下街的路灯大部分会在凌晨3点自动熄灭，近几年来一直是这样。如果不是附近居民作案，那凶手一定是事先做过调查，为了掩藏行踪，等到3点路灯灭了再离开！"

李威威眼神发亮："原来如此！哎呀这就对了！我刚做出这个推论的时候，心里也打鼓呢！"

郑涛沉思片刻，低沉地说："威威，继续讲。"

李威威指了指外围现场的足印照片，继续介绍："死者家楼下的地面上，发现了两种新鲜鞋印，一种是阿迪达斯运动鞋，另一种是皮鞋。我当时的推测是，运动鞋是主犯,在中心现场只留下了几个少量血迹的足印。皮鞋则是从犯,不知什么缘故,套上了现场的拖鞋作案。"

李威威指向一张男式拖鞋的照片,说:"这双拖鞋被留在二楼卫生间的地上,我又仔细检测了拖鞋的内侧,发现了很细微的运动鞋材质的痕迹。基本可以判定,凶手是穿着运动鞋套上了拖鞋。"

李威威顿了顿,说:"关于那双皮鞋,我们复勘现场的时候,住在汤家后面的那户邻居又出来围观。我注意到那家有个老头儿身形瘦小,穿着双棕色旧皮鞋,就采集了他的足迹。果然,楼下的皮鞋鞋印就是他的!我一问情况,把他给吓坏了,说是前一天晚上八九点,他们家的猫跑丢了,他就出来围着前后找了一圈,后来猫找到了就回家了,应该是那时候留的脚印。"

纪闻补充说:"我当时也在,马上查了一下他。他老婆和孩子都说,当天晚上他10点就睡了,再没出过门。这个人已经60多岁了,身体瘦弱,爬上二楼犯案的可能性确实很低。"

"没错!"李威威点点头,接着说:"所以从痕迹的角度,我判断是一人作案。而且,我同意欧阳的观点,不是入室盗窃转化凶杀,而是蓄意谋杀!"

郑队的眉头皱了起来,问魏明铭:"明铭,你怎么看?"

魏明铭翻阅了案件资料,沉吟了一下,说:"如果是吸毒人员作案,他很可能在案发前的两三个小时内,吸食过新型毒品。整个人的状态会很兴奋,短时间内可以爆发出很强的力量,同时,头脑也相对清醒。"

程功听着大家的分析,沉默不语,眼中锐意闪动。

现在,所有的线索交融、汇聚在一起,犯罪现场几乎可以完全重建。

程功眼前,浮现出那血腥的一幕幕:

深夜,一片静谧。

一楼的卧室里,汤建成的老父老母年近八十,正在床上熟睡,发出轻微的鼾声。

二楼的主卧内,汤建成和妻子都躺在床上沉睡。

窗外,一个黑影从夜色中悄然出现。他身手敏捷地从小楼侧面的防盗窗攀爬而上，稍一借力，便攀上了二楼的一个小窗台。这个小窗台是二楼卫生间的窗户，一扇小窗没有关严。黑影轻轻将小窗留下的缝隙推大一点，侧身挤入窗缝，爬进卫生间内。

黑影走出卫生间，稍作观察，就悄无声息地打开主卧室的门。他掏出随身携带的铁榔头，一步步靠近躺在床上的汤建成夫妇。

黑影站在床前，透过卧室纱质窗帘洒入的月色，看清楚了汤建成的脸。他毫不犹豫地举起铁榔头，重重地砸在汤建成头上！

汤建成发出一声痉挛样的闷哼，迅速抬起上半身，反射性地伸出双臂想要抵抗。然而，铁榔头很快再次砸向他的头部，连续击打三次后，汤建成的头颅骨明显塌陷了一块，倾起的上半身僵硬地落下。

汤建成身旁的妻子听到动静，迷糊中睁开了眼睛。当她看到眼前的黑影时，下意识地想要往床内侧躲闪。

冷血的杀手根本没给汤妻任何呼救的机会，铁榔头迅速砸在她的头上，血液四溅！

黑影不断地挥动铁榔头，狠狠地砸在汤妻的头上。一下，两下，三下……

黑影用力杀人后呼吸急促，站在原地平复了一下，把榔头随手扔在汤建成身上，打开随身带的小手电筒，开始在房间内翻寻。他戴着手套，拉开两个抽屉，突然，听到身后有喘粗气的声音！

黑影吓得一抖，急忙回头，只见汤建成夫妇俩反射性地喘着粗气，头面部的伤口鲜血直流，嘴巴还不停地往外冒血泡。

黑影想冲上去补刀，看看床边的地上有喷溅和流下的血水，自己新买的阿迪达斯运动鞋也沾上了血迹。他犹豫了下，瞥见衣柜旁边的地上，有一双汤建成洗澡用的塑料拖鞋，就直接套在了脚上。

他在运动鞋外套着拖鞋，踩着血水又走回床边，挥动铁榔头狠狠地砸下去，一下两下三下……

直到汤建成夫妇的头颅完全变形，头脸血肉模糊，一动不动，黑影才停下手。

他把榔头收到随身带的背袋里，依然是套着塑料拖鞋，踩着床边的血泊，走到书桌前继续翻动。书桌抽屉里，没有他要找的东西。梳妆台的小柜子里，也没有他要找的东西。汤建成夫妇的两个皮包，他打开后翻出了两个钱包，随手塞到背袋里。

黑影打开大衣柜，看到衣柜右下方放着一个红色拉杆箱和一个黑色拉杆箱。他双眼发亮，急忙将红色拉杆箱打开，里面只有一些换洗衣物和杂物。他又把黑色拉杆箱打开，是了！正是他要找的东西！

此时，黑影看看窗外，庙下街的路灯虽然昏暗，但依然一排排地亮着。

他想了想，把手里的黑色拉杆箱放在卧室门口，一屁股坐在箱子上。他望着眼前两具血肉模糊的尸体，闻着浓重的血腥味，轻轻抖动着双腿，似乎有些不耐烦，又似乎十分耐心，默默等待着。

凌晨3点，路灯熄灭。

黑影提起黑色拉杆箱，准备离开。这箱子明显不轻，但他也是有备而来，拿出随身携带的细绳，把箱子捆在绳子的一端，从二楼卧室窗户把箱子放到一楼地面。绳子在窗台上摩擦，形成了一道擦痕。

黑影把绳子收好，随即来到卫生间，身形麻利地攀窗沿而下。

他来到楼下，提起箱子，匆匆消失在浓黑的夜色中。

会议室内。

郑涛看程功一直不说话，问道："程功，你的意见？"

程功回过神来，说："既然是有预谋的杀人，监控和手机都找不到什么线索。我建议，还是用我们刑事侦查的基本手段，对庙下街外围现场进行拉网式的复勘排查，寻找凶手可能的藏身处和目击证人。庙下街的常住居民里，目前没发现有吸毒前科的。按魏哥的推测，凶手很可能在案发当晚，提前到了庙下街，在附近等待时吸食了毒品，状态兴奋，伺机作案。

"同时，全面排查汤队的人际关系和近期人员往来，查找仇杀或者侵财的可疑线索。蓄谋杀害刚病退的刑侦队长，肯定不是为了拿两个钱包。"程功站起来走到展示板前，拿起红色记号笔，在卧室门口血足印旁边的四点痕迹上，画了一个圈，"我觉得本案的关键点，在于作案动机，凶手处心积虑要带走的黑色拉杆箱里,到底装了什么?"

程功在照片旁边画了一个大大的问号。

郑涛看看那个问号,说:"好,我马上向市局汇报,把走访工地和守道口的警力收回来一部分。程功,联系警犬队的郭昊。明天早上6点,启动外围现场大排查!"

"是!"大家站起身,开始行动。

京海市公安局。

姜局长办公室内。姜局长坐在办公桌后,面无表情地听郑涛汇报案情进展。郑涛斟酌了一下,说:"姜局,按照您的指示,排查了汤队经手的重点案件和人际关系。目前梳理下来,汤队当年负责抓捕到案的,基本上都是涉毒涉黑的重案犯,判决以死刑和死缓为主。近一年内出狱的有一个涉黑人员,已经50多岁,得了肿瘤,保外就医,出来后一直在医院治疗,没有作案时间……"

姜局长摆摆手,打断了郑涛,说:"你既然已经跟邵局汇报过了,就按邵局的指示,把查工地和守道口的人撤回来吧。"

郑涛顿了顿,说:"姜局,我是来开工作会议,刚好邵局问起这个事情,就汇报了一下。我想,这也是您的指导思路。市局领导都重视,我们一定尽力……"

姜局长眯了眯眼睛,说:"郑涛,这个案子市领导也很重视。我是分管刑侦的副局长,压力很大!后面的侦破进展,你必须第一时间向我报告!"

郑涛站起身:"是!"

次日,7月2日。清晨时分。

庙下街的大多数居民还在睡梦之中。只有一些早起的老人,感受到了这个清晨的些许不同。

十几辆警车陆续驶来,停在庙下街派出所门前的马路上。

派出所的院子里,郑涛在现场布置排查任务:"今天的大排查分成四队,魏明铭、程功、纪闻和老彭各带一队,每个队都配备警犬。以中心现场汤家为圆心,沿东南西北四个方向向外辐射,开始地毯式的搜索!我在庙下派出所总协调,发现任何情况,随时向我汇报!"

"是!"魏明铭和程功等人都因为长时间加班,双眼布满血丝,但仍声音洪亮,士气饱满。

程功一出派出所的大门,眼睛突然亮了,笑容灿烂地说:"哎呀宝贝儿!想死我了!"

单宇走在程功的斜后方,瞬间以为自己听错了,前一秒还冷峻严肃的程功队长,怎么突然高兴得像个孩子?莫非,是程功的心上人来了?

单宇吃惊地看着程功,一时竟停下了脚步。

程功张开双臂,欢欢喜喜地向外跑去。单宇想了想,快步跟上。

只见派出所门外,没有美女没有姑娘,却立着一只高大威猛的警犬!

警犬队队长郭昊三十左右,黑瘦精干,嘿嘿一笑,拍了拍警犬的脖子,说:"去吧!"

大贝很熟悉程功,马上亲热地朝他扑了上去。程功微微弯腰,一把抱住大贝,高兴地又摸又亲,说:"大贝!宝贝儿!好久没见你啦!想不想我啊?"

"呜呜!"警犬大贝发出轻微的呼噜声,喜悦地在程功身上蹭了蹭。

李威威看到单宇立在门口还愣愣怔怔的,笑道:"你头一回见吧?大贝可是我们京海市局的大明星,名副其实的犬王!"

"犬王?"单宇只知道警犬,还没听说过犬王。

他看看穿着警犬制服的大贝,皮毛发亮,眼神炯炯,姿态昂扬。相较而言,不远处的几条警犬,状态也很不错,个个精神抖擞,但是大贝显得格外突出,卓尔不群。它浑身上下透着一股子灵气,还有种与生俱来的王者风范。

"大贝啊,是警犬队队长郭昊在刑警学院的警犬基地,一眼看中的!品种纯正的德国牧羊犬,从小就放在一个犬舍里单独养。大贝从到警犬队第一天开始,所有的训练科目都是第一名!工作表现贼突出,立过两次功!还得过京海市功勋犬的奖章!"李威威对大贝也非常喜爱和熟悉,说起来头头是道。

自古以来,忠犬骏马,都是男人的心头好。

单宇不由得赞叹了一句:"它这么厉害!好像比程功还优秀啊!"

"哈哈!这么比较虽然不太妥当。但你说的也没错!"李威威坏笑了一下,挑了个大拇指,压低声音说:"程功的本事,在警院和市局都是出挑的!但是,咱大贝可是全国警犬里数一数二的!你回头仔细看看,它舌头上有一块暗红色的胎记!这样的警犬,嗅觉和味觉都特别敏锐!总之一句话,大贝就是警犬里的天才!"

"单宇!"程功跟大贝亲热了一阵,站起身冲单宇招了下手,开始组织搜查队伍。

大贝自觉地站到队伍的最前方,凝然而立,迅速进入警戒的工作状态。

李威威跟着单宇走了几步,羡慕地说:"运气不错啊单宇!大贝分到你们组,准保有发现!他去年参加公安部组织的全国警犬大比武,有一道题目,是把毒品放到汽车加油箱的盖子里。满满一箱子汽油,对警犬嗅觉的干扰得多大啊!就这种难度,咱大贝的速度照样风驰电掣!是第一个找到毒品的!得了全国特等奖!"

"哎,羡慕!干活儿去了!"李威威看看大贝,恋恋不舍地去整队了。

单宇快走几步,跟上了队伍。

程功轻轻地拍拍大贝,说:"毒品!"

大贝精神抖擞地看着程功,"汪"地叫了一声。

"第一队,出发!"

程功和郭昊带着大贝走在最前面,单宇跟六七位市局和分局的警察紧随其后。队伍朝西出发。单宇看着走在最前方的威风凛凛的大贝,嘴角不由弯了起来。

外围现场大排查正在紧张进行中。

在中心现场的西南方向,是庙下街的主干道外比较偏僻之处。程功一队沿途进行网格式排查,看得很仔细,但一直没有什么收获。

烈日当空,气温升腾。

大家搜索了一个上午,都已经汗流浃背,浸透衣裳。这样的露天高温作业,对警犬来说,更是体能和耐力的挑战。每隔二三十分钟,郭昊都会给大贝喂一次水,心疼地摸摸它的头。

当他们走到庙下街西南尽头时,面临一个分岔路口:左边是条坑坑洼洼的土路,通向几小片菜地和几处散落的住宅,外侧是一条浅窄的小河蜿蜒围过;右边一条小石子路,则是打了一个弯,通向与庙下街平行的辅路,沿街也有多家店铺和住宅。

还没走到岔路口,大贝就显得有些兴奋,开始呜呜低吠,匍匐着向前跑了几步。它走到岔路口,只停留了几秒钟,便毫不犹豫地向左边的土路走去。

程功和郭昊对视一眼,马上带队跟上。大贝专心地沿着土路向前,绕过了两处小楼后,便是那条环抱的小河。小河上方,用破旧的青石板搭建成一个所谓的小桥。河对面是一片有些荒芜的菜地,菜地后有一栋小楼,看起来十分破败,似乎久无人住。

程功看到小破楼,心中一动。大贝毫不犹豫地踏上了小桥,向小破楼方向前进。

小桥年久失修,中间的一块青石板摇摇欲坠,几乎快要掉到河水里。大贝纵身一跃,轻盈地跨了过去。它回头看了看郭昊和程功,轻吠一声,似乎在提醒他们。

程功一行也都身手敏捷地过了桥,对岸全是菜地和泥地,已经没路了。

程功目光锐利,看到桥前方的泥地里有几个隐约的鞋印,对郭昊和单宇等人说:"有新鲜足印,小心避开。"

大贝一马当先,直冲着小破楼奔去。来到楼门口,他停住身形,低吠两声,回头看看郭昊和程功。郭昊表扬地拍拍大贝,跟程功点点头:"就是这儿了。"

程功迅速套上鞋套和手套,眼中闪动着兴奋的光芒,说:"我和单宇先进去看看。"随即推开破旧的木门,和单宇走进房内。

这栋小楼应该是90年代建造的住宅,不知什么缘故,长期没人居住。房屋的门窗都有多处破损,一片灰暗。屋内已经没有家具,阴暗潮湿,地面上堆积着厚厚的灰尘和一些凌乱废旧的垃圾。

程功打开现场勘察灯,仔细观察着地面。地面上明显有一些杂乱的男性鞋印,程功俯身观察,振奋地说:"这么厚的灰尘,减层足迹比较新鲜,很明显是最近留下的。"

程功目光犀利地观察着房内的景象，似乎嗅到一股不同寻常的气息。他走到一片垃圾前，蹲下身，轻轻拨了拨垃圾堆上面的几个破纸箱片和塑料袋，出现了一片明晃晃的锡纸和几张揉成团的餐巾纸。

单宇注意到程功的发现，拿着勘察灯一照，不由得轻呼："锡纸！"

程功拿起锡纸，借着灯光观察了一下，说："这是吸食毒品留下的痕迹。"

单宇赶紧拿出物证袋，程功小心地放入其中，又拿起餐巾纸团看了看说："吸了毒容易流鼻涕，喷口水，这里面应该能查到DNA。"

等在门外的大贝，仿佛听懂了程功的话，发出一声轻微的呜呜声。

程功不由得弯了弯嘴角："我的大贝宝贝儿，太厉害了！"

单宇也赞叹道："确实很优秀！"

京海市公安局刑侦队。

会议室。郑涛、程功、魏明铭、单宇、欧阳瞳、李威威等正在开案情碰头会。

魏明铭指着一个瘦长脸的男子照片说："根据餐巾纸里的分泌物DNA，我们在吸毒人员的数据库里做了比对，和这个叫朱然的人完全吻合。他是北方人，27岁，两年前在娱乐场所聚众溜冰，被处理过，强制戒毒。这些年断断续续地捞偏门，一直没有戒毒。"

李威威说："锡纸上有几枚指纹，跟数据库里朱然的指纹是吻合的。而且，他身高170，体形瘦小，符合现场的分析。"

郑涛严肃地说："这个朱然，要尽快抓住他！技侦有什么线索吗？"

单宇说："朱然行踪不定，经常换手机号。根据魏队的线人情报，查到了他最近用的手机号。我已经给手机做了定位，显示他现在在北郊城乡结合部，应该是在一个黑宾馆里。"

"好！马上出发！"郑涛站起身来。程功等人随即起立，准备出发。

欧阳瞳在收拾笔记本电脑，手机响了一下。她低头一看，是一个陌生的手机号码发来的短信："欧阳警官您好，我是廖聪茗。冯总对案件顺利破获非常感激，嘱我向你们表达谢意。不知这周五晚上您是否有时间，赏脸共进晚餐？"

欧阳瞳回想了一下遇到廖聪茗的情形，估计他是通过冯总与市局的关系，要到了自己的号码。她随即回复道:"您好,本职工作,不必客气了。"

没想到对方秒回:"十分期待,周五晚见。"

欧阳瞳愣了愣,哑然失笑,收起手机,没有再回复。

晚上7点。

北郊环外的城乡结合部。

在错综林立的自建房群中,一条比较偏僻的小道上,有一栋五层小楼,挂着霓虹灯招牌"吉利酒店"。吉利酒店是家三证皆无的黑宾馆,因为处于鱼龙混杂的城中村,对入住人员的身份证登记管理很松散。因为房费不高,生意倒也不错。

距离吉利酒店几十米的街道拐角处,停着辆拉着窗帘的民用车牌的商务车。

程功、魏明铭、单宇、纪闻、老彭和李威威坐在车上。单宇的膝盖上放着一台笔记本电脑,耳朵里插着耳机。他在电脑前进行手机跟踪定位,抬起头说:"手机没有关机,近20个小时内没有通话记录。手机的位置也没有变化,定位可以确认在吉利酒店518房间。"

纪闻一笑,说:"吸毒的人住酒店,都喜欢住顶楼最边儿上的房间,玩儿得嗨。"

魏明铭安排道:"咱们分头行动。我和程功、纪闻先进去,老彭和单宇在一楼前后留守。走吧!"

"魏哥,我呢?"李威威眼睛亮晶晶地看着魏明铭。

魏明铭笑笑,说:"你留车上,随时准备上楼取证。"

李威威遗憾地撇撇嘴,但是抓捕行动危险重要,魏明铭在刑侦队一贯很有威信,他也只有服从。

吉利酒店,一楼前台。

一对年轻男女正在办理入房手续。他们轻声交流,眼神暧昧,欢度周末约会的最后一站。

这时，几个冷峻硬朗的男人走了进来。小情侣不由得避在一旁，好奇地打量着他们。

程功对前台服务员出示了警官证，说："京海市公安局刑侦队，我们要查一下518房间，有没有一个叫朱然的人。朱元璋的朱，果然的然。"

男服务员很年轻，遇到这个阵势，有些紧张。他在登记本上匆忙看了一眼，低声说："住宿信息里没有叫朱然的。"

魏明铭把朱然的照片放在前台柜子上，问："见过这个人吗？"

男服务员瞄了一眼朱然的照片，摇了摇头，说："没有。我是中午才来上班的。"

"给我一张518的门卡。"魏明铭的声音里，带着不容抗拒的威严和压迫感。男服务员赶忙翻出门卡递上。

魏明铭拿到门卡，扭头对程功等人示意，大家随即分头行动。

自建房没有电梯，魏明铭、程功和纪闻从楼梯间爬楼梯上了5楼，老彭和单宇在酒店大厅的前门和后院守候。

518客房位于5楼的最西头。

魏明铭和纪闻站在房门两侧。程功站在门前，按了门铃，说："客房服务。"

房内没有声音。

程功又按了按门铃，说："客房服务。"

"啊！"房内突然传出一声女人的尖叫。

程功迅速拿出房卡刷开房门，好在没有内扣锁链，一推就开。魏明铭在房门打开的瞬间，迅捷地冲入房内，双手持枪，喊道："警察！别动！"

程功和纪闻都持枪紧跟着进入房间，迅速检查卫生间和柜子等可能藏人的地方。

魏明铭冲进房内，一眼看到床上有一男一女，两人都半裸着身体。男人正是他们要寻找的朱然，此时一动不动地躺在床上，面容青灰僵硬，枕边和脸上都有呕吐物的痕迹，已经死亡。

年轻女人则是披头散发，脸上的浓妆已经花了，睫毛膏粘黑了下眼睑。她似乎刚从昏睡中醒来,发现身边躺了个死人,满脸惊恐,哆哆嗦嗦地靠在床头另一侧。

客房狭小,只有一个很小的卫生间。程功和纪闻迅速查看了一下,排除危险后,都站到了床前。

魏明铭看看床上的年轻女人,只穿着一件半透明的睡裙,几乎不能遮挡什么,瘦削而又妖娆的身材半隐半露。

他眉头微皱,随手抓了一条大浴巾,扔盖在女人的身上。纪闻俯身摸了摸男人的颈动脉,又翻开眼睑,向程功和魏明铭摇了摇头:"已经死了,像是吸毒过量。"

程功出示了证件,对女人说:"我们是京海市公安局的警察,你是朱然什么人?"

"我,我是,"女人的眼神有些涣散,似乎还没有从吸毒过量的昏厥中清醒。她迷茫地看了看程功和纪闻,又看向魏明铭,失神惶恐的眼睛终于有些聚焦。她脸上泛出羞愧和窘迫,轻声道:"魏……"

魏明铭皱着眉头,说:"马妍,你怎么和朱然搅到一起的?他是怎么死的?"

马妍瑟瑟地拉了拉身上的浴巾,勉强盖住了胸部和臀部,两条笔直白皙的长腿仍露在外面。

她眼神畏怯,说:"我不知道他叫什么,只知道,他叫然哥。昨天晚上,有人介绍让我来这儿,跟他开房……"

程功和纪闻见魏明铭认识这个女孩,神色不变,看看床头柜和地毯上,散乱地扔着几个小塑料袋,袋子里有残存的白色粉末,还有几张用过的锡纸和一团团的卫生纸。

程功问马妍:"开房吸毒?他怎么死了?"

马妍眼圈发红,哽咽着说:"他说有一批新货,带我尝尝,我刚吸完就晕了,一直到刚才,才醒过来,发现他……"

程功看到床头柜上放着两部苹果手机,说:"手机果然一直在房间里。"他又低头看了看床边散落的男鞋,果然是一双阿迪达斯运动鞋。

程功抬头和纪闻对视了一下,眼中都是遗憾:终于找到了朱然,他却已经死了!

纪闻走到门外,打电话给李威威:"威威,上来采集一下物证。欧阳也要过来,朱然死了。"

此时,马妍终于清醒过来,意识到自己陷入了命案。她猛地探起身,爬到床尾,抓住魏明铭的衬衫,哭着说:"我真的,真的不知道他怎么死的!魏哥,我错了!魏哥,你相信我!"

马妍身上的浴巾滑落,小睡裙歪斜地挂在身上。她散着长发,几乎是半裸地贴向魏明铭。

魏明铭往后一退,把床边的长裙捡起来,放在她身上遮盖,说:"你先穿一下衣服。我们会查明他的死因,你得到局里配合调查。"

"魏哥,我真的不知道……"马妍抽噎着,颤颤地拿起了裙子。

魏明铭和程功都向外走了两步,侧身转对门口,避开视线。等马妍穿上了裙子,魏明铭沉着脸,给她纤细的手腕戴上了冰凉的手铐。

马妍一直低头啜泣,不敢抬眼看魏明铭。

7月3日。上午。

京海市公安局刑侦队。

会议室。郑涛、魏明铭、程功、单宇、纪闻、欧阳瞳和李威威等人正在开案情分析会。

魏明铭指了指马妍的照片,向郑队汇报说:"这个马妍,我认识。她家境不好,在京海读大学时,被一个贩毒的马仔给骗了,说是跟她谈恋爱、带她赚钱,其实是骗她去坐台,还染上了毒瘾。两年前,被我们打击过。她心里想戒毒,想学好,还给我们提供过两次线报。可惜,一直没能戒掉,现在做冰妹。"

谈起马妍可怜可叹的过往,魏明铭的眉心又微微皱起,说:"马妍的上线跟她说,朱然最近好像发了财,每天都找不同的冰妹,陪他吸毒作乐。马妍昨天是第一次见朱然,两个人一起吸食了新型毒品,发生了性关系。然后又吸了一次,她就昏过去了。"

欧阳瞳展示朱然的尸检照片,说:"初步的尸检结果判断,死者是吸毒过量死亡。死亡时间在昨天凌晨 3 点到 5 点。死者体内能检测到冰毒和新型毒品的成分。马妍的体内也能检测到类似成分，不过她吸食的毒品比较少，没到致死量。"

"另外，现场发现的白色粉末，我做了化学分析，是冰毒和新型毒品精灵药，但是，很不纯正，里面有许多混杂的化学成分，对人体的伤害很大。"欧阳瞳展示了毒化检测结果。

李威威说："吉利酒店是个三无酒店，没有住宿登记，也没有监控录像。现场的房间初步勘察下来，没有发现外人入侵的痕迹。我把现场那双阿迪达斯运动鞋做了检测，跟汤建成夫妇被害案中心现场的运动鞋印，完全吻合。"

李威威把阿迪达斯运动鞋的鞋底花纹照片和中心现场的血足印照片进行比对，说："而且，在这双运动鞋的鞋底花纹内侧，找到了一点残留的血迹。经过比对，与汤建成的血液 DNA 匹配。基本可以断定，朱然就是杀害汤队夫妇的凶手。"

单宇说："朱然手机的通讯记录，有 4 个常联系的无主号码。其中两个号码，在魏哥那边查到了，是朱然买毒品的上线卖家。还有一个号码，马妍供述说是带她的妈妈桑，经常给朱然拉皮条。但是还有一个号码，已经停机了。这个号码跟朱然通话过五次，时间段在汤建成被害的前一周到案发第二天。而且，这个号码只跟朱然一个人联系过，没有其他任何通讯记录。我觉得，很可疑。"

郑涛浓眉微挑，想了想说："看来，朱然杀害汤建成夫妇的证据比较充分了。程功，你觉得呢？"

程功看看郑涛，说："我认为这个案子还有三个疑点。第一，凶器和赃物没有找到，铁榔头和黑色拉杆箱在哪里？第二，如果死者是从固定卖家手里拿货，怎么会拿到掺了这么多杂质的毒品，最终导致死亡？第三，单宇查到的第四个电话号码，为什么在汤队被害前后密切与朱然联系，之后就突然停机，是不是朱然的共犯或者背后指示者？"

郑涛听完，看看魏明铭，问："明铭，你怎么看？"

魏明铭沉吟了一下，说："刑侦重案这方面，程功是专家。从我的角度来看，我认为程功提出的三个问题都有道理。给朱然供货的卖家叫老鬼，是个挂了号的老油皮。我和老彭今天就去会会他,看看他的货源到底是怎么回事。"

程功说:"魏哥,缉毒队能不能查到朱然的老窝,也许能找到凶器和赃物。"

郑涛点点头,说:"明铭,程功和纪闻跟你一起去,任何细节和线索都别放过!"

"是!"魏明铭利落地说。

大家站起来走出会议室。魏明铭对程功说:"那个马妍,关在留置室?"

程功不在意地说:"嗯,案子没结,先放一放。朱然的死,她基本排除嫌疑了,后面就按吸毒人员处理。"

魏明铭想了想,说:"我去看看她。"

程功看向魏明铭,目光深深,说:"魏哥,她吸毒的,没救了。"

"她做过我的线人。"魏明铭低沉地说,转身离开。

留置室。

室内光线昏暗,只有一张硬板床、一个小洗手台和一个简易马桶。马妍瑟缩地坐在木板床上,神色茫然空洞。

房门打开,走廊的光线投射进入。魏明铭走进房内,瘦高的身影笼罩在斜斜的光线中。

马妍的眼神突然活了过来,站了起来,急切地说:"魏哥。"

魏明铭站在门口,静静地看着她,身上散发着冷然自持的气质。

马妍意识到了自己的不妥,低头轻声说:"魏队。"

魏明铭看着她,说:"朱然的事情,你还知道什么?他住在哪儿,和什么人来往?"

马妍已经洗干净了脸,看起来憔悴而又清秀。她鼻子一酸,眼泪扑簌簌地落下,说:"我,我真的什么都不知道!我要是骗你,就不得好死!"

魏明铭摆了摆手,说:"行了。"

"魏哥!"马妍站起身来,想要靠近魏明铭但又不敢靠近,嘴唇颤抖,"我,我对不起你!你送我去戒毒,我,我还是没能戒掉,又下水了……我这辈子完了!我现在这样,就是行尸走肉。魏哥,下辈子!下辈子我再也不吸毒了……"

马妍双目红肿,眼神充满了绝望和愧疚。

魏明铭看着这个二十出头的女孩,曾经是朝气蓬勃的女大学生,如今却变成这样深陷泥潭的瘾君子,心里一阵发堵。

他叹了口气,说:"等你出来,还是要去戒毒。"

马妍颤巍巍地点点头。魏明铭看看她,转身离开。

房门关上,光线消失。

马妍似乎被抽走了最后一丝生气,瘫坐在地上,泪流满面。

7月4日。入夜。

北郊区。别墅区内。

一栋装修豪华的别墅内,灯光半明半暗,高档音箱播放着动感的音乐。别墅中间的茶几上,堆放着冰壶、锡纸、洋酒,还有几包冰毒和几包红色药丸。

沈小军坐在宽大的沙发上,半拥着陆晓佩,喝了口洋酒,大大咧咧地说:"晓佩,出来玩儿就放开点儿!你不是想找兼职吗,待会儿来的杨总和刘总,可都是大老板!"

陆晓佩有些胆怯,犹豫地说:"小军哥,这,这是不是吸毒啊?"

沈小军不以为意地说:"切!这怎么是吸毒呢?这玩意儿就是助兴,神仙水!逍遥丸!在美国,吸大麻都是合法的!你是大学生,还不知道这个吗?放心,不会上瘾的!你呀,得先融入这个圈子,才能在京海站住脚!"

"来!尝尝!亲爱的陆小小,你是我女朋友,我能害你吗?"沈小军凑在陆晓佩脸颊上亲吻了一下,柔情似水地把玻璃冰壶递给她。

专门定制的玻璃冰壶外形精美,吸口处镶嵌金箔,看起来像个富贵精致的高级工艺品。

陆晓佩脸颊绯红,犹豫了一下,接过冰壶,凑向唇边。

夜晚。

别墅区内,偏僻的小路上驶来一辆商务车。

魏明铭指指斜前方的一栋联排别墅,跟程功、老彭、纪闻和单宇说:"这个别墅是老鬼的一个窝点,有线报说,他今晚在这儿开溜冰派对,估计有新客户。队里的兄弟已经在别墅后面守着了,咱们都从前面进。"

魏明铭认真地看看单宇,问:"单宇,行吗?"

单宇的后背已经被紧张的汗水浸湿,仍坚定地点点头:"行!"

"魏哥,走吧!"程功心中记挂着朱然的线索,明显迫不及待。

魏明铭沉声说:"出发!"

"叮咚!"别墅门铃响起。

"谁啊?"沈小军裸着上身,仅穿着条短裤,晃晃悠悠地走到门前。

"外卖!"门外一个年轻男子的声音。

沈小军的脸上带着不正常的红潮,晕乎乎地看看可视门铃的屏幕,一个穿着"团团外卖"红色制服的年轻人,长相文气,手提着一个大食品袋。

"唉!谁叫的外卖啊?"沈小军边冲房内喊,边顺手打开了门。门锁刚一拉开,房门就"砰"地被踢开!

几个高大的男人冲进房内,举枪高喊:"警察!别动!"

沈小军顿时被吓呆了,被穿着红色外卖服的单宇一把按在墙上:"警察!"

客厅里,一男一女正赤身裸体地躺在大沙发上纠缠。

女人正是陆晓佩,她面色潮红,神志不清,嘴角流出了唾液。男人30多岁,身材壮实,神色癫狂,如同疯了一样在女人身上动作。他们俩意识都不太清醒,对警察冲进来这么大的动静,也毫无反应。

纪闻和老彭冲上前,将男人一把架起,双手铐在背后。男人浑身颤抖,脑袋一直不受控制地摆动,纪闻牢牢地控制着他。

魏明铭、程功和老彭持枪戒备,在客房又找到两个没穿衣服的男女,都是吸毒后晕乎乎的状态,全被扎上背铐,控制起来。但是,他们搜索了别墅的每个房间,都没有找到老鬼。

魏明铭回到客厅,从地上散落的衣服中拿了两件,盖在半昏迷的陆晓佩身上,又检查了一下她的鼻息和脉搏,对老彭说:"铐上吧!叫个救护车。"

陆晓佩非常年轻,一看就是学生模样。她闭着双眼,面色苍白,脸上还沾着白沫和唾液的痕迹。她的身体上，有青一块紫一块的痕迹，纤瘦的手腕上戴着手铐。

单宇把背铐住的沈小军从门厅拽到客厅，往地上一压。沈小军双腿发软，直接坐在了地上。

魏明铭冷冷地问："老鬼呢？"

"鬼哥？"沈小军显然也吸了毒，不过量相对少，含含糊糊地说，"他刚到，就接了个电话，出去了。"

"谁的电话？"程功问。

"不知道。他不，不跟我说这个。"沈小军摇摇头。

"他是开车走的吗？"魏明铭问。

"好像，好像开车走的。"沈小军迷迷瞪瞪地回答道。

"你叫沈小军？你跟老鬼是什么关系？"老彭从地上散落的衣物中，翻到了一个钱包，钱包里有沈小军的身份证。

沈小军听到自己的名字，愣了一会，慢慢清醒过来。他抬头环顾四周，终于意识到了自己的处境，眼神中露出惶恐："我跟他没什么关系！他叫我到他家玩儿，我啥也不知道！"

"你啥也不知道？"魏明铭看到地上有一个女孩用的小背包，背包拉链上还挂着海绵宝宝的布偶。他捡起背包打开，里面除了化妆品和钱包，还有一张京海财经职业学院的饭卡。饭卡上有女孩儿的照片和姓名：陆晓佩。

魏明铭心头一阵怒火，声音越发冷冽："这女孩儿还是个学生，她是从哪儿来的？！这冰毒和麻古是哪儿来的？！"

沙发上的陆晓佩突然抽动了一下，嘴里发出无意识的哼声，身体向沙发内贴紧，蜷缩在一起，微微抽搐着。

魏明铭又从地上捡起一件衣服，给她遮挡好。此时，大家都看到，陆晓佩身下的沙发上，露出暗红色的斑斑血迹。

单宇听到这话，看看明显是学生用的背包，再看看陆晓佩不堪的模样。深藏在他记忆深处的一幕幕，突然排山倒海一般袭来。

单宇感到胸口疼痛，怒气上涌，无法自控。他闭了闭眼，再睁开时，双眼泛着猩红。他猛冲上前,狠狠地一脚踹到沈小军脸上:"畜生!"

沈小军被踢倒在地,口鼻窜血,呜呜喊痛。

单宇还要往上冲,被程功一把拉住。单宇的眼底翻涌着怒意和愤恨,死死地瞪着程功。程功也冷冷地看着他,手臂毫不松劲。

两人对视了几秒钟,单宇转过头,挣脱开程功的胳膊,走到沙发前,试探了一下陆晓佩的鼻息。

"救护车快到了,她应该没事儿。他们在散冰。"魏明铭低沉地说。

客厅的角落里,那几个被控制住的男女还在浑身乱动,如同疯癫,毫无清醒意识,嘴巴里咕咕噜噜地说着什么。

魏明铭从茶几上和地上捡起两部苹果手机,拉起沈小军的胳膊,用他的指纹试了试,打开其中一部手机。老彭把沈小军从地上拉了起来,让他靠墙坐着。

魏明铭淡淡地说:"沈小军,你不知道老鬼去哪儿了,就说点儿你知道的吧!"

"领导,我交代!"沈小军疼得发抖,低头在肩膀上蹭了蹭脸上的鲜血。

他倒是老实不少,显然怕再吃苦头:"老鬼给我说,有个老板喜欢溜冰,想找个处女陪着玩儿。我在网上认识这个妞儿,她想挣点快钱,我就带她出来,交际交际。我是,是好心好意啊!"

"你好心个屁!头一回就给她上冰毒上麻古!让那个混蛋把她往死里折腾!你是要毁了她!把她养成冰奴!"老彭厉声说。

沈小军被震慑住,胆怯地低下头,在身上蹭了蹭下巴的鲜血。

魏明铭把手机上的通话记录调出,在沈小军眼前晃了晃:"这是老鬼的号?"。

沈小军的脸受伤不轻,已经红肿起来,哼哼唧唧地微微点点头。

这时,几名埋伏在附近的便衣刑警也进入别墅,其中有一个齐耳短发的年轻女刑警。年轻女刑警看到沙发上昏迷的半裸女孩,脸色一沉,马上过去照顾她。

程功认识这个新来的女刑警,说:"小阮是吧?照看她一下,救护车马上到!"

"是！"阮萌萌郑重答道。

魏明铭沉声说："老彭，你和纪闻留在这儿。我和程功去找找老鬼。"

他看了看单宇，说："单宇一起。"

魏明铭、程功和单宇大步离开别墅。

老彭从茶几上抽了张纸巾，蹲下身给沈小军擦擦脸上的血，悠悠地说："刚才我们冲进来的时候，你不小心撞到墙上了？"

沈小军看看老彭，眼神有些痴呆。

纪闻站在一旁，冷冷地说："吸了毒，走路都跌跌撞撞，还想跑？结果自己撞到墙上，把鼻血都撞出来了！"

沈小军看看纪闻，又看看老彭，忙不迭地点头："是！是！"

别墅外。

魏明铭对程功和单宇说："老鬼贼滑得很，换号非常频繁。沈小军手机上的，应该是他现在用的号。单宇，你现在能定位吗？"

"没问题！"单宇点点头，说完就大步走向商务车拿电脑。

魏明铭靠近程功，淡淡地说："我第一次见到马妍时，她跟别墅里那个女孩一样惨。而且，她当时已经上瘾了。"

程功扭头，看着魏明铭消瘦的侧脸。

魏明铭的眼睛，在暗夜中发着光，坚毅而又悲悯。

2小时后。

明海河大桥。

桥上，时有车辆穿行。桥下，是黑漆漆的河水。

一辆黑色SUV孤零零地停在大桥最靠边的车道上，车内空无一人。

魏明铭、程功和单宇开车过来时，看到的就是这样的场景。

单宇皱着眉头，说："刚才查到的手机定位就在这儿！但是现在，信号消失了。"

"车在人不在，手机信号消失。他还能去哪儿？"魏明铭说着，和程功对视一眼。

两人不约而同地看向桥下。

幽深的河水,吞食罪恶和秘密,寂静无言。

深夜。

京海市公安局刑侦队。

队长办公室。魏明铭和程功坐在郑涛面前。

程功面色沉郁。魏明铭也微皱着眉头,说:"我们晚了一步,老鬼被电话叫走后,就在明海河大桥上失踪了,手机也查不到了。查了他的情人和下家,都不知道他去哪儿了。给他打电话的号码是个无主号码,除了跟老鬼联系过几次,没有任何信息。"

郑涛思索片刻,说:"一个毒贩失踪,就从缉毒条线查吧!目前的 DNA 检测、痕迹、物证等,已经形成了朱然谋杀汤建成夫妇的证据链,汤队的案子可以暂时告一段落……"

"头儿!"程功打断了郑涛,语气有些冲动,"从时间线上就能看出,老鬼卖给朱然一批货后,当天晚上朱然就死了!朱然死后第二天,老鬼就失踪了!这个线索断得太突然、太干净了!朱然的老巢都没找到!他的凶器呢?赃物呢?难道就这样不管了?"

郑涛叹了口气,说:"你说的这些我都知道,明铭也知道,但是现在线索中断,这个案子没那么简单!经侦队也去调查了解了汤建成的经济情况,杨队反馈,没有发现异常!姜局每天都在催问破案进展,我必须先给市局一个交代!"

郑涛看看程功忧愤的神情,放缓了语气,说:"这样,我已经把朱然的情况汇报给市局。同时,我们还要继续找凶器,以便形成完整的证据链。在遵守纪律和不影响工作的前提下,你和单宇可以继续查。"

魏明铭说:"郑队,我会安排老彭他们,继续寻找老鬼,也给缉毒队的线人散了消息。程功,随时联系,缉毒队肯定全力配合。"

"谢谢魏哥。"程功低沉地说:"郑队,我先走了。"

程功站起身,大步离开办公室。

郑涛看着程功离开的背影，似乎想要嘱托什么，却什么也没说。

重案队办公室。
纪闻和单宇看到程功黑着脸回来，对视了一下，都没说话。
程功闷声说："郑队说，汤建成的案子先初步办结。我写报告，你们回吧。"
纪闻愣了愣，说："程功，这事儿别急，一步一步来。不管怎么样，查到了朱然，咱们对汤队的家属也有了交代。"
程功抬起头，看到纪闻双眼都是血丝，满脸疲倦，关切地望着自己。
程功突然觉得一阵心酸难忍，低哑着说："是，你几天没回家了吧，早点儿回去陪嫂子吧。"
纪闻脸上露出柔和的笑容，说："就是！你嫂子今天还问我加不加班呢，我现在回去，给她个惊喜！"
程功咧咧嘴，看着纪闻轻快地离开办公室。他坐了下来，抱起大保温杯，靠向椅背，微微叹了口气。
单宇看看程功，没有说话，俯身把脚上那双踢过沈小军脸的运动鞋脱了下来，扔到垃圾筒里，换了一双备用的皮鞋。然后，他把垃圾袋扎起来，左手提着垃圾袋，右手拿起香皂，准备去扔垃圾、洗手。
程功默默地看着单宇忙活，低哑地问："单宇，你为什么想干刑警？"
"我说过，我跟你一样。"单宇顿住脚步。
程功无声地笑了笑，喝了口茶水，说："以后当心点儿！嫌犯上了铐，不能再打了。"
"好。"单宇低声回答。

明海河畔。
一艘豪华游艇平稳地畅游着，河面波光粼粼。
游艇的大包厢装修奢华，巨大的玻璃窗，映射着两岸高楼大厦的霓虹灯。包厢的餐桌上摆满了美酒佳肴，桌前只坐着两个中年男人。
京海证券的老总洪兆红粗胖的大手握着一支高挑的红酒杯，看着对面体格壮实、身穿唐装的中年男人,笑道:"王总,我敬你一杯。"

穿唐装的男人,正是京海市聚达公司的老总王自达。他举起酒杯,客气地说:"洪总客气,自己人,不见外!"

洪兆红喝了口红酒,旋转着杯内的红色液体,说:"于公于私,你都是大哥,兄弟的事情,还要请你多费心。"

王自达哈哈一笑:"洪总,你可是京海的财神爷,我还要靠你照顾!"

洪兆红和王自达又碰了下酒杯,一饮而尽。

洪兆红眯着细小的眼睛,说:"只要兄弟我不出事儿,咱们就有赚不完的钱!"

两人四目相对,哈哈大笑。

包厢门外,站着两个身穿藏蓝色西装的年轻男人。一个精瘦背头、戴着眼镜的年轻男人,是王自达的私人助理张泉羽;另一个圆寸头、高大强壮的男人,是王自达的司机兼保镖李喆。

他们俩是王自达的左膀右臂,听到老板的笑声,神情也都松弛下来。

李喆掏出一包软中华,递给张泉羽一支。张泉羽笑着摆摆手。李喆轻哼一声,给自己点了烟,深深吸了一口,吐出烟圈。

隔着朦胧的烟雾,远处河畔的灯红酒绿,更加如梦似幻。

夜已深。

纪闻家。纪闻面带笑容地打开门,进到房内,看到灯都没亮。他以为妻子林薇如已经睡了,悄悄走进卧室,发现床上没有人。

纪闻看看表,已经快12点了,不由得有些担心,拿出手机给林薇如打电话。林薇如的手机响了好几下才接通,她的声音很轻柔:"喂?"

"老婆,你在哪儿呢?"纪闻靠在沙发上伸了个懒腰,轻松愉悦。

"我在家啊!你呢?还要在单位待几天啊?"林薇如的声音,一如既往的温柔。

市中心一家很有情调的静吧里。

林薇如正坐在酒吧角落的卡座内,桌上有一杯鸡尾酒和一瓶啤酒。精致的烛台内，一支小蜡烛发出星星点点的光芒。

"喂？"林薇如能听到纪闻的呼吸声，却听不到他说话。

"你在家，听音乐？"纪闻的声音缓缓传来。

林薇如意识到酒吧里放着轻缓的音乐，随即说："是啊，放点儿音乐，有助睡眠。"

这时，她看到"清风徐来"从洗手间出来了，忙说："好了不说了，我睡啦！"

"晚安。"纪闻说完就挂了电话。林薇如听到手机里传来的嘟嘟声，不由愣了愣。

"清风徐来"30多岁，风度翩翩地走了过来，坐在林薇如对面。

他眉毛一挑，笑着说："这么晚了，其他追求者的电话？"

"没有。"林薇如羞涩地低头，把手机放回包里。

"薇薇，今天晚上，别走了。"男人的大手放在林薇如的小手之上，眼神灼热地望着她。

"不行……"林薇如把手抽出来，心乱如麻。

"为什么不行？你需要他的时候，他总是在工作！而我，我是真心爱你的。"男人把手伸到桌下，放在她的大腿上，轻轻抚摸着细嫩的肌肤。

他的声音很好听，甚至有几分魅惑："我是清风，徐徐向你走来。薇薇，我们本来就应该在一起。"

"对不起！"林薇如猛地站起身，脸涨得通红，慌乱地拉了一下裙子，匆匆离开酒吧。

男人没有追上去，静静地看着林薇如第二次逃跑的背影。

他喝了口啤酒，嘲讽般地笑了笑。

林薇如心神不宁地打车回到家。她总觉得，今晚纪闻的那通电话有点问题。纪闻虽然很忙，但对她一直都关爱温和，除非在出紧急行动，每次打电话都会和她聊聊天，逗她开心，从不会突然挂掉。

林薇如拿出钥匙开门的时候，心头突然颤抖了一下。她进房，开灯，环顾，家里没有人，纪闻不在家。

林薇如轻轻舒了口气，只觉得慌乱的心跳，慢慢平息了下来。

她看向窗外，神色复杂。

入夜时分。晚高峰刚过去，地铁上人不太多。

单宇穿着清爽的衬衫牛仔裤，斜背着运动背包，站在地铁靠门侧的角落。他笔直地站着，没用手握住栏杆，也尽量和周围人保持一定距离，看起来风度翩翩又独立于浊世。

地铁停在一个大站，涌入许多乘客，车厢变得有些拥挤。一个40岁左右的矮胖男人，穿着身皱巴巴的大T恤衫和灰色短裤，在站立的人群里挤来挤去，凑到了一个穿着背带牛仔裙的年轻女孩背后。

矮胖男人悄悄地用右手把短裤的拉链拉开，在T恤衫的遮掩下，不停地做着猥亵的动作。他的脸逐渐靠近女孩的长发，下身也越来越贴近女孩的臀部，开始些微地触碰。

女孩正一手拉着地铁手环，一手拿着本书，低头看得专注，没有注意到身后的男人。

矮胖男子闻着女孩的发香，看着女孩雪白细腻的脖颈，目光贪婪，手下的动作越来越激烈，甚至开始隔着牛仔裙顶撞女孩的臀部。

女孩感觉不对，下意识地往右挪了一步。矮胖男子紧贴着她也向右挪动，手下动作不停，猥琐不堪。

女孩猛地回头，大声质问："你干什么?!"

就在此时，一个高大的身影突然掠过人群，一把将矮胖男子按倒在地！

"哎呀！"矮胖男子痛叫起来。

"警察！别动！"单宇单膝压住矮胖男的大腿，按住他的肩膀。

单宇的眼中带着一股罕见的狠厉，拽着矮胖男的胳膊使劲往后一扭。

"啊！"矮胖男吃痛，大声嚎叫起来："警察打人啊！"

单宇一巴掌打到矮胖男子的后脑勺上，厉声道："喊什么喊！"

"啊！救命啊！"矮胖男子疼得龇牙咧嘴，趴在地上不敢再动。

四周的乘客纷纷让开，面上带着几分惊吓和几分好奇，看着眼前的一幕。

单宇也不知道自己怎么了，愤怒的情绪像洪水一样袭来，几乎要把他的理智淹没。

他猛地揪住矮胖男的衣领往后使劲一拉,矮胖男子的脸顿时憋得发红。

"呀!"围观人群开始窃窃私语,一个胆小的女乘客捂住了嘴巴。

"先把他拉起来。"一个平静清凉的声音响起,牛仔裙女孩按住单宇的右臂,轻轻拍了拍。

单宇回了回神,紧绷的神经和肌肉都略微放松。他一手从背后抓住矮胖男子的手腕,一手抓住肩膀,把他从地上拉起来,冷冷地说:"你干了什么,你自己清楚!猥亵女乘客,你裤子的拉链儿都还没拉上!"

"啊,我,我忘记拉了不行吗?!"矮胖男子被单宇折腾得不轻,疼得弓着腰,脸上冒出虚汗,却还是想要耍赖。

牛仔裙女孩指着矮胖男,大声说:"你刚才一直贴着我!还撞我!你还狡辩!"

单宇的注意力一直在矮胖男身上,他从斜后方过来,始终没看到牛仔裙女孩的正面。现在听到声音再一看正脸儿,不由得吃了一惊:牛仔裙女孩原来是尹慧伊!

"尹……"单宇刚开口,尹慧伊看了他一眼,眼中隐含劝阻,便顿了下来。

这时,对面座位上一位60岁左右的阿姨开了口:"警察同志,我也看到他一直贴着这个小姑娘!手还动来动来去的,他没干好事!"

"哦,原来是色狼被警察抓到了!"

"咸猪手啊!"

"打他是轻的!把他送到公安局!"

周围的乘客搞清了情况,都义愤填膺地议论纷纷。矮胖男子心虚地低着头,不敢再说话。

一个戴眼镜的小伙子主动走上前,帮着单宇抓住矮胖男子的胳膊,说:"我帮您按住他!"

"警察同志,我跟你们一起去!我可以证明!"尹慧伊声音清脆,但是脸色发红。她之前专心看书,没有察觉背后的猥亵,后来刚发现到不对,单宇就扑了过来。现在她才看到矮胖男子的短裤敞开着拉链,也是气得不行。

此时的尹慧伊,卸下了冷静从容的职业光环,只有年轻女孩的羞涩和恼怒。单宇看看尹慧伊,心里奔腾的愤怒逐渐平复,掠过一丝异样。

1个小时后。

派出所的门口。单宇匆匆走出,还用纸巾擦拭着双手。

他看到等在外面的尹慧伊,微微一愣,随即快步上前,说:"尹医生,不好意思,我说要送你回去,还让你等我。"

尹慧伊粲然一笑,说:"应该是我谢谢你,帮我抓到了坏人,单警官。"

"应该的,我……"单宇局促地说。他在尹慧伊面前总有一种局促不安的感觉,可能是因为他只对尹慧伊倾诉过自己内心的隐秘,包括自己过度的洁癖和与之伴随的痛苦。

"你刚才把他按倒的时候,没有想过他是不是干净、会不会弄脏你的手吧?"尹慧伊微笑地看着单宇。

"还真是,什么也没想!"单宇不由得也笑了,眼神亮了一下,又变得暗淡,"不过后来,就还是要洗……"

事发紧急时他忘了一切,等危险过去,他就觉得脏得不得了。刚才在派出所的洗手间里,洗了好几遍手才出来。

"谁都有缺点和弱点,谁都需要去面对,去成长。就像我,以后要少在地铁上看书,警惕性太差了!还好碰到你。"尹慧伊看着单宇,真诚地说。

路灯微亮,将单宇和尹慧伊的影子拉得斜长。

橘黄色的灯光,映在尹慧伊澄澈的眼眸中,折射出一片璀璨。

7月6日。周五。傍晚。

京海市公安局刑侦队。大门口。

欧阳瞳穿着一件短袖恤衫和及膝裙,斜背着背包走出大门。她看起来清爽宜人,像个大学生的模样。现在是晚高峰时间,很难打到车。她站在门口,正在用手机软件约出租车,突然听到有人喊她:"欧阳!"

欧阳瞳抬头一看,路边停着一辆蓝色保时捷,廖聪茗风度翩翩地从车上下来,含笑道:"这么巧,刚好我来接你。"

欧阳瞳对廖聪茗的自来熟感到无奈,说:"廖总,不必客气了。"

"警民一家亲吗!我是代表冯总来接您的,总不好让我一个人回去,没法交代。"廖聪茗拉开副驾驶座的车门,玉树临风地说:"欧阳警官,请。"

欧阳瞳看了廖聪茗5秒钟,摇摇头,笑道:"好吧。我请你们吃饭啊!"

"欧阳警官开什么玩笑?我廖某人什么时候让女士买过单?"廖聪茗故作惊诧,倒是逗得欧阳瞳一笑。

夕阳斜照,阳光洒在欧阳瞳清丽的脸上,笑容粲然。

廖聪茗看着她,微微愣神。

京海市中心医院。

临床心理科的诊室内。单宇坐在尹慧伊的面前,沉默地看着这位年轻温和的女医生。

尹慧伊身穿白衣,平静地说:"我读大学的时候,每次上完解剖课都想吐,有时候是干呕,有时候真的会吐出来。"

单宇缓慢地说:"你是女生,我是刑警。"

尹慧伊微微一笑,说:"不管什么性别,多大年龄,我们每个人都有自己畏惧的、想要回避的东西。"

单宇搓了搓脸,说:"尹医生,你知道的,我根本不相信,坐在这儿跟你谈谈话,就能解决我的问题。但是现在,我现在很担心这个情况,会影响到我的工作。好像,也只有你能帮我。"

"你可以跟我说说,你的担心。"尹慧伊温和地说。

她的声音平和而又冷静,让单宇感到一种难得的安心。

他微微地,几不可闻地叹了口气,说:"有些事,这辈子都不想再提起。"

四、你心里的鬼

> "程功,晟铭律所的方辉出了车祸,人死在车里了!你过去看看情况!"
> 程功猛然抬眼,震惊错愕。

乌云密布。

蜿蜒的护城河边,是绵长的林荫小道。

一个十五六岁的女孩儿穿着校服,站在河畔的栏杆外侧。她双手紧紧扶住栏杆,勉强站在外侧窄窄的石沿上。一阵风来,女孩单薄的身影似乎摇摇欲坠。

他不能动也不能喊,只能远远看着女孩儿,整颗心被揪成了一团。

女孩儿脸上挂着泪痕,茫然地看着桥下的河水。她闭上了眼睛,单薄的身体猛然坠入水中!

"不要!"单宇猛地睁开眼睛,呼吸急促,双眼泛红。

8月25日,上午9:30。

京海市中心医院。

临床心理科门诊2号诊室内。

尹慧伊温和地问:"你还记得从什么时候开始,经常洗手的?"

"十四五岁吧。"单宇觉得口内干涩,喉结滚动了一下。他感到双手有点出汗,在深蓝色的牛仔裤上擦了擦。

"能再具体一点吗?比如,初二、初三,还是高一?"

"嗯。"单宇愈发觉得口干了。他抓紧桌子上的矿泉水,咕咚咕咚地喝了几口,说:"初三。"

"初三的时候,发生过什么重大的事情吗?"

单宇突然站起来,声音干干的,说:"尹医生,我还有点事儿,今天就到这儿吧!"

尹慧伊不急不慌,点点头,说:"好。下周见。"

尹慧伊目送单宇离开诊室,想了想,在笔记本上写下:"初三?"

单宇心神不宁地从2号诊室出来,刚好碰到迎面走来的冯雅嫒。她拿着两份病历,目光冷淡地看看单宇,微微点点头算是打了招呼,便走进隔壁3号诊室。

单宇匆匆忙忙地走在门诊大楼的长廊上,想要离开令他窒息的环境,或者说,想要摆脱令他窒息的回忆。一位40岁左右的女医生和他擦肩而过,走到妇产科门诊的护士台前。

此时正值妇产科门诊的高峰时间,许多孕妇和家属在排队候诊,医生护士都十分忙碌。这位女医生面色焦急,对当班护士说:"你给李主任打电话了吗?联系上罗医生了吗?我马上要去上手术,她门诊病人这么多,我没办法替她看完!"

当班护士一脸着急,说:"主任也找不到她!罗医生的电话一直没人接!王医生,这么多病人在等着,您能再看一会儿门诊吗?"

王医生看看手表,掏出手机边拨电话边说:"我给庄秋生打个电话。喂?庄主任,你们家罗羽生病了吗?你在外地出差啊?你也联系不到她?好,我知道了!"

王医生挂了电话,想了想,对当班护士说:"你给护士长打个电话,请她到罗羽家看看吧!庄主任也联系不上罗羽,别再出什么事儿,万一有什么急病呢。我跟手术室说说,再看一会儿门诊。"

当班护士赶紧点头说:"谢谢王医生,我马上联系护士长!"

30分钟后。

京海市中心医院家属院。家属院位于医院的老院区后侧,中间原来隔着一片两层楼的职工宿舍。随着医院的快速发展,这届院领导班子下了决心,把原来的职工宿舍扒掉，在这片空地上盖两栋新的大楼，准备做新的病房大楼和科教楼。

5号楼201室，一个中年锁匠蹲在门前，正在专心开锁，妇产科田护士长站在一旁看着。保卫科王科长不到50岁，肚子上已经有了游泳圈，气喘吁吁地爬楼梯上来。

田护士长着急地说："王科长，我们打了一圈电话，都联系不上罗羽，敲门也不应。庄主任又在外地出差，就怕有什么急病急事儿。只能麻烦保卫科过来，开锁进去看看。"

王科长擦着汗，不断点头。

"啪嗒。"锁开了。

田护士长推开房门，边探寻地进门边提高嗓音喊："罗医生？"

"啊！"田护士长一声惊呼，不由得向后退了一步，几乎撞在王科长身上。

只见罗羽穿着睡裙，浑身是血，苍白僵硬，仰躺在客厅地面，一动不动。田护士长毕竟是医务工作者，很快镇静下来，迅速走到罗羽身边，蹲下身检查，发现她的左颈部有刀伤，右手腕被切开。她摸了摸罗羽的颈动脉，又翻开眼睑查看瞳孔，已经没有生命迹象。

田护士长抬头看向已经惊呆了的王科长，眼眶发红，声音颤抖地说："快报警！"

警车鸣笛，警灯闪烁。

5号楼前，拉起了警戒线。警戒区周围，聚集了不少家属院的住户，议论纷纷。李威威和欧阳瞳穿着现场勘察服，提着勘察箱走入警戒线内。程功穿着淡蓝色衬衫和深灰色长裤，干净利落，大步流星地跟了上来。

三人走楼梯上到二楼，就看见单宇玉树临风地站在201室门口。

李威威眼睛一亮，说："单宇，你上午不是请假了吗，还这么早到，真是闻鸡起舞啊！"

单宇离开医院没多久，就接到电话半路折了回来，故而比大家都早到。他感受到了李威威成语小王子的风采，不由一笑，眉眼弯弯，心头沉重的压抑感缓解不少。

李威威和欧阳瞳先进入房内做现场勘察。程功在门口穿戴鞋套手套,单宇开始介绍案情:"死者罗羽,33岁,市中心医院的妇产科医生。她爱人也是中心医院的医生,在外地出差,正往回赶。夫妻俩还没小孩儿,就住在这医院的家属院里。报案人是医院保卫科的科长,刚才科里发现她没上班也联系不上,就安排锁匠撬了门。"

此时,欧阳瞳在客厅中间检查尸体。李威威则先在客厅地面进行痕迹检查,注意到客厅靠门的鞋柜上有一个小纸盒,他捡起一看,发现是一个快递包裹,收件人正是罗羽。李威威眨眨大眼睛,将快递包裹收入证物袋。

等现场勘察初步完成,程功走进房内。他眼中光芒锐利,细致观察着房内的情况:这是一套两室一厅的老公房,干净整洁。罗羽仰躺在地,脚朝房门,头朝卫生间,身上满是血迹,客厅的地上却比较干净。房间的窗户没有破坏痕迹,地上躺着几本医学杂志、杯子和相框等装饰品。可以看出是原本摆放在客厅壁柜和茶几上的,被散落在地。

程功蹲下身子看地上的相框,相框里是罗羽和丈夫的婚纱照,她穿着红色中式新娘装,靠在一个相貌堂堂的男子怀中,笑得很甜。可惜,相框玻璃被摔碎了,玻璃碴后的笑容也显得支离破碎。

客厅之外的两个房间一间是书房,一间是卧室。书房里有一张书桌和两大排书柜,柜内满满的都是医学专业书籍,可以看出主人的勤奋和学识。书桌上倒是比较空,程功看了看桌上孤零零的网线接口,还有一个鼠标垫,自言自语:"这儿是不是应该有一台电脑。"

卧室里陈设也很简单,只有大床、衣柜和书桌。衣柜门被拉开,衣物和被褥堆放在柜内和地上。

程功环顾一圈,想了想,在衣物堆里翻找起来,没扒拉两下,就翻出一个黑色女士皮包。皮包里装着钱包、钥匙和纸巾等杂物,钱包里有一叠百元人民币,还有两张出租车票。

"死者左颈部有刀伤,右手腕被切开,左手腕有切割痕迹。初步判断是失血过多导致死亡。"欧阳瞳俯身边检查尸体边说,她自己端详着尸体颈部和手腕的伤口,"咦?"

"怎么了?"程功从卧室出来刚好听到。

"这切口,真利索!"欧阳瞳感叹道。

1小时后。

欧阳瞳组织人手,把罗羽的遗体装入黑色的尸体袋,放在担架上抬下楼,送往法医解剖室做进一步尸检。此时已是中午,家属院里围观的人更多了。

他们从楼里一出来,围观人群便唏嘘不已:"听说死的是妇产科的医生!"

"哎哟,尸体出来了!"

"太惨了,作孽哦!"

欧阳瞳常年经历类似情况,面不改色地指挥着把尸体放到车上。这时,她听到一阵男人呕吐的声音。她循声望去,隐约看到人群外侧,一个身材瘦小、穿着黑色短袖衫的年轻男子,正蹲在地上干呕。

欧阳瞳微微摇摇头,心想:何必呢,害怕还来围观?

年轻男子蹲在地上干呕了一会,回头看看离去的警车,勉强站起来,恍恍惚惚地往医技楼走去。

京海市公安局刑侦队。

法医解剖室。

欧阳瞳穿着白大衣,站在冰冷的不锈钢解剖台前,掀开了盖在尸体上的白布。罗羽的脸露了出来,清秀的面庞苍白凹陷,嘴唇微张,似乎能看到她经历过的痛苦和恐惧。

欧阳瞳一边仔细观察尸体,一边向记录的助手介绍情况:"被害人罗羽,女性,身上的切割伤口创面整齐,称得上是刀法利落。死者身上没有明显的搏斗痕迹,体内也没有发现药物和毒害成分,但是,左手腕的切割伤痕应该是在躲避和抵抗中产生的。"

她从操作台上拿起锋利的手术刀,开始解剖尸体,说:"胃内可见200克糊状物,死亡时间应该是在昨天晚上8点到10点。死亡原因是被利刃切开右手腕和左颈部,失血过多导致死亡。抽一部分尿液,和胃内容物一起送检,看看有没有药物、毒物。"

欧阳瞳看了看罗羽的脸庞,轻轻叹口气,对着罗羽说:"你本来是拿着手术刀治病救人的,不应该躺在这儿。无论如何,都要查出来是谁害了你。"

会议室。

郑涛、程功、单宇、纪闻、欧阳瞳、李威威和管辖派出所杨所长等,在开案情分析会。

杨所长说:"市中心医院的家属院是20世纪80年代盖的老式小区,原来和医院老院区中间,就隔了几栋职工宿舍楼。这两年医院发展,把宿舍楼扒掉了,正在盖新大楼。小区住户以医院职工和进修医生、实习学生为主,治安一向不错。再加上,医院一直有想法把家属院也拆旧盖新,小区里就没怎么安装监控录像。近期没有发生过抢劫盗窃案件,小区保安和周围邻居也都反映,没有异常情况和可疑人员。"

单宇说:"家属院小区里的两条主路上安装了监控,但是没有对着中心现场所在的楼宇,晚上的录像质量也很差,没什么线索。而且,医院为了方便职工上下班,在家属院和医院之间的工地上,开辟了一条临时小路。这条小路也是没有监控的,只不过外部人员不一定知道。小区门口的马路上有监控录像,但是一晚上从小区出入的人群和车辆很多,目前还没发现什么异常,会进一步排查。"

纪闻神色有点憔悴,说:"跟妇产科主任和护士长都了解过,被害人罗羽,研究生毕业后到医院的,工作努力,业务很好,是科里重点培养的骨干。产科医生工作非常忙碌,她几乎每天都在医院。她爱人庄秋生年轻有为,30多岁已经做了胸外科副主任,工作也很忙,案发前两天到外地出差开会,今天刚飞回来。被害人性情温和,除了遇到过几个医疗纠纷,可以说社会关系很简单。"

欧阳瞳用投影仪展示罗羽的尸检照片,主要是颈部和手腕的切口,说:"被害人是失血过多导致死亡。现场本来应该有大量血迹,但基本都被凶手擦拭干净了。被害人体内没有发现药物和毒害成分,也就是说,在死者清醒和反抗的情况下，嫌疑人还能准确、迅速地割破颈动脉和桡动脉，说明他具有专业知识，或者做过充分准备，而且，很可能是多人作案。"

"欧阳，你的意思是？"郑涛问。

欧阳瞳点点头，站起身把李威威也拉了起来，比划道："至少有一个人胁迫住死者，另一个人站在死者面前，用利器杀人。大多数人是右利手持刀，用左手抓住死者的右手腕，右手切割更方便。所以，死者颈部的切口是在左侧，刀口走向是从左上到右下。从尸检结果判断，我认为是多人有预谋地作案，仇杀可能性大。"

郑涛点点头，问："痕迹呢？"

李威威展示了中心现场的照片，介绍现场勘察情况："凶手杀人后对现场做过细致的清理，中心现场没有发现鞋印和指纹，只在死者身下的地面上，找到一些血迹残留。被害人身上和残留的血迹里，也只查到她本人的血液和组织DNA。另外，客厅和卧室都有被翻动过的痕迹。"

李威威接着说："罗羽的同事说，她有一部苹果手机和一台苹果笔记本电脑，平时经常随身携带的，但在科室和现场都没有找到，手机也已经关机，很可能是被凶手带走了。我认为不能排除入室抢劫杀人的可能，也许嫌疑人确实心态冷静，具有很强的反侦查能力，杀人后可以从容地清理现场。"

纪闻说："现场的门窗没有损坏痕迹，抢劫杀人的话，怎么骗门进去的？"

李威威的眼睛圆亮亮的，说："说到骗门，客厅的鞋柜上有一个快递包裹，收件人是罗羽，里面装的是新买的电蚊香。你们看看快递上的收件日期，正好是昨天晚上！"

纪闻眼睛一亮："送快递的骗门抢劫，有可能啊！"

程功摇摇头，说："我觉得这个案子没那么简单。首先，现场的翻动痕迹有一定的伪造性。客厅壁柜和茶几上的陈设一目了然，如果凶手是为了求财，拿走值钱的物品就好，没必要把书本、相框这些东西都扫落到地上。"

李威威说："也许是在凶手和被害人搏斗的过程中，把东西给撞下去了。"

程功轻轻摇头，说："不会。"

他指了指客厅地上散落的相框等照片，说："中心现场这些摆设、物品及碎片散落在地面,有几样离尸体不到一米远。但是,它们都没有沾染到血迹,凶手是不可能把它们一一擦干净的。这就说明,凶手是先杀人,再把客厅地面的血迹全部擦拭干净,最后才把壁柜和茶几上的物件扫落到地上。"

程功接着说:"其次,罗羽的手机和电脑虽然不见了,但是她的黑色皮包,就在卧室的一堆衣服里。皮包里的钱夹还在,里面还有一千多的现金。"

李威威说:"现在的女生都有好几个包,也许罗羽正在用的皮包已经和手机一道被带走了,衣柜里的这个包,没有被注意到。"

程功沉稳而坚定地摇摇头,说:"黑皮包的钱夹里有两张出租车票,其中一张的时间是昨天下午晚上6点50分。妇产科的李主任说,罗羽最近经常去京海大学做科研实验,昨天下午也请假去过。这说明昨晚回家前,罗羽还在用这个皮包。"

程功继续说道:"我赞同欧阳的意见,凶手是有计划有预谋的,骗门进入后杀人,在清理现场后故意翻乱房间,拿走电脑和手机,伪造抢劫杀人的现场。不过只拿了手机和电脑,没顾上拿皮包里的现金。从尸检情况看,多人作案的可能性大。但是,罗羽一个人在家,应该有一定的警惕性,多人骗门的难度确实比较大。"

纪闻想了想,说:"也可以一个人敲门,一个人躲在楼梯上,再一起冲进去!不过,我询问过楼上、楼下和对门的邻居,昨晚上都没听到什么动静,也不大像……"

郑涛点点头,说:"这样,根据目前的线索,欧阳和威威再复勘一下现场。重案队从两条线查:程功和单宇去查一下这个快递。纪闻重点排查一下被害人和她配偶的社会关系,尤其是刚才你提到的医疗纠纷。"

纪闻说:"是!现在有的人戾气太重,仇医杀医的案子层出不穷!是要好好查查!"

8月26日,上午。
通通快递公司,经理办公室。
30岁左右的公司经理对程功和欧阳瞳说:"警察同志,这个快递是我们公司的，送货的快递员叫李强。"

"他人呢？"单宇急切地问。

"说也奇怪，他前天领了一批快递去派送，还好好的，昨天就没来上班！他跟住在一起的同事说，老家有急事要先回去，公司这边儿会提出辞职，好像一大早就走了。电话不通，我们也联系不上他！你们这又来找他，他，他不会是干了什么违法乱纪的事儿吧？"

"李强这个人平时表现怎么样？"程功问。

"他是半年前来我们公司的。小伙子平时话不多，表现不错。"经理从柜子里翻出一叠人事材料，找到李强的简历资料，递给程功，"这是他的简历和资料，其他的情况，我们确实不太了解。"

程功看看手里的简历，照片中的李强剃着小平头，长得挺精神。

"好，谢谢您的配合！我们保持联系。"程功和单宇起身告别。两人走出快递公司，坐到车里。

程功把资料递给单宇，说："这里面有李强的身份证信息，回去赶紧查一下火车、大巴和航班，他很可能跑路了！"

"前天晚上刚给罗羽送过快递，第二天人就不见了！这明显是做贼心虚啊！"单宇发动车辆，笃定地说。

程功沉稳地说："先抓住人，再问情况。"

与此同时。

京海市中心医院家属院。

案发现场的楼下，停着一辆警车，聚集了不少围观的群众。

欧阳瞳和李威威复勘现场后，准备离开。围观人群看到警察出来了，发出三三两两的议论："看到吧！警察又来了！"

"罗医生死得冤啊！这凶手不知道能不能抓到！"

李威威提着现场勘察箱，凑到欧阳瞳身边，低声说："不就是复勘个现场吗？医院的人也这么八卦啊！"

欧阳瞳神色平静，没有说话。围观的人大多数是大爷大妈阿姨之类，估计都是医院职工的家属。她随意地瞥了一眼人群,扫到一个有些熟悉的身影,好像是那个看到运送尸体就蹲下呕吐的年轻男子。他还是穿件黑色短袖,站在人群外围,脸色发白,喉头滚动,眼瞅着又要干呕了。

欧阳瞳微微摇摇头,心说:还真有喜欢看热闹受虐的,不过也是,单宇不也这样嘛!

2小时后。

京海市公安局刑侦队。

程功和单宇背着包,一个提着简单的行李袋,一个拉着小小的行李箱,匆匆地走出刑侦楼。程功边走边在向郑涛打电话汇报情况:"郑队,查过家属院门口的监控录像了,李强是8月24号晚上7点08分进入小区,7点55分才离开的。我们马上去李强的老家。对,他买了昨天最早一班从京海回陆城县的动车。好,放心,先把人带回来!"

程功挂了电话,看到迎面走来一个熟人,是经侦队四队前任队长方辉。方辉穿着衬衫长裤,左手拿着公文包,右手夹着半支燃着的香烟,斯文干练。

程功客气地跟方辉打招呼:"方律师,来办事啊?"

"程队,单警官!有个经济案的嫌疑人涉毒,我过来跟魏队谈谈。"方辉看起来气色不太好,但仍是温文尔雅。

他看看程功和单宇手里的行李,用夹烟的手指扶了扶金丝框眼镜,问:"准备出差啊?"

程功客气地说:"有个案子,出去跑一趟。方律师,听说晟铭是京海最有名的律所,以后多指导。"

"哪里哪里!向您请教,有事儿联系!"方辉挥挥手,快步走进刑侦楼,把烟头扔进门口的垃圾筒里。

程功侧身,看着方辉走进刑侦楼,顿了顿,转身大步向前。

单宇也回头看看方辉,又快走几步,跟上程功,状似无意地问:"怎么了?"

"哦,没事儿。"程功利落地拉开车门。

两人开车前往李强的老家,陆城县。

傍晚。

京海市中心医院。医技楼。

检验科的实验室内,穿黑色短袖的年轻男子此时穿着医院技工的工作服,正站在水池前清洗实验器皿。

他埋头仔细地清洗着一个瓶子,自来水哗哗地溅起水滴。

房间里的制冷空调一直吹着,年轻男子的额头却不断地沁出汗水。他突然发出一声干呕,急促喘息着,扶住水池,勉强稳住身形。

8月26日,晚上8点。

陆城县郊的一道巷子口,停着一辆当地民用牌照的桑塔纳轿车。

程功和单宇驱车四个多小时,风尘仆仆地到达后,一分钟都没休息,便在陆城县公安局的安排下,开车出来蹲点。

陆城县公安局刑侦队的刘队长亲自陪同他们,刘队长40岁出头,身材壮实,坐在副驾驶座上,笑道:"你们大老远来,饭都没吃就来抓人,我都不好意思!"

"刘队客气了!这个李强刚跑回家,估计想不到我们来这么快。趁他警惕性差,好抓。"程功和单宇坐在后排,吃了口面包,平和地说。

"放心,我们已经跟派出所了解过了。李强的爸妈身体不好,前两年去世了,家里只有哥哥嫂子。他有个对象,叫霍兰,是县医院的护士。他这两年出去打工,不怎么在家待,但只要回家,肯定会来找他对象。"刘队长指指斜前方的一处宅院,"那就是霍兰家。我让县医院保卫科查了下,霍兰今天上白班,这会还没回来,八成是跟李强见面去了。"

单宇看着膝盖上放着的一台笔记本电脑,抬起头说:"根据李强的手机定位,他应该就在这儿附近。他还是挺谨慎的,手机从昨晚到现在,一直没有通话和信息记录。"

"来了!"程功看到巷子那头拐过来一对青年男女,两人一边提着大包小包一边亲密地拉着手,边说边笑地朝霍兰家走来。青年男子正是李强,穿着干净,面带笑容。

程功和单宇、刘队长对视了一下。三人打开车门，向青年男女走去。

李强和霍兰已经快走到家门口了，看到三个男人冲自己过来，马上意识到不妙，把手里提的袋子往地上一扔，转身就跑！

霍兰愣在原地，惊慌地喊了声："李强！"

"警察！站住！"程功等人紧追不舍。

李强年轻力壮，熟悉地形，东拐西窜，跑得很快。他拐过两个路口，踩着路边的垃圾筒就翻过一道院墙。

程功紧随其后，身手敏捷地翻过院墙，飞快地冲上前，眼看就要抓住李强。

李强猛然转身，左手里竟多了一把尖刀，直直刺向程功！

程功反应极快地一侧身，堪堪躲过尖刀的利刃。他猛地擒住李强的左胳膊，飞起一脚，踹中他的膝盖！

李强膝盖一疼，站立不稳，程功顺势将他扑倒在地，又在他手腕上一捏，尖刀落地。

程功死死按住李强，怒气冲冲地说："李强！刀法不错啊你！"

他刚才虽然躲开了致命的袭击，但是右侧脸颊到耳根处，还是被划破了一道浅浅的口子，鲜血顺着坚毅的下巴不断滴落。

刘队长和单宇也赶了上来，看到程功脸上流血，都是一惊。刘队长掏出手铐，强硬地一拽，把李强反铐上。程功这时才意识到自己受伤了，用手随意地擦了擦脸颊和下巴的鲜血。

李强在地上挣扎了几下，年轻的脸上写满了愤恨和不甘。

8月27日。

京海市公安局刑侦队。

李强坐在审讯室内，神色颓废又带着倔强，看着眼前的单宇和纪闻。程功和单宇连夜开车把他从陆城县带回京海，直接拉到审讯室审讯。

单宇这两天基本没合过眼，气色很差，声音沙哑，说："你说你在中心医院家属院送完快递就走了，那你为什么要连夜离开京海？"

李强脖子一梗，说："回家！"

"你想回家就请假回家,为什么要跟同事说辞职?"纪闻悠悠地问。
"累了!"
"那你看到警察为什么要跑?"
"害怕!"
"害怕就要拿刀袭警吗?"
"紧张!"
"紧张?你回老家跟女朋友见面,随身带把刀干什么?"
"防身!"李强始终梗着脖子,一副又臭又硬的模样。

审讯监控室。
郑涛站在监控屏幕前,看着耍无赖的李强,微微皱眉。
程功坐在沙发上,欧阳瞳正拿着棉签给他脸上的伤口涂抹碘酒。他的衬衫上还沾着血迹,扣子已经被解开,斜斜地挂在肩膀。
程功听到李强的声音,愤愤地说:"这小子就在这儿耍无赖吧!随身带刀,还敢袭警,身上肯定背着事儿!"
他一说话,欧阳瞳的棉签就有点歪了,在脸上留下棕黄色的弯曲痕迹。欧阳瞳无奈地消好毒,看看程功的伤口,说:"还好比较浅,要不还得打破伤风。"
"这点儿小伤,不至于!"程功抿抿嘴角,站起身把沾血的衬衫脱掉,露出肌肉紧实的上身。
他准备换件新衬衫,就去审讯室:"我去会会他!"
"等等!"欧阳瞳突然站起身,立在程功的面前,伸出双手扶住他的脸,定定地看着。
程功一时愣了,裸着上身,立在原地看着欧阳瞳。两人目光交汇,大眼瞪小眼。
大概有几秒钟,时间凝固。
欧阳瞳似乎回过神来,猛地松开手,问:"李强是转过身,用刀刺向你的?"
"是啊!"程功轻咳一声,似乎漫不经心地点点头,穿上备用的警用衬衫。
他突然灵光一闪,看向欧阳瞳:"哦!他用的是……"

"左手。"欧阳瞳点点头。

郑涛也回过头,看向他俩。欧阳瞳说:"郑队,李强可能真不是凶手。因为,他是左撇子。而我们的嫌疑人十之八九是右利手。"

郑涛缓缓地说:"试试他。"

审讯室。

一个年轻的制服警察走进来,递给纪闻一份盒饭。

纪闻拿着盒饭走到李强面前,问:"饿了吧?"

李强梗着脖子,抬头看着纪闻,纪闻也眼睛不眨地看着他。李强终于还是垂下眼眸,微不可见地点点头。

纪闻微微一笑,把盒饭和一次性筷子放到他面前。李强用左手拿起筷子,打开盒饭,埋头吃了起来,颇有点儿视死如归的劲头。

审讯监控室。

程功看着监控,说:"我们搜查过李强在京海的群租房,也搜查过他和女朋友在陆城县的住处,都没有找到罗羽家失窃的电脑和手机。才过去不到一天,除非是惯犯团伙,他很难脱手销赃的。"

郑涛沉吟了一下,说:"李强突然提出辞职,看见警察就跑,说明心里有鬼。他前几天到底干了什么事儿,得好好查查。"

程功点头,说:"是!这样,我再去一趟通通快递,查查他的同事关系,还有他前天派送的快递,摸排一遍!"

"好。"郑涛点点头,看看程功英俊脸庞上的伤痕,温和地说:"多带两个人去。"

"行!头儿,让单宇睡会儿吧,我跟纪闻去。"程功系好了衬衫扣子,走出审讯监控室。

通通快递公司,经理办公室。

公司经理给程功和纪闻倒了杯茶水,好奇地看了看程功脸上的伤疤,没敢问什么。

程功很客气地道谢,问:"我们想了解一下,李强最近有没有什么异常表现?尤其是辞职前一天,他都派送过哪些快递,有没有发生过什么事儿?"

"警察同志,您还别说,昨天你们来的时候,我还真说不出什么情况。李强干活儿一向不错,很少出问题,人也蛮老实的。也就是刚才,我们接到了一个客户的投诉电话,说是李强24号经手的一个单子,客户没收到。现在这个情况,我们也联系不上他啊!公司正在商量,该怎么处理呢!"

"是什么单子?"纪闻问。

经理翻开资料夹,说:"喏,就这个。"

程功和纪闻头碰头看了资料。两人抬头对视,目光微动。

审讯室。

李强愣愣地坐在审讯椅上,程功和单宇坐在他对面。

程功心平气和地问:"李强,你是不是打算回老家结婚?"

李强抬头看看程功,没说话。

"你是不是觉得奇怪,我怎么会知道你要结婚?"程功淡淡一笑,说:"我不但知道你要跟霍兰结婚,我还知道,你送给了她一份新婚礼物。"

李强猛地睁大眼睛,神色慌乱。

程功站起身,走到李强面前。他从口袋里掏出一个证物袋,在李强眼前晃了晃,轻声说:"李强,还认得它吗?"

"你!你们!"李强愤恨地看着程功和他手里的证物袋,脸色涨红。证物袋里,是一颗闪闪发亮的钻戒!

程功收起证物袋,坐回到审讯桌前,缓缓地说:"李强,你跟霍兰是高中同学吧?你学习努力,成绩也好。可惜当时你母亲生了重病,就没有参加高考。霍兰上了护理学校,你来了京海打工。这几年来,你工作一直尽职尽责,公司和客户都很认可。可你怎么就鬼迷心窍了呢?"

李强的身体开始微微颤抖,眼圈泛红。他紧紧抿住嘴唇,克制着情绪。

"李强,这个戒指不是警方搜出来的,是霍兰主动交给我们的。她说,不管你犯了什么事儿,她都会原谅你,也愿意一直等着你。"程功语气温和地说完,看了看单宇。

单宇声音微哑,说:"李强,坦白从宽吧!你女朋友对你真是一心一意,别让她等你太久。"

李强双眼一闭,流下热泪。他擦了擦脸,看着证物袋中的钻戒,哽咽地说:"我真的是鬼迷心窍……她爸妈嫌我没学历,家里穷,我就拼命打工,攒够了房子钱。但他们,他们又说要几十万彩礼!我攒不够彩礼钱,她爸妈就给她安排相亲……她从来不说,但是我心里清楚……那天晚上,我看到包裹里是个钻戒。我就想着,能早点儿把她娶回家。我就……"

8月24日,晚上7:52。

京海市中心医院家属院,罗羽家门口。

李强把快递包裹递给穿着睡裙的罗羽,罗羽签收后,客气地说了声"谢谢",就关了房门。

李强下楼后,骑着装了许多包裹的电瓶车离开家属院小区。

他骑到小区门外的路上,准备转弯时,一辆越野车开着大灯驶来。李强被远光灯晃了一下眼,一不小心摔倒在地,车篓和后筐里的包裹都掉了出来。

李强赶紧从地上爬起来捡拾包裹,有一个小包裹被压碎了,他着急地检查包裹里的物品。包裹里是一个很精美的盒子,他打开盒子一看,盒内竟是一颗闪闪发光的钻戒!

李强心跳急促,双手颤抖,鬼使神差般地把钻戒盒子塞入自己的口袋,骑上电瓶车便匆匆离开。

8月28日。

审讯室内,李强悔恨地说:"我当时满脑子就想着赶紧回家,拿着钻戒跟她结婚。我稀里糊涂地把剩下的几个快递送完,回到房子里就开始收拾东西。第二天一早,就回老家了。没想到,你们这么快就找到我了……"

单宇问:"24号晚上,你在医院家属院待了四五十分钟,都干什么了?"

"有个快递家里没人,让我等了会儿。后来我肚子疼,又上了个厕所……"李强现在老实了不少,安安稳稳地回答问题。

程功点点头,说:"你那天晚上送快递的情况,我们也查过了。不过,有件事儿我得给你说下。"

程功拿起证物袋,看看里面的钻戒,说:"李强,这个钻戒,根本就不值钱!"

李强惊讶地抬起头:"什么?!"

程功轻叹了口气,说:"这么大的钻戒,如果是真的,得值多少钱?几十万块钱的东西,能随便这么一包,用快递送吗?"

李强瞪着眼睛,不敢相信自己居然为了一颗假钻戒而丢掉工作,甚至袭击警察!

单宇说:"这种假钻戒看起来很亮,其实很便宜。商家在包装盒上标个名牌logo,买家也就是自欺欺人,图个开心。所以,网上的卖家和客户只是跟快递公司投诉了一下,压根儿就没报警!但是,你在逃跑过程中袭警,是必须要受到法律惩处的!"

李强后悔莫及,捶着自己的头:"哎呀!我真是昏了头了!兰兰,我对不起你……"

10分钟后。

程功和单宇走出审讯室,对视一眼。

单宇摇摇头,说:"这小伙儿费这么大劲,为了个假钻石。咱们费这么大劲,结果是个乌龙案!"

程功嘴角弯了弯,看到手机上魏明铭的未接来电,随即打了过去:"魏哥!"

魏明铭的声音伴随着街道的嘈杂声:"程功,郝三阳躲在北郊区的城中村里。我和老彭准备去拿人。"

"好的魏哥!我马上过去!"程功心中一喜,利落地挂了电话,抬腿就走。

"程功!"单宇不由自主地喊了一声,顿了顿,问:"你去哪儿?"

"去抓郝三阳。"程功停下脚步,转身看着单宇的眼睛,淡淡地说。

"我也去!"单宇神色坚定地说。

程功静静地看了单宇一瞬,转身前行,远远地飘来一句:"走吧。"

单宇眼神一亮,大步跟上程功。

1小时后,已近傍晚。

北郊区城中村,三无宾馆"悦心酒店"的斜对面,一辆民用牌照的轿车靠在路边。

魏明铭坐在副驾驶位,对后排的程功和单宇说:"郝三阳是以贩养吸的,这次躲起来,把手机号都换了。我们查到他躲在北郊区附近。有线报说,他今天约了人在这儿溜冰,可能还有交易。"

老彭坐在副驾驶座上,回头说:"房间里可能不止一个人,尽量软开门。"

"朱然就是死在北郊的三无宾馆,看来他们确实有交集。"程功眼神凌厉,眉宇间有几分煞气,"拿下他!"

魏明铭点点头,沉声说:"出发!"

悦心酒店,421房间门口。

魏明铭和程功站在房门左侧,老彭和单宇站在房门右侧。

一个女服务员神情不安,看着魏明铭。魏明铭点头示意,用口型说:"敲门。"

女服务员轻轻敲敲门,说:"打扫卫生!"

房间内传出一个男人的声音:"不用打扫!"

女服务员咬着嘴唇,又看向魏明铭。魏明铭示意她快点离开:"快走!"

女服务员逃也似地转身就走,肩膀撞在站于外侧的单宇身上。

单宇本就十分紧张,被女服务员一撞,下意识地往后挪了一步,不小心踢倒了贴墙放置的一个灭火器。灭火器倒地,发出"砰"的一声闷响!

魏明铭心知不妙,马上和程功交换眼神,用极低的声音说:"撞门!"

程功速度极快地后撤一步,猛然抬腿,一脚将房门踹开!

老彭双手持枪,迅速冲了进去。他刚一进门,一把锋利的匕首就向他刺来!老彭意识到门后有埋伏,侧身一躲,匕首堪堪地划过他的右肩膀。

魏明铭紧跟着老彭冲进来，只觉得脖颈一热，心里顿觉不妙！

电光火石之间，他看到门背后藏着一个手持匕首的半裸男子。他一把抓住半裸男子的胳膊，使劲一压，带血的匕首掉落在地。

程功越过魏明铭和老彭，持枪冲进房内。一个瘦瘦的红毛青年独自在房内，刚从桌上拿起一把匕首。程功大喝一声："别动！再动就开枪了！"

这红毛青年正是郝三阳，吓得手一哆嗦，把匕首扔到桌上。

程功持枪对准郝三阳，厉声说："警察！双手抱头！蹲下！"

郝三阳双腿发软，两手抱头蹲在地上。程功迅速拿出手铐，把他的双手在背后铐了起来，问："郝三阳？"

"是。"郝三阳蹲在墙角，低着头说。

魏明铭的脖子和肩膀上带着血迹，在门口把那个持匕首行凶的半裸男子按倒在地上，用膝盖压住他的头颈部，扎上了背铐。半裸男子扭动挣扎着，发出瘆人的嘶吼声。

老彭踹开卫生间的门，确认卫生间空无一人后才走了出来。

"彭哥……"单宇站在门口，脸色发白，定定地看着老彭肩膀上血淋淋的伤口。

老彭这时才意识到自己肩膀受伤。尖锐的疼痛袭来，他倒吸了一口冷气，捡起地上带血的匕首，递给单宇，说："没事儿，皮外伤。"

单宇的手微微发抖，呆呆地看着匕首上鲜红的血迹，下意识地接了过来。

魏明铭擦了擦脖子上的血，那是老彭受伤时飞溅出来的鲜血。他眼神冷厉，猛地揪住半裸男子的头发，一把将他的脸按到地上！

这是个30岁不到的男人，眼窝深陷，形容憔悴，赤裸的上身全是排骨，一看就是长期吸毒的瘾君子。半裸男子的脸上带着不正常的亢奋和潮红，目露凶光，不停地抽动挣扎着。

老彭弯下腰，和魏明铭一起把半裸男子拽了起来。老彭肩膀的鲜血滴在脏污的地毯上，洇出红色的斑点。

程功扭头看看单宇愣愣怔怔的样子，沉声说："单宇！"

单宇这才回过了神，赶紧把匕首装入证物袋。他走进房间，看到房内的桌上散落着两包冰毒,一塑料袋的K粉,还有几张锡纸,一把开了刃的匕首。

魏明铭一把将半裸男子推倒在墙根,眼中满是寒意,问:"警察!叫什么名字?"

半裸男子目光涣散但是神色凶戾,恶狠狠地看着魏明铭和老彭。

魏明铭伸出食指,强悍地指着他说:"你再看?!"

半裸男子仗着没有散冰的狠戾,瞪着眼,咬着牙说:"早晚砍死你们!"

老彭用没受伤的左手捡起地上的一只塑料拖鞋,"啪"地打在半裸男子的头上,指着他说:"你他妈的还看!头低下!蹲好!"

半裸男子的头耷拉下来,没再吭声。

魏明铭冷冷地看着半裸男子,眼神中充满蔑视和寒意。

他转头看看老彭流血的肩膀,沉稳地说:"人先带回去!老彭赶紧去医院!"

审讯室。

郝三阳高个瘦削,眼周浮肿,脸颊凹陷,迷迷登登地坐在审讯椅上。

程功和魏明铭坐在审讯桌后,魏明铭的衬衫领扣和袖子上,还有老彭受伤溅出的血迹。

程功问郝三阳:"郝三阳,知道为什么找你吗?"

郝三阳的意识还算清醒,抬头说:"木材厂的事儿,跟我没关系!"

程功冷冷地问:"跟你没关系,你跑什么?还从南郊躲到北郊?"

郝三阳歪低着头,在肩膀上蹭了蹭嘴角的口水痕迹,低声说:"我,我怕尿检……"

程功拿出朱然尸体的照片,说:"找你不是木材厂的事儿!朱然这个人,认识吗?"

"朱然?"郝三阳有些茫然地抬起头,看看照片,想了想说:"哦!朱二啊,他死了?啥时候?"

程功紧盯着郝三阳,问:"把你知道的关于朱然的事儿,都交代清楚,算你有立功表现,坦白从宽!"

郝三阳浑浊的眼睛转了转,说:"政府,我交代!我跟朱二就见过两回!头一回是在鬼哥那儿拿货；第二回是，是上个月吧，他突然发骚，要了一群妞儿，在北郊溜冰！我去凑热闹。朱二那小子，平常神叨叨的，就是那回，浪得不行了！卧槽，说是他要发大财了，让我们以后都跟着他混……"

程功眼神锐意闪动，问："他说要发什么财？"

"我问他了，叫他有好事儿，带兄弟一把！他说要干就干票大的，神神秘秘的，还让我别问了。嗨！我看他就吹牛逼呢，还没浪几天就死球了……"

程功和魏明铭对视一眼。魏明铭问："最近有老鬼的消息吗？"

"鬼哥？他不是被你们……"郝三阳瘪了瘪嘴，心虚地看了看程功和魏明铭，说："川子说鬼哥的别墅让点了，鬼哥运气好，跑路了。不过，一时半会回不了京海。"

魏明铭目光冷冽，问："川子就是那个跟你一块儿砍警察的？"

"政府！我可没动手啊！川子就是个傻逼！才没吸两口，听见外面有动静，拿着刀就冲门口儿了！我拦都拦不住！"郝三阳连忙摇头摆手地解释："袭警的是他，跟我没关系！"

魏明铭想到老彭的伤，冷冷地说："行了！回答问题！"

郝三阳忙不迭地答道："是！是！我呢，就在北郊城中村那片儿小打小闹，川子跟老鬼他们走得近。最近老鬼折了，川子找了新上家，我跟他要点儿货，就被政府给……"

郝三阳咽了咽口水，说："给解救了！"

8月29日，凌晨时分。

缉毒大队办公室。

程功坐在魏明铭的办公桌旁，手里翻看着缉毒大队的内部材料。

魏明铭的眼睛带着血丝，说："川子刚散了冰，问了也查了。他和郝三阳以贩养吸很明确，不过他俩跟朱然的交集很有限，也没有关于老鬼的新消息。"

程功淡淡地说："魏哥，你说得对，老鬼已经是明海河里的浮尸了。"

魏明铭眉头微皱，说："汤建成这个案子，确实不简单，我会跟进的。"

程功眉头一挑，深深地看向魏明铭。此时，老彭走进办公室。他外套一件花衬衫,掩住肩膀上缠着的绷带,脸色稍显苍白,精神还不错。

魏明铭和程功站起来,赶紧问:"老彭,伤口怎么样?"

"没事儿,就缝了几针!"老彭微微一笑,大大咧咧地坐在位子上。

单宇跟在老彭身后,站在门口没动,脸色发白,看起来倒更像是受伤的人。

魏明铭看看单宇,微笑着说:"老彭,你早点回家休息吧,让单宇送你回去!"

单宇愣愣地点点头,眼神里都是愧疚。

老彭看看单宇,笑着说:"小伤,不要紧!我把手头的事儿处理完再走。单宇,赶紧回去干活儿吧!"

这时,程功的手机短信铃声响了。他看看手机,站起来说:"老彭,你好好休息。我们去开会了!"

老彭笑着说:"行!去吧!"

程功走到门口,回头对魏明铭说:"魏哥,谢谢。"

魏明铭淡淡一笑,目光温和。

程功拉了蔫头蔫脑的单宇一把,大步离开。单宇慢慢地跟在程功身后走着,无精打采。

程功走到楼梯间,停了下来,回头看着单宇,低声说:"因为你的失误,老彭受伤了,心里难受?"

单宇抿紧嘴唇,点了点头。

程功声音不大,缓缓地说:"我以前,胆子特别大。有一次抓捕,我冲在最前面,直奔着主犯去!没想到,车里还藏着一个拿枪的。然后,他冲我开枪了。"

程功的眼眶微微泛红,低哑地说:"有人冲上来,替我挡了那一枪。我没事儿,他却差点儿没了命,在医院里躺了一个多月。他出院后,身体一直恢复得不太好,只能离开刑侦队。后来,他的枪伤后遗症越来越重,分局的活儿也干不了……"

单宇猛然抬眼,定定地看着程功,欲言又止。

程功看着单宇,声音喑哑:"我知道你想问什么。替我挡子弹的,就是王大鹏。他救了我的命,他自己……"

程功转身下楼,低声说:"单宇,咱们只能做得更好,才对得起为我们流血的人,对得起我们要保护的人。"

单宇心里似乎被利刃划过,尖锐疼痛,又让他燃起斗志。

8月29日,入夜时分。

京海市中心医院。

临床心理科的医生办公室内,尹慧伊坐在办公桌前,全神贯注地写着病历。

办公桌上的小花瓶里插着几朵百合花,保温杯里的牛奶麦片散发出温热的香气。

冯雅媛穿着一件素雅的连衣裙,走进办公室,笑着说:"还在加班啊?"

"嗯,总算写完了。"尹慧伊揉了揉疲惫的眼睛,说:"对了师姐,明天我跟刘志祥去看庄主任。听说,罗医生的追悼会暂时还开不了……"

冯雅媛优雅地打开钱包,拿出几张百元钞票递给尹慧伊,说:"明天我门诊,你帮我把心意带过去。怎么说庄主任也是我们的老师,家里出了这样的事情,心里肯定不好受。"

"是啊,罗医生那么好的人,怎么会有人想害她呢?"尹慧伊伤感地说。

"听说是入室抢劫,女同胞们出入可得小心。"冯雅媛坐在办公椅上,"你不是有警察朋友吗,他们怎么说?"

"那是我的病人,总不好问这些。"尹慧伊想到单宇,微微一笑。

"也是。你早点儿下班吧,最近还是要注意安全。"冯雅媛关心地说:"电脑先别关,你下的那篇柳叶刀的文献,我拷贝一下。"

尹慧伊点点头,笑着站起身,说:"行,师姐,我走啦,你也早点回去。"

"好。"冯雅媛淡淡一笑,点点头,看着尹慧伊走出办公室。

她环顾了一下办公室,静静地看向窗外。

几分钟后。

尹慧伊从病房楼出来,穿过门诊大楼,步履轻松地向医院外走去。一个年轻的护士曾在临床心理科实习过,跟尹慧伊点头打了个招呼。两人擦肩而过。

年轻护士急匆匆地走进人来人往的急诊科,对急诊室外担架床上的女孩说:"马妍!医生跟你讲过了,宫外孕破裂是很危险的,要马上动急诊手术!你家里人来了吗?手术要谈话签字的!"

躺在担架床上的马妍面色煞白,满脸汗水,声音虚弱地说:"我,我自己签。"

年轻护士看看她,有些同情地说:"你找个朋友来也可以,要帮你缴费办手续的。"

马妍神情苦涩地闭了闭眼睛,声音低弱地说:"我包里有点钱,麻烦您帮我交一下……"

"马妍?"一个男人的声音传来。风尘仆仆的魏明铭拿着两张化验单,从急诊科的走廊上匆匆而过,看到担架上的马妍,顿住脚步,问:"你怎么了?"

"魏……"马妍愣了愣,突然觉得羞愧难当,"我肚子疼,来看看,没事儿……"

魏明铭看马妍吞吞吐吐,直接问年轻护士:"您好,请问她情况怎么样?"

"你是她朋友吗?她马上要做急诊手术,还没有签字和付费。"年轻护士利落答道。

"把她的单子给我吧,我来办!"魏明铭没有犹豫地说。

"稍等!"年轻护士看到终于有人接手马妍的事情,松了口气,轻快地跑去拿单子。

"别!不能再麻烦你……"马妍挣扎着想要坐起来,强烈的腹疼让她又无力地倒下。

"你快躺好吧!就是帮你办下手续,等你病好了,再把钱还给我。"魏明铭温和地说,语气中又带着不容拒绝的威严。

马妍怯怯地看着魏明铭,低声问:"您也生病了?"

"哦!"魏明铭微微一笑,向走廊尽头的儿科急诊室看去,"我女儿发烧了,带她来看病的。"

马妍顺着魏明铭的眼光看去,儿科急诊室门口站着一位温婉清丽的女子,怀里抱着个五六岁的漂亮小女孩。母女俩也向他们看来,小女孩头上贴着一个儿童退热用的冰冰贴,大眼睛溜溜地看着魏明铭。

"这是她的单子!手术谈话她自己签字,办好手续,马上就手术!"年轻护士把一叠单子递给魏明铭。

魏明铭接过后看了一眼,又看看马妍,显然知道了她要做的是宫外孕破裂的手术。他神情不变,温和地说:"好,我马上去办。"

马妍微闭着眼,只觉得羞愧欲死。从见到魏明铭的第一天起,她就已经低微在污泥里,肮脏不堪却又越陷越深。

"马妍,先看病,病好了还是要去戒,知道吗?"魏明铭微微俯身,对马妍低声说。

马妍望着魏明铭清瘦深邃的脸庞,怔怔地点点头。魏明铭转身大步离开。

马妍看着魏明铭高瘦干练的身影走向妻子和女儿,神情温柔地跟妻子詹岚说:"工作上认识的人,得了急病要手术,我帮她交个费。"

詹岚容貌秀丽,性情温柔,向马妍这边看了看,微笑着点点头:"好,我跟圆圆在这儿等你。"

魏圆圆脸蛋烧得红扑扑的,嗓子有些哑了,低低地说:"爸爸,爸爸你快点儿回来。"

"乖圆圆!爸爸马上回来!"魏明铭满脸宠溺地摸了摸女儿圆圆的头发,就大步走向急诊科的财务窗口,去帮马妍办手续。

马妍闭上眼睛,嘴唇惨白,悲喜交杂,难以言说。

8月29日。夜晚。

京海市公安局刑侦队。会议室。

郑涛、程功、单宇、纪闻、欧阳瞳、李威威等,在开案情分析会。程功脸上的伤疤已经好了不少,结痂后形成一道红痕。

郑涛说:"既然凶手不是李强,罗羽案就要重新梳理线索。各口讲一下进展。"

单宇说:"罗羽工作很忙。她手机里有两千多个联系人,大多数都是病人和病人家属。经常半夜三更接到医院和病人的电话,目前没有发现明显可疑的情况。我在对通话和短信记录做详细的排查。"

郑涛点点头,看向纪闻:"纪闻,走访情况怎么样?"

纪闻说:"罗羽的爱人庄秋生,在外地出差的行程已经确认过了,有不在场证明。据罗羽的科室同事反映,罗羽为人正派,生活简单,夫妻俩感情也不错。不过,罗羽在医院曾遭遇过两次医闹,其中一次被病人家属威胁过。"

纪闻指着一个黑瘦中年男子的照片,说:"这个人叫葛社全,绰号叫葛二蛋,38岁,在郊区务农。去年,他老婆因为难产被送到市中心医院抢救。是罗羽给她做的急诊手术,保住了产妇和女婴的性命。但因为产妇有中央前置胎盘引起的大出血,为了救命,不得已之下切除了她的子宫。"

纪闻面露鄙夷,说:"这个葛社全认为,是罗羽害自己失去了再生一个儿子的机会,大吵大闹,索要赔偿。医院没有医疗差错,但为了息事宁人,赔了他几万块钱。葛社全就此吃惯了甜头,每隔一阵子,就来医院纠缠罗羽,还放话说,要让大家都断子绝后。"

郑涛看着照片中的黑瘦男人,眼神凌厉,说:"还真是个二蛋!查查这个葛社全。"

8月30日。天气阴沉闷热。
京海市南郊区。
一户普通的农民自建小楼前,停着一辆半旧的面包车。
一辆警车停在不远处,派出所的民警老张一边下车一边擦着汗说:"这鬼天气,说要下雨也不下,闷热得很!"
程功和纪闻从后排下了车,在低气压的燥热中,都感到胸口闷闷的。
老张指了指前面的小楼,介绍说:"前面就是葛社全家!葛二蛋这小子是个混球,成天就知道在家打老婆,要么就是出去闹事儿!"
老张话音未落,一个黑黑瘦瘦的中年男子晃晃悠悠地走出小院,准备上车。老张喊了一声:"葛社全!"
葛社全一愣,看到民警老张和两个高大的男子从警车下来。他神色慌张,赶紧地拉开车门,坐到驾驶座上就开始发动面包车。
纪闻和程功迅速冲上前,大喊一声:"警察!别跑!"
程功一把拉开驾驶座的车门,将葛社全拽了出来。葛社全跟跟跄跄地摔坐在地上,哼哧起来:"哎哟!哎呀!"

纪闻淡定地把他从地上拉起来,说:"叫什么叫?站好!"

葛社全看到纪闻和程功眼中的冷厉,嗓子顿了顿,只敢小声地哼哼唧唧。

民警老张跟葛社全认识,叹口气说:"葛社全,你跑什么啊?这是市局刑侦队的同志,过来问你点儿情况。"

葛社全看看老张,耷拉着眉眼,说:"我,我昨天去医院找罗羽,听说她死了。我知道,你们警察跟医院都是一伙儿的,肯定要搞我……"

纪闻把葛社全按在面包车上,说:"你心虚什么?说!24号晚上,你人在哪儿?"

"在,在梁大保家打麻将,打了一晚上……"葛社全吭哧吭哧地说。

程功和纪闻对视一眼,冷冷地问:"不是你干的,你跑什么跑?警察能怎么搞你啊?"

"我怎么知道啊?反正你们都是一窝儿的!我们老百姓是没活路的……"葛社全脸憋得发红,嘴里却还是又损又硬。

民警老张听不下去了,愤愤地说:"葛二蛋!人家罗医生救了你老婆一命,你恩将仇报,天天讹诈医院!罗医生都被人害死了,你小子还说胡话!"

"打麻将……"程功冷冷地说,"我们会调查清楚的!我告诉你!你就是赌博,也要治安拘留!"

"我就说你们就是一伙儿的……"葛社全嘟囔着,被纪闻摁着头,押进了警车。

8月30日。深夜。

闷热的一天即将过去,终于淅淅沥沥地下起雨来。

京海市公安局刑侦队。会议室。郑涛、程功、单宇、纪闻、欧阳曈、李威威等,在开案情分析会。

纪闻说:"葛社全这个人,就是个吃喝嫖赌的混混。前段时间,他成天往医院跑,给罗羽造成很大的精神压力。不过调查下来,案发当晚,他一直在邻居家打麻将,有多人可以证明,基本排除了他杀害罗羽的可能性。"

欧阳曈说:"复勘现场没有新的发现,处理得这么干净,说明凶手从一开始就戴着手套,做好了防护措施。所以,我坚持认为是多人有预谋地作案,仇杀可能性大。"

单宇说:"我对现场丢失的苹果手机进行追踪,没有查到信号,很可能是被丢弃了。我同意欧阳的判断,如果是求财,通常会把手机和电脑卖掉。只要手机开过机,就会留下痕迹。"

郑涛点点头,看向程功:"程功?"

程功想了想,说:"我同意把侦破方向定为仇杀,或者情杀。单宇在调查罗羽的通话记录,同时排查她丈夫庄秋生的社会关系。"

纪闻说:"庄秋生虽然在外地出差,但是,他可以雇凶杀人。"

单宇拿出一厚叠通话记录单,说:"庄秋生是胸外科副主任,手机联系人比罗羽还要多,三千多人!不过通常情况下,病人不会半夜三更打医生手机。我重点看的是,非工作时间的频繁的长时间通话。"

郑涛揉了揉太阳穴,说:"纪闻查一下庄秋生的经济情况,有没有大额的资金支出。单宇,你查一下罗羽和庄秋生有没有本地的开房记录,还有短信和微信。"

纪闻和单宇点头答道:"是!"

这时,一个穿制服的年轻警察走进会议室,向郑涛汇报:"郑队,分局打电话说,市中心医院的建筑工地发生了一起坠楼。"

程功浓眉一挑:"中心医院?"

8月31日,凌晨。细雨沥沥。

京海市中心医院。

在医院老院区和家属院之间的建筑工地上,两栋新大楼拔地而起。新的病房大楼有30层,刚刚封顶。

楼下的空地上,有一具已经变形的男性尸体。死者的颈椎已经断裂,绵软变形地趴在血泊中。雨水冲刷之下,鲜红的血水渗开,蔓延。

程功和单宇从警车上下来,披上警用雨衣,迎面碰到派出所的杨所长和医院保卫科的王科长。王科长脸色很差,讪讪地说:"程队您看,我们医院最近这是怎么了?"

程功微微点头打招呼,边走边问:"杨所,什么情况?"

杨所长说:"工地巡夜的保安发现的尸体,看样子刚跳下来没多久。"

王科长说:"这个人,好像是我们医院的合同工……"

程功看看血泊中的年轻男性尸体,瞳孔有瞬间的收缩。如此相似的场景,让他心口锐痛,怒意难平。

单宇看看程功的神色,垂下眼眸。雨水落在脸上,一阵凉意。

程功按捺住翻涌的情绪,扭头看看王科长,问:"他是医院职工?"

王科长说:"哎,我们也是刚查到身份!他叫黄春风,是检验科的技工,白天还在科里上班,人好好的呢!"

欧阳瞳穿着现场勘察服,正蹲在地上,低头检查尸体。

她看看死者身上的横向崩裂的黑色短袖T恤衫,觉得有些眼熟,将尸体轻轻翻动,露出苍白瘦削的侧脸,口中吐出的血液已变得暗红。

欧阳瞳抬头,对程功和单宇说:"这个人,我见过。"

15分钟后。

医技楼地下室,四面无窗。白炽灯的光线打在白色墙壁上,肃静阴冷。

王科长带着程功、单宇和李威威来到地下室,打开了黄春风的宿舍门,说:"这间就是黄春风的宿舍。他们主任说小黄挺踏实的,外地人在京海也没地方住,让他睡在这儿,顺便看看库房。医院公房的备用钥匙都放在我们保卫科,你们看看。"

李威威首先提着现场勘察箱走进房间。

王科长站在走道上,对程功和单宇介绍:"这地下室分成三部分,东边最大这一间,是医院的临时停尸房,里面有几个冰柜。西边的这间,是检验科几个辅助科室的库房,放一些瓶瓶罐罐和基础耗材。中间这两小间,一间是停尸房邓师傅的值班室,另一间就给黄春风暂住了。按理说,我们医院是不给临时工安排住宿的,也是考虑到年轻人不容易。你说说,科里对他这么照顾!他年纪轻轻,怎么就想不开呢?"

程功戴好手套和鞋套，淡淡地说："不一定是他自己跳下来的。"

"不会吧？那您的意思是？"王科长瞪大了眼睛，虽然是在阴冷的地下室里，依然觉得脊背冒出汗来。

单宇低声说了句："查清楚，才知道死因。"

程功面无表情，观察着黄春风的宿舍。这是一件很简陋的单身宿舍，房内只有单人床、简易衣柜、电脑桌和一把转椅，电脑桌上是一台半旧的台式电脑，单人床上散放着两件男性背心和短裤。房间没有窗户，换气扇嗡嗡作响。

程功走进房间，拉开电脑桌的抽屉，里面是几张碟片和指甲剪等杂物。李威威拉开简易衣柜的柜门，稍微一翻，说："程功！"

程功走到衣柜前，只见李威威掀开的衣物下，是一台苹果笔记本电脑。

与此同时。

绵绵细雨中，周睿穿着现场勘察服，和几个年轻刑警在工地楼下搜查。周睿打着警用手电筒，在距离黄春风坠楼处十几米的绿化带里，深一脚浅一脚的边走边看。

灌木丛中，一抹白色吸引了周睿的注意力。他俯身一探，拎起一只男式运动鞋，喊道："死者右脚的鞋子找到了！"

欧阳瞳刚把黄春风的尸体装好，赞赏地笑了笑，冲周睿点点头。

周睿年轻清秀的脸庞变得红彤彤的，手忙脚乱地把鞋子装入证物袋。

京海市公安局刑侦队。

法医解剖室。

解剖台上黄春风的尸体正在被解剖，胸腹敞开，露出胸腹内脏器。

欧阳瞳穿着白大衣，面对着尸体，说："死者黄春风，身长172厘米。颈部正中见三处表皮剥脱。右侧颈部见一处1.8×1.3厘米大小的不规则创口，两侧肋骨多发性骨折，骨盆骨折……"

她看看尸体的右上臂，说："右上臂上段内侧见三处片状皮下出血。会阴部皮肤未见损伤，大便失禁……符合生前坠楼死亡，死亡时间，在昨晚的10点到

12点之间。胸腔血液中检出乙醇成分,未检出甲基苯丙胺、苯丙胺成分……"

欧阳瞳俯身,看着黄春风有些变形的脸庞,想到他站在围观人群中干呕的样子,轻声问道:"你那么怕死,怎么会去死呢?"

9月1日清晨。雨后微晴。

京海市公安局刑侦队。

队长办公室。程功、单宇、欧阳瞳、李威威等人一夜未眠,早饭也没吃,就来给郑涛汇报案情进展。

欧阳瞳说:"黄春风体内没有发现其他药物或毒品成分。不过,我曾经两次在案发现场见过他。第一次是把罗羽尸体抬下楼时,他躲在一旁呕吐了。第二次是去复勘现场,他又出现在楼下的围观人群里。"

李威威把苹果笔记本电脑的照片交给郑涛,说:"头儿,已经明确了,黄春风宿舍发现的电脑就是罗羽家丢的那台。"

单宇递给程功一张监控录像截图,说:"这是医技楼正门的监控录像截图。8月24日晚上11:37,黄春风返回医技楼,手里提着一个黑色塑料袋,看着鼓鼓囊囊的,但是袋子下方有棱角。看大小形状,像是装了台笔记本电脑。"

郑涛看看照片和截图,问:"罗羽的手机找到了吗?"

李威威摇摇头:"现场只找到一台电脑。丢失的手机还是没有信号。"

郑涛看看程功,说:"看来,目前的线索指向是,黄春风抢劫杀人后,两次返回案发现场围观,昨天晚上喝了点酒,畏罪自杀。"

程功微微摇头,说:"头儿,我觉得没这么简单。欧阳前面分析是多人作案,这一点不能排除。而且,黄春风为什么把电脑藏在宿舍,手机却不见了?"

程功分析道:"凶手杀死罗羽后,非常冷静、专业地清理了杀人现场,连一根毛发都找不到。而黄春风呢,高中肄业,二十出头,围观个运尸袋都能呕出来。这样一个人,到现在赃物都还没销出去,喝了点儿酒,就跑去跳楼自杀了?从犯罪嫌疑人的行为模式上,解释不通。"

李威威点头道:"对,我也发现一些问题,这个笔记本电脑上一枚指纹都没有!肯定被人精心擦拭过,而且是戴着手套擦的。这么精心清理过的电脑,怎么就随随便便被扔在宿舍的衣服堆里了?"

单宇说:"郑队,我初步查了一下黄春风的通讯记录,他性格内向,联系人不多。不过,前天晚上和昨天晚上,他的手机拨打过同一个电话号码,通话时间都很短。但是最后一次通话发生在昨晚九点半左右,比较可疑。"

郑涛沉吟片刻,说:"不管黄春风是不是杀害罗羽的凶手,他一定跟案件牵涉很深。我的意见是,继续排查罗羽和丈夫庄秋生的社会关系,同时调查黄春风的社会关系和近期行踪。不放过任何可疑的线索!"

重案队办公室。

单宇坐在电脑前,认真地看着屏幕操作。他的桌上放着厚厚的通话记录单和卷宗资料,咖啡杯里剩的小半杯咖啡已经冷掉。

程功走进办公室,放了两个包子在单宇桌上,说了句:"吃点儿东西吧!"说完,便坐在椅子上,抱起大保温杯喝了口茶。

单宇似乎没有听到,全神贯注地看着屏幕,突然发出了一声:"咦?"

程功睁开满是血丝的眼睛,站起身走到单宇旁边。

单宇扭头看着程功,指着屏幕说:"你看看,昨天晚上黄春风最后一个电话,是打给谁了。"

程功看看屏幕,目光讶异地看向单宇。

京海市中心医院。

临床心理科,医生办公室。

冯雅媛穿着白大衣,优雅地坐在办公桌后,望着对面的程功和单宇。

单宇扭头看了看尹慧伊的办公桌,桌上有尹慧伊的工作照和书籍资料。他轻咳一声,问:"冯医生,您跟黄春风很熟吗?"

冯雅媛点点头,说:"春风是我婶婶的娘家侄子,论起来算是我的表弟。我们平时来往不多,不过沾着亲戚,认识的年头长。"

单宇问:"他昨天晚上给你打电话,说了什么吗?"

冯雅媛眼眶微微泛红,缓缓地说:"他最近是挺奇怪的!前天晚上也给我打电话了,说自己做错了事,很害怕也很后悔。我当时没太在意,想着是年轻人在外打工,工作上或者人际关系上有不如意的地方,有点儿情绪也很正常。真没想到……"

单宇问:"他有没有说,做错了什么事?"

冯雅媛摇摇头,哽咽后的嗓音略带沙哑:"没有,他没讲几句,就挂断了。春风他性格内向,平时跟我话也不多的。他来京海打工的头一年,也很少联系我。去年他从工厂辞职,还是我婶婶告诉我的。我听说检验科在招人,就把他介绍到检验科做技工。后面工作也忙,也就偶尔关心一下他,毕竟是亲戚。"

程功看着冯雅媛,问:"冯医生,您昨天晚上10点到12点在哪儿?"

冯雅媛目光矜持而又温和,看着程功说:"我在家。我就住在医院家属院,晚上9点多加班结束,就回家休息了。"

程功问:"那,8月24日晚上呢?"

冯雅媛回忆了一下,淡淡一笑:"24号?也是在家啊,我是个宅女。"

程功点点头,站起身说:"谢谢你,冯医生,我们先告辞。后续再请教。"

冯雅媛站起身,身姿窈窕,恳切地说:"我一定积极配合警察同志的工作。希望早点儿查清楚,春风到底出了什么事。"

程功的目光中锐意闪动,说:"放心,我们一定会查清楚的。"

冯雅媛微笑着看看单宇:"单警官,慧伊一会儿就下门诊了,说不定你还能碰见她。"

"唉!没事儿没事儿。"单宇眼中掠过一丝尴尬,匆匆挥手告别。

程功和单宇迈着大长腿,快步走过医院的长廊。

程功边走边拿出手机打电话:"喂?王科长?我是程功,我想问一下,你是怎么通知黄春风家属的?"

"好,我知道了。"程功挂了电话,扭头对单宇说:"回去重点调查一下,黄春风和冯雅媛的通讯联系。"

单宇看看程功,眼神中有一丝不解,问:"冯医生?她有什么问题?"

程功放缓脚步,看看单宇,问:"我们昨天晚上在黄春风的宿舍搜到罗羽的电脑,王科长也在。冯雅媛是黄春风在京海唯一的亲戚,王科长通知她死讯时,提过一句黄春风跟罗医生的案子有关。冯雅媛见到我们,问都不问原因,这不符合常理。"

"她是医生,不信谣不传谣,表现冷静,也有问题吗?"单宇不在意地说。

"保卫科科长说的话,也是谣言?亲戚突然死了,难道连死因都不想知道吗?"程功冷冷地说,大步向前。

京海市中心医院。建筑工地的顶楼。

欧阳瞳和李威威穿着现场勘察服,站在顶楼平台的栏杆处。

李威威指着栏杆下方的一道擦痕,说:"昨夜一场大雨,顶楼片草不留。留给我们的,就剩下这道擦痕了。"

欧阳瞳蹲下身,认真地看着这道痕迹,从资料夹里拿出黄春风的尸检照片,其中有一张运动鞋底的特写照片。欧阳瞳抬头,说:"黄春风右脚的运动鞋底,也有轻微擦痕。"

"我会做进一步比对。"李威威看着这张照片,眼睛突然瞪圆了一点,说:"擦痕在鞋后跟?"

欧阳瞳点点头,目光意味深长:"是在鞋后跟。但是,黄春风是正面着地的。"

李威威探身向楼下看去,大楼还在修建中,半中腰有一排突出的脚手架。

李威威眼睛一亮,说:"咱们下去看看!"

欧阳瞳和李威威很快来到15楼。脚手架是突出在楼体外侧搭建的,大概有10米长、3米深。李威威在腰上绑了一条安全绳,绳子的一端系在楼内的管道上。

李威威背上照相机,紧了紧安全绳,就要去攀爬脚手架。

"等等!"欧阳瞳拿了个安全帽,给李威威戴在头上系好,叮嘱道:"注意安全!"

"攻无不克!无坚不摧!瞧好吧您!"李威威一咧嘴,露出白亮亮的牙齿。

他利落地跳上窗台,踩上悬空的脚手架,小心但是敏捷地向外移动。欧阳瞳神情有些紧张,看着李威威悬在15楼的高空中,不断寻找着脚手架上的痕迹。

"找到了!"李威威喊了一声,指着脚手架外侧的一处痕迹,兴奋地说,"黄春风本来是背面落地,坠楼过程中在脚手架上挡了一下,身体翻了过来,变成正面着地!这下就解释通了!"

欧阳瞳一笑,说:"你当心点!"

李威威眉眼弯弯,开始拍照,固定证据,说:"稳操胜券!放心!"

10分钟后。

李威威和欧阳瞳回到顶楼。李威威走到栏杆前,扭头看看站在电梯口的一个年轻女刑警,喊了句:"阮萌萌!"

"到!"阮萌萌的声音脆生生的。她穿着现场勘察服,轻快地走到李威威面前,一脸期待任务的兴奋模样。

李威威脱下鞋套,背对栏杆站着,对阮萌萌说:"推我。"

"啊?"阮萌萌瞪圆了眼睛。欧阳瞳见怪不怪地微笑着,站到李威威身边。

"此时此刻,你对我恨从心头起!恶向胆边生!用尽全力,把我推下楼!"李威威两手一摊,摆出一副任人蹂躏的样子,"快点儿!"

"哦!"阮萌萌领命,愣了一秒钟,突然抓住李威威的衣领子往后推,手劲极大。

"呃……"李威威双手紧抓栏杆,两只脚不由自主地挣扎,上半身已经倾斜在栏杆外。

欧阳瞳用手一抓李威威的胳膊,说:"好了!"

阮萌萌这才猛地撤回双臂,李威威捂着胸口,一屁股坐在了地上,喘着粗气说:"阮萌萌你!你哪里软萌了?啊?怎么那么大劲儿?"

阮萌萌赶紧蹲下来,扶起李威威,委屈地说:"李老师,是你让我用力推的啊!我在警院,散打一直是女生队的前三名……"

李威威站起来,没好气地说:"没看出来,你,你大隐隐于市啊!"

这时,欧阳瞳蹲在地上,说:"威威,你看!"

就在李威威刚才站立的栏杆下方,出现了两道和现场那道痕迹十分相似的擦痕。李威威脱下旅游鞋,赤脚站在地上,举起鞋子看鞋底。欧阳瞳凑过来一看,鞋的后跟部果然也有相似的擦痕。

"自杀的人,背对着栏杆跳下去的可能性极低。"欧阳瞳低声说,目光闪亮,"看来,黄春风是被人推下去的!"

李威威也感到很振奋,但是他想了想,又皱起眉头,说:"现在的问题是,工地一楼和建筑电梯里的鞋印很杂乱,再加上下雨,现场被破坏过。我目前只找到了属于黄春风的鞋印。其他的鞋印,还需要恢复核对。"

"指纹呢?"欧阳瞳问。

"电梯按键上,有黄春风的半个指纹。其余的指纹也核对过了,都是工地工人的。"李威威摇摇头。

欧阳瞳从顶楼向下看去,黄春风落地的地方已经被清理干净,只留下淡红色血迹。

欧阳瞳静静地看着地面的血迹,出神地说:"推黄春风下楼的人,很可能跟罗羽被害案有关。这是个什么人物?熟悉解剖,刀口利落,反侦查能力也很强,推人下楼都TM戴着手套!"

李威威突然听到欧阳瞳骂脏话,捂着嘴做惊讶状,说:"会不会,是咱们的同行?"

欧阳瞳瞥了李威威一眼,说:"他不但水平高,运气也不错!昨晚一场雨,把顶楼现场全毁了。"

李威威摇摇头,说:"不一定是运气!我要是有预谋地杀人,就不会碰运气,肯定是看好天气预报,风调雨顺了再动手!"

"如果是这样,能随时把黄春风叫到顶楼的人,一定跟他关系非浅。"阳光斜照,欧阳瞳的丹凤眼微微眯起。

重案大队办公室。

单宇看看冯雅媛的通话记录单,扭头对程功说:"冯医生近两个月的通话记录都在这里,除了跟黄春风通过几次电话。没有什么异常情况啊。"

程功没说话,抱着大保温杯喝了口茶。他看着自己的电脑屏幕,说:"黄春风的微信记录可不是这么显示的。"

"哪里?"单宇走到程功身边。

"你看,黄春风一共才十几个微信好友。他平时经常给冯雅媛发微信,说东说西。冯雅媛虽然很少回复他,但两个人始终联系密切,不像冯雅媛说的,关系那么淡。"程功翻着屏幕上的微信聊天记录。

"黄春风就冯医生一个亲戚,比较依赖她,也算正常吧!"

程功微微摇头,说:"不太对,最近两个星期,黄春风发的微信反而比较少,除了偶尔跟冯雅媛约见面,其他都是打电话。"

"嗯,他们最近两周是通过七八次电话。最长的通话时间五六分钟,最短的不到一分钟。"单宇把通话记录单拿到程功桌上。

程功仔细地研究着通话记录单,指着一条通话记录说:"8月24日晚上7:05,黄春风给冯雅媛打电话,通话时间不到1分钟。1个多小时以后,罗羽被害。"

单宇盯着这条通话记录,抿抿嘴唇,没说话。

程功眼中掠过一份寒意,沉声说道:"单宇,我知道你跟尹医生关系不错。不过,这是命案!如果你不能保持客观,就不要再参与侦破了。"

单宇脸色微白,看着程功,问道:"我来队里也不是一天两天了,你还是不相信我?"

程功凝视了单宇几秒钟,低头喝了口茶,问:"庄秋生的情况怎么样?"

"庄秋生近一年内在本地没有开房记录。外地倒是有几次,目前看都是出差。"单宇拿出厚厚的一叠资料递给程功,"这是他近一年的通讯记录。"

程功细细地翻看着通讯记录。单宇则翻出冯雅媛和黄春风的微信聊天记录,越看脸色越难看。程功突然问了句:"冯雅媛的手机尾号是296?"

单宇看了眼资料,点头说道:"是啊。怎么了?"

程功刷刷地翻看着通讯记录单,飞快地用记号笔做着标注,很快就放下笔,把通讯记录单递给单宇说:"冯雅媛近一年内,跟庄秋生通过30多次电话。你自己看吧!"

单宇愣了愣,接过通话记录单迅速翻阅,很快就懊恼地说:"我怎么早没发现!"

程功想了想,沉声说:"你肯定是先查了近1个月的通讯记录。冯雅媛近两个月都没有跟庄秋生通过话,电话联系都集中在前10个月。你看看他们的通话时间,短的三五分钟,长的要半个多小时。医院同事之间,有这么多话要说?"

程功抱起大保温杯,喝了口茶水,说:"事出反常,必有妖异。他们怎么就在罗羽被害前两个月,断了联系呢?"

单宇的脸色红红白白,放下通话记录单,说:"我马上调取冯雅媛和庄秋生的微信聊天记录。"

程功目光寒凉,冷冷地说:"我要找的,不是出轨的证据,是杀人的证据。"

京海市公安局刑侦队。

会客室内,庄秋生面色憔悴,仍是斯文儒雅,但看得出衬衫长裤都有些皱褶了。他声音沙哑地问:"警察同志,我们家罗羽的事……进展怎么样了?"

"正在全力调查。"程功单刀直入地问:"庄主任,我们想了解一下你和冯雅媛的关系。"

庄秋生一愣,脸色变了变,压低声音说:"我跟雅……我跟小冯之间,是有一段,也就一年多吧!她实习轮转的时候,我带过她,不知怎么就……不过,都已经是过去式了!"

他看着程功和单宇,低声且急切地说:"罗羽跟我商量好了,今年她晋了职称,我们准备要孩子,以后好好过日子!所以,我早就跟小冯分手了!"

"早就,是什么时候?"程功问。

庄秋生有点尴尬地搓了搓手,说:"四五月份的时候吧!大家都是成年人,好聚好散。"

"冯雅媛同意分手?"单宇问。

"她同意的。我本来想给她一些经济上的补偿,她拒绝了。小冯……我们曾经是有感情的。"庄秋生摘下金丝眼镜,揉了揉眼睛,低哑地说:"我对不起雅媛,也对不起罗羽。她是我的结发妻子,她出事儿以后,我没有一个晚上能睡着的……"

"你和冯雅媛,以前都在哪儿约会见面?"单宇问。

"这个……跟案子有关系吗?"庄秋生一愣,脸色微红,有些愠怒。

"有关系。请你配合一下。"程功冷冷地说。

庄秋生搓了搓手,忍住羞恼,说:"我在新城区买过一套小房子,出租没多久,就收回来了。罗羽的事业心很强,不大管这些琐事。平时,我跟小冯就在那儿……警察同志,大家都是男人,你们知道的!我当时,不知怎么就陷进去了,唉……"

程功和单宇走出胸外科主任办公室。

单宇很瞧不上庄秋生,压低声音,愤愤地说:"我们都是男人?我可不是找小三儿、死老婆的男人!我看他就有问题!"

程功低声说:"不能排除庄秋生的嫌疑,也许是合谋杀人。"

手机铃声响起,程功接起电话,听到郑涛严肃地说:"市局领导对案件有新指示。尽快回来,开会!"

"好!"程功挂了电话,扭头看看病房大楼的窗外。

转瞬间,又是阴云密布。

京海市公安局刑侦队。会议室。

郑涛、程功、单宇、纪闻、欧阳瞳和李威威等在开案情分析会。

程功站在大展板前,指着庄秋生、冯雅媛、罗羽和黄春风的照片,说:"庄秋生和冯雅媛两年前开始婚外情,据说是在两个多月前结束。黄春风去年离开工厂后,冯雅媛把他介绍到医院工作,平时来往密切。

"8月24日下午5:30,黄春风从医技楼下班离开,晚上11:37回到医技楼,中间近6个小时去向不明。之后他两次出现在罗羽家楼下,围观警方勘察现场。8月31日晚上9:32,黄春风打电话给冯雅媛,通话时间不到2分钟。10分钟后,黄春风从医技楼离开,去向不明。大约3小时后,黄春风从建筑工地坠楼死亡。

"根据医院病房大楼的监控录像,8月24日晚上6:48,冯雅媛离开办公室。她是从家属院和医院之间的工地小路上回家的,没有监控录像。她住的地方在家属院的西北角,而罗羽家在东南侧。8月31日晚上7:32,冯雅媛离开办公室回家,同样的,之后就没有监控录像可以证明她的行踪。"

欧阳瞳展示了建筑工地现场照片,说:"工地顶楼和十五楼脚手架的现场痕迹显示,黄春风是背对栏杆坠落的,但是在十五楼被脚手架拦了一下。他身上没有搏斗、挣扎的痕迹,很可能在没有戒备的情况下,被人推下去的。高度怀疑,熟人作案。"

李威威补充道:"我们对工地一楼和建筑电梯里的近百组鞋印进行了分析,发现一组新鲜鞋印很可疑,边缘模糊,足底没有花纹,大小约37码。很可能是女鞋套了鞋套形成的。"

纪闻介绍调查情况:"查了庄秋生和冯雅媛的资金支出和财务状况,都没发现什么问题。对小区的保安、邻居,工地的值班工人进行走访,没有发现目击证人和可用线索。"

纪闻顿了顿,说:"头儿,现在所有的疑点都聚焦在冯雅媛身上。但是,没有直接证据能证明,她和罗羽被害、黄春风坠楼有关。咱们总得有个抓手啊!"

单宇说:"郑队,我调取了医院、家属院和工地周边所有可用的监控录像,从8月24日、31日的晚上到凌晨,正在逐一查询。"

郑涛面沉似水,严肃地说:"市中心医院每天的门诊量上万人次,影响力很大。连着死了两个职工,医院内部和民间舆论都传得沸沸扬扬,分管市领导都出面过问此事了。市局要求尽快破案,给公众一个交代。我的意见是,马上带冯雅媛到队里,从预审寻找突破口,同时从监控、痕迹、走访这几条线,尽快寻找关键性证据!"

程功说:"是,既然没有直接证据,就先带过来谈谈吧!"

9月2日,下午。
京海市公安局刑侦队。

会客室内,冯雅媛穿着一身素净的麻质长裙,长发用一根银簪简单地挽起,娴静端庄地坐在椅子上。程功和单宇穿着T恤衫和长裤,斜坐在冯雅媛面前。

"我跟庄主任?"她看着程功和单宇,淡淡一笑。

"以前年纪小,跟庄主任这样的前辈在一起,把敬仰当成了爱情。后来明白事理了,自然就分开了。"她轻声而缓慢地说着,目光看向单宇,"谁年轻的时候,没犯过错呢?"

单宇的目光闪躲了一下,说:"黄春风去年来医院后,你们就经常电话和微信联系,并不像你说的来往不多。他是罗羽被害案的嫌疑人,难道你一点儿都没有察觉吗?"

冯雅媛淡淡地说:"我说过了,春风的性格很内向,在外打工也没什么朋友,就比较依赖我这个远房表姐。他打电话给我,说的都是含含糊糊的话,我该劝的也劝了。如果他真的跟罗医生被害有关,那他也是罪有应得。"

单宇问:"8月24日晚上和31日晚上,你说你都在家里,有没有人可以证明?"

冯雅媛摇摇头,说:"我一个人住,生活很简单,没有人证明我一直在家。但是,应该也没有人证明我不在家。"

程功缓缓地说:"冯雅媛,庄秋生跟你提出分手,你一点儿也不恨他吗?他说要回家跟罗羽生孩子,好好过日子,你就一点儿也不妒恨罗羽吗?"

冯雅媛认真地看了看程功,说:"嫉妒,是这个世界上最丑陋的情绪。我不是圣人,当然会有一闪而过的负能量。但是,成熟的人面对坎坷,是可以理性解决的。我们医院很大,有三千多职工。我没有跟罗医生打过交道,对她当然也谈不上妒恨。而且,我跟庄主任讲得很清楚,以后我会走自己的路,找到自己的幸福。"

冯雅媛看向单宇,冷冷地说:"警察同志,我是唯物主义者,但也相信起善念才能得善报。如果你害过人,哪怕是年少时犯的错,这辈子也不会安宁。"

单宇脸色慢慢变白,低哑地说:"你那两个晚上,自己在家都做什么了?"

冯雅媛突然一笑,说:"看书,研究强迫性精神障碍的病因起源。有些病例是源自青春期的性意识。哦,还有强烈的负罪感。你害死了人,凭什么能好好地活着呢?"

单宇突然感到一阵窒息,额头和后背都冒出虚汗。那个穿着校服的身影似乎就在他眼前,女孩儿含泪的眼睛充满绝望,单薄的身体滑落到水中,坠入漆黑的水底……

程功注意到他的变化,低声问:"单宇?"

单宇满脑子都盘旋着冯雅媛清冷的质问声:"你害死了人,凭什么好好地活着呢?"程功的声音仿佛隔着遥远的屏障,听不真切。他猛地俯下身体,抽搐性地干呕起来。

程功迅速把单宇扶出会客室,关门时扭头看了一眼冯雅媛。

冯雅媛安静地坐在椅子上,侧脸看向窗外。

她的嘴角微微翘起,含着冷冷的嘲笑。

洗手间内。

单宇埋头在洗手台内,用冷水洗了把脸。他抬头看着镜中的自己,脸色苍白,眼神惶惑。冯雅媛的话语,如同魔咒,揭开了他埋藏十年的伤口。

程功走到洗手间门口,静静地看着他,低声说:"你的事,我有数。放心。"

"谢谢。"单宇声音暗哑。

"她是个高智商硬茬儿,预审想要有突破,难度很大。"程功看着单宇说:"你去排查监控吧,抓紧时间!"

单宇从镜子里看着程功,程功的眼神关切而又坚定。

单宇垂下眼眸,微微点点头。

队长办公室。

程功对郑涛汇报说:"预审不顺利。冯雅媛这个人,不简单,很冷静,还能跟我们做心理对抗。"

郑涛感慨道:"高学历的精神科医生,心理素质强大啊!单宇的预审经验不足,扛不住的。"

"她可能是个很好的心理医生,但她不会是个完美的杀手。"程功笔挺地坐着,缓缓地说:"每个人的视觉都有盲点,每个人的性格都有破绽。我想想看,她的软肋在哪儿。"

"抓紧时间,市局给我的要求是24小时破案。"郑涛面色疲惫,话音未落,姜局长的电话就打了过来。

郑涛接起电话,听筒里传来姜局长不满的声音:"郑涛,怎么回事?还没有进展吗?"

"姜局!是!我知道!我们一定尽快!"郑涛挂了电话,眉头紧锁。

他想了想,对程功说:"明天再把冯雅媛带回来,进审讯室。"

程功沉吟了下,说:"证据还不是很充分……"

郑涛说:"试试看!预审突破!实在不行,再放她回去。"

9月3日。

京海市公安局刑侦队。审讯室。

冯雅媛是上班时被带到刑侦队的。她穿着一身淡绿色的套裙,长发高高盘起,静静地坐在审讯椅上,仿佛没有感受到手上冰凉的金属手铐。

阮萌萌坐在审讯室的一角,作为女刑警看管女性嫌犯,记录预审情况。

审讯室的门打开,程功和单宇穿着一身正装走了进来,带着肃穆正气。冯雅媛冷冷地看着他们,面无表情。

程功说:"冯雅媛,你第一次来刑侦队,是坐在会客室,第二次来,就是坐在审讯室里。这是什么原因,你应该很清楚。"

冯雅媛柳眉微微扬起,淡淡地说:"我是来配合警方工作的,也希望各位警官能依法执法,办案有据。"

程功点点头,说:"你说得很对,警方办案一定要有证据,尤其是重大命案!罗羽被害,黄春风坠楼,犯罪嫌疑人是同一个人!冯雅媛,你很聪明,也很骄傲。但是,你真的以为自己做的一切,都无懈可击吗?"

冯雅媛静静地看看程功,目光又转向单宇,流露出一丝嘲讽。

她声音清淡地说:"程警官,单警官,有直接证据,就请拿出来。何必在这儿跟我谈来谈去?又不是做心理咨询。"

单宇一听到"心理咨询"几个字,迅速垂下眼眸,似乎有些不敢直视冯雅媛。

程功说:"如果我们没有证据指向,能把你堂堂市中心医院的医生带到审讯室吗?现在跟你谈,是遵循坦白从宽的原则,看你珍不珍惜这个机会!"

冯雅媛神情中闪过一丝倨傲,说:"我是守法公民,也是受法律保护的公民。今天是9月3号,你们最多拘留我30天。没有足够的证据起诉我,检察院7天内就会驳回。在这段时间,我只回答我知道的情况,其他的,只能说无可奉告!抓紧聊吧,说不定我还能赶上国庆长假,出去旅旅游。"

程功身体微微前倾,看着冯雅媛:"你这么肯定,我们什么也查不到?"

冯雅媛身体后倾,做出拒绝回应的姿态,冷冷地说:"这个问题,不在我能回答的范畴。"

审讯监控室。

程功和单宇走进房内,一个黑着脸,一个垂着头。

郑涛看看他们,说:"冯雅媛这种硬壳儿,比黑社会难搞吧?"

程功愤愤地说:"肯定就是她!市中心医院忙成啥样了,哪个医生吃饱了没事儿干,会去研究刑事诉讼程序!她不单研究了,还知道得门儿清!"

郑涛看看脸色不佳的单宇,问:"单宇怎么了?"

"哦,没事儿。"单宇搓了搓脸颊,勉强咧了咧嘴。

郑涛点点头,说:"边撬壳儿边排查!抓紧时间,市局又打电话来问进展了!"

程功猛地站起身,说:"纪闻接着走访!我和单宇把周边监控全调出来,再看一遍!哪儿有什么完美犯罪!"

接下来的两天里,纪闻带着同事四处走访排查,单宇和程功则不眠不休地调看监控录像。

重案大队办公室。程功抱着大保温杯,单宇则在猛灌咖啡,两人聚精会神地盯着电脑屏幕。

单宇看着屏幕,突然用鼠标点了暂停,又把图像放大,对程功说:"你来看!"

程功凑过来,看到屏幕上显示的是一个十字路口,一个戴着帽子、深衣长裤的年轻女子骑着自行车,正在通过十字路口。图像模糊不清,但女子的背影清瘦窈窕,看起来很像冯雅媛!

单宇指着屏幕说:"这是8月24日晚上11:29,距离医院不到五百米的溪关路路口拍到的。路口前面就是溪关桥,桥下面就是溪关河。"

"车把上好像挂着个袋子,如果这个人是冯雅媛,那袋子里装的,搞不好就是凶器和罗羽的手机!这么看,手机很可能是扔到河里了,怪不得查不到信号!"程功仔细分辨着屏幕内的影像,问单宇:"有她返回的录像吗?"

单宇遗憾地摇摇头,说:"找不到她的正面截图。她回来的时候,应该是走了另一条没有监控的路。怎么办?"

程功出神地看着截图,喃喃地说:"她骑的,是小蓝车吧?"

单宇仔细看看屏幕,说:"对,要是她自己的车,说不定还有点儿标记,可惜是共享单车。"

程功突然灿烂一笑:"别忘了,骑共享单车,可是要用手机号登录的!"

单宇的眼睛猛然一亮。

9月5日。

京海市公安局刑侦队。审讯室。

冯雅媛的长发简单地束起,略显憔悴。她静静地看看程功和单宇,又看看一旁的制服女警阮萌萌,面容淡漠。

程功沉声说:"冯雅媛,好吧!既然你不主动交代,那我来就讲一讲。"

程功身体微微靠后,缓慢而沉稳地说:"冯雅媛,你从小就品学兼优,勤奋刻苦。可惜你父母感情不好,在你八九岁时就离婚了,各自成家。你在学校表现优异,老师喜欢,同学羡慕,回到家却不受欢迎,夹在父母的两个新家庭中,勉强生存。等你考上大学,在京海自力更生,就很少回老家了。从小到大,你都是独来独往,很优秀,也很孤独,很高傲,又很自卑。"

冯雅媛神色如常,但是胸脯的呼吸起伏有些加深。她吸了口气,微微笑了笑。

程功继续说道:"你到市中心医院没多久,就认识了庄秋生。他是你第一个男朋友吧?也是你第一个真心爱上的人。所以,你明知道他有妻子有家庭,却还是放不下他。可你怎么能想到,曾经山盟海誓的男人,会突然绝情绝义的要跟你分手?"

"我跟庄主任,是有感情的。"冯雅媛的面色有些僵硬,冷冷地说:"庄秋生爱我,我也爱他。婚姻和现实桎梏了他,我能理解。我就算有怨有恨,也不会报复到罗羽头上,我跟她连面都没见过! 至于黄春风跟她是什么情况,我不了解,也不想知道。"

"是吗? 你怎么这么确定,庄秋生爱你呢?"程功眼中流露出一丝嘲笑,说:"冯雅媛,我也是男人。我们男人啊,对自己真心喜爱的女人,就是一个态度,娶回家当老婆! 好好地爱她疼她! 可是,庄秋生对你呢?"

冯雅媛的脸色渐渐发白,但依然坐得挺拔端庄。

程功拿起一叠资料和照片,看看照片再看看冯雅媛,说:"实话说吧! 罗羽出事后,我们第一个查的就是庄秋生! 他是配偶嘛! 刚开始查,倒真没看出来他跟你有什么联系,因为我们很快就发现,他和一个在胸外科轮转的实习医生关系暧昧。我们当时就高度怀疑他! 毕竟是私德败坏,二十出头的女学生,他也下得去手!"

"你胡说!"冯雅媛终于打破了沉静端庄的外壳,愤恨地看着程功,"我们……我们才刚分开没多久,他怎么会跟女学生暧昧!"

"你不信? 你看这是什么?"程功把一叠标记过颜色的通话记录单放到冯雅媛面前,低声说,"这个号码就是那个女学生的! 年轻漂亮的女大学生! 你看看,庄秋生最近几个月,跟她联系得有多频繁! 他前几天在外地出差,他们俩每天晚上都要通一两个小时电话!"

冯雅媛低着头,冰冷的手铐轻轻蹭在桌面上,纤细的手指微微颤抖,翻看着通话记录单。

程功站在一旁,说:"我们找那个女学生谈过了。她说庄秋生承诺她,毕业后帮她留在中心医院规培,还会尽快跟罗羽离婚,在新城区再买套房,跟她结婚。"

冯雅嫒猛地抬头，眼睛直盯着程功，冷哼一声，说："程警官，你别编故事了！庄秋生在新城区是有房子的！而且他今年要跟另外一个副主任竞争科主任，这种关键时刻，他是不会离婚的！你说的这个什么女同学，根本就不存在！"

程功发出一声轻笑，递给冯雅嫒一张漂亮女生的自拍照，说："这是我们在庄秋生的微信记录里发现的！冯雅嫒，你也才 29 岁，怎么就跟现在的年轻小姑娘脱节了？庄秋生在新城区那套房，是不到 80 平方米的两室一厅，能满足比他小一轮的漂亮女孩儿吗？这个女同学说了，老房子根本不考虑！人家要住的，是市区大平层！再说了，等这女孩儿明年毕业留院，庄秋生的主任位置早解决了，时间不是刚刚好吗？！"

冯雅嫒看看照片中女孩满是胶原蛋白的俏脸，听到那个充满自己美好回忆的爱巢，竟然被庄秋生的新欢嫌弃，而庄秋生口口声声的现实顾虑，竟然如此不堪一击时，顿时脸色煞白，整个人愣愣怔怔的。

程功微微叹了口气，说："说真的，我们查到后面，也是替你不值啊！你当年刚到中心医院的时候，是那批年轻医生里最出挑的！不管是择偶还是事业，你都有很多的选择，有无限可能！但是，带教老师庄秋生一下把你给迷住了。你是一步错，步步错！现在可好，罗羽不在了，庄秋生就成了黄金单身汉！他可以没有任何阻碍地迎娶小娇妻，住进大平层，过幸福生活了！而你呢？冯雅嫒，庄秋生抱着 22 岁的年轻妻子，他还会记得你是谁吗？"

"啊……"冯雅嫒紧紧抓住自己胸口的领子，痛苦地蜷缩在椅子上。

泪水狰狞地爬过她清秀的脸颊，大滴地落在淡绿色的套裙上，形成暗绿色的水晕。

单宇突然提高声音说："冯雅嫒，你说自己 8 月 24 日和 31 日的晚上都在家，但是，共享单车的后台记录显示，你两个晚上都骑车出去过！"

冯雅嫒猛地抬起头，露出发红的眼睛，声音沙哑阴沉："我没有！是别人用了我的账号！"

"行了！"程功冷冷地说："你去处理证据，真以为自己办得天衣无缝吗？冯雅嫒，京海市刑侦队是什么地方？既然把你带进来了，就有把你关进去的证据！事到如今，你还在这儿撒谎抵赖！你看看你现在的样子，还有没有知识女性的优雅和气节?! 你就不怕庄秋生和他的小女朋友知道了,笑话你是个傻叉吗?"

"你混蛋!王八蛋!"冯雅媛面目扭曲,似乎忘记了自己戴着手铐被审讯椅压制着,猛地起身向程功扑来!

程功微微侧身,一把就将冯雅媛按在椅子上。阮萌萌迅速上前,发挥出手劲的实力,将冯雅媛牢牢地固定在椅子上。

冯雅媛被强硬地桎梏在原地,终于感受到执法机关的震慑和力量,骄傲强撑的内心轰然崩塌。她仰起脸,泪水扑簌簌地落下,哽咽地说:"我把最美好的年华,最纯粹的感情都给了他!我都给了他!罗羽那个黄脸婆,凭什么一直霸占着他!我真的不甘心!我不服气!"

8月24日,晚上9:07。
京海市中心医院家属院,罗羽家。门铃响起。
罗羽穿着睡裙走到门口,从猫眼向外看去:"谁啊?"
门外廊灯昏暗,但可以看出是一个微微垂头的年轻女子,声音轻柔:"你好!我是本院的,刚搬到楼下,卫生间好像有点漏水唉。"

"是吗?"罗羽看到是年轻文雅的女人,似乎有点眼熟,便不疑有他,打开了门。

冯雅媛一身长衣长裤,双手随意地背在背后,脚上戴着鞋套,走进房门,温柔地说:"谢谢啊,我自己戴个鞋套,免得弄脏地板。"

"没事儿,我去看看,哪儿漏水了。"罗羽一笑,毫无警惕地转身向卫生间走去。

此时,藏身在门外一侧的黄春风迅速走进房内。他穿着长袖长裤,戴着手术手套和鞋套。他关上房门后,把手里一个鼓鼓囊囊的黑色塑料袋放在地上,又给自己头上戴了个手术室一次性帽子。

冯雅媛看罗羽进入洗手间,马上给自己也戴上了手术室一次性帽子,回头对黄春风使了个眼色。黄春风眼神慌乱而又凶狠,猛地冲进卫生间,从背后一把抱住罗羽!

"啊!"罗羽突然受袭,惊慌地叫出声,黄春风一只胳膊紧紧地把罗羽箍在自己胸前，一只手捂住罗羽的嘴巴。

冯雅媛冲进卫生间，左手用力把罗羽的头按在黄春风肩上，右手持着锋利的手术刀割开了罗羽的左颈部！

颈动脉破裂，大量鲜血溅涌！

黄春风吓得猛然松手，向后退了一步，贴在墙边。罗羽惊恐地瞪大眼睛，喉咙中发出支支吾吾的声音，身体瘫软在地上。

冯雅媛面无表情，一把拉住罗羽的右手，用刀深深地划开了罗羽的右手腕，鲜血涌出。罗羽软软地倒下，不断抽搐着。

冯雅媛为了彻底结束罗羽，俯身去抓她不断抽动的左手腕，手术刀刚切开手腕，就听到黄春风发出干呕的声音。

只见黄春风满脸惊骇，双腿不停地颤抖，几欲瘫软。他胃内一片翻江倒海，喉头一阵阵干呕。他想要用手捂住自己的嘴巴，却看到手套上沾着的血迹，几乎快要崩溃。

冯雅媛扔下罗羽的手腕，看看黄春风，眼中带着蔑视，冷冷地说："别吐出来！"

黄春风大口喘着粗气，眼神惶恐无措，结结巴巴地说："怎，怎么办？"

冯雅媛低头看看地上的罗羽。正当年的妇产科医生浑身鲜血，已经停止抽搐，生命体征消失。

"你慌什么慌？！按原计划，把她拉到卫生间门口，彻底清理现场。"冯雅媛冷静地说。她的嘴角微微翘起，带着嘲讽的冷笑。

罗羽，你现在是个死人，再也不能霸占着庄秋生了。

8月31日，晚上9:32。

京海市中心医院。医技楼地下室。

黄春风蜷缩在单人床上，打电话给冯雅媛："姐！我很害怕！警察都来两回了！他们肯定发现什么了！"

冯雅媛的房间不大，收拾得素雅干净。她坐在书桌前，白皙的手指轻叩手机壳，淡淡地说："我说过，有事见面谈，别在电话里讲。处理得这么干净，怕什么?"

"我看见警察,警察又来了!他们肯定发现什么了……"黄春风的声音都在发抖。

"你在胡说什么?"冯雅媛的声音变得严厉,随即又缓和下来,"那跟我们有什么关系呢?你不要乱想。"

"我受不了了姐!一闭眼,全是血,我想去自……"黄春风的声音沙哑,带着恐惧和绝望。

"行了!"冯雅媛生硬地打断了黄春风。她用肩膀夹住手机,在电脑上查了一下今晚的天气情况,只在一瞬间就做了决定。

冯雅媛的语气变得温柔,甚至有点暧昧:"春风,我前两天去新病房大楼参观了,楼顶都造好了。待会儿我们在顶楼天台见吧,有电梯可以上去,也没什么人。你小时候,不是最喜欢跟我一起看星星吗?好不好?"

"嗯。好。"黄春风的情绪略微平复了一点,似乎有点受宠若惊地说:"那我过去等你啊,姐。"

"好,今天晚上我陪着你,放心。"冯雅媛语调温柔,带着甜意。

"嗯。"黄春风面对冯雅媛的温柔,突然感到心跳加快,脸红红地挂了电话。

冯雅媛放下手机,静静地看向窗外。

晚上10:03。

冯雅媛穿着深蓝色长袖衬衫和撒腿长裤,提着一个塑料袋,缓缓走近建筑工地。宽阔的裤脚掩盖着她脚上的鞋套,她边走边戴上右手手套,隔着手套按下建工电梯的顶楼按钮。

她用右手推开天台门,在乌云遮蔽的阴暗中,在身后轻轻褪掉手套,塞到塑料袋里。黄春风已经在天台栏杆处等着他了。他穿着黑色T恤衫,身体瘦削,年轻的脸庞有些憔悴茫然。

冯雅媛笑意盈盈地走到黄春风面前,说:"这么喜欢这件T恤衫啊?"

黄春风摸了摸脖颈,不好意思地说:"是你送给我的啊!"

冯雅媛温柔一笑,把塑料袋放在地上,拿出一瓶五粮液,递给黄春风:"喝点儿酒,放松放松。"

黄春风没接,脸色暗淡:"姐,对不起,我真的害怕……"

"咱们今天不说这些扫兴的话。"冯雅媛把白酒瓶盖拧开,塞到黄春风手里,又给自己开了一瓶啤酒,说:"来!小风,干杯!"

黄春风听到冯雅媛喊自己的小名,顿时想到小时候那些美好的回忆。他脸上了笑意,喝了口啤酒,真挚地说:"姐,你对我真好!"

冯雅媛抿了口啤酒,说:"那是应该的,你是我弟弟啊!"

"你只把我,当弟弟看吗?"黄春风咕咚咚地喝了几口酒,失望地嘟囔了一句。

黄春风从小性格内向懦弱,很仰慕这个聪明漂亮又高傲的远房表姐。冯雅媛偶尔对他好一点,他就要开心好长时间。他当年选择到京海打工,也是隐隐地存着离冯雅媛近一点儿的心思。

他在冯雅媛的帮助下到医院工作,心里又感激又开心,而冯雅媛也确实对他越来越好了。所以,当冯雅媛提出让他帮忙杀害罗羽时,他心里害怕极了,但是,他一看到冯雅媛伤心的泪水,就什么拒绝的话也说不出口了……

"以前呢,是当弟弟看。现在呢,你个子比我高,酒量比我好,力气比我大!我呢,把你当男人看。"冯雅媛眼波流转,又抿了口啤酒。

"真的吗?"黄春风眼睛亮亮地闪着惊喜,仰起脖子又喝了几口白酒,羞涩地抹了抹嘴巴,"喝酒也不算啥本事。"

冯雅媛温柔地笑道:"真的呀!你小时候还偷你爸的五粮液喝呢,现在你也长大了,个子比我都高了。"

黄春风从没看过如此温柔的冯雅媛,心跳都有些加快了。他仰着脖子喝了小半瓶白酒,打了个酒嗝儿,看着冯雅媛说:"姐,你让我干什么,我就干什么!谁欺负你,我就不放过谁!"

冯雅媛看着黄春风,眼中似乎有一瞬间的感动,轻轻地说:"我知道。谢谢你。"

黄春风酒量一般,喝了大半瓶白酒,已经醉得很厉害了。他抬头看了看乌云密布的天空,傻笑着说:"姐,你,你还说要带我看星星,天上都没有星星!"

冯雅嫒接过黄春风手里的白酒瓶,放到塑料袋里,站起身说:"还真是!你长大了,我变老了。"

"姐,你不老!你很漂亮!"黄春风痴迷地看着冯雅嫒清秀的脸庞,喃喃地说。

冯雅嫒一手轻轻抚摸黄春风的侧脸,一手温柔地拉着他的胳膊,让他背靠向栏杆。她踮起脚尖,上半身靠向黄春风,吻上了他的嘴唇。

黄春风的大脑轰然炸裂。他笨拙地回应着冯雅嫒的深吻,如痴如醉,下身也不由得有了反应。

冯雅嫒停了下来,害羞地看了看黄春风的裤子。黄春风脸红扑扑地说:"姐,我!"

冯雅嫒妩媚地看看他,左手向下摸去。黄春风陶醉地靠在栏杆上,上半身后仰,喉咙中发出一声呻吟。

突然,冯雅嫒猛地用双手推向黄春风的胸膛!黄春风已经深醉,上半身靠后悬空,突然受力失去平衡,猛地向后倒去!

冯雅嫒用尽全力一推之后,迅速向后退了一步,看着黄春风骤然坠楼,隐约听到一声沉闷的声响。

她站在原地,冷冷地弯弯嘴角,带着一抹嘲笑。很快,她就收拾好酒瓶,提起塑料袋,边戴手套边向电梯走去。

9月5日下午,冯雅嫒被再次带到审讯室前的两个小时。

重案大队办公室。

程功拿着庄秋生的通话记录单,指着一个号码问单宇:"这个人是谁,联系这么密切!庄秋生出差的时候,两个人每天晚上都长时间通话?"

"这个人我查过,是庄秋生科里新来的博士后,男的!跟着他做课题,两个人最近在讨论一个科研项目,联系很频繁。"单宇从电脑里调取出这个号码机主的资料,是个30岁出头的男博士,"就是他。"

程功点点头,又扒拉了一会庄秋生的微信记录,指着一张美女自拍照,说:"这个美女好像在撩庄秋生啊,总给他发自拍照。"

单宇看了一眼,说:"哦,她是医药公司的。庄秋生对医药代表的态度很谨慎,好像还没撩到。纪闻查过她,也没有作案时间。"

　　"美女这么年轻,倒像是个大学生啊!"程功看看美女照片,又看看电话记录单,微微一笑。

　　9月8日,下午。

　　溪关桥下,溪关河是一条浅慢的小河。河水并不十分清澈,但是沿河两畔绿荫环绕。

　　欧阳瞳、李威威、周睿、阮萌萌等人正在河畔顶着烈日忙碌。

　　他们一批人马忙了快两天,将沿桥两侧20米内河沟里的水排掉,河泥就地人工过筛,从河泥中的金属块、玻璃碴、碎石头等众多杂物中,逐个排查。大家都穿着现场勘察服,在近40度的高温天气下艰苦作业,汗流浃背。

　　李威威突然惊喜地喊:"找到了!"他提起一个沾满污泥的黑色塑料袋,放到岸边空地上,打开一看,里面有手套、鞋套、头套、手术刀,还有一部苹果手机。

　　欧阳瞳惊喜地看看李威威,用戴着手套沾满污泥的手,比了一个赞。

　　9月9日。

　　京海市公安局刑侦队。

　　会客室内,庄秋生看起来憔悴疲惫。程功和纪闻平静地告知了他案件侦破的结果,庄秋生神情震惊,不能相信:"你说的,是真的?"

　　程功说:"冯雅媛已经交代了,证据也很充分。"

　　庄秋生眉头紧皱,流下泪水,用力地抱住头,脊背颤动。可以说,正是他不负责任的婚外滥情,害死了自己的妻子,毁掉了三个家庭。

　　单宇站在门外,隔着玻璃看看庄秋生,低头给尹慧伊发了一条短信:"你的电脑里有病历资料,应该设一个开机密码。"

　　尹慧伊很快回复:"对不起。"

　　单宇嘴角弯了弯,回复:"没关系,尹医生,明天门诊见。"

京海市中心医院。

病房大楼的长廊内,尹慧伊静静地站在墙边,眼睛还有些发红,显然是受到了冯雅媛出事的影响。她看到单宇回复的信息,释然一笑,把手机放进白大衣的口袋。

尹慧伊脚步轻快地走楼梯下楼,路过妇产科的病房。

病房内,手术后的马妍躺在病床上,给"魏"发了个短信:"我手术做好了,谢谢,要还您钱。"

她抿着嘴唇,紧张地盯着手机。几分钟后,魏明铭短信回复:"不着急,多休息。"

马妍眼睛亮亮的,打了几个字:"我出院就去问朱的事。"

她想了想,又把刚打出来的这几个字删掉,换成两个字"谢谢",发了出去。

她看看天花板,嘴角弯弯的,点击着手机,翻出一个小姐妹"安吉拉"的微信,发了条信息:"亲爱的,我过几天找你玩哦!"

初秋之夜。

京海市公安局刑侦队。

健身房内,魏明铭擦着汗从跑步机上下来,看到纪闻走进健身房,神色低沉。

魏明铭心里一动,打招呼道:"纪闻,这么晚了还来锻炼?"

纪闻抬起头,勉强笑笑:"啊。"

魏明铭笑着说:"不忙的时候,还是尽量多陪陪家里人。"

纪闻垂眸:"嗯。"

魏明铭淡淡地说:"纪闻,我给你说个鸡汤。咱们干刑警的工作太忙,家里确实照顾得少。都说什么警嫂光荣,其实就是老婆辛苦!我们男人啊,珍惜的东西就要握在手心里,好好呵护。"

纪闻内心触动,抬起眼说:"魏哥。"

魏明铭一笑,拍了拍纪闻的肩膀:"行了,赶紧回家陪媳妇儿!植树造林!"

"哎!"纪闻神情变幻,似乎下定了决心,扭头就走。

魏明铭笑着摇摇头。

纪闻家。
林薇如坐在卧室里,神色憔悴,给纪闻发了条微信:"我在家等你。"
她把手机放在枕边,靠着床头,辗转难眠。
门锁声响。纪闻回来了。
林薇如赶紧翻身向内,闭上眼睛装睡。她的心怦怦乱跳,不知道是高兴还是紧张。纪闻好多天没回家了,走进卧室后也没像往常一样过来亲吻她,而是走进洗手间洗澡。听着洗手间里哗哗的水声,林薇如睁着眼睛,咬着嘴唇,心绪难平。
纪闻很快就洗好澡,走了出来。林薇如闭着眼睛,感觉到他在床前站了一会儿,才轻手轻脚地上了床,平躺下来。
林薇如只觉得纪闻温热的身体就在自己旁边,可自己却感到越来越冷。
突然,一阵温热靠了过来,男人有力的臂膀揽住了妻子的肩膀。林薇如突然觉得心酸难忍,豆大的眼泪落了下来,滴落在纪闻的手背上。
纪闻低声说:"好了,没事了。"
林薇如终于忍不住心头的愧疚、委屈和幸福,转身把头埋在纪闻的怀里,放声哭了起来。
纪闻温柔地拍拍林薇如的肩背,轻声说:"别哭了。你瘦了。"
窗外,夜色如水。

庆庆海鲜大排档。
程功、单宇、欧阳瞳、李威威等人围坐在一桌吃饭。单宇来刑侦队这么久,还是第一次参加聚餐,破天荒地没有用湿纸巾擦遍桌椅,随遇而安地坐在简陋的塑料凳上。风韵犹存的老板娘系着围裙,麻利地端上大盆的麻辣小龙虾和大盘的烤鱼、烤串。
李威威看到好吃的,眼睛更亮,嗓门更高了:"老板娘,来一打啤酒!"
"来啦!"老板娘搬来一箱哈啤,哐当一声,放在了桌子上。

单宇虽然爱洁,也是个很有风度的人,拿了瓶啤酒,就要找起子开瓶盖。

李威威伸手一拦,笑着说:"术业有专攻!让程功开!"

单宇一愣,只见大家一个个的,都冲着程功笑得见牙不见眼。

程功轻笑一声,接过单宇手里的啤酒瓶。他闲闲地坐在凳子上,左手握住瓶子,右手轻轻一挥。啤酒瓶盖瞬间落下,在地上微微滚了个圈。

"好!"李威威夸张地喊了一嗓子。

欧阳瞳扑哧一笑,拍了拍李威威,对单宇说:"我们在警院读书的时候,特别流行这些小游戏,空手开瓶盖儿!程功最擅长了!所以他很少喝酒,就忙着给大家开瓶盖儿了!"

单宇愣愣一笑,没想到散打王还擅长开啤酒瓶盖。

说话间,程功又开了两瓶啤酒。他俯身把地上的几个瓶盖捡了起来,扔到垃圾筒里,又从背包里掏出自己的大保温杯,笑着说:"那是!我开的酒特别香呢!"

"那是那是!"李威威笑着倒好酒,豪气干云地举杯说:"五花马,千金裘,呼儿将出换美酒!干杯!"

"干杯!"程功也举起大保温杯,跟大家热热闹闹地碰杯,吃小龙虾。

单宇低声问程功:"你怎么知道用庄秋生有小四来刺激她,她就会崩溃?"

程功冷冷一笑,说:"冯雅媛这种冷血杀手,对罗羽这种无辜的人,还有黄春风这样为她牺牲的人,都没有任何同情心!但是,她对庄秋生充满了爱意和占有欲。这份感情对她来说太重要,就是她金钟罩的命门。找准了命门,一击即中!"

李威威两杯啤酒下肚,脸蛋红扑扑的。他凑到程功面前,嘿嘿笑着说:"程功,你说起感情头头是道的,其实都是纸上谈兵!你说说你,作为队长,在个人生活方面是不是也得做个表率?你常年不脱单,导致我们一群人都是单身狗!欧阳她妈都快急疯了好吧?"

"说什么呢?"欧阳瞳不乐意了,瞥了眼李威威。

恰好欧阳瞳的手机响了,她拿起手机走到一旁,声音低柔:"嗯,刚忙好,同事聚餐呢。"

李威威撇撇嘴,低声对程功说:"看到没?小廖廖有戏啊!"

程功笑笑,没说话。李威威接着问程功:"咱们虽然都是单身,但我好歹还谈过女朋友,你呢?啥情况啊你到底?是不是有啥难言之隐?"说着,还不无恶意地看了看程功的下身。

"我啊,我很喜欢大侦探波洛。"程功一把就把李威威的大圆脸拨到一旁,抱起大保温杯,抿了口温水。

他悠悠地说:"大侦探波洛一辈子单身。他的朋友问他,你为什么不结婚?波洛说,我经手的案子里,有5起丈夫杀害了妻子,22起妻子杀害了丈夫。所以,我对婚姻没有兴趣,我亲爱的朋友,一点儿都没有!"

"你别说,还真是!"单宇觉得有些道理,赞同地点点头。

李威威嫌弃地看看单宇和程功,说:"你们啊,你们就等着真香吧!你看看人家纪闻,饭都不吃就回家了!我先走啦,你嫂子在家等我呢!"

李威威学着纪闻说话的样子,大家纷纷表示:"啧啧啧!"

李威威酒壮怂人胆,红着脸对程功说:"赶紧找个对象吧!嘟嘟!"

"嘟嘟?"单宇迷惑地看看李威威,又看看程功。

程功低头喝酒,好像没听到。

欧阳瞳坐回到桌前,笑意盈盈:"你不知道吗?我们程队长的小名儿,叫嘟嘟!"

单宇低头闷笑。程功抓起颗花生米去砸李威威:"就不该让你们去我家吃饭!"

李威威利索地接住花生米,扔到嘴里嚼得嘎嘣脆:"那不是咱们出差,刚好到你们家了吗!叔叔多热情啊,可喜欢我了!"

大家都笑了起来。程功也难得地放松了许多,眼神温和。

这时,他的手机在口袋里震动起来,是郑涛来电。

程功一接起来,就听到郑涛严肃低沉的声音:"程功,晟铭律所的方辉出了车祸,人死在车里了!他毕竟当过经侦队的四队队长,你过去看看情况!"

程功猛然抬眼,震惊错愕。

半小时后。西郊环线。

程功一行赶到车祸现场时,熊熊大火已经熄灭。

路边停着一辆警车和一辆消防车,消防人员和交警正在设置路障,维护现场。路边倾翻的车辆严重损毁变形,只剩下烧焦的残骸。驾驶座上倒着一具焦煳的尸体,形同焦炭,面目全非。

欧阳瞳和李威威出于职业的本能,亮出证件后,开始跟消防员和交警沟通情况,进入现场帮忙。程功和单宇则站在路障外,谁也没说话。

程功看着惨烈的车祸场景,紧紧地皱起眉头。坠楼惨死的王大鹏、躺在血泊中的汤建成夫妇和烧成焦炭的方辉,所有的影像如同海啸一般袭来,在他脑海中高速盘旋,快要爆炸。

单宇的脸色则越来越白,尸体的焦煳味道刺入他的鼻腔,他本能地俯身干呕起来。就在他的眼泪都快出来时,一只大手递过来一张餐巾纸和一个证物袋。

单宇抬起头,看到程功沉郁的脸色。他总是这样,神色平淡甚至冷漠,却时刻关心着身边的人。单宇突然觉得心里那块石头更加沉重了,沉重到他已经难以面对程功。

单宇直起身,嘴唇翕动了一下,用极低的声音对程功说:"程功,其实,其实我之前查到,王大鹏、方辉和汤建成各有一个无主手机号,他们三个人一直用无主号码单线联系,通话频繁,没有短信。就在王大鹏坠楼前,他,他还跟方辉联系过。"

程功的眼神骤然一冷,问:"你是什么时候查到的?"

单宇抿抿嘴唇,艰难地说:"有,有一段时间了……但是,我……"

"但是你不肯告诉我!直到今天晚上,方辉也死了!"程功冷冷地说,声音是从未有过的寒意。

单宇没有说话,强迫着自己抬头,直视程功的眼睛。

程功沉默地看着单宇,眼神中情绪奔涌,突然一拳打在单宇脸上!

单宇措手不及,被打地踉跄几步,倒在地上,嘴角流出鲜血。

"程功!你干什么?!"欧阳瞳尖叫一声,冲上来护住单宇。李威威也迅速跑过来,紧紧地拉住程功。

程功看着单宇,眼中全是失望和愤怒,声音低哑,一字一句地说:"这 3 个月,死了多少人!你知不知道这是什么案子?你还瞒着我?你他妈以为自己是谁?!"

程功用力甩开李威威,转身大步离开,高大的背影,看起来孤单肃杀。

单宇坐在地上,抬手擦了擦嘴角的鲜血。

他突然觉得:这样的血污,反而是干净的。

五、请你不要走

> 魏明铭走过来,一起看向塑料袋。程功觉得袋子的手感偏重,随手翻了翻那堆现金,翻出来两块金灿灿的金条。

9月10日。下午5:47。

方辉的车开进西城区的万通修车厂,车速不快。15分钟后,方辉从修车厂步行离开,到附近小饭馆吃饭休息。1小时后返回修车厂。

晚上7:13。方辉开车离开万通修车厂。17分钟后,车辆在西郊环线快速行驶,突然偏离车道,撞向路沿隔离墩!

"轰!"车辆翻滚,瞬间发生爆炸!

火光熊熊燃起,车毁人亡。

京海市公安局刑侦队。

郑涛、程功、单宇、欧阳瞳等人站在电脑前,看着修车厂和公路上的监控录像,神色各异,沉默不语。

郑涛徐徐开口:"情况就是这样。欧阳,方辉的母亲过来了。他父亲早逝,没有小孩,前两年又离婚了,家里就他和母亲两个人。"

欧阳瞳点头:"好,我马上过去。"

刑事技术中心。

穿着警服的阮萌萌,陪着一个50多岁的女人走向法医室。女人跟方辉长相接近,容貌端正,瘦弱憔悴。

欧阳瞳穿着白大衣,走到门口。阮萌萌快走两步,压低声音对欧阳瞳说:"欧阳老师,这是方辉的妈妈,赵秀容。"

欧阳瞳温和地说："阿姨,我是刑侦队的欧阳。方律师在里面。"

方母神情愣愣怔怔,恍若未闻。

欧阳瞳心里微微叹了口气,带着方母走进法医室,看看解剖台上盖着的白布,说:"您先做个思想准备,被烧毁得比较厉害。但是,您得认一下。"

方母嗫嚅了一下嘴唇:"认?"

欧阳瞳示意阮萌萌,站在方母旁边照看着。她掀开解剖台上的白布,露出一具被烧成焦炭的尸体。

方母顿时头晕目眩,腿一软就向后倒去。

"阿姨!"阮萌萌眼疾手快,赶紧扶住她。

几分钟后,在刑事技术中心会客室的沙发上,方母迷迷糊糊地睁开眼睛。

阮萌萌赶紧递给她一杯温水,说:"阿姨,喝点儿水。"

欧阳瞳脱掉了白大衣,关切地说:"您好点吧?我送您去医院。"

方母愣愣地看着欧阳瞳,泪水从眼角滑落,声音沙哑地问:"你们,怎么知道那是我儿子?那不是他!"

欧阳瞳递给方母两张监控录像截图照片,上面是方辉步行进入修车厂大门和开车离开的监控录像截图。欧阳瞳轻声说:"阿姨,这是昨天晚上,万通修车厂门口的监控。方律师到修车厂取车后,开车离开,没多久,就出了事。"

"阿辉……我的儿子……"方母泪流满面,悲伤不已。

欧阳瞳神色凝重,等方母稍微平静一点,拿出一张尸体口腔的照片,说:"阿姨,虽然情况比较明确,但尸体上没有什么能辨明身份的特征。就有一点,方辉的右下第一颗牙齿,是不是安过假牙?"

方母一直在低头哭泣,身体颤抖着。她略微停顿了一下,哽咽着抬起头,红肿的眼睛看了眼照片,迅速低下头,似乎被吓着了。

欧阳瞳和阮萌萌对视一眼,都很耐心地等待着方母的沉默。过了一会儿,方母捂着口鼻,轻轻点了点头,哽咽着含糊地说:"是。"

欧阳瞳低声说:"阿姨,那就基本对上了,您节哀顺变。按照程序,我们还得取您一点血样,做个DNA比对。"

方母顿了顿,轻轻点点头,似乎默许了。欧阳瞳微微舒了口气,示意旁边的同事,准备抽血。这时,程功走到会客室门外,向欧阳瞳打了个招呼。欧阳瞳微微蹙眉,走出会客室。

程功低声说:"我想跟方辉妈妈谈谈。"

欧阳瞳抬眼看看程功,说:"除非交警部门证明车子被动过手脚。目前看就是车祸,死者体内没有检测出药物和酒精成分。"

程功愣了愣,说:"尸体被严重焚烧,心包血和胃内容检测未必准确。"

欧阳瞳说:"你认定不是意外……"

欧阳瞳话没说完,就听到阮萌萌的声音:"阿姨!阿姨!"

欧阳瞳急忙进入会客室,只见方母面色苍白,靠在阮萌萌身上,好像又晕过去了。欧阳瞳忙说:"快送医院!"

暴雨之夜。

西郊环外,北亭村。一栋二层小楼前,停着一辆警车。

另一辆警车从暴雨中疾驶而来,停在楼前。程功走下警车,没有打伞,冒着大雨冲进漆黑一片的小楼。

他推开小楼虚掩的房门,看到门口穿着现场勘察服的李威威。李威威打着警用手电筒,说:"瞧这黑灯瞎火的!你们可算来了!"

程功抹了把脸上的雨水:"欧阳也到了?"

李威威指指楼上,说:"欧阳刚到,上楼了。我们直接从医院过来的,方辉他妈安排入院了。"

程功问:"他妈妈情况怎么样?"

李威威说:"情绪激动,已经稳定了,阮萌萌在照顾。"

李威威从地上的勘察箱里拿出鞋套和手套递给程功,指指一楼客厅,说:"北亭派出所接到群众报案,这家的老夫妻在家上吊自杀。报案的邻居说,他来这家借东西,看到老太太在一楼客厅上吊,当时就吓晕了。派出所来看了一眼,说是老爷子还在二楼。也是不巧,全村停电!有个电动三轮儿掉到河沟里了,派出所又赶紧跑去救援了。"

李威威看了看程功身后,问:"单宇呢?"

程功利落地穿戴好鞋套手套,又拿出一支现场勘察灯:"市局要一批数据,郑队给他派了活儿,我先过来。"

李威威点点头,说:"我们也刚开始。听说这家人啊,也不容易,儿子儿媳常年在外打工,很少回来,就两个老人带着孙子。那孙子也不知去哪儿了,派出所的人也去找了,还没找到。"

二楼。窗外暴雨滂沱。房内漆黑压抑。

欧阳瞳穿着现场勘察服来到二楼,放下勘察箱,推开第一间虚掩的房门。木门吱吱呀呀地开了,她用勘察灯向室内大致地扫了一下,房内只有几件简单的家具,物品比较凌乱。

她深吸一口气,借着勘察灯灯光由靠墙的地面开始,逐步向房内探查,似乎没有异常。

突然,隔壁传来"砰"的一声!声音不大,但欧阳瞳仍然敏锐地捕捉到了。她立刻走到隔壁房间,侧身推开房门,沿着墙角小心翼翼地往房间中心走去。

此时,一道闪电划破漆黑的夜空,瞬间照亮了房间。欧阳瞳的面前,出现了一个半吊在空中的面目狰狞的男尸!

欧阳瞳虽然科班出身,训练有素,仍是被吓了一跳,惊呼一声:"啊!"

她急忙转身往外走,想喊楼下的李威威上来支援。可是她刚一转身,就和一具挂着的硬邦邦的尸体撞了个满怀!

欧阳瞳紧张地抬起头,一滴冰冷黏腻的液体落在她的脸上,眼前正是那个吊在半空中的男尸!这尸体像是故意跟着她!

欧阳瞳心里发慌,忙向外跑,忽然脚下一滑摔倒在地!她似乎已经听到了自己的骨骼撞击在地板上的声音!

然而,并没有。她跌倒在程功坚实的臂膀中。

程功稳稳地扶住了她,低声说:"没事吧?"

欧阳瞳胸部急促起伏,脸色有些发白。她深呼吸了一下,很快平静下来,低头说:"没事。"

程功的心跳骤然有些加速。他赶紧松开手,往后退了一步,用勘察灯环绕了室内一圈。只见一个老年男性的尸体挂在房间中央,房间里侧墙面上装着一面大镜子,将死者尸体完整映出。

原来,欧阳瞳刚开始看到的是尸体在镜中的映像,转身离开时撞上的是悬挂的尸体。

欧阳瞳不由得有些困窘,脸色由白转红,低声道:"我怕破坏痕迹,贴着墙走,没看到中间……"

程功用勘察灯的光束,指指没关好的窗户和地面的积水,说:"地上有水,小心点。"

欧阳瞳知道程功发现自己被吓着了,有些窘迫:"我……我再下去看看一楼的中心现场……"她侧着身子,迅速从程功和墙壁中间的夹缝里经过,几乎是小跑着下楼。程功嘴角一弯,眼中闪过一丝笑意,转瞬即逝。

程功神色沉稳地观察着房内的陈设:简单的衣柜、大床和桌子,看得出老人们过着简朴简单的生活。桌子上摆着一个相框,是一家五口的照片,慈祥的爷爷奶奶、淳朴的中年夫妻和一个瘦瘦的长脸少年。衣柜的抽屉被拉开了,抽屉内除了少量衣物,没有现金,角落处有一只款式老旧的金手镯,应该是老太太的物件。

他走到悬挂的尸体面前,看了看尸体脚边倒下的凳子,凳子很干净。他又看了看死者的鞋底,沾着一点干掉的雨泥。

欧阳瞳快步走下楼梯,看到李威威也正往上走。

李威威问:"我好像听到楼上有声音,没事儿吧?"

"没事!"欧阳瞳脸色微红,匆匆而过,肩膀撞到了李威威,也没有回头。

李威威摸摸后脑,有些奇怪,说:"欧阳,我出去看一下外围现场!不过这么大的雨,哪还有什么痕迹……"李威威嘟囔着,提着现场勘察灯,开门冲入大雨中。

欧阳瞳走进一楼客厅,平复一下心情,看看悬挂在厅中的女尸,又看了看地面。她注意到地上有一摊黏液,像是便溺和分泌物,便蹲下身仔细端详。

这时,虚掩的房门被推开,一个鬼祟的瘦小黑影潜入房内。黑影看了看右侧客厅里影影绰绰的灯光,稍一停顿,便左转进入厨房。他似乎熟门熟路,从厨房案板上顺手抄起一把菜刀。

　　黑影蹑手蹑脚,走进一楼客厅。欧阳瞳此时背对着他,正低头全神贯注地提取地上的黏液成份,毫无防备。黑影的嘴角似乎带着狞笑,高高举起了菜刀。

　　二楼。程功身材高大,用勘察灯照射着,可以近距离观察到死者的脖颈部。在细绳勒痕之外,能看到一块青紫色的乌青色尸斑。

　　忽然,一道闪电划过天空。程功突然感到脊背发凉!从进入这座房子起,他就有一种不安的感觉。

　　"就两个老人带着孙子。孙子也不知去哪儿了……"李威威的话突然回响在他耳边。特殊的直觉让程功猛然警醒,向楼下急奔!

　　一楼客厅。黑影正举起菜刀,狠狠地砍向欧阳瞳!

　　千钧一发之际,程功猛地冲上去,一把扑倒了黑影!黑影挥动着手中的菜刀,试图砍向程功。被程功一个利落的擒拿,反扣住了右手臂。菜刀"咣当"落地,黑影也被程功牢牢压在了身下。

　　欧阳瞳迅速反应过来,用勘察灯照住歹徒的脸。只见这是个瘦小的年轻男子,也就十七八岁,双眼猩红,满脸的怨愤扭曲,不停地挣扎蠕动。男子脸型瘦长,细眉小眼,正是全家福里的少年!

　　程功大喝一声:"别动!杀了你爷爷奶奶还不够?!还敢杀警察?!"

　　少年愤恨大叫道:"他们该死!你们都该死!我花点儿钱都不行!我要杀了你们!杀了你们!"

　　窗外,电闪雷鸣。暴雨,无休无止。

　　京海市公安局刑侦队。

　　刑侦队队长办公室。郑涛独自站在窗边,接听电话。程功的声音略显疲惫,从听筒那边传来:"头儿,我们现在带着嫌疑人回队里,让纪闻别来回跑了。嫌疑人宋帆帆,17岁。根据目前了解的情况,他父母在市区打工,平时就跟爷爷奶奶生活,高中没上完就辍学在家。他在网络游戏和打赏主播上花了很多钱,不够花就从家里偷。今天他偷钱被爷爷奶奶发现,吵起来了。他就把两个老人都掐死了,伪装成上吊现场。"

程功顿了顿,说:"他杀人后就拿着钱去网吧上网了,刚才是又跑回家找钱,跟我们撞上了,还好欧阳没事儿……"

"注意安全,你们辛苦了。"郑涛挂了电话,望着窗外。

窗外细雨,乌云翻滚,变幻莫测。

京海市公安局刑侦队。

重案队办公室。程功正在就着保温杯里的茶水,啃一块干面包。

欧阳瞳头发半干,手提一个塑料袋,走进办公室,看着程功,轻声说:"谢谢你。程功,我知道,你心里也……"

程功咽下嘴里的面包,低声说:"欧阳,你知道我们家的情况吧……"

欧阳瞳点点头,轻声说:"我知道,阿姨身体不太好,已经……叔叔也受过伤,病退了。"

程功轻轻摇摇头,说:"那时候你们去我家,我就是随口一说。其实,我妈不是生病走的……"

程功似乎沉浸在回忆中,缓缓地说:"从我记事起,我爸就天天在忙。我妈一个人,又要上班,又要带我,还要照顾生病的爷爷奶奶。她每天都很疲惫,精疲力尽,但是从来没有抱怨过,好像所有的辛苦,都是她应该承受的……那年冬天,雪特别大,爷爷脑出血,在医院里抢救。我妈一个人,白天上班,中午回家给奶奶做饭,晚上在医院给爷爷陪护,根本没时间睡觉。我爸他,每天都在刑队忙,面儿都没露过……"

"然后呢,还有我这个不孝子了。我看不惯那几个在校门口敲诈学生的混混,打了他们一顿。学校说我在校门口打架,违反校纪,要叫家长。"程功闭了闭眼睛,声音苦涩,"大雪的天,那么冷,我妈一个人骑着自行车,从医院往学校赶,从斜坡上摔了下来……"

欧阳瞳的泪水在眼中打转,哽咽着说:"程功……"

程功眼睛定定地看着某处,平静地说:"医生说,我妈的身体已经严重透支了,摔伤引起了腹内大出血。抢救了两天,没救回来……我妈临走前,一直拉着我的手,不愿意闭眼。我知道,她想见我爸一面,见见那个让她心心念念,让她奉献了半辈子的男人！呵，可是那个男人，正在深山里搞抓捕。我妈走了第三天，他才赶回来。"

程功低下头，哑声道："我爸是个好警察，他是我们市最年轻的刑侦队长，冲锋陷阵，多次立功。但是对家庭来说，他是个不合格的丈夫，不称职的父亲，不孝的儿子！我妈走了，我恨他，也恨我自己！是，我喜欢刑警这个职业，也从来没有后悔过当刑警。但是，我做不了一个好丈夫。我也不愿意像我爸那样，亏欠一个女人一辈子。所以……"

程功抬眼，看着眼圈发红的欧阳瞳，说："欧阳，你明白吗？"

欧阳瞳静静地看着程功，轻声说："我明白。"

两人相对无言，时间如同云雾般缭绕而又凝固。

"对了。"欧阳瞳打破了沉静，说："方辉母亲的 DNA 比对结果出来了，符合母子关系，尸体身份确定。"

"好。"程功知道这是基本流程，点了点头。

欧阳瞳努力地笑了笑，把手旁的塑料袋放到程功桌上，说："这里面有寿司，吃点儿有营养的吧！"

"谢谢。"程功抬头，看着面前清丽而又骄傲的女孩。

9 月 12 日，上午。

东郊区，郊环线。

翟丰小区，5 号楼 2 楼。

一对年轻小夫妻背着背包，提着几个大袋子，说说笑笑地走出电梯。年轻的妻子叫秦小玲，娇小贤惠，从门口的简易鞋架底层拿出两双拖鞋，自己和丈夫张凡换了鞋，打开了 202 室房门。

202 室原本是一套 3 房 2 厅 2 卫的房子，被内部改造成了 5 间卧室，便于群租。所以进门后，只有一条狭窄的过道。

小夫妻住的房间是原来的客厅改造而成，家具家电摆得满满当当。张凡把背包和袋子放在桌上，收拾东西。

秦小玲站在门口，拿出随身带的矿泉水喝了一口，突然皱起鼻子吸了吸，说:"什么味儿?"

张凡放下手里的东西,也闻了闻,皱着眉头说:"是啊,怎么这么臭?"

秦小玲站起身,循着臭味走到主卧门口,敲了敲门:"彭姐!彭姐!"

主卧内无人应答。秦小玲又去敲了敲隔壁次卧的门:"阿娣姐!阿娣姐!"

次卧里传出一个女人的声音:"来了!"

很快,一个40多岁的女人穿着睡裙,睡意朦胧地开了门,说:"小玲啊,你和小张回来了?"

秦小玲用手捂住鼻子:"回来了!阿娣姐,房间里有股怪味儿,你闻到了吗?"

"是吗?"宋香娣走到客厅,闻了闻说:"好像是有点儿!"

"彭姐去哪儿了?味道好像是她房间出来的,人也不在。"张凡边问,边打开客厅的门通风。

"这两天都没见到她,是不是跟大腩出去了。"宋香娣用手在鼻子前扇了扇。

秦小玲拨打了一下彭姐的手机,没打通。她皱起眉头说:"彭姐的手机也打不通,不会出什么事儿吧?"

秦小玲、张凡和宋香娣站在狭窄的过道里,你看看我,我看看你。最终,秦小玲做了决定:"我打电话请锁匠来开门吧。看看到底是什么这么臭!如果彭姐回来怪我,我赔她个新锁就是了!"

"我看还是报警吧!"宋香娣把蓬乱焦黄的头发用皮筋挽在脑后,看起来精神一些,说,"彭姐就算是跟大腩走的,这都三四天了还没回来,怪不放心的。"

秦小玲点点头,拨打了110报警电话:"就是!喂,110吗?"

20分钟后。

两名派出所民警站在主卧门口,锁匠蹲在门前捣鼓了一下,打开了锁。秦小玲、张凡、宋香娣站在各自门口张望着,也凑了上来。

主卧房门一打开,一股腐臭的味道扑面而来,直窜鼻孔。锁匠不由地向后退了一步,险些呕吐。

两名民警对视一眼,捂住口鼻走进房间。主卧里彭姐的家具、家电明显更上档次,房间也宽敞许多。房间的衣橱门打开半掩,几件女性衣服随意地扔在地上。房中间的一张大床上,有一个鼓鼓囊囊的红蓝格大编织袋,床尾扔着一把木柄的羊角榔头。床边的地上有擦拭的痕迹,也有暗红色的斑点,像是干涸的血迹。

秦小玲站在门口,强忍着恶心,对民警说:"警察同志,臭味就是从这儿发出来的!"

走在前面的民警顿了顿,拉开了编织袋的拉链。

"啊!"站在门口的秦小玲和宋香娣惊叫一声,踉跄着向后退去。

编织袋内,蜷缩着一具已经开始腐烂的女尸!

翟丰小区。

5号楼下停着警车,周边拉起了警戒线。

202室的中心现场。袋中的女尸已被放到床上,因尸僵仍维持着袋内的蜷缩状态,头发散乱,头面部有暗红色的斑斑血迹,身上的白色短袖T恤和淡蓝色睡裤上,也有多处暗褐色血迹。

欧阳瞳刚完成初步尸检,对程功介绍情况:"死者叫彭倩,46岁。尸体被发现时在编织袋内,身体蜷起,头部外露。尸体已出现腐败,有暗红色尸斑。初步判断死亡原因是颅脑损伤,死亡时间在3到4天前。凶器应该就是现场发现的这把羊角榔头。中心现场的床边地上、墙上有喷溅血迹,地面血迹有擦拭迹象。有几组比较明显的鞋印,威威已经取证了。"

单宇走到主卧门口,嘴角还有被程功打出的淤青,说:"这套房子除了被害人以外,还有5个人租住。除了报案的三个人,还有一男一女两年轻租客,他俩还在公司上班。"

程功好像没听到单宇的话,低头仔细看着尸体。欧阳瞳抬眼看看单宇,点了点头,以示安慰。

单宇抿抿嘴唇,转身走到客厅门口。202室门外,纪闻和两名派出所民警正在跟张凡、秦小玲和宋香娣沟通情况。张凡和秦小玲都脸色惨白,显然被吓得不轻。

宋香娣不停地抹眼泪,眼睛都红肿了,哽咽着说:"我跟彭姐是好姐妹,我们处得很好的。前几天,大腩过来跟彭姐吵了一架,我还给他们劝架……"

"大腩是谁?"纪闻问。

"他是彭姐的男朋友,叫邓腩,有时候也住在这儿的。"秦小玲答道。

"他们为什么吵架?"纪闻问。

"因为……"宋香娣抬眼看看纪闻,有点为难地说:"他发现,彭姐还有别的男朋友,就跟彭姐吵起来了。我到他们房间去劝架,就是,他们火气都很大,还嫌我多管闲事儿。我前一天晚上没睡好,就回房间睡觉了,一直睡到下午四五点。起来就看到,彭姐的房门是关着的……"

"具体是什么时候?"纪闻问。

"是三天前吧,11号的上午。我跟我老公回江宁老家办事,我们走的时候,邓腩还在跟彭姐吵架呢。"秦小玲答道。

宋香娣点点头,说:"我回房间睡觉了,也不知道他们吵到什么时候。等我下午醒过来,彭姐的房门就关了。后面两天都没看到她,我们以为她跟邓腩出去了。邓腩在外面有住的地方,彭姐有时候在他那儿过夜。真没想到……"

宋香娣眼睛红红的,低声抽泣着,用纸巾擦拭泪水。秦小玲眼圈也红了,靠在丈夫张凡肩膀上蹭了蹭眼睛。

京海市公安局刑侦队。

法医解剖室。

散发着腐败味道的女尸,平躺在解剖台上。欧阳瞳一边解剖彭倩的尸体,一边说:"死者彭倩,女性。胃内见 300 克糊状物,可以辨别出是榨菜丝和大米粥,推断死亡时间在最后一餐后的 3 小时内。"

协助欧阳瞳的男同事看看资料,说:"根据最后见过死者的报案人讲述,死者在 11 日早上 9 点左右吃了早饭。"

欧阳瞳点头,说:"所以,初步判断死亡时间在 11 日上午 11 点到 1 点之间。从尸斑的形成和分布形态判断,发现尸体的房间应该是第一现场。死者的损伤主要集中在头面部,伤口是多次砍击形成的,颅骨有粉碎性骨折。"

欧阳瞳看着女尸僵硬变形、腐败变色的脸庞,轻声说:"杀你的人,应该很恨你。"

会议室。

郑涛、程功、单宇、纪闻、欧阳瞳、李威威和翟湖派出所颜所长等,在开案情分析会。

颜所长说:"翟丰小区是郊环线外的拆迁小区,楼宇密集,容积率高。不少拆迁户把房子租出去收租金,自己住在市区公寓里。被害人彭倩就是做二房东的,中介那儿租房再转租出去,每个月的房租差价大概五六千块钱,平时再炒炒股,赚点小钱。这个小区治安还不错,比斜对面那个海华新村强多了。"

"海华新村有什么问题吗?"郑涛问。

欧队长叹了口气,说:"咳!海华是个刚建好的拆迁安置小区。有一批人对拆迁补助不满意,对拆迁房质量和面积不满意,就这些矛盾吧!在那个拆迁区域比较集中,又有几个两劳释放人员在里面蹚浑水,借机搞钱!最近又是信访又是聚众闹事,把我们折腾得够呛!"

"我走访的时候也听说了,翟丰小区有些住户好像也受了点影响。"纪闻点点头,指着202室的布局图和租客照片,说:"案发的202室除了被害人外,另外5个租客都做了初步调查。住在4号卧室的徐国栋和5号卧室的梅亮是同事,都在市区的餐饮公司上班,早出晚归,和其他租客很少交流,也没有注意到彭姐前两天没出现。住在3号卧室的张凡和秦小玲是江宁人,夫妻俩都在家具城上班。他们11日上午10点多离开现场时,被害人和男朋友邓腩还在房间里吵架。"

纪闻指了指宋香娣的照片,说:"宋香娣是本地人,以前在五金店打工,近期无业在家。她是租客里最后见到彭倩的人。据她说曾到彭倩房间劝架,但没劝住,11点左右就回自己房间睡觉了。另外,我刚才见到了彭倩的前夫邱尚民,他们俩是老乡,18年前结婚,10年前两口子一起到京海打工,没多久就离婚了。离婚主要是因为两个人一直没孩子,可能是彭倩身体的原因。另外,彭倩脾气比较差,经常在家骂人,还喜欢上网交友,社会关系比较复杂。邓腩就是她在网上认识的,在京海机场的搬运公司工作。根据走访调查情况,我认为熟人作案的可能性大,建议重点排查邓楠。"

欧阳瞳说:"死者体内没有检测出常见的药品和毒物成分。推断死亡时间在 11 日上午 11 点到 1 点。羊角榔头上的血迹只检测到被害人的 DNA。从尸检情况分析,凶手极有可能是单人作案,应该是个孔武有力的壮年男性,杀人手法粗暴凶狠,不排除仇杀或情杀可能。"

李威威指着一组鞋印照片,说:"案发现场门窗完好,大门也没有被破坏过的痕迹。中心现场的地面虽然被擦拭过,还是留下了血水混合的一组男性鞋印,是 42 码的耐克运动鞋,在现场没有找到类似的男鞋。羊角榔头的木柄上没有发现指纹,有被擦拭的痕迹。我同意欧阳的观点,凶手是个中等身高的成年男性,脾气可能比较暴躁,不具备全面清理现场的耐心和能力。"

"翟丰小区内部的摄像头不多,小区门口和周边街面安有监控,初步看下来,案发时段前后没有明显的可疑人员。"单宇展示了一张被害人手机的照片,说:"现场没有找到被害人的手机,根据手机号做了跟踪定位,发现手机出现在距离翟丰小区 1 公里的齐河路,在一个卖手机的小店里。店老板说是在 11 日晚上,一个拾荒老头儿卖给他的,已经布控寻找那个拾荒人。初步判断,被害人的手机是被凶手拿走后丢掉了。既然没有卖掉手机,劫财的可能性小,考虑是熟人作案,动机是情杀或仇杀。"

郑涛看看单宇嘴角的淤青,又看看程功。

程功眼观鼻鼻观心,看都没看单宇一眼,冷声道:"虽然中心现场的衣橱门打开,有几件衣服被扔在地上。但是床头柜抽屉里有三百元现金未动,被害人的皮包里也有两百多块钱,只丢了一部手机。不像是劫财,更像是故意伪装成翻箱倒柜的假象。我同意熟人作案的可能性大。不过,在走访过程中,对门 201 室的邻居反映了一个情况,11 号下午听到有人用力地拍 202 室的房门。他在猫眼看了一眼,是个身材结实的男人,穿着蓝色上衣,情绪比较激动。根据其他租客说的,邓楠当天上午穿的就是个蓝色短袖。"

程功顿了顿说:"但是,邻居说当时他午觉刚睡醒,虽然没看表,也知道是在下午两三点的时候。如果被害人的死亡时间是上午 11 点到 1 点之间,邓楠为什么要在杀害她之后,使劲砸门引来注意呢?这个,有点解释不通。"

李威威说:"也许,是他欲盖弥彰呢。"

程功想了想,说:"郑队,除了邓楠以外,其他几个租客都要排查一遍。尤其是宋香娣,虽然她主动提出来报警,但是彭倩死亡的时候,她一直在202室内,不能排除嫌疑。"

郑涛点点头,说:"这是个拆迁小区,最近又比较敏感,分局和派出所都有压力,动静太大怕有一些社会影响。这样,程功和单宇先去提审邓楠,纪闻再查一遍租客的情况,一步步来!"

"是!"大家领命,纷纷离开会议室开始工作。

程功走到郑涛身边,低声说:"郑队。"

郑涛看看程功低沉的样子,微叹了口气:"到我办公室谈。"

郑队长办公室。

"交通事故?"程功猛地站了起来,声音提高许多。

"坐下!激动什么?"郑涛挥挥手,尽量平心静气说话:"这是交警对事故现场的初步意见。现在车辆的残骸还在交警队,正在排查。"

"应该马上移交给我们重案队!"程功虽然坐了下来,情绪仍很激动。

"目前没有证据证明这不是交通事故!凭什么交给你办?"郑涛叹了口气,说:"方辉虽然辞职了,毕竟当过经侦队的四队队长,杨队也在问情况。欧阳把尸体拉回来做尸检了,修车厂那边,交警已经去调查了,目前没发现问题……"

程功冷笑一声:"单宇查出来大鹏、汤建成和方辉,三个人有单线联系的无主手机号。方辉死之前还跟我说,他和大鹏、汤队都不熟!但是大鹏出事前,还跟方辉通过电话!现在,他们三个都死了,大鹏是自杀,汤队是被吸毒的砍死了,方辉是交通意外!头儿,你信吗?!"

郑涛靠在椅背上,疲惫地揉了揉眉心,睁开眼看着程功,低沉地说:"我同意你调查方辉的死因,包括他跟王大鹏和汤建成之间的关系。但是,我有两个要求!第一,严格保密,仅限于你我知道,不要惊动方辉家里人和经侦队!第二,不能动用队里的资源,单宇了解一些情况,可以帮帮你,其他人一概不能插手!"

程功了然一笑,说:"看来,单宇已经跟领导汇报过了!放心,我一人做事一人当,不会给任何人带来麻烦!"

程功站起身就要离开,郑涛喊住他,严厉地说:"程功!你是我一手带出来的,其他的事情我都可以包容,但是,单宇是刑侦队的人,你的拳头是对付犯罪分子的,绝不能对上自己人!"

郑涛顿了顿,沉声说:"单宇是个好警察、好刑警,你会明白的!"

程功沉郁地看着郑涛,低声说:"谢谢郑队。"说完便转身离开。

郑涛摇了摇头,从抽屉里拿出单宇给他的资料,低头看着,用钢笔在方辉使用的无主号码上,画了一个大大的圈。

"星荟"私人会所。

奢华而又隐秘的茶室内,杨力鸣独自坐在桌前,面沉如水,焦虑地抽着烟。他面前的烟灰缸里,已经堆了七八个烟头,显然等待已久。

洪兆红西装革履,大腹便便地走进茶室,不急不慌,打了个哈哈:"杨队,抱歉!路上太堵了……"

杨力鸣没有站起身,也没有寒暄的意思,盯着眼前的洪兆红,低沉地说:"我出去开两天会,回来就听说方辉出事了!他是我一手提拔起来的人,又谨慎又能干,怎么会突然出车祸……"

洪兆红坐到红木圈椅上,摸了摸肚腩上的皮带,摇着头说:"是啊,这么年轻,太可惜了……"

杨力鸣压下心头强烈的不适感,用推心置腹的语气说:"洪总,你跟兄弟交个底,到底怎么回事?"

洪兆红两手一摊,无辜地说:"杨队,我也不知道怎么回事儿啊!要么,是那个律所风水不好,触霉头了?"

"行了!我还有事,洪兆红,你好自为之!"杨力鸣猛地站起来,面色阴沉。

"杨队,你放心!我洪兆红做事,不会对不起兄弟!"洪兆红从椅子上站起来,目光别有深意。

杨力鸣冷冷地看了洪兆红一眼,大步走出茶室。

9月13日。上午。

翟丰小区。

纪闻和李威威在5号楼下逡巡观察,一边复勘外围现场,一边守株待兔。纪闻的手机在口袋里震动,程功来电。纪闻接起后简单地说了两句,便挂掉了。

他扭头对李威威低声说:"程功说,邓腩两天前从机场搬运公司辞职了,很可能回老家了。"

李威威翻了个白眼,低声说:"怎么都这个套路?一出事儿就跑回老家,又不是衣锦还乡!"

纪闻被逗乐了,笑道:"程功正往队里赶,单宇在查定位。邓腩的老家在贵西,600多公里!"

李威威也笑了:"我看他俩这对冷战CP,得一块儿出趟差了!"

此时,一个六七十岁的拾荒老人戴着草编帽,提着一个装着瓶瓶罐罐的大塑料袋,从小区拐角慢慢走了过来。纪闻和李威威对视一眼,向拾荒老人走去。

拾荒老人停在一个垃圾筒前,扒拉着桶里的垃圾,一个矿泉水瓶子从纸盒子里掉到地上,向路边滚去。纪闻俯身捡起矿泉水瓶子,递给拾荒老人。

"谢谢哦!"拾荒老人接过瓶子,感谢地说。

"别客气!您贵姓?"纪闻温和地问。

"姓王。"王大爷抬头看看面前两个高大的男人,有些茫然。

"我们是警察,问你几个问题。"纪闻拿出彭倩手机的照片,给王大爷看,"这个手机是你卖到齐河路店里的吗?"

"这个,这个是垃圾筒里拾的!"王大爷看了一眼,急忙辩解:"他们不要的,我才捡了!"

"你别怕,我问你啊,扔这个手机的人长什么样,你还记得吗?"纪闻问。

"我,我没看见……我就从垃圾筒里捡的。"王大爷擦擦脸上的汗。

"那,是什么时候捡的?在哪个垃圾筒?"纪闻问。

王大爷指了指5号楼下的垃圾筒,说:"就在那个垃圾筒里!是,是大大前天晚上吧,我一捡到就赶紧卖了。"

"你没有看到是谁把手机扔进去的?"纪闻又问了一遍。

"没,没有啊……"王大爷又擦了擦汗。

李威威静静地站在一旁,听着纪闻和王大爷交谈。他上下左右地看看大爷,总觉得哪里不对劲儿。等他的目光落到王大爷脚上时,终于发现问题所在了!

王大爷穿着一身半旧的长衣长裤,脖子上的毛巾也被汗浸得泛黄,全身都灰扑扑的,但是!他脚上穿着一双几乎全新的运动鞋,还是耐克的!

"你这双鞋是哪来的?"李威威盯着王大爷脚上的鞋,仔细看看,运动鞋的鞋跟和鞋帮处,隐约可见暗褐色的斑点,极有可能是踩在血水中留下的痕迹!

"这,这也是我捡的啊!"王大爷急忙说。

"什么时候?在哪儿捡的?"

"也是在那个垃圾筒里!也,也是大大前天下午。"王大爷自己说着,有点儿底气不足。他当时就觉得,自己的运气也太好了点!

"那你看到扔这双鞋的人了吗?"纪闻双眼一亮。

"看,看到了。"王大爷低声说:"我那会儿就在这儿捡瓶子。"

纪闻兴奋地和李威威对视一眼,把打印出来的邓腩的证件照拿给王大爷看:"你看看,是这个人吗?"

王大爷仔细辨认了一下,说:"有点儿像!中等个儿,挺壮实的!他当时好像气挺大,把鞋砰地砸到垃圾筒里,吓我一跳!我一看这鞋还怪新的,就自己穿了。"

李威威的眼睛又圆又亮:"老大爷,不好意思啊!这双鞋我们得拿走!"

王大爷是老实人,皱着眉头说:"这大热天,我光着脚可咋办……"

李威威咧嘴一笑:"您是重要证人,得跟我们回队里做个笔录!到队里我给你双鞋,行不?"

"那行!"王大爷憨厚一笑。纪闻看看李威威,又看看运动鞋,若有所思。

京海市公安局刑侦队。

程功提着个半旧的行李箱,步履匆匆地走在大院里,接听着纪闻的电话:"太好了!让威威马上做鞋印比对!你什么时候回来?跟我趟贵溪!"

"赶不回来？为什么？"程功走到车前，脚步刚停下，就看到气喘吁吁跑来的单宇，手里还拉着个小小的行李箱，便生硬地对纪闻说："行了！就这样！"

程功挂了电话，冷着脸上了车。单宇忙把行李箱往后座一放，坐到了副驾驶座。程功双手搭在方向盘上，并不开车，冷冷地瞥了眼单宇。

单宇专注地目视前方，系上了安全带。

程功微不可闻地叹了口气，发动车辆，开往贵溪。

9月12日。当晚8点。

程功和单宇一路无话，风尘仆仆地赶到了贵溪。

程功直接把车开到了贵溪市公安局刑侦队的门口。一个身材高大的圆寸男站在刑侦队门口，把车迎进院内。

程功车还没熄火，车门就被拉开了。圆寸壮汉一把拉住程功的胳膊，声音浑厚地说："功哥！"

程功笑嘻嘻地下了车，嘴里喊着："耿子！"两人又顺势拥抱了一下。

单宇瞧见这两个成年男人亲热的样子，心里酸酸的，默默地下了车。

罗耿看到单宇下车，热情地过来打招呼："你好！我是贵溪刑侦队的罗耿！"

单宇伸出修长的右手，被罗耿宽厚的手掌握住用力晃了晃。单宇微笑道："你好！我叫单宇。"

程功淡淡地看着，也不多做介绍。

罗耿热情地挥挥手，说："走！先吃饭！"

30分钟后。

刑侦队附近的一家土菜馆内。

罗耿点了一桌子菜肴，给程功和单宇各倒了一杯啤酒，说："知道你不喝酒，这不是大老远来了吗，抿一口，解解乏！"

"行！"程功好脾气地笑笑，跟罗耿碰了碰杯，喝了口酒。单宇很少见到如此温和的程功，愣了愣，也赶紧举起杯子跟罗耿碰了下，抿了一口。

"单宇，快尝尝！全是本地特色菜！你们在京海大城市，还不一定吃得到！

哈哈!"罗耿热情地招呼着,对程功说,"咱们寝室六个人,毕业多少年了!就你跟老大来过贵西,可给我个机会好好招待吧!"

"耿子,听说你结婚了?"程功吃了两口菜,笑着问罗耿。

罗耿壮脸微红,幸福地笑道:"嗯!"

"听说,弟妹在学校工作,是个温柔美丽的园丁?"程功笑得眼睛弯弯的。

"嗯!老大真是的,去年他来出差,见过一回,就乱讲……"罗耿脸更红了,突然想到了什么,"咱们寝室原来说好了,不管谁结婚,都要凑到一起!喝喜酒闹洞房!就是啊,大家一毕业就分到天南海北,都太忙了!"

"是啊!没想到你这个老六,居然最早结婚。恭喜你啦!"程功笑嘻嘻地敬了罗耿一下,居然面不改色地喝了一整杯啤酒。

"那是!我这水平!"罗耿得意地看看程功,又八卦地问单宇:"单宇,我们功哥不会到现在还是单身吧?"

"噗!"单宇刚喝了口热汤,听闻此言差点儿喷出来。他咳嗽两声,低低地说:"程队呢,其实,嗯……"

"得了!我单身!"程功打断了单宇的支支吾吾,迅速转换话题,对罗耿说:"耿子,要抓的人和定位,我发给你,你给参详参详!"

罗耿正一脸八卦意犹未尽的样子,谈到正事便严肃起来。他从手机里点出地图,说:"邓腩的老家在贵西下面的坝山县,具体呢,在坝山县的邓家村。这个村子的地理位置很特殊,三面环山,一面靠河。邓腩是土生土长的村里孩子,熟悉环境。他往山里面儿一钻,抓捕难度就很大了!"

程功的眉毛微微锁起,沉声道:"他既然跑回来了,肯定警惕性很高,那怎么办……"

"好办啊!"罗耿爽朗一笑,"我这几天刚好休假,陪你们跑一趟邓家村!"

"你们还有年假啊?"单宇好奇地问,心说刑侦队的年假不都是名存实亡的吗?

罗耿摇摇头,脸又有点红了,说:"是婚假。"

"你在休婚假?"

程功把筷子放下了,瞪着罗耿说:"你赶紧回家!好好休婚假,在家陪老婆!

我会跟坝山县公安局直接对接,这事儿你不用管了!"

"嗨!功哥,你这说的!"罗耿也不高兴了,沉声说:"你大老远来了,我能不管吗?你们人生地不熟的,跑到深山老林里抓人,我能在家躺着睡觉吗?我睡得着吗?"

"耿子啊!婚假一共才几天啊?你好好在家陪弟妹吧!放心,功哥我干多少年抓捕了!"程功语重心长。

单宇看着一贯冷峻的程功此时像个絮絮叨叨的大妈一样,心里有种奇怪的感觉:或许,这才是真实的程功,真诚、体贴、善良,甚至还有点儿啰嗦。

"我出门前,就跟你弟妹说过了!我警院最好的同学来贵溪了,我必须全程陪同!"罗耿给程功夹了一大块腊肉,说:"赶紧吃饭!明天早上6点,我来接你们!你们的车是外地牌照,太扎眼了,我开自己的车过来!"

程功看看罗耿真诚爽朗的笑容,眼眶突然有点发酸,点点头:"好。"

9月13日。上午。

翟丰小区门口的马路上,有一家店面不大的茶座。

纪闻和李威威坐在茶室内,看着面前不停哭泣的宋香娣。

纪闻轻咳一声,说:"宋香娣,找你问问情况,是警方办案的正常流程。你总这么哭,连问题都回答不了啊。"

"我,我就是伤……"宋香娣勉强说了几个字,就又哭起来。

"你手机给我看看。"李威威突然说。

"啊?"宋香娣有些诧异地抬起头,露出红肿的眼睛。

"你同意的话,我看一下你的手机。"李威威平静地说:"有什么问题吗?"

"哦……"宋香娣把口袋里的银色手机放在桌面上,埋下头,接着低声抽泣。

纪闻说:"宋香娣,有邻居看到11号下午,邓腩在门口使劲拍门,你当时就在房间里睡午觉,什么也没听到吗?"

宋香娣埋着头不吭声,一边哭一边摇摇头。

纪闻问:"你下午是几点睡醒的,还记得吗?"

宋香娣依然埋着头哭泣,一言不发。

这时,李威威点开手机,查了手机浏览器的搜索记录,发现历史记录很干净。又翻了一下微信记录和短信记录,内容都很简单,没什么异常。他把手机递给纪闻,纪闻也翻阅了一下,递回给宋香娣。

宋香娣埋着头不断啜泣,头顶染成焦黄色的头发下,露出掺杂的白色发根。

纪闻和李威威对视一眼,一脸无奈。

此时。

坝山县,天气阴沉闷热。

罗耿开着自己的国产SUV,载着程功和单宇来到坝山县公安局。很快,县公安局派出熟悉邓家村情况的中年刑警老孟,随他们一行前往邓家村,协助抓捕。

车辆在坑洼不平的山路上颠簸行驶,很难开快,几十里路折腾到下午才到。单宇查到邓腩的手机定位就在邓家村的中心地带,他们直奔邓腩家而去。

老孟对程功和单宇说:"你们要是前两年来,咱们就得爬山进去!这是去年县里刚拨的扶贫款,给村里修了路,算是能通车了。"

老孟指着前方两百多米远的山坡,说:"那个山坡上去就是邓家!"

程功和罗耿对视一眼,说:"把车停在路边,我们走上去!"

单宇抱着电脑,抬起头愣了愣。程功低声说:"开车上去容易惊动他。出发!"

罗耿把车靠边停下熄火。三人迅速下车,一路快跑爬上向土坡,单宇抱着电脑紧随其后。他们很快来到山坡上的一户人家前,这户人家是刚盖起的小楼,独门独院,看起来家境比较殷实。

罗耿推开院子的门,警惕地看看院落四周。

程功迅速穿过院子,进入正屋,双手持枪,进行搜索。

一个老太太颤巍巍地从厨房走出,罗耿用贵西方言问:"大妈!邓腩在家没?"

老太太看到几个陌生人,有点被吓住,愣愣怔怔地看向罗耿。老孟迅速检查了灶间、偏房和厕所,都没有发现。程功很快从正屋走出,对罗耿摇了摇头。

单宇抱着电脑站在院子外,说:"邓腩的手机位置发生变化了!正在离开这个区域!"

程功大步走出,眉头一皱:"他发现我们了!"

罗耿眼神一暗,说:"这儿的地理位置高,可能我们一进村,他就看见了!"

程功站在山坡上看看四周,东西南三方均环山,北方靠着一条窄窄的小河,问单宇:"他往哪个方向跑了?"

"西北方向!"单宇盯着电脑说,摇了摇头,焦急地说:"信号越来越弱,搜不到了!"

"林区里没有信号了,单宇,你留下!"程功果断地对单宇说,看看罗耿和老孟:"我们追!"

单宇还没来得及反应,程功、罗耿和老孟就跑向西北方向的山林。

三人的身影,很快隐入幽深的树木丛中。

入夜时分。

山林中愈发幽暗,地上矮树灌木丛生,空气潮热黏腻。

程功、罗耿和老孟相距十米左右,沿着西北方向搜寻了4个多小时,都已汗透衣衫,气喘吁吁。他们刚进山林时,偶尔还能看到被踩断的矮树和男人的新鲜鞋印,走了一里地左右,突然就断了线索。

山里有各种不安全因素,他们为防暴露,只能将警用手电筒压低,照亮脚下的道路,小心翼翼又尽量快速地排查搜索。

老孟喘着粗气,低声说:"罗队,天一黑这山里就不太平了,到处都是毒虫蛇鼠!这深山老林的,要是被毒蛇咬一口,活着出去都难!咱们叫增援吧!"

罗耿想了想,对程功说:"程功,老孟说的也有道理。前年分局一个同事进山搜查,被蛇给咬了,没到医院人就不行了。要不,咱们带上装备再……"

"等下!"程功突然顿住脚步,凝神听着什么。

"嘭!"前方不远处传来沉闷的声响,像是石头等重物砸在地上。

程功向左右挥挥手,轻手轻脚地快步向前。罗耿和老孟也从两侧快速向前方移动,形成包拢之势。他们穿过一片树林,隐约看到前方有一小块空地,前方是个斜土坡。空地上站着一个人,背靠着一块巨大的山石,双手抱着一块石头。

程功迅速冲了上去,双手持枪,大喊一声:"警察!邓腩!别动!"

"都别动!"站在空地上的人正是邓腩,声音低哑。

罗耿用手电筒照了一下邓腩,赫然发现他面前的地上,有一条被砸烂的毒蛇尸体,旁边还有一条紫红色的蝮蛇正虎视眈眈地盯着他!

"我解决它!你不要动!"程功说完,举枪便射向蝮蛇!

"嘭!"枪声响起,蝮蛇头颈碎烂。

邓腩猛一抬头,举手就把手里的石头砸向程功!程功距离邓腩最近,只有不到4米距离。电光火石之间,他反应极快,一闪身,堪堪躲过。

"别跑!"罗耿怒喊一声,扑向邓腩。

邓腩转身就跑,被罗耿一把抓住胳膊!邓腩慌不择路,借着地势向斜坡下一滑,本想摆脱罗耿,却不料山地泥潮,竟带着罗耿一起坠下山坡!

"耿子!"程功冲上前伸手去抓,只差一点儿,没能抓住罗耿的身体!程功只能眼睁睁看着,罗耿和邓腩从接近七十度的陡峭山坡滚了下去!

程功看着罗耿的身影从眼前消失,肝胆俱裂,大喊:"罗耿!"

一两秒钟,如同过了一个世纪。

"啊!""唉!"山坡下传来两个男人的声音,声音的距离似乎并不远!

程功绝望的眼睛突然泛起生机,对老孟说:"帮我照亮!"

老孟发现程功往陡坡下面爬,也急了:"太危险了!"

程功恍若未闻,徒手攀爬在坚硬粗粝的山石上,向山坡下爬去。

山泥湿滑,山岩锋利,刚爬了五六米,程功的手就被割伤,鲜血染在山石上。他脚下几次打滑,受伤的手还要勉力攀住岩石。

好在,这一段陡坡没有想象中的长,居然在七八米的高度,形成了一处缓坡,与旁边的树林相连。程功一落地,就赶紧打开警用手电筒,看到缓坡上竟然躺着三个人!

邓腩被罗耿紧紧地压在身下,而罗耿身旁躺着的,竟然是单宇!

程功赶紧俯身去看罗耿:"耿子!"

罗耿脸上有几道擦伤的血痕,闷哼一声说:"我没事儿!"

程功顿时松了口气,借着罗耿压住的劲儿,给邓腩上了背铐。

邓腩虽然也是头破血流,但没受什么致命伤,上背铐的时候还哼唧了两声。

罗耿转身看了看单宇,低哑地说:"我们掉下来的时候,单宇挡了我一下。"

"他怎么跑来了?!"程功低声说着,忙去检查单宇的伤势。

单宇脸上没有伤痕,但是脸色苍白如纸。

程功迅速检查了一遍单宇全身,没发现大问题。他一愣,伸手在单宇脑后垫了一下,摸到一手温热的鲜血,低声道:"操!"

这是最糟糕的情况,他伤在后脑。

程功变了神色,双手颤抖着扶住单宇,焦躁地喊:"单宇!醒醒!单宇!"

他伸手摸了摸单宇的颈动脉,又探了探鼻息,好在还有气息。

程功扯着嗓子冲山上喊:"老孟!单宇受伤了!你赶紧出林子!打电话叫救护车!我把他背出去!"

"好!"老孟在山坡上喊了一嗓子。

程功一把背起单宇,低沉地说:"耿子带上人!快走!"

罗耿一把拉起装死的邓腩,说:"邓腩!贵溪市公安局!跟我们走!"

邓腩和罗耿从山坡上滚落时,两人都受了不少的皮外伤。

邓腩自知法网难逃,又刚在生死线上走了一圈,倒是老实不少,被罗耿拽着,一瘸一拐地往前蹭。

程功背着单宇,深一脚浅一脚地走在丛林中。程功受伤的双手一直在流血,鲜血浸透了单宇的裤子。

程功的体力也已经到了极限,嘴唇发白,豆大的汗水顺着额头和下颌滑落。他坚持着,不停地跟昏迷的单宇说话:"单宇!醒醒啊!我带你去医院!你可得好好儿地跟我回京海!"

"单宇!你看看你,身上多脏啊,全是泥!你能忍吗?啊?赶紧醒过来!去洗干净!"程功说得再热闹,单宇都一直无声地昏迷着,面色煞白,头无力地搭在程功肩上。

程功说着,感到肩膀上的温热,是单宇后脑流出的鲜血浸湿了他的衬衫。程功的眼眶一阵酸胀,心如刀绞,难道自己要再一次忍受失去搭档的痛楚吗……

"你哭了?"微弱的声音在耳边响起。

"啊?"程功还没回过神。他眼眶微红,声音因为哽咽而带着浓浓的鼻音。

"你哭了?"单宇的声音再次响起。

"你醒啦?!"程功突然意识到单宇醒了,高兴地猛一转头。

"呃……"单宇被程功的肩膀一晃,头晕了晕。

程功赶紧平稳起来,开心地说:"耿子!单宇醒了!"

"太好了!单宇,我可得谢谢你啊!"罗耿高兴地喊。

罗耿拽了拽邓腩,厉声说:"邓腩!你个王八蛋!你也得谢谢单警官!你让蛇窝子围住,警察开枪救了你!你还拒捕?还敢袭警!你滚到山坡底下,又是警察接住你,把你的小命儿给救了!你小子的良心,是让狗吃了吗!"

邓腩哆哆嗦嗦地说:"我,我就是害怕……"

"怕个屁!违法犯罪的时候怎么不怕?"罗耿气呼呼地教训着邓腩。

"不是让你留下吗?你怎么跑来了!"程功低声问单宇,语气中有埋怨,有后怕。

"山区又没信号,我不能,坐着等啊!"单宇声音低哑但是意识清醒,顿了顿,坚持不懈地问:"程功,你哭了?"

"尼玛……"程功微不可闻地吐了个槽,暗自咬了咬牙,说:"没有!"

"哦……"单宇的后脑勺流着血,竟然还微微一笑。停了一会,他笑容淡去,微弱地说:"对不起。"

"别说了。"程功闷声说。他头上的汗水点点滴滴,落入山林泥地。

凌晨时分。

贵溪市人民医院急诊科。

罗耿和程功站在检查室外,等着单宇出来。罗耿脸上、身上的伤口简单消毒处理了下,程功手上的伤消毒后,扎了绷带。

检查室的门打开,单宇头上缠着绷带走了出来,俊秀的脸庞裹得像个天线宝宝。程功和罗耿赶紧迎了上去:"怎么样?"

一位面如满月的中年女医生走出来,说:"外伤已经处理好了,头部CT没什么问题。这两天注意休息,有什么不舒服马上来医院。小伙子,以后可一定要注意安全啊!"

单宇老老实实地点点头:"谢谢!"

女医生又问罗耿和程功:"破伤风针打好了吧?伤口记得要来换药啊!"

罗耿和程功忙点头说:"打好了!谢谢医生!"

贵溪市人民医院门口。

程功和单宇的车停在门前的马路边。老孟坐在驾驶座上,单宇坐在副驾驶座。邓楠戴着背铐窝在后排,脸上的伤口也被消毒处理过。

罗耿的目光依依不舍,说:"连夜赶回去啊?"

"赶紧回去提审!"程功点点头,看看罗耿脸上、胳膊上的伤口,拍拍罗耿的肩膀:"耿子,谢了!"

"嗨!"罗耿一笑,俯身对单宇和老孟说:"单宇,谢啦!老孟,辛苦了!"

单宇笑着挥挥手告别,老孟憨厚笑道:"人没事儿就好!跑趟京海小事情!"

程功拉开车门,坐到车后排,按下车窗,对罗耿点了点头。

罗耿也点点头。两人看着对方,都没说话,眼眶微微泛红。

车辆驶离。医院门前路灯下,罗耿高大的身影越来越远。

9月14日,上午。

京海市公安局刑侦队。

程功一到队里,马上和纪闻提审邓楠。单宇则被郑涛严令休息一天。

审讯室内,邓楠戴着手铐和脚镣,坐在审讯椅上,脸红脖子粗地喊:"警察不能冤枉人!我没有杀人!"

程功衣服也没换,手上的绷带渗出暗红的血迹,说:"那你跑什么?啊?看见车就往山里跑,警察找你,就拿石头砸警察?"

邓楠愣了愣,说:"反正我没杀人!我走的时候,彭倩还活蹦乱跳的!"

程功冷冷地说:"是吗?你什么都没干,为什么第二天就辞职回老家?为什么看见车就往山里跑?警察找你还敢拿石头砸警察?"

邓楠抬起戴手铐的双手,用力搓了搓脸,却不小心碰到脸上的刮痕,疼得吸了口冷气,声音变得软弱:"我真的没碰她!"

程功说:"那你说说,9月12号那天,你都干了什么吧!"

邓楠深吸一口气,说:"那天上午,我是跟她吵了一架!彭倩这个人,我还是蛮喜欢的。但是,她老在网上跟男人聊天!又是微信,又是QQ,我咋能不气!吵了也没多长时间,我就走了,回自己住的地方吃了个饭,想想吧,还是放不下她。下午我就又回去找她,想跟她和好。结果,我站门口拍门儿拍了半天,也没给我开门!我当时气得不行,觉得这个女人,真是给脸不要脸!我就走了!然后,我就回老家了,再没去过翟湖那边儿。"

纪闻说:"邓楠,你说你没有杀害彭倩,那你为什么要把沾了彭倩血液的运动鞋扔掉?"

"啥?"邓楠猛然抬头。

纪闻把耐克运动鞋的照片放在他面前,说:"有人看到你把这双鞋扔到了5号楼下的垃圾筒里。这双鞋上,有彭倩的血迹!"

邓楠一脸惊诧:"这咋,这咋会啊?!"

程功冷冷地说:"邓楠,你想想,警方要是没有充分的证据,我们能跑到贵溪的深山老林里,把你抓回来吗?"

"这!这不可能啊!"邓楠瞪大眼睛,急得结结巴巴了,"我,我那天下午去找彭倩,拍门拍了半天,没人理我。我气急了,看见门口鞋架上还放着我的鞋,就随手拿走,扔到楼下垃圾筒里了。我,我怎么知道会有血啊!"

纪闻沉声说:"邓楠,你在搬运公司一个月六七千块,这九成新的耐克鞋,你说扔就扔?扔完了就跑回老家?跑回老家还敢袭警?你觉得,我们会相信你这些鬼话吗?"

"邓楠!"程功厉声喊邓楠的名字,语气又缓和下来,说:"我们知道你的情况。你上小学的时候,父母就不在了,是爷爷奶奶把你带大的。你中学没毕业就出来打工,去年在老家盖了楼。可惜,你爷爷前两年去世了,没住上你盖的新房子,也没看到你娶媳妇。但是,你奶奶还在家等着你。她年纪大了,受不得刺激,你现在这样,她能接受吗?我们现在跟你谈,是给你个坦白从宽、争取宽大处理的机会!"

"我!哎!"邓腩神情不断变化,满脸悔恨懊恼,咬了咬牙,说:"我交代!"

"我在搬运公司干了三四年,发现机场搬运的油水太大了,好东西太多了!原来跟在老师傅屁股后面,顺手拿点儿啥小东西。到后来,我自己心也大了,加上老家盖房子,我奶奶看病,样样都要钱……上礼拜,我心一横,偷了一批手机和电脑……

"我把货卖了,就去找彭倩,想给她买点儿啥。谁知道一去,就看见她跟别的男人网聊!妈的,还录对唱视频!我心里也乱,想来想去,就从公司辞职,买票回了老家。

"你们来追我的时候,我以为是机场报案了!我偷的东西卖了快10万,够判刑了!我害怕啊……"邓腩抬起头,看着程功,说:"但是!我真的没杀人!"

程功目光锐利地看看邓腩,问:"你为什么要扔掉自己的鞋,还有彭倩的手机?"

"什么手机?"邓腩瞪大了眼睛,茫然地说:"我哪有她的手机?唉!那双鞋是我从机场货物里顺出来的,我偷电脑那天晚上,穿的就是它!后来我穿着它在彭倩家住过一晚,第二天觉得心虚,就换了别的鞋。那天走的时候,在门口鞋架上看到那双鞋,我就想着,搞不好彭倩真要跟我分手了,我就把鞋扔了吧!别再留给她什么把柄……你说,那鞋上咋会有她的血呢?我是,我是一点儿也不知道啊!"

程功和纪闻的耳机里,传来郑涛的声音:"先核实一下他说的情况。"

程功跟纪闻对视一眼,点了点头。

纪闻皱皱眉,轻声说了句:"我好像漏了点儿什么。"

翟丰小区门外。

这是一条南北走向的公路,公路两侧是三四米宽的绿化带。绿化带内间隔种着绿树,沿路的灌木丛十分茂密,郁郁葱葱。

王大爷戴着草编帽,手里提着一个塑料袋,从灌木丛的缝隙中挤了出来。

纪闻高大的身影出现在他面前,温和地问:"王大爷!问你个事儿。"

"啊,啥事儿?"王大爷擦了擦汗。

纪闻沉声说:"11号下午,你在5号楼楼下的垃圾筒里,捡到了那双运动鞋和一部手机?"

"是啊,都给你们说过了!鞋都给你们了!"王大爷心里还有点儿不高兴。虽然李威威送给他的塑料凉鞋很凉快,但是那双运动鞋是可以穿到冬天的……

"你当时看见那个男的扔运动鞋的时候,有没有看到他扔手机?"纪闻看着王大爷。

王大爷想了想,摇摇头:"没有,他手里提着鞋,咣当一下就扔到桶里了,没看见别的。"

纪闻目光闪动,问:"那我问你啊,你是同时捡到的运动鞋和手机吗?你捡鞋的时候,看见手机了吗?"

"哦,我好像是先捡的鞋,没看到手机。"王大爷回忆了一下,说:"吃了晚饭,我想运气好,就再去转转吧!结果没想到,又捡了个手机!"

"谢谢。"纪闻微吸了口气,说。

这时,一群人从纪闻身边匆匆而过。打头的两个男人留着寸头,穿着肌肉背心,身上描龙画虎,一看就是好勇斗狠之辈。人群中倒是男女老少各色人等都有,有女人在哭泣,有男人在骂骂咧咧。

纪闻看看他们,拦住走在人群最后的一个大妈,问:"阿姨,这是怎么了?"

"你不知道啊?翟丰小区前几天刚死了人,我们海华新村也有人被害了!我们都是被拆迁安置到这破地方的!现在出了事儿也没人管!我们得去找政府要个说法!"

纪闻眉头一皱:"什么人被害了?"

大妈叹口气,抹了抹脸上的汗水:"我们家楼下的,不到20岁的小伙子!昨天下午出门,到现在都没回来!手机打不通,谁也没见过!他爸妈就这一个儿子,都快急死了!都说是这附近啊,不干净,被人给害了!"

"报警了吗?失联不到24小时……"

"警察不给立案啊!这不是害人吗?!"大妈激动地说,快步跟上人群,丢了句话:"我们不能让人给欺负了!"

纪闻看着人群浩浩荡荡地前往派出所方向,无奈地摇摇头。

此时,京海市区外的高速公路上。

一辆沾满了泥尘的警车,快速行驶在公路上。一个年轻刑警在开车,他的左眉骨有一道斜长的疤痕,端正的五官看起来多了几分冷峻。

老彭坐在副驾驶座,看看后排的魏明铭,有点担心地问:"魏队,好点儿吗?"

魏明铭脸色很差,靠在后座,微微点点头:"放心。"

"三天三夜没休息,也没好好吃饭,再打针……"老彭心疼地说。他的T恤衫印着汗渍,皱巴巴的,头顶的黄毛也有些蓬乱。

"没关系,就是低血糖,休息一会就好了。"魏明铭温和地说。他眼睛里都是血丝,人似乎又瘦了一些。

"这个制毒厂,藏得太深了!"开车的年轻刑警愤愤地说:"魏队,彭哥,咱们把京海周边城市都跑遍了!它还能躲到地底下吗?"

"白勇,还是得沉住气。"魏明铭声音不大,却很沉静,"这就跟拔萝卜一样,时间越久、越费劲,说明地下埋的东西越大。"

"照魏哥说的,这背后肯定是个大萝卜啊!咱们回去再查一遍京海市郊的旧厂房……"白勇到底年轻,眼睛亮晶晶地说。

此时,车辆缓缓减速,行驶到高速公路收费站的出口,排队的车辆比较多。白勇按下车窗,排在车流内,准备缴费。

"哟!警车!"隔壁车道传来一个声音。两个男人坐在一辆SUV里,按下车窗,向白勇他们这边张望。

"是我们京海的警车啊!"坐在副驾驶座的男人又圆又胖,戴着棒球帽,探身看了看,哼了一声,说:"嘿!这大周末的开着警车往外跑,旅游呢!"

棒球帽男子的嗓门不小,毫无避讳,还动作张扬地拿出手机,对着警车拍照。白勇马上就皱起眉毛,冷冷地看向他:"拍什么拍!"

"瞪我干嘛!公车私用!你还有理了?我就要拍!"棒球帽男子一副正义感爆棚的样子,提高了嗓门,拿着手机不停地拍照。

"白勇。"魏明铭轻声说了一句。

白勇面无表情地将车窗缓缓关上，随着车流前行了几米。

关了车窗，他们仍能听到棒球帽男子大义凛然的声音："黑狗白狼眼镜蛇！都他妈不是好东西！大家看看啊！唉！开着警车去旅游啊！我们京海市民，就是要曝光他们！"

白勇眉毛紧锁，左眉骨的伤疤也拧了起来，猛地拍了一把方向盘，冷厉地说："什么东西！"

老彭回头看看，那辆SUV没往前开，棒球帽男人还在从车窗向外探着身，拿手机对着警车拍照。附近几部车辆内的人也都纷纷探头出来，好奇张望。有两个年轻男女似乎被鼓动了，笑嘻嘻地拿出手机，一个劲儿地拍警车。

老彭皱皱眉，说："他们在拍照。我去讲一下！"

"算了。"魏明铭头也没回，低声说。

"那就这样让他们拍？让他胡说八道？"白勇蹭地解开安全带，就要下车理论。

"白勇！"魏明铭的声音提高了一点，不怒自威。白勇顿了顿，低着头不吭声，有点不服气。

魏明铭语气平淡，说："你去跟他说什么？说咱们是缉毒队的，近期在京海发现一种新型毒品，纯度高，货量大？说咱们一直在到处寻找地下的制毒工厂？查了一两个月跑了几个地儿，都还没找着？要不要让他拍段儿视频，给你发到网上宣传宣传？"

"我，我没想那么多。"白勇愣了愣，低声说。

"走吧！"魏明铭轻声说，疲惫地靠在后座，闭上眼睛休息。

警车驶出收费站，开向市区。

京海市公安局刑侦队。

重案队办公室。

程功行色匆匆地走进办公室，汗水浸湿了浅色衬衫。他拿出一叠机场盗窃案的资料，对单宇说："跟机场方面核实了，上星期确实都丢了一批电子产品，总价将近 30 万。失主是一家贸易公司,已经报警了,只是他们还没查到邓腩。"

单宇的头上缠着绷带,依然是天线宝宝的造型,精神倒还不错。他在电脑上调出几段监控录像,做出截图,对程功说:"按邓腩交代的情况,我重点看了小区门口和街道上的监控。11 日上午 9:42,邓腩骑着电瓶车从小区正门进入。上午 11:51,他骑车离开小区,监控录像只拍到了他骑车身影的三分之一。下午 2:49,他又骑车进入小区,还是没拍到全脸。下午 3:17,他离开小区,依然是只拍到三分之一。因为监控录像的角度视野不全,后面三次都没有拍到全影,不过从蓝色上衣和电瓶车外形看,基本能确认是邓腩。至少说明,邓腩提供的时间线是真实的。"

程功眼神微动,说:"如果邓腩没撒谎,是谁杀了彭倩呢?"

刑事技术中心。痕迹室。

李威威比对着盗窃案现场痕迹照片,对程功和单宇说:"机场盗窃案的现场鞋印,就是邓腩那双耐克运动鞋,只是没有血迹。而且,邓腩还在现场留下了指纹。其实一开始我就在想,按邓腩的收入情况,不太会买这么贵的正品耐克鞋。如果耐克鞋也是从机场货品里偷的,就解释得通了。"

程功出神地看着照片,说:"11 日中午,如果没有外人进入 202 室,那房间里除了邓腩和死者,就只有宋香娣了。"

审讯室。

宋香娣穿着一身粉色的家居服,戴着手铐,坐在审讯椅上。

程功和纪闻坐在审讯桌后,身穿制服的阮萌萌坐在一旁记录。

她看看程功和纪闻,还没开口,泪水先流了出来:"你们把我,把我带到这儿干吗?彭姐走了,我连个说心里话的人都没了,怎么还要受这个罪呢?"

纪闻说:"宋香娣,带你来当然是有原因的。彭倩被人杀死,我们得抓到真凶,才算破案!"

"那你们去抓凶手啊,抓我干什么?还给我戴这个……"宋香娣抬起戴着金属手铐的手腕,捂住脸哭了起来。

程功和纪闻坐在审讯桌后,看着宋香娣哭了两个多小时。问她什么问题,都是一声不吭,一直哭,一直哭。

纪闻有点儿失去耐心了,问:"宋香娣,从你进来到现在,已经哭了两个多小时了。你就算一句话不说,心里也应该清楚,把你带过来的原因。"

"我心里,心里就是难受……"宋香娣哭得嗓子都哑了,低声喃喃道。

"那你也要先回答我们的问题!讲清楚 11 号下午的情况!"纪闻提高了声音。

"我,睡着了……"宋香娣沙哑地说了四个字,又开始呜呜咽咽地哭。

"邓腩下午砸门,对门邻居都被吵醒了,你就在房间里,却什么也没听见?"程功问。

宋香娣低头哭泣,头也不抬。

"我们都看过 202 室的房子,隔音效果并不好。你觉得说得通吗?"程功问。

宋香娣依旧低头哭泣,一言不发。

审讯监控室内。

郑涛对话筒说:"这样不行,她是硬壳儿软抗,你们先出来。"

程功和纪闻回到审讯监控室。程功一进门,就摇摇头说:"知道她有事儿,就是撬不开!"

纪闻也摇摇头说:"真能哭啊!比黑社会老油条还难搞!"

"壳儿很硬,不好审。别急,叫大家过来碰一碰。"郑涛沉声说。

很快,单宇走进审讯监控室,把证物袋和一叠通话记录单交给郑涛,说:"郑队!"

郑涛接过来边看边问:"怎么样?"

单宇头上还缠着绷带,说:"通讯记录和短信都没发现什么问题。手机也检查过了,很干净。"

纪闻站在一旁,说:"我前两天刚看过宋香娣的手机,浏览器的搜索记录啥也没有,像是清理过了。"

"我能查到清理过的搜索记录,但也什么都没有。"单宇顿了顿,说:"我觉得,有点儿太干净了。"

纪闻走过来低头一看,问单宇道:"这是宋香娣的手机?"

"是啊!"单宇拿起证物袋,晃了晃里面的白色手机,"带她来局里的时候,现场搜到的手机。"

纪闻盯着证物袋看看,突然一笑,说:"宋香娣心里有鬼啊!手机都换了!"

郑涛和程功都看向纪闻:"换手机了?"

纪闻点点头:"我在茶室跟她谈话的时候,她的手机还是银色的。估计看我翻她手机,心里一慌,回去就换新手机了!"

程功微微吸口气,说:"越查宋香娣,她的嫌疑越大,就是没有直接证据。"

郑涛想了想,说:"复勘现场,继续查!"

9月18日。

翟丰小区。

5号楼202室。主卧室的门紧紧关闭,门缝都被遮蔽起来,窗户用黑色幕布封闭。整个中心现场成为密闭的暗室。

欧阳瞳和李威威穿着白色的现场勘察服,打开了特种光源设备,重现现场痕迹。

欧阳瞳在设备旁调节光源,李威威说:"我第一回看这个现场,就觉得这个足印有点儿……太多了!这种转圈儿走的情况,要么是凶手犯案后,情绪焦躁地走来走去。要么,就是凶手有意留下这么多鞋印!"

欧阳瞳点点头,说:"用特种光源设备,纳米磁性粉再看看,怎么样?"

"好!"李威威和欧阳瞳开始操作。

绿色光束照在地上,李威威俯身仔细地观察着。很快,他惊喜地说:"欧阳!"

欧阳瞳从设备旁俯身过来,只见地面上的血足迹更加清晰和完整。

李威威说:"你看,这些足印的边缘都比较浅淡,足印中心部位则重力下沉,印记明显。这说明凶手是……"

"小脚穿大鞋!"欧阳瞳嘴角上扬,难掩兴奋之情。

李威威皱皱眉，说："不到37的鞋码，只能是女人或者小孩的。女人怎么会有那么大力气，在颅骨上砸出那么深的伤口呢？除非……"

"除非，她吸毒了。"欧阳瞳低声说。

京海市公安局刑事技术中心。

会客室内，宋香娣惴惴不安地坐着。欧阳瞳穿着白衣，走过来说："宋香娣，请你配合一下，做个尿检，很快的。"

"还要查我啊？"宋香娣语气有点委屈，红肿的眼睛立马又开始流泪。

"常规检查，不要有什么顾虑。配合一下就好。"欧阳瞳和气地说："我带你到洗手间，取个尿样。"

宋香娣呜呜咽咽地哭着，磨磨蹭蹭地站起身，跟着欧阳瞳去洗手间。

京海市公安局刑侦队缉毒队。

办公室内，魏明铭的桌上放着个饭盒，里面装着没顾上喝完的半盒粥。

他和老彭、白勇出差回来后，没有休息，正跟两个年轻刑警一起，围着一张京海市地图，讨论下一轮搜查安排。

魏明铭指着地图上的一个点，说："刚收的线报，说是在南郊区……"

"魏明铭！"政治处张萍华主任特有的高八度嗓音突然传来。

众人转身看去，只见张萍华和监察室的韩主任站在门口，还有两个穿着白色衬衫、长裤的男人站在门口，满脸严肃。

魏明铭一愣，看这架势来者不善，心里大概猜到了是什么事。他从容淡定地说："张主任，有什么指示？"

张萍华摆出一副严厉的架子，板着脸说："这两位是市局督察队的金处长和刘科长，来跟你核实个情况，你们要如实回答。"

"魏明铭，我们是市局督察队的，我姓金，跟你核实个情况。"领头的中年男子出示了证件。

魏明铭看了眼证件，温和地说："各位领导，请坐吧！"

"不坐了，抓紧谈事情。"金处长摆摆手，严肃地说："市局接到实名举报，说有人开着警车出去旅游,公车私用。而且,面对群众质疑时,态度恶劣。"

刘科长递给魏明铭一张照片,正是在高速路收费站口的警车背影照。看拍摄角度,十有八九出自棒球帽男人之手。

"我们核查过了,这辆警车是刑侦队的,平时归缉毒队用。"刘科长笃定地说,定定地看着魏明铭,"那两天用这个车的人,就是你吧!"

"怎么说话呢?"白勇冷着脸走了过来,语气很冲,"什么叫就是你吧?没错!就是我!我们开车出差,刑侦办案,怎么了?!"

魏明铭伸手拦了下白勇,沉静地看看他。白勇不吭声了,气呼呼地站在一旁。

张萍华瞪着眼睛,细细的眉毛都快挑到天上了。她用嫌弃的眼光看着白勇说:"白勇,你这是什么态度?政治处天天强调,不能公车私用!警车是局里的资源,不是你个人的!你要是违反纪律,肯定要受处分!"

监察室韩主任为人平和方正,微微一笑,劝解道:"张主任,您先别急!现在主要是把情况了解清楚!咱们先不要急着下结论。我对明铭和白勇都很了解,他们是刑侦缉毒的骨干,经常在外面跑,出差用车是很正常的。"

"开车出差?"金处长倨傲地笑了笑,说:"我们今天就是来核实这一块的!魏队,你们提供一下当时的出差申请单,还有出差的情况说明,必须要有刑侦队领导的批复意见。"

魏明铭微微吸了口气,平和地说:"金处,那天我们接到线报,已经很晚了。我给郑队电话汇报后,就带他们连夜出发,去了江北,确实没顾上交出差申请。回来后一直在忙⋯⋯"

"没有审批程序,怎么能证明你们是出差呢?"刘科长皱着眉头,怀疑地说:"说不定,你们去江北的农家乐钓鱼了!"

"钓尼玛的鱼啊!"白勇越听越气,左眉骨的伤疤纠结起来,大喊一声:"我们为了查案,风里来雨里去!多少天没回过家了!狗屁的农家乐!"

"是啊!你们不要乱讲话!"缉毒队两个年轻的刑警也愤愤不平地说。

"你们!你还敢骂人?!"刘科长指着白勇,声色俱厉。

张萍华也指着白勇大声呵斥道:"白勇!怎么跟领导说话的?你们疯

了吗?"

"骂你怎么了?什么东西拍张照,你们都他妈的信?有这个劲头,找制毒工厂去呀!把毒枭抓住给毙了呀!"白勇被老彭拽着胳膊使劲儿往后拉,脸上青筋暴起,嘶哑着嗓子吼道。

面对凶残的毒贩,他不害怕;流血流汗,他不委屈。但是面对这两位刻板僵硬的监察队领导,还有只知道巴结逢迎、看不起基层刑警的政治处主任张萍华,他突然觉得胸中压抑的无名之火猛地被点燃,不由得攥紧了拳头。

"白勇,别说了!"魏明铭看着白勇的眼睛,声音不大,目光深沉。

"魏队!"白勇气愤又委屈,被老彭往后拉了两步。

"你们!"刘科长气得手直哆嗦,指着魏明铭和白勇,说不出话来。

金处冷静一些,冷冷地对魏明铭说:"实话说了吧!这件事情,不是实名举报那么简单!有个网络大V在网上转发了这个帖子,还有微博!帖子里有警车在高速收费站的照片,跟帖和转发很多,情况还在不断发酵!社会影响很不好!事关舆情,市局领导非常重视,做了重要批示:如果涉嫌违纪,一定要严肃处理!你们的情况说明要是写不清楚,我这关肯定过不去!"

金处长这番话一说,事件性质出现变化,气氛更加凝重严肃。

魏明铭点点头,平静地说:"金处,我明白了。队里的情况是这样,一共就两辆民牌车,一辆抓捕的时候撞坏了,还没修好;另一辆年头太长了,也在大修。我们以后注意改进,尽量不开警车出差。说真的,对我们来说,民牌车的隐蔽性和安全性也更好一些。这次,确实是无奈之举。"

"好,你们出差的情况,我会跟郑队长核实的。明天早上,把签章的情况说明交到市局督察队。"金处严肃地看看魏明铭,又看看白勇和老彭。张萍华更是一脸不满,盯着白勇等人。

韩主任轻咳一声,说:"金处,张主任,舆情的应对确实很重要,但我站在刑侦队监察室的角度说两句,咱们处理问题要依据事实,不能被网上不真实、不负责任的舆论裹挟!监察工作要监督、监管,但也要为一线刑警保驾护航!不能寒了同志们的心……"

张萍华瞥了眼韩主任,仗着资历高,倚老卖老地说:"小韩主任,你年资还轻，做工作可不能和稀泥呀……"

"谢谢韩主任，谢谢张主任，谢谢金处和刘科，我们一定会注意改进，马上就写情况说明。"魏明铭赶紧诚恳致谢，态度客气到有些谦卑。

他把几位领导送到门口，客气地说："不好意思啊，金处、刘科，各位领导，慢走！"

金处长和刘科长大步离开，张萍华赶紧迈着小碎步跟上，殷勤地对金处说："金处，您千万不要和他们一般见识！这帮基层的侦查员，都是登不上台面的大老粗……"

韩主任顿了下脚步，理解地拍了拍魏明铭的肩膀，低声说："明铭，提醒下白勇，以后说话别太冲动。"

魏明铭和韩主任关系不错，低声回应："唉，谢了。"

韩主任转身离开，面沉如水，沉默地跟在金处长等人身后。

魏明铭回到办公室，关上门，走到白勇跟前，低沉而又严厉地说："督察队是什么部门，懂吗？以后绝不许胡说八道！"

"我没胡闹！我就是看不惯！"白勇不服气地说。

"勇子啊，你可长点儿心吧！"老彭拍拍白勇的肩膀，恨铁不成钢地说："督察队主要盯干部，他们要查的是魏队！你要真把人给打了，且不说你还能不能干刑警，咱魏队得背多大的锅啊！"

"那，那我也不能眼看着魏哥受这个窝囊气！"白勇刚硬的面孔露出委屈的神情。

白勇眼眶都红了，嗓子沙哑："多少天了！我们没睡过一个整觉，魏哥回来路上累的，差点儿晕倒了！就这，还要被人扣屎盆子！就张萍华那势利小人的样子，我看着就恶心！她眼里只有领导，我们这些在一线拼命干的刑警，在她眼里算个什么！"

老彭也心里发闷，点了烟狠狠抽了口，说："她是出了名的势利眼！跟她计较个什么啊？听说她走夫人路线，巴上了经侦队的一把手杨力鸣，搞不好要高升去经侦了！"

"行了，别说这些了！勇子，你的心情我都理解。"魏明铭拍了拍白勇的肩膀。

他抿了抿嘴唇,说:"咱们按要求来。老彭去补个出差申请,我写个情况说明,给郑队签个字,不就好了吗?多大点儿事儿啊!"

"魏哥,我就是,心里难受……"白勇垂着头,眼泪落下,在地板上形成浅浅的水痕,"去年抓毒贩,我脸上挨那一刀,眼睛让血糊住了。当时,我以为我要瞎了。就是那时候,我心里都没这么难受!"

"魏队,我们也觉得太憋屈了!"两个年轻刑警也眼眶红红的,愤愤地说:"咱们干缉毒的,没日没夜,提着脑袋干活儿!老百姓有误解就算了,还要被自己人琢磨……"

魏明铭眼中流光一闪,微微吸了口气,说:"你们说的我都懂!但是咱们干缉毒刑警的,没有鲜花掌声,就是默默奉献。毒品有多脏,有多坏,没有人比我们更清楚!这条路再难,咱们也得坚持着走下去。"

"我听魏哥的!"白勇和两个年轻刑警点点头,情绪好了一些。

白勇咬了咬后槽牙,说:"唉!卑鄙是卑鄙者的通行证,崇高是崇高者的墓……"

"呸呸呸!别说这丧气的话!"老彭有点儿小迷信,打断了白勇。他赶紧摸了摸头顶的黄毛,沾一沾 LUCKY 黄的吉利。

"老彭,我去抽支烟。"魏明铭温和地说了句,转身走到门外。老彭点点头,轻轻叹了口气。

楼梯间里。

魏明铭独自贴墙而立,点燃一根烟,却只夹在指间,一动不动,愣神地看着楼梯间的白墙。他颀长的身影看起来格外消瘦、孤单。

终于,魏明铭缓缓地靠在白墙上,疲惫地合上眼。

他心里,也难受。

入夜时分。

郑队长办公室。程功、单宇和纪闻走进办公室。单宇说:"郑队,宋香娣还是一直哭!问她为什么要换手机,把老手机扔哪儿了,什么也不说!"

纪闻皱眉说:"这女的,除了睡觉就是哭,什么话都不吐!软壳儿贼硬!"

"我也着急,还是要一步步来!"郑涛看看程功,说:"程功,刚接到市局电话,翟丰小区对面的海华新村有个年轻人失踪。他家里是拆迁信访户,社会影响比较大。市局领导下命令,让我们刑侦队马上过去。"

纪闻一听,说:"我之前在翟丰小区门口,就看见一伙儿人吵吵嚷嚷去派出所,场面搞得挺大。"

"好!你跟我一起去!"程功对纪闻说。

"我也去!"单宇急忙说,还特意晃了晃贴着纱布的脑袋,如同一个帅气版的天线宝宝,"你看,我都好了!"

郑涛笑着挥挥手:"去吧去吧!程功看好他!"

三人领命,匆匆而去。

深夜。

翟丰小区和海华新村所在的翟湖派出所。派出所门外聚集了几十个人,有男有女,或坐或站,骂骂咧咧,不肯离去。

派出所会议室内。

程功、单宇、纪闻、颜所长和两名派出所民警,正在开案情分析会。大家传阅着案件的基本资料。失踪人员照片中,一个皮肤偏黑的小伙子笑得灿烂。

颜所长眉头紧锁,显然压力很大,说:"失踪的小伙子叫常天华,19岁,无业。父母都是东郊区的农民,家里房子拆迁后,刚搬过来的。昨天下午2点多,他跟父母说要出去转转,据说走的时候,就穿着红短袖和黄短裤,背包都没带。结果这一走,就再没回来,电话也联系不上。昨天晚上8点多,他父母来报警,考虑到成年人失联还不到八小时,派出所当时没有受理。"

颜所长叹了口气,说:"今天上午就来了20多个人!说常天华到现在也没找到,警察有意拖延,借机报复拆迁信访户!唉,我们虽然没立案,分管的民警小钱从昨天晚上开始,就一直在帮着找人!还是小钱在翟河边上,找到了常天华的电瓶车!"

程功问:"颜所,翟河离得远吗?"

年轻的民警小钱递上一张地图,颜所长指着地图说:"很近,距海华新村不到一里地。翟河是明海河的一个分支,走到东郊这儿形成了一片湖。差不多五六十亩地的一块浅滩,里面有大片的芦苇荡。"

小钱补了一句:"常天华的父母说,他从小就喜欢在河里游泳,前几天还跑到翟河去捞鱼。"

程功眼神闪动,说:"游野泳可不安全,会不会?"

"我们也是担心这个!"颜所长又叹了口气,"常家虽然在拆迁问题上有些情绪,但整体来说,还是本分人家。常天华这个小孩,平时就是在家里打游戏,偶尔出去游泳摸鱼,没什么黄赌毒的毛病,好像连女朋友都没有。他要真是下河的时候出了意外,可能就……"

颜所长摇了摇头,说:"那么大一片芦苇荡,怎么找啊?我们所里的人手,除了看家的,调休的都喊回来了!十几个民警都在沿滩找人!门外还围着一群人不肯走。唉!"

"那几个挑头的,一看就别有用心!宁愿堵派出所的门,也不去芦苇荡找人!"程功冷笑一声,问单宇:"常天华的手机能查到吗?"

单宇看看电脑屏幕,摇了摇头:"没有信号,查不到定位。查了他的通话短信和微信,最后一次活动迹象是在昨天下午 3:04,他接了一个推销保险的电话,通话时间 13 秒钟。手机这种情况,很可能……"

"在水里。"程功低沉地说,很快做出决断,"我马上向郑队汇报,安排警犬队过来,同时组织市局刑侦队和分局的人手。尽快启动翟河区域的大搜查!"

京海市公安局刑事技术中心。

欧阳瞳看着尿检的结果,眉头微蹙,拨通了程功的电话:"程功。"

程功的声音传来:"怎么样?"

"宋香娣尿检阴性。"欧阳瞳说:"再查不到直接证据,就得放她走了。"

程功顿了顿,欧阳瞳听得到话筒那边芦苇荡的风声。程功说:"嗯,彭倩出事儿有几天了。她最近不敢吸,也正常。"

"对!这几天没吸,不代表没有吸毒史!"欧阳瞳用笔在报告单上画了一笔。

很快,宋香娣被一名女刑警带到会客室。欧阳瞳过来,说:"宋香娣,给你做个头发检测。"

"怎么还查啊?"宋香娣眼睛红红的,声音低哑。

欧阳瞳拿出剪刀和证物袋,说:"尿检可以查出近三天是否吸毒,头发检测能查出近半个月是否有吸毒史。剪根头发,不疼不痒的,你配合一下。"

宋香娣眨眨眼,如同水龙头拧开一般流下了泪水。她又埋下头,发出轻微的啜泣声。

欧阳瞳见怪不怪,开始操作。

9月19日。

清晨,天光微亮。

翟河浅滩。大片的芦苇荡一眼看不到边,簇簇丛丛的芦苇花洁白漂亮,随风飘舞。

四辆警车停在滩边,精神抖擞的大贝和三条警犬从警车下来,一字排开。

郭昊跟程功、颜所长等人打了招呼,看看浅滩上的芦苇荡,叹口气说:"这大片芦苇花儿开得好看,但是对搜查犬来说,真是场灾难。"

程功亲昵地摸摸大贝的脖子,心疼地说:"这么热的天,大贝要辛苦了。"

民警小钱拿了几个鼓鼓囊囊的证物袋过来,说:"这是常天华失踪前在家穿的衣服,还有他的梳子和水杯。"

郭昊和三位警犬队的刑警接过证物袋,轮流给大贝和三条警犬熟悉嗅源。

几分钟后,四条警犬和二十多名警察分成四队,开始对芦苇荡进行搜寻。

到了正午时分,太阳越来越大,阳光灼热。

郭昊、程功、周睿和一个派出所民警,一行五人跟在大贝身后,在芦苇荡里不停地走着。所有人都已汗流浃背,衣襟湿透,被芦苇花沾染的身上扎蜇红痒。

大贝不停地吐着舌头,埋头努力地嗅着走着。

郭昊拿出水瓶,俯身给大贝喂了口水,心疼地说:"这大热天,对咱们来说是39度。大贝行在低处,感受到的起码45度以上!对狗来说,这太难熬了。"

程功心疼地看看大贝,正想说什么,郭昊的手机响起:"喂?好,知道了。大贝这边儿还可以,好!"

郭昊挂了电话,擦擦额头的汗水,说:"有两条警犬中暑了,软在地上,走不动了。好像另一条的状态也不太好,我担心坚持不了多久。"

"那怎么办?"周睿一愣,不由问道。

"没办法,只能靠大贝了。上回排爆也是这样,其他警犬都顶不住,只有大贝搜了一天一夜,坚持到最后。"郭昊叹了口气,抬眼看看一望无际的芦苇荡,"大贝得把整片浅滩走完,构建它自己的嗅觉路线模型图。然后,它再根据嗅源搜索分析,找到目标。"

"这鬼天气,我大贝太辛苦了……"程功擦擦汗,疼惜地给大贝喂了口水。

他们走到一片小河湾附近,大贝的脚步慢了下来,左右逡巡了几步,似乎不太确定。

郭昊和程功对视一眼,看到小河湾的水滩里,漂着艘破旧的小船。同队的派出所民警说:"这样的破船,芦苇荡里有不少,也没人管的。"

周睿很麻利,身手敏捷地跳上船,检查了一圈,冲程功和郭昊摆摆手:"船上没有!"

"行!"程功挥挥手。他和郭昊看看大贝。大贝回头看看他们,不太确定地又嗅了嗅,起身离开了小河湾。

烈日炎炎。大片白色的芦苇花扬起,辛勤搜索的身影,在浅滩中若隐若现。

重案队办公室。

单宇独自坐在办公室内,托着腮低着头,看着宋香娣、邓腩和彭倩的通话记录、短信记录等一大堆信息记录单。他端起手旁的咖啡杯放到嘴边,却发现咖啡已经喝空了。

单宇把咖啡杯放到桌上,搓了搓脸,自言自语地说:"老手机找不到,新手机什么也没有。一个五金店的女工,怎么学会的处理杀人现场……"

单宇突然抬起头,喃喃地说:"网吧!"

天色渐暗。

派出所门口聚集了更多附近的拆迁居民，三三两两群聚着。

那个身上纹龙画虎的肌肉背心男抽着烟，坐在门口的花坛上，双眼不善地盯着派出所的大门。他扭头对着身边剃着圆寸头的男人，粗声大嗓地说："妈的！这帮警察，根本就不把我们拆迁居民放在眼里！我们的人丢了几天了，找都找不回来！"

圆寸男人哼了声，对旁边的人群说："看来围派出所没用！明天咱们去市公安局！去市政府！"

"就是！太欺负人了！拆迁补偿不到位就算了，孩子丢了也没人管！"一个中年男人擦了擦脸上的汗，气愤地说。

一个阿姨跟常家沾亲，抹抹眼泪说："我就想把孩子找回来！我们活要见人死要见尸！"

肌肉背心男把烟头扔到地上，叫嚷道："拆迁补偿必须到位！拿钱来！妈的！不然老子就到市里去搞你们！"

派出所内。

纪闻走进办公室，说："颜所，听说你刚才晕倒了，好点吗？"

"没事儿！高血压，老毛病了，吃上药就好了！"颜所长一脸疲惫，向窗外看看，"明天还找不到人，我担心他们要到市里去闹。"

纪闻满头热汗，衣服都湿透了，急急地喝了口水，说："领头儿的那两个我见过，是有前科的吧？"

"哎！就是那几个两劳释放人员！那个纹身的叫刘凯龙，剃寸头的叫李亮。他们除了混社会，就想着靠拆迁一夜暴富！成天带头闹事儿！"颜所长皱着眉头说，"关键是他们煽动性很强，拆迁居民心里多少有点儿不满意的，都被他们带起来了！抓不了，也劝不动！"

纪闻微微叹口气，说："今天在高温的芦苇荡里，搜了超过12个小时！三条警犬都中暑倒下了，就只有大贝一直坚持。不知道怎么回事，大贝在芦苇荡走了一整圈，始终没有发现！搜索队也没有线索，行不行的，就看明天了！"

深夜。

京海市公安局刑侦队。

审讯室内,宋香娣仍旧是埋着头不停地抽泣,一声不吭。

程功奔忙了一天,身体很疲惫,但眼神依然锐利。他盯着宋香娣,悠悠地说:"宋香娣,是不是因为好几天没吸毒了,太难受,所以总哭哭啼啼的?"

宋香娣的身体颤抖一下,抹了抹眼泪,没有抬头。

程功把一张检测报告单拍在宋香娣面前,说:"你的尿检虽然是阴性,但头发检测结果是阳性。说明你近半个月内吸过毒!这一点,你心里清楚吧?"

宋香娣泪眼模糊地看看单子,猛地一愣。

"人吸了毒,神志不清楚,干了出格的事情,也在所难免。"程功紧盯着宋香娣,缓慢而犀利地说:"比如,杀人。而且,是杀掉自己最好的朋友,彭倩。然后,再穿着她男朋友邓腩的运动鞋,在杀人现场踩下脚印,栽赃给邓腩。而且,邓腩居然又跑回来,把门口的运动鞋拿走扔掉了。宋香娣,你运气真不错!"

"不过,你也有露出马脚的地方。"程功慢慢地说:"你以为换了手机,我们就不知道你查过什么?"

宋香娣身体僵硬,似乎停止了哭泣,只是低着头,默不作声。

"宋香娣,你看这是什么?"单宇把一份电脑上网搜索的历史记录打印单放到宋香娣面前,上面列着一系列搜索关键词:抹布擦拭后指纹还能被查到吗、鞋印保留时间、尸体腐烂程度……

单宇说:"这是9月12日下午5点多,你在元艺网吧上网的搜索记录,你都查了什么,这上面列得清清楚楚!你倒是说说,为什么要查这些内容?"

宋香娣呆呆地看着长长的搜索记录单,脸色煞白,嘴唇颤抖。

"你跟彭倩合租3年了吧?几年来,你们俩朝夕相处,像闺蜜一样,怎么就走到这一步呢?"程功拿出一张宋香娣和彭倩在公园春游的合影,放在宋香娣面前,惋惜地说:"彭倩死得多惨啊!好好的一个人,头盖骨都被砸穿了!你说她死之前得有多疼,多害怕!"

宋香娣愣愣怔怔地看着照片,眼神空洞绝望。但是,她不再哭泣了。

程功提高声音,厉声道:"宋香娣!对自己的好朋友,你怎么下得了手?!所有证据都指向你,你还敢抵赖吗!"

宋香娣猛然抬头看向程功,翕动着嘴唇,低哑地说:"我……我也不知道自己怎么了。我,我没想杀她,我以为,我杀的是鬼……"

9月12日,上午11:13。

翟丰小区。5号楼202室。主卧内,邓腩气势汹汹地对彭倩说:"你再跟那些男的聊天,我就把你电脑砸了!"

"你敢!"彭倩柳眉一挑,尖声说:"你一个大男人,不出去赚钱,就知道管我!你有没有点儿出息!"

"你放屁!我他妈揍你!"邓腩怒火攻心,挥舞着拳头要打彭倩。

"你打啊!老娘怕你?"彭倩挺起胸脯,毫不相让。

邓腩是一时火起,并不舍得真的打彭倩。彭倩虽然比他岁数大些,但是人漂亮又会打扮,他心里很喜欢。

他看彭倩这样强硬,也就悻悻地放下拳头,说:"我不打女的!"

"我就知道你不敢!告诉你,你少管我的事!"彭倩柳眉倒竖,声音尖细。

"行!我他妈不管你了!"邓腩气得满脸涨红,跺跺脚,转身就走。

"嘭!"邓腩摔门离去。

宋香娣听到动静,从自己房间走出,站到彭倩房门口探了探:"彭姐,怎么发这么大脾气?"

"哼!你懂什么!"彭倩冷哼一声,坐到床上,随手翻起了手机。

宋香娣愣了愣,立在门口,尴尬地笑着说:"我这不是关心你吗?你们俩总这么吵……"

"我俩吵架跟你有啥关系?你先把自己的事儿搞好吧!"彭倩不耐烦地把手机往床上一扔,斜看了宋香娣一眼,"你被五金店辞退有半年了吧?赶紧找个工作吧!上个月房租还没交呢!"

"你怎么这么说话呢?"宋香娣本想劝劝彭倩,却不料横遭羞辱,一脸的窘迫愤怒。

"我怎么说话了?"彭倩一脸不屑,冷笑一声,"你从我这儿顺走那500块钱,真当我没发现啊？我给你留着脸呢，别给脸不要脸！"

"你！"宋香娣被怼得羞愤难当，眼泪都快出来。

"行了行了，我睡觉了！吵死了！你以后少管我的闲事儿！赶紧把房租交了！偷我的钱也得还了！"彭倩站起身，居高临下地看着宋香娣。她擅长保养和化妆，看起来比宋香娣要年轻洋气，也傲气不少。

宋香娣气得嘴唇发抖，低头回到自己房间，关上了门。彭倩冷冷一笑，也嘭地一下子关了卧室的门。

宋香娣回到房间，倒在床上，又恨又恼。她的确偷过彭倩的钱，其实还不止五百元，但她总觉得自己和彭倩交情不错，算得上是"朋友"甚至"闺蜜"。今天彭倩心情不好，急怒之下反而吐露真言，原来她打心眼里瞧不起自己！

宋香娣越想越生气，拉开床头的抽屉，翻出一小包毒品。

很快，宋香娣就靠在床上，双眼微闭，享受着吸毒后的强烈快感。慢慢的，她开始产生幻觉。

"赶紧找个工作吧！上个月房租还没交呢！"

"我给你留着脸呢，别给脸不要脸！"

彭倩刻薄讥讽的话语一遍遍在耳边盘旋重复，宋香娣突然觉得怒不可遏！

她脑海里轰出一个刺耳的声音，不断盘旋：杀了彭倩！一定要杀了彭倩！

宋香娣眼神癫狂，晃晃悠悠地打开门，走到客厅门口的小柜子前，从破旧的工具箱里拿了把木柄羊角榔头，又晃晃悠悠地走到主卧门口。

彭倩睡午觉时，很少反锁门，今天中午也不例外。宋香娣轻轻拧开门把，推开主卧室的门时，彭倩正穿着T恤和睡裤躺在床上，睡得正香。

冰毒的毒性已经上来，宋香娣心情激愤，幻觉更甚。熟睡中的彭倩，在她眼中成了面目可怖的女鬼！

不仅如此，这个可怕的女鬼还披头散发、明目张胆地嘲笑着她："赶紧找个工作吧！上个月房租还没交呢！""真当我没发现啊？我给你留着脸呢，别给脸不要脸！"

宋香娣目光涣散，骤然聚焦后寒光暴射，身体因为刚吸过毒而变得力气惊人！

她高高地举起榔头,重重地敲在彭倩的头部!一下,两下,三下。

彭姐在睡梦中都没来得及挣扎,颅骨和下颚便已经粉碎,血肉模糊,当场死亡。

不知过了多久,宋香娣终于恢复了一点神智。她发现自己坐在卧室的地上,身上还沾着血迹,软软地靠着墙。彭倩的尸体还在床上,满身是血,已经僵硬。

"啊!"她这才意识到自己做了什么,喉头沙哑地叫了一声,惊慌失措。

一阵悔恨和慌乱后,她终于冷静下来,擦擦眼角的泪水,哽咽着回房间换了身衣服,把沾血的衣服塞到厨房的垃圾袋里。

她坐在床上,不断深呼吸放慢狂乱的心跳,打开手机的浏览器,开始搜索"怎么处理血迹""伪造鞋印的方法"……

很快,宋香娣完全镇定下来。她想了想,戴了一副冬天的皮手套,悄悄打开客厅的门,把房门口鞋架上的耐克运动鞋拿进来,套在自己脚上。她又到厨房拿了两块旧抹布,一块沾水把主卧地面上的鲜血擦拭了一下,再穿着邓腩的运动鞋在房间里走了几圈。

她看看彭倩的尸体,想了想,从床下翻出一个红蓝格大编织袋,费了很大劲才把尸体塞了进去。此时,毒品的效应已经渐渐消失。宋香娣试着提起编织袋里的尸体,却怎么也提不动。

她自言自语地说:"刚才还挺好,这会儿怎么没劲儿了呢?搬不动了……"

于是,宋香娣很快作出决定,把尸体留在房间里。她把衣柜门打开,随便扔了几件衣服在地上,又用另一块旧抹布垫着,把彭倩的手机关机,然后用旧抹布裹起来,扔到垃圾袋里。

伪造现场后,她把主卧室的门反锁好,再将邓腩的运动鞋放回到鞋柜上,关上门后,就去收拾垃圾袋。她提着垃圾袋里沾血的衣服和旧抹布正要出门时,突然传来一阵拍门声!

"彭倩!开门!"邓腩的声音传来,不耐烦地拍打着房门。

宋香娣吓了一跳,贴着墙站在客厅门旁边,大气也不敢出。邓腩拍了一阵子,看房内始终没动静,低头看到鞋架上的运动鞋,顺手拿上,骂骂咧咧地离开了。

宋香娣听到脚步声走远,才敢悄悄地打开房门。她低头看看鞋架,没想到邓腩居然把那双沾血的运动鞋带走了!真是天助阿娣!

宋香娣咧开嘴,神经质地笑了笑。

她担心邓腩去而复返,又在房间里等了一个多小时,才提起两个垃圾袋匆匆下楼,将垃圾袋扔到楼下的垃圾筒里。

之后,宋香娣神态自若地溜达到小区外面,在餐饮店里买了份快餐。她抬头看到街边的元艺网吧,心里一动,走了进去。

9月19日。

京海市公安局审讯室。

宋香娣神情颓废,哑声说:"我半年多都没找到工作,就靠我哥给我点儿钱花。跟着外面的朋友玩,他们说吸两口就不难受了,哪知道会上瘾!每个月都要吸上好几次,不然浑身难受……我觉得自己完蛋了,这辈子也没希望了!彭倩呢,她凭什么过得好?她比邓腩大好几岁,邓腩还跟在她屁股后面,跟苍蝇追着屎一样!就这,还有好几个男的围着她转!"

宋香娣红肿的眼眶里,再没有一滴眼泪,只有强烈的妒恨和绝望。

她冷冷地说:"我知道,她一边儿帮衬我,一边儿看不起我!是,我离不开她;但是,我更恨她!"

9月20日。

正午时分。烈日灼烧。

芦苇荡里如同蒸笼。郭昊背着一背包的矿泉水,很快就喝了一多半。大贝埋头向前搜寻着,不停地吐着舌头,呼吸低粗,脚步迟缓。

郭昊给大贝喂了口水,面色忧虑,对程功他们说:"今天比昨天气温还高,几条警犬都撑不住了!这两天,大贝就是一直闷在蒸锅里工作!它也中暑了,每一两分钟就得喝回水!从来没有这么严重的情况,这样下去不行!"

"是啊!我看大贝状态越来越差,咱们能不能歇会儿再找?"程功擦擦汗,满脸心疼。

"程功！郑队来了！"纪闻在距离十多米的地方，喊了一嗓子。

"好！"程功回了声，把自己手里最后小半瓶水喂给大贝，对单宇说："我去跟郑队商量下！"

他转身匆匆离开，走回滩边，一见到郑涛就说："头儿，天气太热了！六只警犬都中暑了，大贝也快坚持不住了！"

郑涛面沉似水："姜局长刚才打电话过来，常天华家里人和上百个拆迁居民，跑到市政府门口静坐，说活要见人死要见尸！还试图冲击市政府大门！"

"那又怎么样?!我们已经持续搜索三十多个小时！民警都有好几个中暑晕倒了！大贝一直在搜索，几乎没有休息过！"程功面色黑红，声音沙哑，愤慨地说。

"民警要坚持，警犬也要坚持！这是市局的命令，今天必须搜查出结果！"郑涛顿了顿，说："网上也在传这件事，什么消息都有！有几批拆迁信访人员看到信息，正在往市政府聚集响应。市局压力很大，咱们必须得找到常天华，才能尽快平息事件！"

"我担心，大贝坚持不住了……"程功想到大贝虚弱的样子，心里一疼。

"程功！职责所在，不能言弃！"郑涛拦住他的话，往芦苇荡走去，说："我也加入搜索，抓紧时间！"

程功立在滩边，抿了抿嘴唇，转身到警车上，装了几瓶矿泉水到背包里，返回芦苇荡。

他刚走进芦苇荡没一会，还没来得及跟郭昊汇合，就接到了纪闻的电话："程功，快跟我一起去海华新村！"说完就挂了。

程功犹豫了一下，快步返回滩边，就见纪闻从另一侧芦苇荡中快步走出，焦急地说："海华新村的那个刘凯龙，就是个闹事儿的，一门心思要敲钱！刚才邻居报案，说他又在打老婆，下手很重，要往死里整！"

纪闻上警车后，马上发动车辆。程功坐入副驾驶座，车辆疾驶离开。

"派出所的警力都在滩头找人，只留了值班民警。颜所一接到电话就过去了，他昨天高血压犯了，刚晕倒过，两天没合眼了。我不放心！"纪闻边开车边说:"刘凯龙有吸毒史,下手狠。听说他把电脑都扔下楼了,高空抛物要害死人啊!我怀疑,他搞不好刚吸过!"

"那是要去看看!"程功眉头微锁,声音沙哑:"唉!事儿都赶一块儿了!"

"怎么了?"纪闻边开车边问。

程功心里七上八下地烦躁,用力地搓搓晒黑了的脸,低哑地说:"30多个小时啊!我担心大贝撑不住。热射病是要命的……"

海华新村。

3号楼下的地上,散落着摔碎的电脑屏幕和一些杂物,旁边聚集了不少居民,男女老幼对着二楼指指点点。

小区的保安50多岁,站在楼道门口不敢上去,小声说:"刘凯龙这个人,最近不是天天去静坐吗?怎么又发神经了?"

旁边一个阿姨撇撇嘴,说:"切!他一个老爷们儿不上班儿也不挣钱,成天出去搞静坐吓唬人,还能是啥好东西?我听说啊,拆迁那点儿钱,早就让他败光了!他呀,就是想借这个事儿讹钱!成天打老婆的,都是脓包!我就说怎么消停两天了,这不又开始了?"

颜所长和小钱站在201室门口,使劲拍门:"刘凯龙!开门!开门!"

颜所长听到门内女人的惊呼和奔跑声,房门"咔嗒"一声打开。

颜所长一推门,只见一个头上身上都是鲜血的女人,瘫倒在门口地上,惊恐地说:"救命!救救我!他要杀了我!"

小钱赶紧扶起受伤的女人,把她抱到门外的安全区域。

"嘭!"卧室内传出一声巨响。

颜所长急忙进屋查看,还没进卧室门,突见刀光一闪!

颜所长急忙侧身向后一退,却还是躲闪不及,被一把大刀砍在肩膀!

刘凯龙双眼赤红,满脸煞气地站在卧室门口,把手里半米多长的大刀猛然一提!颜所长觉得左肩膀一阵剧痛,鲜血溅出,跟跄着向后退了一步,跌倒在地上。

刘凯龙向前一步,举起手中沾血的长刀,再次砍向颜所长!

小钱冲进房间,猛地扑上去,抱住刘凯龙的腰背向后推去!刘凯龙吸毒后力气极大,向后退了一步就站住了,狠命挥刀,砍向小钱的背部!

千钧一发之际,程功疾步冲进房内,上前一把抓住刘凯龙的右臂,拧住胳膊向后一使劲。

"啊!"刘凯龙手腕吃痛,长刀"哐当"落地。

程功拽住他的右臂,一脚踢在他的膝盖窝里。刘凯龙右腿一软,程功顺势把他往下一带,死死地压在地上,利落地给刘凯龙上了背铐。

小钱从地上爬起,帮颜所长按住肩膀血淋淋的伤口,暗红色的鲜血从他的指缝中不断流出。他着急地喊:"颜所!颜所!"

"我没事儿!快去,救那个女的。"颜所长脸色苍白,气息微弱地说。

纪闻也已赶了上来,蹲下身看着门口的受伤女子,全身伤痕累累,好在没有致命伤,说:"她应该没有生命危险,我已经叫救护车了!"

"啊!啊!"刘凯龙双手背铐地躺在地上,疯狂扭动挣扎,如同野兽一般嚎叫着。

几小时后。

东郊区人民医院。

一位穿着手术衣的男医生走出手术室,对在外焦急等候的纪闻和小钱说:"手术顺利,放心吧!"

"太好了!颜所没事儿就好!"小钱擦了擦眼泪,喜极而泣。

"女病人的情况也还可以,放心。"男医生温和地说。

"谢谢您,医生!谢谢!"纪闻身上的衣服还带着暗红的血迹,扭头对小钱说:"刘凯龙吸了毒,程功把他带回队里。他也很担心颜所,我得赶紧给他说下。"

傍晚。

芦苇荡内,极度闷热。

大贝在热浪中埋着头,边嗅边走。它脚步缓慢,身形不稳,明显体力过度透支。

单宇、周睿等人也都脸色很差,勉强坚持。

单宇担心地说:"郭昊,大贝昨天每隔四五分钟喝回水,上午是每隔一两分钟,现在不到一分钟就要停下来,喝口水才走得动!这样,这样不行啊!"

周睿也舔舔干裂的嘴唇,说:"狗是最怕热的,汗腺少还有毛。在这芦苇滩里被蒸烤,真的是分分钟在受刑啊!"

"不行!我再给郑队打个电话!"郭昊眉头紧锁,拨通了郑涛的电话:"郑队!我郭昊,大贝现在状态很不好,我……"

郭昊话没说完,就被话筒那边的郑涛拦住了。他听了几句,无奈地点点头,低声说:"我知道了!我们继续搜查!"

郭昊挂了郑涛的电话,擦擦脸上的汗水,低哑地说:"死命令,继续搜!"

单宇和周睿闻言一愣,看看大贝虚弱摇晃的身体,沉默地继续前行。

郭昊嘴唇干裂,俯身给大贝喂了口水,低声说:"大贝,咱们再坚持一会儿!再坚持一会儿啊!"

大贝极通人性,温顺地喝了水,看看郭昊,努力地撑起四肢,继续前行。

郭昊咬紧牙关,眼眶有些发红,哑声说:"大贝,再坚持一下!"

大贝步履蹒跚,慢慢地往前走了一段路,突然停了下来。

它扭回头,深深地看了郭昊一眼,便又埋头向前。郭昊读懂了大贝的眼神,突然心里一沉。

从此之后,大贝不再喝水了,郭昊给它喂水它也不喝。它一直埋着头,边嗅边走,速度也比之前快了很多。

单宇走了几分钟,觉得不对劲,低声问郭昊:"大贝怎么一口水都不喝了?它不喝水,怎么有力气走这么快?"

郭昊面色发白,双手都有些颤抖,低声说:"快到了!它拼了!"

"这样不行啊!它不喝水是扛不住的!"单宇有点儿慌神,拧开一瓶水试图喂给大贝,"大贝,喝水!"

大贝没有回头,也没有停下,埋着头继续向前走。郭昊拦住单宇喂水的手,眼眶发红,哑声说:"听它的!"

单宇愣愣地看着大贝,喃喃地说:"大贝。"只有脚步发硬地紧跟着大贝前行。

就这样,大贝在极度高温环境下,没喝一口水,没停一秒钟,持续搜查了半小时。

终于,走到了那片小河湾前。

大贝看着那艘搜索过的破旧小船,发出短暂低沉的一声吠叫。

它扭回头,深深地看了眼郭昊,又发出一声更低弱的吠叫。突然间,它似乎被抽走了所有的力气,软软地趴伏在地上,闭上了眼睛。

"大贝!大贝!"郭昊猛地跪在地上,拧开一瓶矿泉水想要倒给大贝喝。

大贝牙关紧闭,毫无知觉,根本喂不进去。

郭昊双眼泛红,抬头对单宇和周睿说:"快搜这条船!"

"好!"单宇和周睿踩着浅水,飞奔上了船。可是,破旧的小船上除了一些杂物和垃圾,的确什么也没有。

单宇和周睿站在船上,看着郭昊,沉默地摇摇头。

郭昊低头看看昏迷的大贝,心如刀绞,声音沙哑地说:"大贝不会搞错!如果船上没有,就在船下面!"

"我来!"周睿毫不犹豫地跳下船,用力拽着船上的旧绳索,试着把小船向岸边拉来,却发现船身很沉!

"等等!铁锚拽不动!"单宇趴在船尾,把手伸入水中,去拽水中的铁锚链锁,却发现很沉,根本拽不动!

"一起!"周睿和派出所民警一起使劲,拉着铁锁链,用力向岸边拽起。

"哗!"一具浮肿的尸体随着铁锚被勾出水面!

尸体身上穿的,正是红短袖和黄短裤!

"找到了!"单宇大喊一声。他顾不得尸体的腐臭味窜鼻,浑身湿淋淋地奔上岸,气喘吁吁地说:"常天华落水后,被挂在铁锚上了!尸体也被压在船下面,所以刚开始搜的时候,大贝还不能确定!但它还是……"

单宇冲过来,看到大贝躺在郭昊怀中奄奄一息的样子,突然说不出话了。

郭昊双目泛红，一把抱起大贝，就往外跑！他也透支着自己的全部体力，抱着大贝穿行在白色芦苇丛中，不停地说："大贝！别睡啊大贝！坚持住啊！"

大贝无声无息地躺在郭昊的怀中，一动不动。

郭昊冲到滩边，沙哑着大喊："快带我去市区！我要回队里！快！"

单宇紧跟着跑了出来，身上湿漉漉地从民警手里抓过车钥匙，发动了一辆警车。郭昊急忙地把大贝抱进警车后排。单宇开着车，疾行离开。

警车开得很快。

郭昊坐在后排，把大贝放在自己腿上，一边抚摸大贝的胸口，一边打电话："周医生！我郭昊！大贝病了，情况不好！"

周医生的声音传来："大贝生病了？怎么了？"

"大贝它，热射病。它在芦苇荡里连续搜查，快40个小时。最后半小时，没有喝一口水。目标找到了，它就……"郭昊的泪水骤然落下，哽咽着说："它就晕倒了！周医生，请你赶紧到队里！我现在带它回去！"

"好！我马上过去！"

"谢谢你！周医生，谢谢……"郭昊挂了电话，突然抬起头，"单宇！把空调开大！开到最大！大贝，大贝不能再受热了！"

单宇一边把警车开得飞快，一边把空调温度调到最低，风力开到最大。

郭昊的泪水流下，滴落在大贝身上。他轻轻抚摸着大贝的胸口和眼睛，温柔地说："大贝，别睡啊！我们回队里了！我以后，再也不让你这么热了……"

大贝的眼睛一直闭着，安详地躺在郭昊的怀中。

它轻轻地吐了口气，平静地停止了呼吸。

郭昊双手颤抖，发现大贝的心脏停止了跳动，也没有了鼻息，不敢相信地摇了摇怀中的战友："大贝！醒醒！醒醒啊！"

他终于忍不住，紧紧抱住大贝，大声地哭了出来："大贝，对不起……对不起……"

开车的单宇，已是泪流满面，泣不成声。

夜晚。

京海市公安局警犬队。

程功急匆匆地从警车上下来,衣服上还有斑驳的血迹。他冲进警犬队办公楼的大厅,看到里里外外站着几层人,大多是警犬队的刑警,不时传出啜泣的声音。

程功分开人群走了进去,只见大贝一动不动地躺在地上,身上盖着一层白布。郭昊眼睛红肿,呆呆地站在旁边。

程功眼睛一下子红了,猛地揪住郭昊的领口,声音嘶哑地说:"你就把它这样放在地上?!这地上多凉啊!它白天为你挨热,晚上还要挨冻吗?!"

"程功!"单宇拉住程功,低声劝阻,"警犬队的同志都到了,要给大贝送行。"

程功顿了顿,蹲下身,轻轻地摸摸大贝的头,却再也看不到大贝亲昵地蹭他的手。

他心中一痛,沙哑地说:"是我提议安排警犬搜查的,都怪我!是我害了它!"

"程功,这是大贝的选择。"郭昊低哑地说,"它不喝水前看我那一眼,就是决定透支生命也要完成搜捕!大贝是警犬,它选择完成任务,我选择尊重它。"

"大贝……"程功喃喃地说,落下泪来。

深夜。

京海市公安局刑侦队。

郑队长办公室。纪闻对郑涛汇报说:"颜所长的手术比较顺利,医生说能顺利恢复。那个女伤者,刘凯龙的老婆,虽然多处受伤,好在也没有生命危险。"

"好。"郑涛点点头。

"头儿,程功把刘凯龙关到留置室,就去警犬队了。"纪闻站起身,犹豫地说。

"我知道。"郑涛面色疲惫。

"那我先走了。"纪闻叹了口气,转身离开。

郑涛看向窗外,眼眶微红。

9月23日。深夜。

新城区。"红馆"是一家外观低调、内里装修奢华的会所,常有各种漂亮姑娘穿梭出入。

魏明铭开车来到红馆会所二三十米的地方,车辆悄然靠边停下。他熄火、关灯,静静地看着车窗外。

很快,马妍穿着一件黑色的紧身短裙,从红馆走出。她画着精致的妆容,踩着细高跟鞋,身姿妖娆地走了过来。她拉开车门坐到副驾驶位上时,身上还带着酒气。

车门关闭,马妍顿时收起了风情万种,看起来拘谨腼腆,低声说:"魏哥。"

魏明铭没说话,发动车辆后驶离这条街,淡淡地问马妍:"什么事儿,这么急?"

"嗯。"马妍低头轻轻绞着手指,说:"你们不是,想查那个朱然吗?我,我打听到一些消息。"

"朱然?"魏明铭把车开到一条比较偏僻的小路上,停靠在路边,认真地看向马妍。

"嗯。有个小姐妹,以前在北郊做的。我托她打听了,跟她一起到红馆的女孩儿里,有一个跟过朱然。"马妍低着头,终于敢抬眼看向魏明铭,眼睛里闪动着复杂的情绪;"她去过朱然住的地方。"

"在哪儿?"魏明铭认真问道。朱然的线索对汤建成案件的真相来说,确实太重要了,何况现在又发生了方辉的车祸。所有事件相关人员,都承受了巨大的压力,感受到了暗潮涌动的漩涡。

"我记下来了。"马妍伸出手,把手心摊开给魏明铭看。这是她在会所包间一边喝酒一边匆匆写在手心里的,字迹模糊,但能看出字体清秀:"朝行小区4号503。"

魏明铭打开车厢顶灯,用手指捏住马妍的手指尖,仔细辨认字迹后马上松开,认真地对马妍说:"谢谢!"

马妍收回手,把手臂垂在身后,轻轻握了握发烫的指尖,轻声说:"我要谢谢魏哥。"

魏明铭发动车辆，说："你现在住哪儿，我送你回去。"

"不用了魏哥！"马妍慌忙地翻开自己的小坤包，说："我，我还你医院的钱。"

"不用还了，我还要给你线人费的。"魏明铭淡然道，温和地看看马妍，"谢谢你。不过以后，我没交代你的事情，你不要主动去做，不安全。"

"哦。"马妍的脸色突然暗淡了许多，喃喃地说："知道了。我先走了，谢谢魏哥。"

她逃跑似地拉开车门，沿着马路内侧，匆匆离开。

路灯昏暗，她的细高跟鞋踩到一个低洼的小坑里，差点儿拐倒。马妍晃了晃身形，勉强稳住，快步离开。

不知不觉，已是泪流满面。

深夜。

京海市公安局刑侦队。

欧阳瞳长发披肩，没有像往常一样梳起，背着个双肩背包，独自走到大门口。廖聪茗站在保时捷前，看着欧阳瞳，温柔地笑。

欧阳瞳有点抱歉地说："你等了多久啊？"

"没多长时间。上车吧，去吃点儿东西。"廖聪茗风度翩翩地拉开车门。

"谢谢。"欧阳瞳笑笑，低头坐进车内，长发从肩头滑下。

廖聪茗坐到驾驶座，发动车辆，扭头看看欧阳瞳，低声说："好看。"

"嗯？"欧阳瞳转脸看他，面庞光洁如玉。

廖聪茗低低一笑，说："头发披着好看。"

欧阳瞳听明白后，脸色微红，看向车窗外。

廖聪茗坏坏地笑着，说："害羞啦？我看你工作时好高冷的！最近忙什么案子呢？讲讲嘛……"

酒红色的保时捷，驶离了京海市公安局刑侦队。

纪闻家。

纪闻深夜归家，轻手轻脚地走进卧室，却发现妻子林薇如正坐在床上，微笑地看着自己。

纪闻嘿嘿一笑,有点不好意思,毕竟自己又加班多日:"老婆,你还没睡啊?"

林薇如笑得很甜,拿出一张医院的化验单,低低地说:"老公,你要做爸爸了。"

"真的啊?"纪闻一脸震惊,抓过化验单仔细看了两遍,一把抱住林薇如,声音颤抖地说:"我太开心了!你真伟大!"

林薇如满脸幸福地靠在纪闻肩膀上,眼中光芒闪动。

下午。京海市中心医院。

临床心理科门诊2号诊室内。

尹慧伊穿着白大衣,静静地望着单宇。

单宇坐在椅子上,看着窗外出神,轻声道:"我们中学是初高中在一起的,每天晚上九点,晚自习结束,我回家路上,总能碰到一个高一的女生。她,很漂亮,有时候看到我,还会对我笑。有一天晚上……"

多年前,暗夜。

穿校服背书包的女孩儿,独自穿过一条偏僻的小巷时,被四个年轻男子围住,强行拖到角落里。

十四五岁的单宇本来跟着女孩不远,见状急忙跑过去,却被一个比他高壮的年轻男子拦住,一把水果刀戳在他的脖子上!

一个穿着连帽卫衣、身材高瘦的男生,示意另外两个男子按住女孩,自己向单宇走来。他的脸被卫衣帽和棒球帽遮住大半,只听得出是十几岁男生的嗓音,声音却十分冷漠:"你敢说出去,就杀了你!她也活不成!"

高壮男子用刀尖顶了顶单宇的脖子,鲜血微微渗出。他一把推开单宇,闷声道:"滚!"

单宇只是个十几岁的单薄少年,他害怕极了,捂住脖子上刺痛流血的伤口,狼狈地逃开了。耳边传来男子的笑声,夹杂着少女无助的哭声和叫声……

诊室里。

单宇痛苦地蜷着身体,半弯着腰,低哑地说:"我是个懦夫,我就那么跑了……没敢报警,没敢喊人……后来,她好几天没来上学。她爸妈,怕丢人,也没有报警。那帮人,那帮人里可能,有我们学校的人。她回来以后,学校就有一些不好的传言,说她……"

单宇双手捂住脸,泪水从指缝中流出。他哽咽着说:"说她水性杨花,跟社会上的男人乱搞,还得了病……他们,他们嘲笑她,侮辱她,把性病小广告贴到她桌子上……我,我听到了也看到了,可我还是什么也不敢说!我真不是人……然后,然后……"

多年前,阴沉的一天。

女孩穿着校服,站在河畔的栏杆外侧。她双手紧紧扶住栏杆,勉强站在外侧窄窄的石沿上。女孩儿脸上挂着泪痕,茫然地看着桥下的河水。

她闭上了眼睛,单薄的身体猛然坠入水中。

诊室里。

单宇猛然抬头,露出发红的眼睛和满脸泪水,说:"是我害死了她!"

尹慧伊轻声说:"你当时,也才十四五岁。"

单宇悲愤地说:"可她死的时候,也只有十六岁啊!还有,那几个害她的人,年龄都不大!领头的那个,也就十几岁!那帮混蛋,现在已经长大了!他们还会继续害人!"

尹慧伊了然地看着单宇,说:"所以,你选择当刑警。"

单宇愣了愣,说:"是的。"

9月24日。上午。

北郊区。朝行小区,4号楼5楼。

锁匠蹲在503室门前开锁。魏明铭、程功、单宇和一名派出所民警,站在一旁。

派出所民警三十多岁,对魏明铭说:"503室的房东长期在国外,房子是长租给一个叫郑兴的人。这个郑兴是二房东,转租出去收差价,平时也很少来。"

魏明铭客气地对派出所民警说:"唉,主要是最后一个租客涉毒,给你们添麻烦了。"

"应该的!积极配合!"派出所民警笑道。

锁匠打开了门。魏明铭和程功对视一眼,戴上了鞋套和手套,走进房内。

这是一套老式的一室户,房间里家具不多,但是物品凌乱,看得出住户过得很邋遢。

魏明铭拉开客厅柜子的抽屉,里面除了杂物,有一堆锡纸,还有一个玻璃溜冰壶。程功走进卧室,打开衣柜、床头柜和所有可藏匿物品的地方,都没发现他想找的东西。

他站在房内,想了想,蹲下身,拉起落地的床单。床下,有一个深蓝色的大塑料袋。程功把塑料袋拉出来,喊了声:"魏哥!"

魏明铭走过来,和程功一起看向塑料袋内:一堆百元钞票,起码四五十万元。

程功觉得袋子的手感偏重,随手翻了翻那堆现金,翻出来两块金灿灿的金条。

六、生死边缘

> "后悔什么？后悔不该抢那5万块钱？"程功淡淡地问。
> "都是，都是因为那两个箱子……"他彻底崩溃了。

10月12日，深夜。北城区。

一个普通的老式小区，东北角处，一栋普通的居民楼。

三楼的一间房内，还亮着微弱的灯光。

客厅里，茶几上斜躺着两个酒瓶子，还有一个玻璃水烟壶。

客卧里，一个光着上身的男人正半蹲在地上，在用手机拍摄房间角落地上的物品：一桶汽油，两捆牛筋绳，一大卷透明胶带。

男人拍了张照片，上传到网上一个叫"豆崖"的知名论坛里。他的网名是"魔鬼天子"，头像是个骷髅头死神图片。

男人握着手机的手指因为兴奋而微微颤抖，在论坛里发了一段很嚣张的话："汽油和胶带都准备好了！就差猎物了！我喜欢京海，好东西和漂亮女人都在这里！来吧！陪我一起去天堂的大美妞！"

10月13日。下午。

京海市公安局刑侦队。缉毒队办公室。

郑涛、老彭、白勇和几名缉毒队的刑警围坐在桌旁，魏明铭在汇报案情进展和抓捕方案。大展板上贴着3个贩毒人员的照片：中年妇女芸姨、年轻男子徐桐和中年男子康久方。

魏明铭说："艾夏芸，54岁，绰号芸姨，常年以贩养吸，还兼职介绍冰妹卖淫。徐桐，26岁，是芸姨和前夫生的儿子，无业，跟着老妈贩毒。康久方，47岁，老混混,是芸姨的姘头。他们三人为主,组成了一个家庭式运输贩卖毒品的犯罪团伙。根据线报,今天晚上徐桐会去进一批货,回到他们在漕河小区的窝点。初步方案是,今晚在漕河小区实施抓捕。"

郑涛看向魏明铭,问:"他们的货源呢?最近,我不断接到外省市公安局的反馈,说当地发现不少新型毒品,查下来都是从京海过去的!明铭,制毒工厂查得怎么样?"

魏明铭顿了顿,说:"郑队,近期抓到的吸毒人员、零包客和大的散客,用的都是最近冒出来的新型毒品,纯度高,货量大!这么大的量,价格却是以前的一半甚至三分之一!按毒品供应链的成本核算,只有本地的制毒工厂供货,才做得到这个价钱!但是,我们在京海市和周边几个城市都查过,一直没能找到。"

郑涛浓眉皱起,说:"京海这么多年,从没出现过制毒工厂!京海市两千万人口,出现一个制毒工厂的危害性太大了!只要我当刑侦队长,你当缉毒队长,就绝不能允许它存在!这是原则!也是底线!"

魏明铭点点头,眼神坚定,说:"我明白!有多个零包客指认,是从芸姨那儿拿的货。今晚一定把她拿下!争取顺藤摸瓜,找到制毒工厂!"

10月13日。晚上10:19。
新城区。"红馆"会所。
休息室内,马妍穿着性感的红色短裙,斜斜地坐在长沙发上。旁边几个妆容精致的漂亮姑娘,或坐或站,刷着手机聊着天。

一个紫裙女孩刷着帖子,突然用做着亮晶晶美甲的手,捂住自己的嘴巴:"哎呀,有人在网上说,要杀人然后自杀!"

"真的假的?"旁边几个女孩儿都围拢过去,看紫裙女孩的手机。

"真的呀!你看,他从10月3号开始发帖说要杀人。然后,隔几天就发个帖子,说自己到了京海,买好了汽油,这两天就要杀人了……"紫裙女孩摸摸自己胳膊上起的鸡皮疙瘩,啧啧地说:"哎呀好变态啊!"

"网上这种神经病多了,你还真信啊!"一个穿着白色紧身裙的女孩不屑地笑笑,"你都不知道电脑那边儿敲键盘的,是不是一条狗!"

"哈哈哈！还是个单身狗！"几个年轻女孩笑了起来。

紫裙女孩翻翻白眼，收起手机说："不扯了！上工了！"说完就拧着腰肢走出休息室。

马妍心不在焉地低低一笑，看到一个金发黑裙的漂亮女孩从洗手间走进来，亲热地问："安吉拉，怎么黑个脸啊？"

安吉拉正是那个把马妍介绍到红馆工作的小姐妹。她容貌娇艳，身材丰满，此时却气呼呼地一屁股坐到马妍旁边，说："十点多了，还没开张呢！"

"别急啊，你这么漂亮，这么受欢迎……"马妍嬉笑地摸摸安吉拉的小蛮腰。

安吉拉扭扭小腰，摸摸眼角，说："唉！你看我是不是得再打一针！还是做个线雕吧？哎呀！太贵了，得多挣钱！"

马妍笑道："你刚买了限量版的包包，还说没钱啊亲爱的！"

"安吉拉！明心！婷宝儿！"穿着制服的男领班站在休息室门口喊了几个名字。马妍听到自己的化名"明心"，和安吉拉对视一眼，站起身，袅袅婷婷地走出门。

六七个漂亮女孩儿如同被包装好的甜美点心，列队走在装潢豪华的走廊上。

安吉拉悄悄问马妍："你怎么总叫明心啊？明明白白谁的心啊？"

马妍的俏脸露出一丝黯然，低声说："我自己的心而已。"

女孩儿们走进一间包房，出乎意料的是，包房里只有一个男人。

包房的桌子上，已经开了两瓶红酒。男人穿着一身休闲西服，大模大样地坐在沙发上。男人年纪不大，二十七八岁的样子，瘦瘦高高，五官还算端正，只是眉宇之间有一股阴霾之气。

"老板好，我叫安吉拉。"

"我是婷宝儿。"

"我叫明心。"

几个女孩儿站在男人面前自我介绍，男人打量着她们，用手指点了点安吉拉和马妍。婷宝儿等人微微欠身，离开包房。

安吉拉一想到要做昂贵的线雕微整容，要多赚钱，就动力十足，热情地坐在年轻男人身边,倒了两杯红酒,殷勤而又含情地看着年轻男人。

马妍也给自己倒了杯红酒,作出小鸟依人的样子。年轻男人搂住安吉拉的肩膀,两人贴耳私语,调笑起来。

马妍坐姿曼妙,眼神空茫,想着那个她不敢想的人……

此时。南郊区。

漕河路,漕河小区。

一辆黑色轿车缓缓驶入小区。

停靠在路边的一辆民用牌照轿车里,老彭坐在驾驶座上,魏明铭坐在副驾驶座上。

对讲机内传来白勇的声音:"目标出现!"

魏明铭按下对讲机的通话键,低声说:"等他们停稳。"

然而,目标黑色轿车在面积不大的小区里七拐八弯,兜了好几圈。车速缓慢,既不停下也不驶离,就是转来转去。

对讲机里传来一个年轻刑警的声音:"这车怎么总来回兜啊?我都看见它三回了!"

白勇有点儿急了:"这么大点儿小区,转了快三圈儿了! 我们是不是暴露了?"

老彭按下对讲机的通话键:"快别说了! 都躲好点儿!"

魏明铭沉吟了一下,说:"大家别急! 注意隐蔽,再看看!"

终于,黑色轿车在小区里兜了整整三圈后,在一栋住宅楼前的空车位上停下。

两个男人从轿车里下来,中年男人康久方左右看看,揣兜站在车旁。年轻男人徐桐拿出手机,压低声音,打了个电话。两分钟后,住宅楼下的铁门被轻轻推开,一个50多岁的女人快步走出,正是芸姨。

芸姨穿着家居服,满脸笑容,一见到两人便小声催问:"货,货到了吗? 到,到了吗?"

"放心!"刚才打电话的徐桐笑着点点头,拉开了黑色轿车的后车门。

两个男人站在车辆两侧，一个推一个抬，从车后排的座位下拖出了一大袋沉甸甸的"货"。

就在此时！周围停放的七八辆"过夜"车的车门纷纷打开，魏明铭、老彭、白勇等十几个便衣缉毒刑警从四面八方冲了出来！

"别动！警察！"

"京海市公安局！别动！"

正在搬"货"的两男一女顿时脸色大变，腿一软，还没来得及瘫坐到地上，就被刑警们控制住，扎上了背铐。

老彭和白勇利落地把地上的大袋子割开，露出一块块被包成"金砖"一样的毒品。

老彭熟练地一查验，高兴地抬起头，正对上魏明铭专注的眼神，说："新型毒品！至少30公斤！"

魏明铭神情振奋，俯身看着那个惊慌失措的中年女人，沉声说："芸姨，终于见面了！"

10月13日。晚上11:03。

新城区。"红馆"会所。

包房内，红酒喝得只剩下半瓶。

自称"天哥"的年轻男人，转账给男领班买好了单。男领班含笑谦恭地退出房间。他松了松衬衫衣领，对安吉拉和马妍说："走吧两位美女！晚上跟我回去！"

安吉拉和马妍都微微一愣，马妍支支吾吾地说了句："我，不太方便，出……"

天哥脸色一变，安吉拉赶紧攀住他的肩膀，嗲嗲地说："天哥，她身体不方便，我陪你啊！"

"不方便还出来做啊！"天哥不满地哼了声，拉着安吉拉站起来。

马妍也站了起来。她不知道自己最近怎么了，以往赖以为生已经麻木的床榻生意，现在变成了钝刀割肉的酷刑。她心里没有着落，看向安吉拉。

安吉拉搂着天哥的腰走出包房,特意扭回头,俏皮地冲马妍眨眨眼。

马妍微微一笑,垂下头。不知怎的,突然感到有些心慌。

10月13日。晚上11:52。

北城区。

出租车停在小区门前,天哥带着安吉拉下了车。

安吉拉脸色绯红,仍带着酒后的微醺,靠在天哥身上说:"天哥,这是你家啊?我以为咱们就近开房呢。"

"怎么?带你来我家不高兴啊?"天哥冷冷地说着,半搂半拽地带着安吉拉进了楼道。

"哪有啊!我不是怕给你添麻烦吗!"安吉拉嗲嗲地说。

天哥放肆地拍了拍安吉拉的屁股,问:"你知道,哪儿有好玩儿的嗨场吗?"

"天哥也喜欢这个啊?巧了!明天晚上就有个嗨场!我们一起去啊?"安吉拉想要多做生意,当冰妹比小姐出台赚钱多。

两人走楼梯来到三楼,天哥开了房门,打开灯,说:"你把地址发我下。我10点过去,咱们在那儿见!"

"好呀!在东郊品社的别墅里。"安吉拉用手机微信把嗨场的地址发给天哥。她抬起头,看到陈设简单的房间,脸色微微一变,没想到在外出手大方、豪气倜傥的天哥,住在这么简陋的地方。

"我刚回京海没多久,还没来得及置产。家具不多,床很大!"天哥意味十足地勾起安吉拉的下巴,猛地亲了上去。

"哎呀!先进去啦!"安吉拉故作娇羞,半推半就。

两人相拥进了卧室,纠缠着倒在床上。

第二天。10月14日。下午2:30。

北城区。天哥租住的公寓内。

安吉拉头疼欲裂地醒了过来,觉得浑身酸痛,动弹不得。她睁开迷蒙的眼睛,发现自己的嘴巴被胶带严严实实地粘住了,双手和双腿被牛筋绳紧紧地捆绑在一起，身体以诡异的背弓式躺在床边冰凉的地上。

"呜呜！呜呜！"安吉拉发出呼救的闷哼声，却始终没有人理会。

她隐约想到昨晚，自己跟天哥上床后，他拿出一些新型毒品，说是市面上最火的精灵药。两人吸毒后，自己就失去了意识。现在这样，她应该是被天哥绑票了！

安吉拉心头一阵恐慌，蓬头散发，脸上的残妆被泪水冲刷成了大花脸。她突然看到卧室门口的地上，扔着自己的小包。包里有手机！

安吉拉用尽全力，在地上不停地蠕动，终于挪到了门口。她试着一点点打开皮包，用指尖夹出手机。牛筋绳勒得极紧，她手腕都快被勒出血了，手指肿痛发麻，难以用力。

"啪！"手机滑落在地。

安吉拉斜躺在地上，费了极大的气力，才勉强用指纹点开了手机。她的手腕和双手已经肿胀变色，几乎不能再动，颤抖地手指只能在通话记录单里戳了两下，终于拨通了马妍的电话。

"嘀……嘀……"安吉拉流着眼泪，浑身发抖，祈祷着马妍能接电话。

"亲爱的？"马妍似乎刚睡醒，慵懒的声音响起。

"呜呜！呜呜！"安吉拉想要大喊救命，却只能发出呜呜的声音。

"喂？喂？你怎么啦？"马妍听到安吉拉的闷哼声，连忙问道。

"呜呜！"安吉拉用头捶着地面，发出痛苦的挣扎声。

就在这时，门外传来"咔哒"一声开门声。天哥回来了！

安吉拉听到天哥的脚步声，想要去关手机，却已经来不及了。

"安吉拉？你怎么了？"马妍焦急的声音从听筒中传来。

天哥穿着长袖恤衫和七分裤，提着一个黑色塑料袋走进房间。他一看到眼前的情形，顿时怒气上涌："我操！"

他从地上捡起手机，用力往地上一扔！手机被摔碎，通话被截断。

天哥还不解气，抬腿就是一脚，狠狠地踹在安吉拉头上！

安吉拉只觉得眼前一黑，被踢晕过去。猩红的血液，从她的鼻孔中流出……

京海市公安局刑侦队。

审讯监控室。

魏明铭和老彭一进审讯室,芸姨就挥动着戴手铐的手,说:"政府!我,我交代!我要,我要举报!"

魏明铭坐下,问:"你说说看!"

芸姨情绪激动,本来说话就有点儿结巴,现在更是结结巴巴,语无伦次:"政府,我知,知道我们一家,一家子贩毒!被抓了就,就死罪难逃!我,我想立功!请求,请求政府,宽大处理!我检举一个,制毒工厂!"

魏明铭和老彭对视一眼,说:"哪儿的制毒工厂?"

芸姨吸了口气,尽量平稳地说:"我,我们原来拿的是,金三角的货。今年初,圈里,圈里的朋友,介绍了个,新渠道!新型毒品,质量好,价格还很低……"

1月17日。傍晚。

西郊区的城中村内,一辆半旧的电动三轮车穿行在弯弯绕绕的小道上。

面包车开进一个小院内。院门关闭,车门打开,芸姨背着一个鼓囊囊的帆布袋,和儿子徐桐都被布条蒙着眼睛,骑车的中年男人和坐在后排的年轻男人看起来都面目不善,拽着他们的胳膊,一把拉下车。

芸姨和徐桐站在院中,被上下摸了个遍,确认没有携带武器。紧接着,他们俩被人拽着,跌跌撞撞地进了房门,上了楼梯,在三楼停下。

"行了!"一个中年男人的声音响起。

芸姨和徐桐的蒙眼布被拉了下来。猛然之间,他们被光线刺激得有点睁不开眼,揉了会儿眼睛,才勉强睁开。

三楼的客厅起码有40平方米大,颇为宽敞。靠窗的正中间摆着一张红木罗汉床,两侧是红木圈椅,中间是一张红木茶几。茶几上有个饮料瓶,上面插了几根吸管。

罗汉床上,坐着一个正值壮年的大光头,身形彪胖,粗短的脖子上戴着一个很粗的金链子。他旁边或坐或站着几个二三十岁的男人,个个寸头纹身,看起来阴沉凶狠。

唯一的违和之处是，三楼客厅的窗户上，挂着粉红色的窗帘，印着 hello kitty 的图案，而且拉得严严实实。眉目狠戾的彪形大汉，坐在粉红色窗帘旁边，给紧张压抑的气氛带来了一丝喜感。

芸姨一看环境，便知道坐在自己面前的，正是上家彪哥。她急忙客气地笑笑说："彪，彪哥。"

彪哥淡淡地问："你就是红妹介绍的芸姨？"

芸姨咧嘴笑笑，指指身边的徐桐："是，是我。他，是我儿子。"

彪哥对身边的人使了个眼色，随即有人从红木圈椅后拖出一个大纸箱，从箱子里拿出两小包毒品，对芸姨和徐桐说："来！试试货的成色吧！"

徐桐本就是个瘾君子，顿时双眼放光，接过毒品，掏出两张锡纸放到茶几上，熟练地摆弄起来，眼看是打算"追龙"。

彪哥冷眼旁观，看到徐桐都准备吸进去了，挥挥手，说："用吸壶玩儿更有劲儿！"

徐桐看看桌上的饮料瓶，瞬间明白，兴奋地摆弄起来。很快，就是一副飘飘欲仙的样子了。

芸姨心里看不上儿子那又贪又蠢的样子，但也知道彪哥存心试探。

她从小包里捏起一点毒品看看，心知是很好的成色，说："彪，彪哥，试过板了！开价吧！"

彪哥看芸姨一个中年妇女，倒是沉稳镇定，点点头说："货是好货，新出的！价钱吗，是以前市面上价格的三分之一！怎么样？好机会吧！"

芸姨双眼发亮，说："太，太好了！我多要些！"

她利落地把身上斜背的帆布袋解下来，递给彪哥的一个光头手下。光头将帆布袋打开，送到彪哥面前，里面是一沓沓的红票子。

彪哥满意地点点头，说："你点货，我点钱。钱货两讫了，把你们送出去！以后缺货了再找我！"

芸姨讨好地笑笑，说："是，是！彪哥！"

半小时后，芸姨和徐桐背着一批货，又被蒙上眼睛，带出小楼，坐着电动三轮离开。

电动三轮车一直开到城中村外的僻静处，押送他们的男人才拆开了他们的蒙眼布，放他们自己走。

10月14日。
京海市公安局刑侦队。
审讯室。

芸姨说："我，我和儿子每次去拿货，都是蒙了眼进出，啥也看不见！后来熟了，我就让老康陪徐桐过去。孩，孩子大了，也得学着独立……"

老彭实在听不下去这混账逻辑，说："让你儿子学着独立贩毒吗？"

芸姨讪讪一笑，低声说："我，我也没别的，能教他……"

魏明铭目光深沉，问："你怎么知道，彪哥那儿是制毒工厂？"

芸姨的眼神露出一丝狡黠，说："彪哥，40多岁！是，是本地口音！每回进货，都是单线联系！我有回看见，一屋子的货！摆满了！他的货量，太大了！物美，还价廉，肯定是没转过手的！批，批发货，本地产！"

魏明铭对彪哥的名号显然不陌生，轻轻点头，说："光头的彪哥，栾彪吧！三进宫的老狐狸，都有本事开制毒工厂了？"

芸姨唯恐魏明铭不相信自己，失去立功赎罪的机会，连忙说："政政政，政府！你们去查！彪哥那儿，至少，一两百公斤！让，让我们戴罪立功，行不行？"

魏明铭淡淡地说："你们已经暴露了，他不会再相信你们了！不过，你的举报如果证明属实，警方会酌情考虑的！"

芸姨忙不迭地说："谢谢，谢谢政府！"

魏明铭问："彪哥在城中村的点，你还有记得什么特征？"

芸姨想了想，说："我们，每次进去，都要走一会儿，应该在城中村的中间！彪哥住的地方是，是个三层楼，哦！粉，粉红色窗帘！还有一个，大白猫！"

老彭问："什么大白猫？"

芸姨回忆了一下，抬起戴手铐的双手，在头上比划了两个耳朵和三撇胡子，说："圆，圆的，大白猫！他个光头佬，挂，挂个粉窗帘……"

老彭把芸姨说的重点记下来，似乎想到了什么，问："还有个事儿，我问问你啊！你如实交代！昨天晚上，徐桐开车在小区里绕来绕去，兜了几圈儿才停下，是不是害怕有人跟踪？"

芸姨一愣，说："政，政府，我们娘俩儿，干这行，不稳啊！我前两年就，请了个大师！有事儿就要，先问大师，怎么办好！大师说，让我们凡是办大事儿，要先往东北，再折西南！煞气走直，吉气走曲！历了曲折，才保平安！才能稳住！我们家干什么，都要绕几个方向走！进小区，也要绕！"

芸姨说起大师的话头头是道，甚至都不结巴了。

老彭听了啼笑皆非，摸了摸头顶的黄毛，感慨道："我就不明白了！你们干贩毒这么伤天害理的事儿，怎么还有脸求保平安呢？哪路神佛能保佑贩毒的啊！"

芸姨看看手腕上冰凉的金属手铐，叹了口气说："就是，就是说啊！这不是，没稳住吗……"

老彭一听，差点儿没笑出来。魏明铭也不禁失笑，摇了摇头。

魏明铭从审讯室出来时，已经是晚上了。

他拿出调成静音模式的手机，发现有 14 个未接来电，其中 12 个来自"小李"，也就是马妍。

他微皱眉头，拨打了过去，马妍很快接听了电话，听起来很慌乱："魏，魏队，是我！我，我有急事……"

"你别慌，什么事儿？"魏明铭问。

马妍慌里慌张地把接到安吉拉电话的事情讲了，哽咽地说："我听到她的声音了，她好像被堵住了嘴，只能不停地呜呜呜！然后听到男人骂了一句，电话就挂了。再打过去，就关机了……"

魏明铭沉吟了一下，说："她有没有男朋友，会不会是……"

"没有！她没有男朋友！我打了 110，去过派出所，都说成年人失踪超过 24 小时，才能立案！可我真的知道，她肯定有危险……"马妍急切地说。

魏明铭的神情有些为难，说："她昨天晚上跟谁出去的，你认识吗？"

"不认识，头一次来的新客人！怎么办啊……"马妍哽咽着说。

"京海这么大,不立案确实没法找……"魏明铭也很为难。

"魏哥!"白勇拿着一份资料过来找魏明铭。

"我在开会,先这样!"魏明铭挂了电话,接过资料,开始跟白勇讨论案情。

红馆会所。

洗手间里,马妍握住手机,听着听筒里传来的忙音,眼泪都急出来了。

这时,两个女孩儿走进洗手间,其中就有昨晚那个泡"豆崖论坛"的紫裙姑娘。两人看到马妍妆还没化好,就在流眼泪,都愣了愣。

紫裙姑娘好奇地问:"怎么了你?"

马妍擦擦眼泪,低声说:"安吉拉联系不上了。"

"跟男朋友吵架了?那也不能班儿都不上了呀!"紫裙姑娘对着洗手间的镜子,双手挤了挤胸部,希望上围看起来更加饱满。

马妍神情焦急,说:"我很担心她!打电话过去也不说话,还有男人的声音……"

"不会是被人绑架了吧?"紫裙姑娘突然转头看着马妍,瞪大了眼睛,说:"我今天在网上看到那个直播杀人自杀的,更新了!他说他已经找到了一个猎物,今天晚上再找一个!他就左拥右抱带着一起走!"

"往哪儿走?"马妍愣愣地问。

"往地狱走!"紫裙姑娘做了个抹脖子的动作,低声说,"他把买的绳子啊,胶带啊,都贴出来了!现在变态这么多,安吉拉不会被哪个神经病绑走……"

另一个女孩儿不耐烦地打断了她:"行了吧!谁杀人还在网上说啊!抓住不得枪毙啊!"

"也是哦!"紫裙姑娘讪讪一笑,进了隔间上厕所。

马妍愣了一会儿,突然使劲敲起了隔间的门:"那个发帖子要杀人的,叫什么?"

10月14日。晚上10:08。

东郊区。品社别墅小区。

位于小区东南角的23号别墅,窗帘厚重,门窗紧闭,隔住了房内的喧嚣。

"天哥?"一个穿着肌肉背心的彪形大汉站在门口,目光不善地打量着天哥,瓮声瓮气地问道。

天哥穿着前一晚的休闲西服,潇洒地站在门口,感受着房内袭出的音浪和热浪,说:"我是安吉拉的朋友,约好了在这儿见。"

他边说,边把手机里安吉拉转发给他的微信,给彪形大汉看。

大汉微微点头,侧身让他进去。绕过一扇屏风,视野大开,别墅内改装成经营性的"嗨场",如同火爆的迪吧。

昏暗的灯光下,20多个男男女女形同鬼魅,正在沙发上吸毒淫乱。两个穿着比基尼的兔女郎穿梭其中,给客人提供毒品和酒水。角落里,一个戴着大墨镜的胖DJ正在摇头晃脑地放音乐搞气氛。

天哥刚进,一个身材姣好的兔女郎就走到他面前,娇笑问道:"老板要点儿什么?"

天哥看看兔女郎右手里的托盘,有好几种新型毒品和洋酒,便拿起两包精灵药和一杯洋酒。兔女郎看看他,伸出左手,俏皮地晃晃。天哥掏出几张百元钞票,数也没数,大方地放在托盘上。

兔女郎嫣然一笑:"谢谢老板!"

天哥坐到沙发上,喝着洋酒,看看旁边的男女,微微冷笑。只见他们有人拿着玻璃冰壶正在溜冰,有人吸毒后摇头晃脑地散冰。还有人飘飘然后,就在沙发上甚至地上,蠕动着苟且起来。

一个浓妆艳抹的女人凑到天哥身边,看着他手里的毒品,眼睛放光,不由得用自己的胸部去摩擦天哥的手臂:"帅哥,一起玩会儿!"

天哥有点嫌弃地看看她,说:"我是个有品位的人!"

艳妆女子一愣,天哥理都没理她,站起身,快步穿过客厅。

他走到角落,那个兔女郎正在整理托盘里的酒水。天哥俯身,贴到她耳边暧昧地问:"叫什么名字?"

"美美。"美美抬眼看看天哥,声音很娇嗲。

"人如其名!晚上跟我回去。"天哥声音低哑,五官分明,看起来倒有几分风流侗侻。

"哥哥,我不出台的。"美美娇羞地低下头。

"一晚三千,现在就走。"天哥把一沓百元红钞放在托盘上,又拿了两包精灵药放进口袋。

美美眨了眨戴着美瞳的大眼睛,甜甜地笑了,说:"你等我一会儿。"

天哥看着美美离开的妖娆身影,冷嘲一笑。

与此同时。

京海市公安局刑侦队。

缉毒队办公室。单宇坐在魏明铭对面,老彭和白勇围坐在旁边。

魏明铭说:"今天去城中村探了探,咱们的人刚一进去,就被盯上了!这个彪哥太关键,不然也不麻烦你出马!"

单宇说:"应该的,魏哥!但是,我查了彪哥他们跟芸姨对接的手机号,都是无主电话,用完就扔,没办法跟踪定位。"

魏明铭眉头微锁,这时手机响起,马妍来电。他犹豫了一下,接起电话:"喂?"

"魏哥,我,我在你单位门口……"马妍的声音略微有些颤抖。

"你怎么来了?太危险了,快回去!"魏明铭有些生气。

"魏哥!你别挂!你听我说!网上,网上有个人,直播自己要杀人自杀!他准备了胶带和绳子!要找女的跟他一起死!"马妍着急地一口气说完,声音也比较大。

旁边的单宇隐约听到几句,眼睛闪了闪,声音极低地问:"直播杀人?"

魏明铭看看一脸好奇、隐隐兴奋的单宇,微微叹了口气。

5分钟后。

缉毒队的会客室。

马妍拘谨地坐在沙发上,给魏明铭和单宇看自己的手机:"朋友说起这个帖子,我也以为是胡言乱语!但我急得没办法,就把他的帖子翻了翻,发现他前天晚上发的是买好了绳子胶带,昨天晚上发的照片里有这个!"

10月14日凌晨2:03,帖子内容是:"一个大美妞儿到啦!还差一个小姐姐!还有我最爱的京海特产……"配图是男人的手,做了个V的手势。

马妍指着配图照片的角落里,露出一小截红色:"这是安吉拉昨晚背的包!"

单宇看看大图,问:"就这一小段包带子,能看出是她的包?"

"她刚买了个限量版的红包,包带的编织很别致,全京海也没几个!除非……"马妍口齿清晰,又突然顿了顿。

"除非还有A货,仿制品。"魏明铭淡淡接道。

单宇认真翻看着帖子,说:"这个叫'魔鬼天子'的网友,一个月前注册了豆崖论坛的账号,差不多隔两三天发一篇帖子。"

"我恨这个地方!我恨这样的日子!没钱没明天!买不到我想要的快感!"配图是一个男人手臂的照片,胳膊上有好几个烟头烫伤的新旧伤疤。

"我到京海了!我要在这个最好的城市,做最惊天动地的事情!"配图是京海市火车站的照片。

"住处找好了。我要在这儿,杀了最美的,还有我自己。"配图是一间普通的公寓房角落的照片。

"为什么回复这么少?没人点赞吗?你们不想看刺激的吗?吃靓药!杀美女!再自杀!"没有配图。

10月12日晚上11:49,发的内容是:"汽油和胶带都准备好了!就差猎物了!我喜欢京海,好东西和大美妞都在这里!来吧!陪我一起去天堂的大美妞!"配图照片是地上的一桶汽油,两捆牛筋绳,一大卷透明胶带。

跟帖的网友只有几个人,回复一般都是:"兄弟想开点儿!"

"卧槽哪儿来的神经病?"

"想美女想疯了吧你!"

魏明铭看向单宇:"你怎么看?"

单宇沉吟着,说:"不好说!要查他发帖的IP地址,需要时间。重案和缉毒都这么忙……"

魏明铭点点头,缉毒队在忙彪哥的案子,查找制毒工厂;而程功他们还在外地追捕，人手确实太紧张了。

马妍心里明白，六神无主地低下头，看了眼手机，突然说："他更新了！"

单宇拿过手机一看，魔鬼天子在11:15更新了帖子："大美妞和小姐姐都齐了！最后的狂欢！美女陪我去天堂！"配图是一张很不清晰的照片，灯光昏暗，大理石桌面上有几个空酒杯，隐约还能看到一个瓶装物体。

魏明铭看了眼照片，拿过手机，把瓶装物体那一部分放大，看得出是一个饮料瓶子，上面插了好几根管子。魏明铭微微吸气，沉声说："这种插好几根管子的饮料瓶，是吸食新型毒品的简易工具。他要是吸这种毒品，可真是什么都干得出来！"

"那，那……"马妍只觉得安吉拉凶多吉少，一阵脊背发凉。

单宇与魏明铭对视一眼，达成一致。魏明铭对马妍说："队里的人都在加班干活，我们俩也只能今晚腾出手查一下！"

"谢，谢谢魏哥。"马妍的泪水掉下来了。

单宇对马妍说："把你朋友的手机号给我，我先定位！"

10月15日。凌晨1:12。

北城区。天哥租住的公寓内。

卧室内，床上是男人和女人的喘息与呻吟声。床头柜上，扔着几张毒品包装袋和玻璃水烟壶。一阵剧烈的呻吟声后，天哥赤身裸体，一脸餍足地从美美身上爬下来。

他赤裸着身体，靠在床头，眼神涣散地看着半裸的美美。因为吸食了从嗨场带来的毒品，美美看起来兴奋而又呆滞，头不停地晃动着，披散的长发遮在脸上。

天哥愣愣地看了美美一会，忽然开始怪异地微笑，嘴里嘟囔着："死吧！都死吧！"

他晃晃悠悠地站起身，出了卧室，穿过客厅，走进客卧。安吉拉仍旧双手双脚被捆绑，躺在地上，已经被折磨得奄奄一息。天哥从安吉拉身上跨过，拿起角落里的汽油桶，拧开盖子，往安吉拉身上浇汽油。

"呜呜！呜呜！"安吉拉意识到自己即将面临的命运，用尽最后的力气，挣扎求救。她的眼睛已经红肿发炎，不停流泪，神情绝望。

"死去吧！一块儿死去吧！"天哥嚎叫起来，揪住安吉拉的头发，把她拽到客厅。

"呜呜！呜呜！"安吉拉十分痛苦，绝望地发出呜呜的声音。

因为毒品的刺激作用，天哥神志模糊，嘿嘿怪笑着，把安吉拉扔在客厅的地上。他一路浇洒汽油，进了卧室……

北城区。

天哥租住的老式小区门口。一辆民用牌照轿车停靠在路边。

单宇坐在副驾驶座，看着膝上的笔记本电脑说："时间太紧，来不及查她的手机信息。只能查到手机定位！就这个小区，最东侧，靠北。"

魏明铭看了看地图上的定位点，点点头说："先进去看看！"

魏明铭、单宇和马妍从车上下来，单宇手里还拿着笔记本电脑，快步走进小区。

此时。

天哥租住的公寓。

卧室内，他提着汽油桶，疯狂地把汽油浇到自己和美美身上。美美吸毒后神志恍惚，没有逃跑，只是迷迷糊糊地用胳膊挡了两下。她想说什么，却被淋入口中的汽油呛得咳嗽，"哇"地呕吐出来。

天哥整个人陷入癫狂状态，拿起床头的打火机，晃晃悠悠地站在床前。

他眼前已开始出现幻觉：披头散发的美美和安吉拉仍是靓丽妖娆，陪着他在熊熊火焰中，浴火重生！飘飘欲仙地飞入天堂！

天哥脸上肌肉扭曲，又像哭又像笑，眼神发直，握着打火机的手指微微一动。

"啪！"火苗燃起。

此时。

魏明铭、单宇和马妍来到小区的东北角,站在两栋居民楼之间。

单宇看看手里的笔记本电脑,说:"定位就在这儿啊!"

魏明铭左右观察了下,目光定在楼中间的垃圾筒里,说:"手机可能被扔了。"

马妍一听,赶紧去翻垃圾筒。就在此时,突然一片红光照来!

靠北的居民楼三楼的一户人家,燃起熊熊火光!

魏明铭和单宇急忙向居民楼下跑去,听到三楼传来凄厉的女人叫声:"啊!啊!"还有男人的惨叫嘶吼声:"啊!呜啊!"

一个浑身是火的人趴在三楼卧室的窗户,纵身跳下!

"嘭!"闷声落地后,她像是一个人形火球,趴在地上抽搐,却动弹不得。

魏明铭和单宇急忙把自己的外套脱下,用力扑灭火焰。她虽然已被烧得面目全非,仍看得出是个年轻女人。

马妍跪在地上,看清了美美的脸,焦急地喊:"不是她!安吉拉还在上面!"

魏明铭探了探美美的鼻息,发现她还有呼吸,对单宇喊了声:"还活着!打119!120!让北城分局和派出所来支援!"他边说边飞快地跑进楼道!

一楼楼道内有昏暗的灯光,魏明铭看到墙上挂着两瓶灭火器,拿下来提着就往三楼跑。他一口气跑到三楼,发现失火的302室房门紧闭,好在是单层木头门。

魏明铭在狭小的过道里稍退一步,使劲踹了下门,没能踹开。他急了,举起一个灭火器的钢瓶就往门把手上狠狠一砸!门把手变形落地,但是灭火器也严重变形。

他往后退了退,再次用力向前一踹!房门开了!

屋内已是一片火海!灼人的烈焰扑面涌来!

魏明铭从地上抓起另一瓶灭火器用力晃了两下,拔掉铅封,拉出保险销,右手用力压下压把,左手扶住喷管对准火焰根部左右摇摆。

灭火器喷射出的干粉浇灭了客厅门口的火焰,为魏明铭争取了宝贵的视野机会。他看到房门地上躺着一个烧成火球的人,正在地上挣扎!

魏明铭屏住气，忍着灼烧的疼痛，冲进房间。干粉灭火器不能直接对着着火的人喷，他只能先把安吉拉周围的火苗扑灭。

危急时刻，单宇冲了上来，用外套拍打熄灭安吉拉身上的火苗，顺势裹住安吉拉的身体，一把抱起来往外跑！

魏明铭下意识地看了看卧室方向，那里是起火点，已经被火焰完全吞噬了。他只能转身，和单宇抱着安吉拉跌跌撞撞地跑到楼下。

他们把安吉拉放在地上，马妍冲上来，跪趴在地上，哑声喊着："安吉拉！安吉拉！"

安吉拉浑身焦黑，大面积严重烧伤，身体还维持着那个诡异的弓形。她好像听到了马妍的声音，微微睁开眼睛，嘴唇翕动了一下，就长长地出了口气，不再动了。

魏明铭伸手探了探安吉拉的鼻息，对单宇和马妍摇了摇头。

"安吉拉……"马妍瘫坐在地，无声地流泪。

所有的惊心动魄，只在一两分钟里发生。很快，小区保安、周围邻居纷纷跑出楼道、聚拢过来。

远处，传来消防车和救护车的鸣声。

10月15日。天光微亮。

京海市公安局刑侦队。

缉毒队办公室门外的走廊上，单宇一身烟熏火燎地路过洗手间。他无意中看到镜子里自己狼狈的模样，愣了愣。

随即，他微微一笑，喃喃自语："挺好。"他避开有烧伤的右胳膊和右手，用左手掬水，简单地洗了把脸，走进缉毒队办公室。

魏明铭坐在办公桌后，双手和双臂都有烧伤，简单地消毒、涂药处理后，覆上了纱布绷带。

魏明铭从抽屉里拿出两瓶矿泉水，用没被纱布裹住的几根手指，拧开了瓶盖，递给单宇一瓶。两人一饮而尽，疲惫地靠坐到椅子上。

魏明铭看看天花板，低声说："按目前查到的信息，302室被烧死的男人窦天磊,应该就是发帖子的魔鬼天子,也就是那个天哥。消防也说,现场看是自焚。"

单宇轻轻点头,说:"他自己要死,就死去!还要拉两个小姑娘陪他死!真妈的畜生!"

魏明铭扭头看看居然爆粗口的单宇,微微一笑,眼神又凝重起来,低哑地说:"单宇,你知道他在帖子里说的,京海的好东西,是什么吗?"

"嗯?"单宇目光不解地看着魏明铭。

魏明铭望向单宇,低沉地说:"你送人上救护车的时候,我在垃圾筒里翻出了安吉拉的手机。屏碎了,但还能开机。马妍知道她手机的密码,我打开看了看,她13号晚上给窦天磊发过一条微信,是个嗨场的地址。"

魏明铭的声音越发低哑:"窦天磊吸毒。吸毒的人,眼里只有一个好东西,就是毒品!按房东提供的身份证信息,他家在一千多公里外。妈的!他不想活了,大老远跑来京海杀人、自杀,就是因为他喜欢的毒品是从京海卖过去的!"

魏明铭搓了搓脸,布满血丝的双眼有些湿意,沙哑地说:"京海出现制毒工厂,这个恶果太大了!昨天晚上就两死一重伤!背后,不知道还有多少恶性事件!单宇,我是缉毒队队长,是我没干好……"

"魏哥!你不能把责任都揽到自己头上!"单宇看到魏明铭自责愧疚,非常心疼,急着安慰,"我觉得,咱们就像城市里的清洁工人,每天再怎么努力打扫,第二天还是会有垃圾冒出来!可咱们要是停工了,满大街的垃圾没人扫,京海不就变成垃圾场了?!"

魏明铭看单宇急得面红耳赤的,轻笑一声,神情轻松了些。

单宇不好意思地摸摸脑袋,与魏明铭相视一笑。

魏明铭突然想到了什么,说:"对,芸姨的话不能全信,城中村到底有没有毒,得再验一验!走,去找欧阳!"

单宇一愣:"找欧阳?"

魏明铭大步向前:"污水验毒!"

10月16日。下午。
西郊区。

西郊环线边上的城中村。一辆灰色的旧卡车开到城中村边缘,卡车后罐上印着"吸污车""清洗"几个大字。

欧阳瞳和李威威穿着脏兮兮的清洁工作服,戴着工作帽和大口罩,从旧卡车上下来。他俩利落地掀开地上的下水管道,拿着长铁丝和水桶,看样子是在疏通污水管道。

不远处,有几个小朋友在玩耍,捂着鼻子跑开了:"好臭啊!臭死啦!"

两个路过的男人看看他们,浑不在意地走了。

污水管道里的臭味十分熏人,欧阳瞳和李威威这样的老法师,也都几欲干呕。李威威低声说:"你今天搞这么臭,晚上还怎么金风玉露一相逢?"

欧阳瞳汗如雨下,气不打一处来,说:"少说两句吧!我都快吐出来了!"

"啧啧!难得小廖廖不嫌你臭,你可得把握住了!"李威威额头上也都是汗水,就这也挡不住他八卦地晃了晃脑袋。

欧阳瞳手下忙碌不停,狠狠地剜了李威威一眼。

当天晚上。

京海市公安局刑侦队。

刑事技术中心。实验室内,四个黑色的方形盒子一字排开。欧阳瞳、李威威和几个同事穿着白色工作服,戴着手套,正在实验台前忙碌。

李威威和欧阳瞳手持加样枪,将不同的样本进行分类加样,利用仪器设备进行检测。魏明铭和白勇走进实验室,问:"欧阳,怎么样?"

"正好!"欧阳瞳坐在电脑前,招呼他们过来看检测结果。

欧阳瞳指着电脑屏幕的结果,说:"这个城中村只有一套排水管道,污水直排。我们在两个排污管道口取了几十份样本。这是污水样本的分析结果,基本上每一份样本都含有高浓度的新型毒品成分,还有高浓度的新型毒品代谢物。"

白勇喜上眉梢,左眉骨上的伤疤都柔和起来,问:"代谢物,就是吸毒人员的代谢产物?"

李威威没好气地说:"对!就是那帮吸毒贩毒的上厕所,马桶冲出来的!尿尿!粑粑!黄白之物!我跟欧阳到现在,浑身都是下水道的味儿!"

白勇凑到李威威身边闻了闻,认真地说:"味道还行啊!这污水验毒,准不准啊?"

李威威冲着白勇翻了个白眼,说:"这是最新的验毒技术,可以从污水中检测出20多种常见毒品和新的精神活性物质,还有它们的代谢产物!能达到万亿分之一的标准!这么说吧,你白勇把一包冰毒从明海河大桥扔下去,我李威威就能从明海河水里给你测出来!"

魏明铭笑道:"威威说行,肯定行!"

李威威马上换成一副笑模样,圆眼睛眯着对魏明铭说:"魏哥!我们幸不辱命啊!"

欧阳瞳也很振奋,说:"魏队,这个城中村生活污水里的新型毒品浓度,远远高出其他参照物!我敢肯定,这个城中村里有贩毒窝点,而且有大量吸毒人员。"

魏明铭眼睛一亮,问:"能查到制毒原料的成分吗?"

欧阳瞳顿了顿,说:"我们手头只有新型毒品的成品和代谢物样本,以市面上俗称的精灵药为主。但是,对这种新型毒品的合成原料还不是很了解。我和威威会再进一步研究的!"

"好!"魏明铭目光坚定。

10月17日。下午。

西郊区。

一辆京海市电力公司的客货维修车,缓缓驶入城中村的中心区域。

魏明铭、老彭、白勇和一名年轻刑警穿着电力公司的工作服,跟着两名电力公司的维修工师傅,一起下了车。他们分成两组,跟着电工师傅检查私搭乱建的电线线路,同时查找可疑线索。

老彭和白勇跟在一个50多岁电工师傅的身边,像模像样地测试电表,检修线路。

一个歪戴棒球帽的年轻男人,从不远处晃晃荡荡地走过来,挑眉斜眼地看着他们:"干嘛呢?"

老彭视若无睹,收起工具箱,嘴里嘟囔着:"线路怎么这么乱呢?不怕出事儿啊!"

老彭等人不慌不忙往前走,绕过了一个街口。老彭朝右前方一看,突然眼前一亮!

斜前方不到二十米,有一栋三层小楼。三层小楼下是一方小院,院子围墙被改造得又高又厚,院门紧闭。三楼的两个窗户上,挂的正是粉红色窗帘!窗帘上还有 hello kitty 的图案!

"大白猫?"

"hello kitty 啊!"

老彭和白勇兴奋地对视一眼。两人沉住脸色,笃笃定定地提着工具箱朝三层小楼走去。

他们没走几步,小楼斜对面的小吃摊,又站出来个黑黑瘦瘦的黄毛男青年。

黄毛男青年叼着烟,慢悠悠地走到路边,审视地看着老彭一行。

老彭看看小吃摊旁的电线杆,扯出许多私拉的电线,其中一大束线路是拽到了三层小楼的院内。

"呜汪!呜汪!"院内传出几声低沉的犬吠,听起来像是凶狠的藏獒。

老彭"啧啧"地摇摇头,低声说:"私搭乱建这么多,不怕出事儿啊!"

电工师傅闷着头走路,说:"咱管不了,走吧!"

三人走过小巷。黄毛男青年转身看着他们拐弯离开,又晃晃荡荡地坐回到小吃摊。

三层小楼的粉色 hello kitty 窗帘背后。

室内的气氛粉红暧昧。

彪哥戴着粗金链的粗脖子上布满了汗水。他趴在床上直喘粗气,身下压着一个丰满白皙的红发美女。

彪哥翻身下来,靠在床头,点了支事后烟。

红发美女柔顺地钻到他怀里,媚眼如丝地看着他,嗲嗲地说:"老公,那个包真的好漂亮。"

彪哥舒坦地吐了口烟圈,豪气地说:"喜欢就买!"

红发美女眼睛一亮,开心地亲了彪哥的大脸一下,说:"谢谢老公!"

彪哥嘿嘿一笑,在红发美女胸前摸了一把,说:"老公对你好吧?"

红发美女娇笑着说:"老公么么哒!要么婷婷她们都羡慕我,有彪哥这样的好老公!"

彪哥淡淡地斜睨了红发美女一眼,说:"阿娇,少跟你那些姐妹说我的事儿!"

红发美女阿娇急忙解释:"我知道的!放心吧彪哥,我都跟你这么久了。你是做大事的,阿娇懂的……"

彪哥把半支烟按在床头柜的烟灰缸里,大掌一把捏住阿娇的臀部,说:"我就喜欢你懂事儿!小心驶得万年船!"

"城中村里都是你的人,上回警察一进来就被盯上了,转移得干干净净!老公,你就是我的偶像!"阿娇靠在彪哥肥厚的胸膛上,娇嗲地说。

"来!再跟偶像来一发!"彪哥把阿娇压在身下,猥亵地笑道。

京海市公安局刑侦队。

队长办公室。魏明铭向郑涛汇报了城中村侦查的情况,说:"经过两次化装侦查,找到了符合芸姨描述的三层楼,看得很严,应该就是栾彪的窝点。根据外围观察,估计里面长期有十个人左右,主要是他贴身的左膀右臂。还有几十个小弟,在城中村的十几个路口蹲点儿看守。只要有陌生面孔进村,一进去就被盯上了。"

郑涛浓眉微皱,说:"打草惊蛇的话,就怕他们转移毒窝。"

魏明铭有备而来,说:"我觉得,可以让电力公司安排一次小规模断电,趁着电力抢修靠近,一举拿下!"

郑涛果断地说:"好!队里会做统一部署,配合你这次行动!"

"谢谢郑队。"魏明铭犹豫了一下,说:"这次进入城中村的中心区域,在外围也走了一圈,还是有点儿奇怪。如果有制毒工厂,产生的废弃原料毒性很强。不光周围的树木会死光,还会有很刺鼻的味道,很可能会引起居民举报。但好像没发现类似情况……"

郑涛沉吟了一下,说:"不排除远抛废料的可能。不管怎么样,先拿下!"

"是!"魏明铭领命离开。

10月19日。傍晚。

入夜时分,天色渐暗。

西郊区。西郊环线边上的城中村内,许多人家已经亮了灯,门窗里飘出炒菜的香味。

在彪哥的窝点,三层小楼的院门打开,情妇阿娇穿着紧身裙走了出来。她外套一件宽大的毛衣外套,看起来性感而又慵懒,袅袅婷婷地走到对面的小吃摊前。

坐在凳子上抽烟的黄毛青年马上站了起来,恭敬地说:"大嫂!"

阿娇看都没看黄毛,轻轻地挥挥手,冲着小吃摊主说:"两份炒牛河,一碗牛肉粉丝汤,多加辣椒!"

"好嘞!"小吃摊主在煤气灶前煎炒烹炸,忙活起来。

阿娇柳眉弯弯,悠悠地说:"你这小店儿也不装修装修!真是不上档次!哎,谁让你是我老乡呢!我就是爱这个家乡的味道!爱听你讲讲家乡话!"

"那是那是!美女老乡,多照顾我生意撒!"小吃摊主讨好地笑道。

黄毛殷勤地说:"大嫂先回吧,做好了我送上去!"

阿娇柳眉轻挑,刚想说什么,小吃摊屋顶挂的灯泡突然不亮了。她抬头看看周围,发现城中村的中心区域所有电灯都熄灭了!

"怎么停电了?"阿娇喃喃地说,瞥了眼黄毛,懒洋洋地说:"一会儿给我送上去!"

"哎!大嫂放心!"黄毛点头哈腰。阿娇又袅袅婷婷地走回院中,关上了院门。

10分钟后。

一辆京海市电力公司的客货维修车,驶入城中村。

维修车内,魏明铭、老彭、白勇和五六名年轻刑警穿着电力公司的工作服,正在检查藏在工作服内的手枪和手铐等警械。

魏明铭说:"二组在另一辆维修车上,特警在两辆车的后厢,前后到达。彪哥的窝点里,长期盘踞着至少七八个人,人多的时候可能有十来个。咱们先冲,特警包围。都明白了?"

"明白!"老彭、白勇等人低声领命。

维修车开到彪哥窝点旁边的路口拐角处,魏明铭带着大家下了车,大部分人朝三层小楼正门走去,另外两名刑警拐到楼后的小巷里。

这时,黄毛刚好带着炒好的河粉和牛肉粉丝汤进了院子,去给"大嫂"送饭。

魏明铭等人提着工具箱,走到小吃摊前。

小吃摊主一见电力维修人员来了,赶紧叫苦:"哎哟师傅,你们可算来了哈!赶紧修修,这好像不是跳闸!"

白勇闷声说:"大规模停电,肯定不是跳闸!都是私拉电线引起的!"

魏明铭走到三层小楼的门前,拍了拍门,说了声:"有人吗?电力公司的!"

黄毛刚好从送完饭出来,拉开院门,看到魏明铭一行,警惕地问:"干嘛?"

魏明铭憨厚一笑,指指院门前电线杆上交错纵横的电线,手指头一路延续到三层小楼院子上方,那里有一大坨拽拉出的电线,说:"电力公司的!这大规模停电,搞不好是你们这个变压器出问题了,我们得检查一下!"

黄毛看起来瘦弱猥琐,警惕性挺强,脸色沉了下来说:"整片儿都停电了,干嘛来我们这儿查?"

"电线杆子就在你家门口,不查这儿查哪儿?"白勇沉着脸闷声道。

魏明铭扬起下巴,看看院子上那一堆电线,说:"我们同事都来了,整条线路都要检修!你看看那堆线路,都烧毁了!不修好怎么供电?很危险的,出火灾怎么办!"

黄毛愣了愣,挥挥手说:"赶紧弄好!别乱动啊!"

"放心吧!我们也想赶紧修好!"魏明铭微微一笑,几人提着工具箱进入院内。白勇最后进来,将院门轻轻掩上。

"呜汪!呜汪!"院内有一条体型巨大的黑色藏獒,用铁链拴在小院角落,看到生人,恶狠狠地嚎叫起来。

"这狗好凶哦!电表在屋里吧?"魏明铭提着工具箱,看看黄毛。

"谁?"二楼窗户探出一个光头的脑袋,粗声粗气地问。

黄毛不耐烦地点了支烟,抬头喊:"来修电的!开门儿!"

光头伸着脑袋打量了魏明铭他们一眼,又缩回二楼窗户,黄毛又不耐烦地拍了拍房门。

魏明铭站在黄毛旁边,看了眼白勇。

白勇心领神会,走到黄毛斜后方。

"咔嗒!"门把手刚一拧动,魏明铭立即狠狠一脚,将门踹开!

"砰!"与此同时,白勇伸出胳膊猛地勒住黄毛的脖子!

黄毛猝不及防,被白勇紧紧地捂住嘴巴,勒着脖子往后一拽,倒在地上!

白勇压住黄毛,迅速上了个背铐。他掏出手枪,冰冷的枪口抵住黄毛的脑袋,低声说:"警察!别动!敢出声儿就毙了你!"

黄毛刚被勒地脸红脖子粗,一看手枪吓得差点儿尿了,趴在地上一动不敢动,只在嗓子里闷哼两声。

开门的人是个30多岁的高壮男子,被猛然踹开的房门撞了一下,往后一退,看到冲进来的警察,第一反应就是转头逃跑!

"警察!别动!"老彭飞身冲过去,在门厅就一把将高壮男子扑倒在地!

客厅里,有四个身上描龙画虎的男人,正坐在沙发上抽烟聊天,听到动静刚要起身,魏明铭带人冲进客厅,双手持枪对准他们:"别动!警察!"

"把手举起来!手!蹲下!"白勇持枪大喊。

没完全反应过来的四个男人,面对枪口只能缓缓地举起手,眼神凶狠不甘。

这时,二组的七八名缉毒队刑警也冲入房内,迅速将四个男人制服,控制住一楼局面。

"上楼!"魏明铭持枪踏上楼梯,老彭和白勇等人紧跟而上。

"砰!"一声枪响!

二楼右侧拐角处打来一发冷枪,差点儿击中最前方的魏明铭!

魏明铭迅敏闪身,贴住墙壁。白勇站在下半段楼梯,迅速对准拐角处还击,"砰!砰!"

"啊!"二楼发出男人的惨叫。魏明铭和白勇冲到二楼,分别持枪向左右两侧观察,右边地上躺着一个右侧肩胛部中弹的男人,枪伤处鲜血直涌,正在痛苦地闷哼。

"老彭留下!我们上去!"魏明铭和白勇直奔三楼。

三楼的卧室内,阿娇坐在桌前,边看 ipad 上的韩剧边吃饭。彪哥则假模假样地倒了杯马爹利洋酒,美滋滋地喝着小酒。

"砰!"楼下枪声忽响,阿娇吓得尖叫一声。

"我操!"彪哥迅速跳起来,从枕头下抽出一把手枪。他把粉红色的窗帘微微拉一条缝,向楼下看去。此时,七八个人正持枪进入院内。他们快步进入,训练有素,显然是便衣警察!

"我操!"彪哥咬了咬后槽牙,推开窗户的缝隙,举枪向下射击!

"砰!"子弹擦着一名特警的头盔呼啸而过,射入墙角。特警反应迅速,抬头就是一枪!

"砰!""哗啦!"枪声响起,三楼玻璃窗应声而碎。

"啊!"女人发出更凄厉的尖叫。

彪哥躲在墙边,虽然没有中弹,但脸上被碎玻璃碴划出一道血印。他心知院子已被特警封锁,随即跑到卧室门边,透过猫眼向外望:门外没有人影。

"别叫了!"他回头看看瑟瑟发抖、尖叫哭泣的阿娇,狠狠地揪住她的头发,将她拽到门口。阿娇痛叫一声,涕泪横流,却又不敢反抗。

彪哥左手拽着女人的头发,右手拿着枪,轻轻地拧动门把手。

门外,魏明铭和白勇冲上三楼。三楼客厅的窗户上,挂的也是粉红色的窗帘,印着 hello kitty 的图案。客厅里没有人,地上有几个封口的大纸箱。旁边卧室房门紧闭,刚才女人的尖叫声似乎就是从那里传出来的。

魏明铭和白勇侧立在卧室门外,双手握枪,蓄势待发。

彪哥右手一压,猛地将门把手拧开,门刚一开,他就用力把阿娇推了出去!

魏明铭和白勇发现面前出现的是个女人,都是一愣,没有扣动扳机。就在这电光火石之间,彪哥用身前的阿娇作为人肉盾牌,突然开枪!

"砰!"子弹紧贴着魏明铭的耳边呼啸而过,擦伤了白勇的左臂。

一枪未中，魏明铭没有给彪哥开第二枪的机会，猛扑上去，双手一把抓住彪哥的右手臂，向上举起！

彪哥不得已松开阿娇的头发，去抓魏明铭的胳膊，两人四臂较劲，贴身搏斗起来。阿娇踉跄倒地，哭着爬到一旁。

白勇顾不上肩膀的伤口鲜血直流，冲上来握住彪哥的右手腕使劲一掰！彪哥吃痛，手一松，枪支落地。魏明铭一脚踢向彪哥的膝盖，彪哥一趔趄，站立不稳倒了下来。

"别动！"魏明铭用枪对准彪哥的头，冰凉的枪口顶上了太阳穴。

彪哥身体一僵，不敢再动。白勇半跪着，用腿死死地压住彪哥，给他上了背铐。魏明铭踹开卧室门，确认三楼没有其他人。他看了眼缩在一旁的阿娇，走过去给她双手反剪，戴上了手铐。

这时，老彭走上二楼，说："二楼三个，都搞定了！"

魏明铭点点头，看看白勇的肩膀："没事儿吧？"

白勇的肩膀被擦出一道半厘米深的伤痕，虽然流了不少血，但好在没有伤到骨头。他满不在乎地摇摇头："皮外伤，小事儿！"

白勇一把拉起彪哥，狠狠地撞到墙边，说："老实点儿！"

彪哥一言不发，脸上带着从白勇手上沾的鲜血，恶狠狠地看着白勇，大光头闪闪发亮。

老彭和魏明铭把客厅里的几个大纸箱拆开，果然，箱子里装的都是毒品！

老彭拿出一块"金砖"，对魏明铭说："一样的新型毒品，起码两百公斤！"

白勇听到这话，抬手就朝彪哥的大光头打了一巴掌："太嚣张了！你他妈敢在京海制毒！"

"你给我等着！我记住你了！"彪哥两眼发红，凶狠地瞪着白勇，压低声音狠戾地威胁道。

"啪！"白勇又打了彪哥一巴掌，拍得他耳朵都红了，指着他说："你他妈的记住！我姓白！我在缉毒队等着你！"

"行了！"魏明铭走过来，用眼神制止了白勇，沉声道："带走！"

京海市公安局刑侦队。

审讯监控室。

魏明铭向郑涛汇报:"郑队,这次把城中村的窝点翻了个底朝天,没有找到制毒的工具和原料。在周边走访,没发现有用的线索。"

郑涛看向监控屏幕里的戴着手铐和脚镣的彪哥,说:"这是个老油条,不好撬!"

魏明铭点点头,说:"一天一夜,没开过口! 不过他那几个小弟,还有他的女朋友,倒是都招了。"

魏明铭想到阿娇,摇头笑道:"尤其是那个女朋友,恨栾彪恨得不得了! 贩毒、吸毒、伤人,连他做大保健、嫖娼都交代了! 就是没有制毒窝点的线索……"

审讯室。

阿娇红发蓬乱,脸上的睫毛膏已经被哭花了,眼睑下是黑灰色的一片。她声音哽咽,抽抽搭搭地说:"他太,太狠心了! 把我推出去挡子弹! 我要揭发他! 我控诉他!

"我跟了他快两年,为了他,天天缩在城中村! 这个王八蛋,对我一点儿感情都没有! 去年底,他新接了条线,拿了一大批货! 出货量很大,他没少赚钱! 一个月才给我两三万零花,还让老娘给他挡子弹……"

白勇耐着性子听完阿娇的抱怨,说:"讲讲重点! 你知不知道栾彪制毒的情况?"

阿娇愣了愣,随即鄙夷又伤心地说:"制毒? 他没那个本事! 他也就是个二道贩子,不像个男人! 亏我跟他那么久! 狼心狗肺的……"

阿娇说着,又开始抹眼泪了。

另一间审讯室。

魏明铭和老彭坐在审讯桌后。

魏明铭淡淡地说:"栾彪,几年没见,长出息了!"

栾彪半靠在审讯椅上,戴着手铐和脚镣,神色阴沉。

魏明铭说:"说说吧,制毒窝点在哪儿?"

栾彪抬眼,斜睨着魏明铭,没有说话。

魏明铭淡淡地说:"栾彪,你是三进宫的人,受过普法教育。贩毒好几吨,人赃俱获!是不是觉得自己不能活了,就这样了?我告诉你!虽然你贩毒数目巨大,死罪难逃,但是!"

魏明铭顿了顿,看着栾彪微动的神色,说:"京海地理位置重要,是毒品的流入地和销售地,但是,从来不是生产地!这么多年,京海头一回出了制毒工厂!你知道这是多大的事儿?"

魏明铭话锋一转,厉声道:"栾彪,现在让你交代,是给你一线生机!如果能把制毒窝点挖掉,我给你申请重大立功表现,留你一条狗命!"

栾彪眼睛一瞪,吼了一嗓子:"什么制毒窝点?老子就是倒倒手!"

魏明铭紧追不舍:"两百公斤的货!市价的三分之一!你从哪儿拿的货?怎么倒的手?"

栾彪愣了愣,说:"这个供货商,主动找的我!我就见过一个人,一直是他们单线联系我。"

他看魏明铭紧盯着自己,显然是不信,随即说:"你们可以查我的手机!问我的兄弟!我只负责卖货,压根儿不知道什么制毒工厂!"

魏明铭和老彭对视一眼,问:"那个供货商,是什么人?"

栾彪叹口气,说:"就是,就是个一般人儿!戴个帽子,还他妈戴个眼镜儿,屌兮兮的!每回联系我,都是新号码!"

栾彪吐了口,语气也软了下来,说:"政府,我愿意配合!帮你们把这个供货的挖出来!政府,你们要给我重大立功表现啊!"

魏明铭看着栾彪,眼神质疑深沉。

10月22日。深夜。

京海市公安局刑侦队。

缉毒队办公室内,只有魏明铭一人,坐在办公桌前。

魏明铭脱下外套,解开衬衫纽扣,露出清瘦紧实的腹肌。他似乎又瘦了些,右肋下长长的伤疤,却依然醒目。

他熟练地用胰岛素注射器给自己打了一针,合拢上衬衫,疲惫地靠在椅子上。他闭目休息,依然心事重重,眉头轻轻皱着。

片刻后,白勇端着一个塑料饭盒进来,放在魏明铭面前,轻声说:"魏哥,吃点儿东西吧。"

魏明铭睁开眼睛,眼底透着血丝,笑着点点头,说:"好。"

白勇微微舒了口气,魏明铭最近太辛苦了,几乎没好好吃过饭。

魏明铭拆开盒饭和筷子,味同嚼蜡地吃了两口,又停了下来,定定地看着白勇,说:"查不到栾彪制毒的证据,他的供货商又断了联系!咱们跟着线报,东奔西走这么久,怎么找不到一点儿线索!白勇,京海有制毒工厂,还一直查不出、打不掉!你说,我还有什么脸面当这个缉毒队队长?"

白勇满眼心疼,低声劝说:"魏哥,别想工作了,先吃饭吧!最近天天在外面跑,你都没吃过一顿热乎饭!"

魏明铭放下筷子,低哑着说:"我吃不下。那个窦天磊,就是听说精灵药是从京海卖过去的,才跑来京海杀人自焚!两个年轻女孩儿,一死一重伤!还有那个老鬼别墅里的女孩儿,才十八九岁!她被灌的也是新型毒品,全身都是伤!小阮说她受刺激太大,醒来后精神都有点儿问题了。这样的事情还有多少?!被祸害的人和家庭还有多少?!京海的制毒工厂一日不除,我心里就他妈的一日过不去!"

白勇张了张嘴,感到无言以对,说:"哥……"

魏明铭一向沉稳,虽然眼睛泛红,仍自制力极强地控制住情绪,低声说:"没事儿!你也辛苦,休息一会儿吧!"

白勇深知魏明铭是外柔内韧的性格,沉默地坐在自己的位置上,开始看卷宗,时不时瞄两眼魏明铭,看他肯不肯把盒饭吃完。

这时,魏明铭的电话响起,接起电话,听到老彭振奋的声音:"魏队!有个情况……"

"好!我马上过去!"魏明铭挂了电话,眼中闪耀神采,对白勇说:"去造船厂!"

半小时后。

京海市造船厂。

大型船坞内,老彭跟魏明铭、白勇边往里走,边介绍道:"前天大雾,有一艘巴拿马籍的货轮因为视线不清,撞到明海河大桥的桥墩子上了。货轮被送到京海造船厂的船坞维修。工人在货轮下挂的潜水艇里,发现大量不明性质的白色粉末。海关缉私局过来一看,发现不对,马上就联系我们了。"

船坞内。

魏明铭和白勇跟着老彭走上架台,面前是一艘电力驱动的小型潜水艇,艇内满满地堆积着上百个用塑料袋严密包裹的方块包。其中一包已经被工人打开,露出塑料袋里的白色粉末。

魏明铭俯身查看粉末,眼神锐利,语气难掩振奋,说:"就是我们一直在查的新型毒品!"

白勇一看,也振奋地问:"真的是!这么大量!船员都在吧?"

老彭点头道:"放心,分局已经把人都控住了!造船厂的工程师说,这个潜艇是改造过的,电池驱动力强,暗箱的空间很大,能装两吨毒品!设备舱有六个气瓶,用来排水进水。控制舱装了电磁阀,可以在大船上遥控操作潜水艇的升降沉浮。"

白勇咬了咬牙,低声说:"这帮混蛋,高科技运毒!"

魏铭明抬起头,眼中闪动着兴奋的光芒,低声说:"两吨毒品!看来这个制毒窝点离京海是有距离的,但是,我们离它只有一步之遥!"

京海市公安局刑侦队。

审讯室内。一个中等身材的华人男子坐在审讯椅上,戴着手铐,额头不停流汗,看起来很紧张。

老彭正在朗读我国刑法第 347 条:"第三百四十七条,走私、贩卖、运输、制造毒品,无论数量多少,都应当追究刑事责任,予以刑事处罚。走私、贩卖、运输、制造毒品,有下列情形之一的,处十五年有期徒刑、无期徒刑或者死刑,并处没收财产……"

"一、走私、贩卖、运输、制造……五、参与有组织的国际贩毒活动的。"老彭读完这段,冷冷地看着面前的嫌疑人。

魏明铭敲敲桌子,说:"闻大卫,听明白了吗?在中国境内贩毒,会受到最严厉的制裁!包括死刑!"

华人大副闻大卫猛地抬头,用带着港台腔的声音大喊:"我是外籍!你们不能判我……"

魏明铭神色冷肃,严斥道:"外籍怎么了?毒品犯罪是世界公认的严重罪行!我们中国是法治国家,贩毒是重罪,法律面前一律平等!前阵子,刚有个加籍的毒贩在中国被捕,法院依法判处死刑。你以为自己是谁,证据确凿,你能逃脱刑罚吗?!"

闻大卫冷汗淋漓,一句话也说不出来。

魏明铭严厉地说:"闻大卫,你是货轮的大副,潜水艇是你分管安排的,所有船员的证词都指向你!我告诉你,你跑不掉了!"

魏明铭看着闻大卫的神情变幻,语气放缓,说:"闻大卫,你还不到四十岁,家里也有老婆孩子。命只有一条,你不要犯傻,给别人抗雷!如果你现在把毒品来源交代清楚,就算你有立功表现,还有可能免死!机会就给你一次,讲吧!"

闻大卫越听越害怕,豆大的汗珠从额头上沁出,抬头问道:"不判死刑,你,你能保证?"

魏明铭指了指审讯室里的监控摄像头,说:"我们中国依法治国,审讯过程录音录像。我代表京海市公安局刑侦队,说的话一个唾沫一个钉!会帮你争取!但是,主要看你的表现!"

闻大卫的心理彻底崩塌,急忙说:"我,我交代!我就是帮忙运货的!是Mr.荣找上我的!"

老彭虽然头顶黄毛、外形草莽,但业务素质过硬,英语水平也不赖。他在笔记本上作着记录,问:"Mr.荣?荣先生?"

闻大卫点着头:"是,荣先生!他很厉害!在澳洲有农庄,有一帮华人跟着他干!他有个帮手叫Kent赵,大家都叫他堪哥。去年,堪哥找到我,说京海港口的吞吐量很大,荣先生想用过国际货轮运一批货过来。我开始以为,以为他是做走私的，就答应了。后来才发现是，是毒品！我当时吓坏了，但是……"

闻大卫抬起戴手铐的胳膊，擦了擦脸上的汗水和泪水，说："但是我，我那时候手头紧，把堪哥给的定金花掉了。我还不上钱，要是不答应带货，他们会杀了我！真的是没有没办法，我就答应了。货运到京海，把潜水艇带到港口附近，等接头的人来了，就下放潜水艇交易。"

魏明铭说："把接头人的情况说一下！"

闻大卫又艰难地咽了口唾沫，说："接头人叫，叫阿平，是堪哥的手下。我只见过堪哥一次。平常都是阿平出面运货。堪哥躲在暗处，我们看不见他，他能看见我们！"

魏明铭点点头，问："他们知道货轮维修的事情吗？"

闻大卫擦擦汗，说："我给阿平打电话说过，货轮要在船坞修一两天。船一修好，我们就照常交易！阿平说，如果荣先生知道我为了赶时间，在大雾天出航，撞坏了船，有可能走漏风声，搞不好，搞不好会干掉我！我，我怕死了！我就答应阿平，给了他一笔钱，让他帮我隐瞒……"

魏明铭问："阿平答应你了？"

闻大卫点点头，说："我把我这趟赚的钱，一大半都给他！他就跟堪哥说，大雾天航道限行，货轮晚到两天，让，让荣先生别急……"

魏明铭顿了顿，说："你见过荣先生吗？"

闻大卫猛地抬头，仿佛听到什么凶神恶煞一般，颤声说："没，没有！他从不露面，但是他无处不在……"

30分钟后。

审讯监控室。

魏明铭大步走进监控室，对郑涛说："头儿，按照闻大卫的供述，这个荣先生就是制毒工厂的毒枭！我怀疑，制毒工厂是在澳洲，但是京海是他们最大的运毒港口和集散地！"

郑涛点头说："我马上向市局汇报，同时跟澳洲警方联系。这个团伙组织严密，公司化运营，不好对付！目前看只有荣先生和堪哥，这两个核心人员能通盘操作。"

魏明铭想了想,说:"是的,郑队。最近有大宗交易,他们很可能就在京海。我想先稳住货轮,按维修好了正常运转办。闻大卫说,这个接货人阿平每次联系他,都会用新的临时号码。只要阿平一打给闻大卫,我们就能定位住他,顺藤摸瓜,把荣先生挖出来!"

郑涛点头说:"好。注意封锁消息!毒枭都是亡命之徒,有一点儿风吹草动,都会杀人灭口,切断线索!"

"是!"

10月24日。下午。
审讯室内。
欧阳瞳走进审讯室,将两张模拟画像递给魏明铭:"画好了。"

魏明铭看到两张画像中,一个是精干瘦削的男人,三十出头,双眼狭长,眼神阴沉;另一个则40岁上下,梳着分头,塌鼻薄唇,看起来有些流气。

魏明铭把两张模拟画像放在审讯桌上,说:"跟阿平和堪哥像不像?"

闻大卫用戴着手铐的手拿起画像仔细看看,抬头说:"很像很像!阿平这个真的像!鼻子很塌的!堪哥,我就见过一次。不过他那个样子,总是记得住的……"

魏明铭扭头对欧阳瞳一笑:"谢谢。"

欧阳瞳笑了笑,转身离开。

傍晚。
京海市公安局刑侦队。缉毒队办公室。

格子间内,魏明铭坐在桌前翻阅案件资料。他揉了揉酸胀的眼睛,看向桌子上的小相框,妻子和女儿都笑得很开心。魏明铭的眼神也温柔起来,嘴角不由得浮起微笑。

这时,单宇神采飞扬地走进房内,拿着一叠通话记录单向魏明铭挥了挥:"魏哥!"

"单宇来了!"魏明铭笑道。

白勇也凑了过来,看单宇一脸兴奋,说:"这么高兴,有什么发现?"

单宇看到魏明铭消瘦疲惫的脸庞,心里一酸。他随即打起精神,把厚厚的一叠通讯记录单在桌上铺开,对魏明铭和白勇说:"魏哥,我把彪哥的供货商每次联系他的号码全部列出,查到了这些号码的所有通话记录。虽然这些号码基本上都是和彪哥单线联系,用完就作废,但偶尔还是会跟其他手机号联系的!那个闻大卫在京海的接货人阿平,每次用的手机号我也查了!我把这些号码的通讯记录也全都列出来了,然后……"

单宇把两张做了标记的通话记录单并在一起:"2月23日,两张通话单出现了同一个手机号码!也就是说……"

案卷资料都在魏明铭的办公桌上,他马上就把彪哥的照片、闻大卫的照片、阿平的模拟画像和堪哥的模拟画像,都贴在办公室的白色黑板上。

魏明铭神情振奋,用记号笔在四者之间画上线头:"也就是说,闻大卫把毒品从澳洲运到京海后,联系阿平接货。阿平应该是只负责接货,再交给堪哥贩卖。彪哥是京海吃货量比较大的下线,跟毒品工厂的核心人物直接联系的,很可能就是堪哥!"

单宇的眼睛闪闪发亮:"没错!我怕不保险,今天专门跑到西郊城中村,调取了机站的通讯数据进行研判。基本可以确定,这个临时号码在同一天跟彪哥和阿平都联系过,这个交集就是堪哥!"

白勇激动地一拍大腿:"这就对了!新型毒品的制毒、运毒和贩毒的链条清晰又完整啊!"

魏明铭凝神在黑板上写了三个字"荣先生",在堪哥的模拟画像下画了一条线,指向"荣先生",说:"大鱼在这儿,我觉得,我们离他越来越近了!我马上向郑队汇报。白勇,你和老彭24小时监控闻大卫的手机,一有电话马上让他接通!单宇,你也要待命,如果是阿平来电,随时跟踪定位!"

"是!"白勇和单宇都挺直了胸脯,精神抖擞。

当晚。

审讯室内。

"嘀嘀嘀。"闻大卫的手机突然响起。

闻大卫的眼神有点慌乱,抬眼看向魏明铭和老彭。魏明铭镇静地点点头,示意他接听电话。

闻大卫吸了口气,又长长吐出,接起电话:"阿平?"

高架桥上。

阿平梳着时尚的油头,果然和欧阳瞳的画像十分接近,塌鼻薄唇,正开着一辆宝马 X6,春风得意。他一手举着手机,一手扶着方向盘,说:"搞定了吧?"

"是,是!货轮修好了!潜水艇没事的,我提前放下去了。您跟堪哥说下,明天早上 6 点,老地方见!"闻大卫忙不迭地说。

阿平得意地一笑:"行!堪哥让我去见他,就是说明天交易的事儿。你答应我的可别忘了啊!"

闻大卫忙说:"你放心!我一拿到钱就给你!要谢谢你肯帮我!"

"哈哈!我也不怕你耍花样!老地方,老规矩!等我电话!"阿平随手摁断电话,美滋滋地笑了。

审讯室这边,闻大卫的手机听筒传来电话挂断的忙音。他六神无主地问:"接下来,怎么办?"

"你做得挺好。"魏明铭说完,转身走出审讯室,来到审讯监控室。

审讯监控室内,单宇和两名技侦人员正对着技侦设备和电脑忙碌。

魏明铭问:"跟踪情况怎么样?"

单宇指着电脑屏幕上的地图说:"这个手机号目前没查到信息,应该是没登记过。不过手机已经被定位了,就在京海的新城区,位置正在移动!"

郑涛和魏明铭等人都俯身,聚精会神地看着地图。没过一会,手机定位静止了下来。

魏明铭说:"这儿是新城区郊环外的别墅区,有可能是堪哥在京海的住处。我马上过去看看。"

单宇有点担心,说:"魏哥,多带几个人手。"

魏明铭想了想,说:"他们警惕性很强,人一多就怕打草惊蛇,我先去探探。"

老彭站起身,说:"我和白勇去。"

"行。"魏明铭站起身,顿了顿,说:"带上枪。"

30分钟后。

新城区,郊环外。

宏海景观花园,虽然在郊环线外,但毗邻一片新兴商贸区,位置算是闹中取静。小区开盘不久,里面都是独栋别墅,每家都有独立的院落。由于小区房子单价极高,环境可说是地广人稀,绿化很好,颇有曲径通幽的味道。

一栋别墅内,厚重的窗帘严严实实遮盖,只能隐约看到房内亮着灯。

客厅里,刚才还意气风发的阿平,现在被打得鼻青脸肿,满脸血污。他被捆绑在凳子上,绳索从头到脚把他捆得像粽子一样,地面上铺着几张大块的塑料布。

客厅里站着四个青壮年男子,其中一个站在沙发旁,看起来尤为精干强悍,双眼狭长,眼神阴沉,正是模拟画像中的堪哥的模样。

沙发上,坐着一个40多岁的男人,戴着黑框眼镜,穿着精致高档的休闲西服。

他摘下眼镜,从口袋里掏出一块丝绒布,慢慢地擦着镜片,清清淡淡地说:"阿平,我自问待你不薄。可你呢,你是怎么回报我的?货轮送到造船厂维修,你敢跟我说是延迟到达?你脑壳子里,是猪脑子?"

堪哥立在一旁,自责道:"荣先生,我也有错!前两天起大雾,确实有航道限行。是我大意,没有核查,被他给瞒住了!"

荣先生轻声说:"阿堪,你确实大意了!我来之前,你是怎么跟我说的?你说京海这边,你都搞定了!产业链成熟可靠,京海的警察都是摆设。你请我从澳洲回来,欣赏你的好戏。这可真是一出好戏啊!"

堪哥额头渗出冷汗,面色如土。他跟随荣先生数年,知道荣先生这样说话,就是动了杀意。旁边几个大汉也都低眉噤声,一语不发。

荣先生轻描淡写地说:"你们看,货轮在造船厂待了两天!潜水艇上的货到底是个什么情况,谁知道?要赶紧查清楚!阿堪,事情做成这样,你自己看着办吧！"

"是！"堪哥眼神一暗，心里却也松了口气。

堪哥抽出随身携带的匕首，将左手小指放在荣先生面前的茶几上，举起匕首，挥刀落下！

左手小指的第一个指节随刀而落，鲜血汩汩地流出。

堪哥的额头汗如雨下，嘴唇毫无血色。他坚忍地不发一声，从口袋里拽出一块男士手帕缠住断指。

荣先生一派斯文地戴上眼镜，不耐烦地摆摆手，说："行了，阿堪！你跟我这么多年，处理干净就好！慈不带兵，义不行贾。阿平，你上路吧！"

阿平头脸肿胀，满脸血污，勉强睁开眼睛，"呜呜"地哀求着。

"好的，荣先生！"堪哥左手的断指被手帕裹住，鲜血仍有渗出。他用右手从腰后拔出手枪，拧好消音器。

面对阿平苦苦哀求的泪眼，堪哥毫无反应，面色苍白，神情冷峻，抬手就是一枪。

"砰！"

阿平顿时瘫软在椅子上，脑门上有一个血洞，后脑勺则被子弹击穿出一个拳头大小的血窟窿。脑浆和颅骨碎片混着鲜血，大量喷溅在地面的塑料布上。

荣先生脸带厌恶地看看，用手帕擦擦干净白皙的双手，喃喃地说："还真是猪脑子！"

堪哥淡淡地说了声："把他装到自己车里，车和人都处理干净。"

"是。"几名男子训练有素，神情平静，动作麻利地开始收拾尸体和塑料布。

他们把阿平的尸体往编织袋里塞的时候，阿平的手机从口袋里滑落，掉到塑料布上。

荣先生看了看手机，说："阿堪，把手机卡拆掉，全砸了！"

阿堪闻言，随即从门口的工具箱里拿出一个铁锤，拆开手机，把手机卡放在手机上面，举起铁锤砸得粉碎！

荣先生眯着眼睛，似乎出了会神，突然说："这个蠢货可能暴露了。这儿不能待了，走吧！"

堪哥走到荣先生身边,谦恭地低声说:"对不起,荣先生。这儿是个临时的点,租约都是假名字,您放心!我先送您离开。"

荣先生点点头,神色不愉地说:"走吧!给我买最近的航班回澳洲。可惜了,我挺喜欢京海的!这房子也不错,让我想起小时候。"

与此同时。

京海市公安局刑侦队。队长办公室。

郑涛坐在桌前,面前是一厚摞关于制毒工厂、荣先生、堪哥、阿平、闻大卫、彪哥、芸姨的案卷资料。他越看越觉得心神不宁,拿出手机给程功打电话:"程功,在哪儿?"

程功:"头儿,我已经进市区了。"

一辆民用牌照的深蓝色商务车行驶在高架桥上。

白勇穿着一件棕色皮衣,坐在驾驶座开车,五官深邃,十分干练。

老彭坐在副驾驶座,看着手机收到的定位情况,说:"单宇刚发的手机定位,就在宏海景观花园的西边,靠后。"

魏明铭坐在后排,手机振动,单宇来电。

"单宇。"魏明铭一接听手机,就听到单宇焦急的声音:"魏哥!阿平的手机一直定位在别墅区,就在刚才,手机信号突然消失了!"

"好!你随时跟踪,有情况联系。"魏明铭眼神一顿,心里划过一个念头。

"魏哥,程功不放心,我们马上过去!"单宇的声音从听筒传来。

"好,保持联系。"魏明铭挂断电话,眉头轻皱。

"怎么了,魏哥?"白勇从后视镜里看看魏明铭的神色,问道。

魏明铭低声说:"阿平的手机信号突然不见了!"

老彭回头问:"会不会出事了?"

"先去看看情况!"魏明铭冷静地说。

车辆驶下高架桥,转过几个路口,从宏海景观花园的小区门口驶入。

白勇沿着西侧道路向内开了一段路,靠在路边一处空地停下。老彭说:"前面的定位,也就是这方圆几十米了。"

"走！看看去！"魏明铭、白勇和老彭下车，观察着沿途两侧的六七栋别墅。

宏海景观花园主打花园特色的绿化景观，别墅门前都有一个缠花带草的栅栏，围成一个半开放式的小院。院内有一片草地，旁边是两个停车位。

由于别墅区的不少房子是富豪买来过周末或者度假的，平时的入住率不高。此时，只有少数别墅亮着灯，车位上停着各色豪车。多数别墅则漆黑一片，周边环境十分寂静。

魏明铭看到十几米远的斜前方，有一栋花园型别墅，门前停着一辆黑色的奥迪A8和一辆宝马X6。但是别墅的窗帘却拉得严严实实，几乎不透光亮。

魏明铭低声说："那个别墅门前有车，窗帘很严，去看看。"

老彭和白勇点点头，三人刚走几步，别墅的门突然打开了。

魏明铭拉着白勇迅速向旁边一闪，隐身在一棵大树后的阴影内。老彭则一大步走到另一侧的灌木丛后，悄悄隐身。

别墅的房门打开，走出两个青壮男子，提着一个沉甸甸的大编织袋，吭哧吭哧地走到宝马车后面。两人用力搬起鼓鼓囊囊的编织袋，往宝马车的后备箱里塞。

"这个袋子有问题！阿平可能出事了！"魏明铭低声道。他紧盯着编织袋的下方，隐隐渗出黑红色的血迹。

很快，编织袋就被塞进宝马车的后备箱，两个青壮男子一个关后备箱，一个到驾驶座开车。

魏明铭和老彭隔着街道对视一眼，迅速达成默契。他压低声音，快速地对白勇说："通知增援！"

魏明铭说完，和老彭同时从树后走出，快步向别墅走去。

"魏哥！"白勇声音极低地喊了一声，没有劝住魏明铭。

此时，宝马SUV已经发动，车辆发出低沉的嗡鸣声。

魏明铭快步走到车辆斜前方，右手微微向后扶住枪柄，左手亮了下证件："市公安局！下车！"

车内的两人明显一愣，定定地坐着，没有动作。

"警察！举起手！"老彭厉声警告，掏出手枪，对着驾驶座的男子。

车内的两个男人慢慢地抬起手,老彭一手持枪,一手探向前,准备拉开车门。

魏明铭精神高度紧张,紧盯着两个男人的动作。他突然听到"咔嗒"一声轻微的门响,别墅的门打开了。

"小心!"魏明铭大喊一声,提醒背对着别墅门的老彭。

"砰!"突然一声枪响!

电光火石之间,老彭下意识地侧了侧身体。别墅房门内,射出的子弹,击中了他的右肩膀!

老彭跟跄一步倒地。魏明铭和白勇心里骤然一紧,意识到别墅里很可能有"大鱼"!

今晚的走访侦查,竟然变成了生死相搏的遭遇战!

"砰!"别墅房内又射出一发子弹,擦着魏明铭的耳边呼啸而过。

魏明铭迅速躲在车后,开枪反击,压制住别墅内的枪手。

副驾驶座的男子掏出手枪,刚推开车门,就被魏明铭一枪击中手腕!

"啊!"男子哀嚎一声,抱着手腕蜷缩在座位上。

驾驶座上的男人见状,推开车门,举枪瞄准地上的老彭。

"砰!"一声枪响。

男人低头看看自己胸前,有一个汩汩冒血的血洞,轰然倒地。

白勇立在不远处,手中的枪支冒着射击后的青烟。

魏明铭赶紧将老彭拉到车辆旁边的一棵树后,急切问:"老彭!"

"你快去!"老彭右肩伤口很深,鲜血直流,脸色苍白,微睁开眼,低弱地说。

此时,别墅的窗户突然被拉开,一个精干男人的面庞一闪而过。

"白勇!"魏明铭大喊一声提醒白勇。他一眼认出这个精干男人,正是模拟画像中的堪哥!

白勇看了眼别墅,拔腿就跑。

"砰!砰!砰!"别墅窗户处探出两支手枪,对着白勇的方向便是一阵射击。

白勇险险地躲到车身后,两辆豪车的车玻璃都碎了,车身也是千疮百孔。

坐在副驾驶座上哀嚎的男人,被一颗流弹击中头部,死在座位上。

"把手机给我!"魏明铭向白勇伸手。

白勇愣了愣,从口袋里掏出手机,取消了静音模式,递给魏明铭。

魏明铭声音极低地对白勇说:"掩护我!然后带老彭走!"

"魏哥!"白勇猛地拉住魏明铭,定定地看着他。

"这是命令!"魏明铭的额头沁出汗水,眉角被碎玻璃划伤,留下两道血痕。

白勇咬着后槽牙,艰难地点了下头,马上借着车辆的屏障,接连向别墅射击了几枪。他很快就打光了枪内的子弹,迅速地换了弹夹后,接着和对方火拼。没一会儿,白勇的子弹就又打光了。

不知为何,别墅内也没了动静。

短短几秒钟的空隙,一切突然寂静了下来。

就这短暂的时间里,魏明铭俯身绕开,把老彭的手机放在别墅右前方的灌木丛上。他则快步绕到别墅左侧的树后,掏出手机拨通了老彭的手机号。

"嘀嘀嘀嘀……"手机铃声响起。

果然,堪哥一脸戾气地出现在别墅窗前。他已经换了重型武器,手持一柄杀伤力极强的微型冲锋枪,"突突突!"不停地向灌木丛扫射。

魏明铭借着树木的掩护,侧身而出,果断抬手,瞄准射击中的堪哥,冷静地扣动扳机。

"砰!"

魏明铭一击即中。堪哥头部中枪,猛地向后一退,倒在地上。

"阿堪!"房内传来一个男人轻微的声音。声音不大,明显压抑着愤恨和震惊。

魏明铭猛地抬头,看向别墅,窗前隐约出现一个中年男人的身影。

"荣先生?"魏明铭敏感地意识到,"大鱼"荣先生很可能在别墅内!

魏明铭因为高度的紧张,肌肉紧绷,呼吸加快,额头渗出细密的汗水。他借着树木的掩护,迅速拨通了郑涛的电话。

郑涛很快接听电话,魏明铭语速极快地低声说:"郑队,大鱼出现!火力强劲,老彭受伤了!请求支援,封锁该地区……"

"你们不要硬攻!等待支援,程功马上赶到!我马上安排特警队!"郑涛猛地站起身，大声命令。听筒里传来一阵枪声，魏明铭匆忙切断了电话。

郑涛听着手机听筒里的"嘟嘟"的忙音，作为从警多年、见惯生死、荣辱不惊的老侦查员，他无法控制内心的振奋，因为这条极端狡猾和凶残的"大鱼"终于现身了！但是，这场战役到来的太过突然，不仅关系到整个京海缉毒战线的荣辱，更是对魏明铭三人的生死考验！

郑涛心急如焚，立刻拿起座机电话："特警队，我是郑涛！"开始布置抓捕工作。

别墅内，荣先生面色阴沉，捡起堪哥尸体旁带血的微型冲锋枪，看着两名面露惊慌的手下，冷冷地说："Fuck！愣什么？！"

荣先生一拉枪栓，对着魏明铭的方向疯狂扫射了一阵。

他转回头，杀气腾腾地对旁边的手下说："把手雷拿来！干死这帮警察！"

魏明铭立在树后，刚才扫射的子弹从他身边不断擦过，划伤了他的手臂和大腿，鲜血沾满在他身上。他趁着荣先生说话的几秒钟，迅速向白勇方向靠近，焦急地看着白勇，喊："你们快走！"

白勇也看到了那个中年男人的身影，他和魏明铭目光对视了半秒钟，又回头看了看树后斜躺着的老彭。老彭一动不动，已近昏迷，大片的鲜血从身下溢出。

白勇眼睛发红，似乎下定了决心，猛地把自己手里的空枪塞到身后，将副驾驶座的尸体下的手枪捡起来，拉开保险栓。他一边向远离老彭的方向走着，一边向别墅窗户射击！

魏明铭看白勇已经杀红了眼，非但不撤离，反而走出来开始毫无掩护地反击，心里一沉。

他赶紧跑向白勇，就见别墅窗前突然出现一个男人，拉开手中圆形美式手雷的撞针，投掷向白勇的方向！

"小心！"魏明铭大喊一声，扑向白勇，将他猛地推向一旁！

"轰！"手雷轰然爆炸！

强大的冲击力下，魏明铭把白勇护在自己身下，两人倒在地上。

魏明铭身材高大，几乎是完全用自己的肉身，做了白勇的盾牌。他的后脑和后背都受到重创,皮肤焦黑,猩红的血液不断流出。

此时,警笛声响起,多辆警车飞速驶来,迅速包围了这栋别墅。

白勇的脸上和身上黑红斑驳,大都是魏明铭的鲜血。他翻身抱住魏明铭,大喊着:"叫救护车!救护车!"

魏明铭脸上毫无血色,用力地睁开眼睛,看向白勇,嘴唇微微翕动,却什么也说不出来。

"魏哥!醒醒啊!哥!哥!坚持住!哥!"白勇用手去按魏明铭后脑和后背的伤口,温热的鲜血不停地流出,按也按不住。

这时,荣先生的一个手下困兽犹斗,又冲到窗口向外投掷手雷。他拉开保险栓,抬起手臂就要扔出手雷!

"砰!"程功刚下警车,站在十几米外,一枪击中了这个男人的头颅!

男人被一枪击毙,倒在客厅地上,手里被拉开保险的手雷,也落在窗前。

"轰!"手雷在别墅内爆炸,一楼瞬间成为一片火海。

别墅外。

白勇对别墅的大爆炸浑然不觉,只是用力地按住魏明铭的伤口,但是鲜血却还是不停地涌出。白勇沙哑着嗓子,声音发抖:"魏哥!别睡!哥!求你了!醒醒……"

魏明铭的眼睛,映出别墅内的火光,但是瞳孔很快失去神采。

他面色苍白,微弱地吐了口气,疲惫的双眼缓缓合上……

深夜。

京海市中心医院。

手术室外,守着好几名身穿警服的刑警。程功和纪闻身上都带着火灾和枪战的痕迹,一脸疲惫地立在门外。

一位男医生从手术室里走出,对程功和纪闻说:"病人手术比较顺利。他很幸运,没有伤到要害。不过失血太多,需要在 ICU 观察。"

"太好了!老彭没事,那……"程功微微舒了口气,欲言又止。

"另一个姓荣的男病人,人还在昏迷。不过,应该脱离生命危险了。"医生擦了擦额头上的微汗。

纪闻和程功对视一眼,都没说话。

急诊抢救室外。

白勇的脸上、身上全是血迹,神情呆滞地坐在走廊的椅子上。缉毒队两个年轻刑警,立在抢救室门口,垂头抹泪。

"啊!"抢救室内,传来魏明铭妻子詹岚凄厉的哭喊声。

白勇猛地颤抖了一下,泪水溢出眼眶。他痛苦地蜷腰,用手捂住脸,无声地流泪。

抢救室的门打开,两名护工推着盖白布的推车,把魏明铭的遗体推往太平间。

郑涛和欧阳瞳都眼眶发红,扶着悲恸的詹岚走出抢救室。

这时,程功和纪闻从手术室赶来,单宇和李威威等人也匆忙来到急诊室。大家一看到白色的推车,眼睛就红了。

"岚姐……"欧阳瞳看着詹岚毫无血色的脸庞,心口一阵疼痛,哭了出来。

詹岚眼神空洞,浑身微颤,突然瘫软了下去。欧阳瞳、李威威急忙把詹岚扶住,坐在椅子上休息。

郑涛目光征询地看向程功,程功走到郑涛身旁,声音极低地说了句:"老彭没事。嫌疑人,还活着……"

白勇站在白色推车旁,紧紧握住推车的扶手,双手的关节紧绷到泛青。

纪闻、单宇和缉毒队的几个年轻刑警都围在一旁,默默流泪。

"我,看他一眼。"程功脚步沉重地走过来,声音沙哑地对护工说。

他抖着手,揭开了白布的一角。

魏明铭清瘦的脸庞露出,因为失血过多显得蜡黄凹陷,但眉眼五官依然那么坚毅分明。他闭着双眼,像是睡着了一样。

程功双手颤抖,轻轻地放下白布,心痛如刀绞,眼睛一闭,泪水骤然落下。

急诊科医生走出抢救室,看着悲痛不已的詹岚轻轻叹口气,对郑涛说:"家属签一下字。"

"我来。"郑涛声音嘶哑,接过病历夹,办理手续。

护工看了看急诊科医生,将推车慢慢地推出急诊室。欧阳瞳和李威威等人搀扶着詹岚,跟着往太平间走。

白勇用尽力气,控制住自己站在原地,眼看着推车离开急诊室。他愣愣怔怔,似乎突然想到了什么,猛地握紧拳头,大步冲出急诊室,向住院部走去。

程功呆立在急诊室门口,看到白勇匆匆而过,愣了一下。他紧跟上前,在急诊室通往住院大楼的路上,一把拉住白勇:"你去哪儿?"

白勇回头看看程功,双目赤红,喉咙沙哑地说:"去病房。"

程功紧盯着他:"干什么?"

白勇用力甩了下胳膊,挣脱了程功,扭头就走:"我去审犯人!"

"白勇!"程功伸手就去拉白勇。

白勇猛地闪身躲开,一伸手抓住程功的右臂,目光阴沉地说:"程功,你没种!就别拦着我!"

程功的身手迅捷如电,右臂猛地一旋,就将白勇的胳膊从背后反制住。但他并未用力,往下一按就推开白勇,说:"我的拳头,不对自己人!"

白勇狠厉的目光微微消退,哑声说:"你别管我!"

程功也怒了,一把揪住白勇的衣服领子,低声而又快速地说:"我知道你想干什么!魏哥牺牲了,那个人渣还活着!凭什么?!但是白勇,你不能去!老彭还在ICU里昏迷!兄弟们还在一线抓人!魏哥他,他拿自己的命救了你!不是让你毁掉自己,跟那帮畜生一起坐牢的!"

白勇愣愣怔怔地看着程功,喉头剧烈地哽咽着,抱住头痛苦地说:"我,我!魏哥是为了救我才死的!他替我挡了……程功,魏哥死了,我还活着!那个杀害他的凶手,竟然也他妈的活着!我怎么过得去?我怎么过得去!"

白勇滚烫的泪水滴落在程功手上,灼痛了程功。

程功的手微微颤抖,松开了白勇。他强忍着泪水,说:"我也有错,我来晚了!白勇,我们能做的,就是把他们都抓起来!一个也不能少!用一张张死刑判决书,祭奠魏哥!"

京海市公安局刑侦队。

队长办公室。

郑涛对程功和白勇说:"公安部国合局已经与澳洲警方取得联系。情况基本调查清楚了,这个荣先生,本名容强,是京海大学化学系的老牌研究生,毕业后在江宁的制药厂工作,还当过几年厂长。"

郑涛把容强的资料递给程功和白勇,说:"后来制药厂不景气,他就辞职出国了。他在澳洲发现了制毒贩毒的商机,包下一个农庄制毒,再利用国际货轮,大量运毒到国内贩卖。他那个农庄周围,已经是寸草不生了。国合局会联合澳洲警方,对容强为主的制毒、贩毒集团进行整体围剿。"

郑涛看了看面容哀肃的程功和白勇,说:"容强在医院治疗,白勇……"

白勇猛地站起身,冷冷地说:"郑队!"

郑涛低声而严肃地说:"白勇,他会受到法律的严惩!"

"郑队,魏哥牺牲了!再也回不来了!"白勇沙哑地喊道。

程功的眼睛也红了,抿紧了嘴唇,一言不发。

郑涛张了张口,什么也没说。他疲惫地摆了摆手,让他们出去。

郑涛低头看了看制毒集团的资料,缓慢地站起身,走到窗台前。

他在窗前立了很久,一向高大挺直的身影,似乎突然塌了下来。

京海市烈士陵园。

肃穆静谧的一面大理石墙前,几十名穿制服的刑警正在默哀悼念。

这是纪念京海市公安局刑侦条线牺牲人员的刑警墙。刑警墙的最顶层,雕刻着铿锵有力的大字"刑警誓言":

"我立志当一名刑警,永远忠于党、忠于祖国、忠于人民、忠于法律,以维护稳定为天职,以人民满意为宗旨,对党忠诚、服务人民、执法公正、纪律严明,为公安刑侦事业奋斗终身!"

刑警墙上镶嵌着多年来牺牲在公安一线的烈士遗像。最新的一处,是魏明铭的警服照。黑色相框内,魏明铭目光澄澈,神情坚毅。

詹岚一身黑衣,形容憔悴,拉着年幼女儿的小手,欧阳瞳一直扶着她。魏明铭的父母已经白发苍苍,泣不成声。阮萌萌和周睿神情沉痛,搀扶着两位老人。程功、纪闻、单宇、李威威、白勇、老彭等人都眼睛红肿,和刑侦队的刑警们站成几排,给魏明铭送行。

郑涛走到刑警墙前,敬礼后献上一枝鲜花。他双手颤抖,轻轻地抚摸了一下魏明铭的相片,低声说:"明铭,走好。"

程功深深地吸了口气,走到刑警墙前敬礼,在魏明铭的遗像前献上一枝鲜花,眼含热泪,哑声说:"哥,对不起。"

此时,魏明铭的女儿圆圆似乎意识到了什么,突然哭了起来:"妈妈,爸爸呢?爸爸为什么在那个相框里?他怎么不回家看我啊?妈妈,我要爸爸!我要爸爸!"

詹岚无法回答女儿的锥心之问,痛哭到几乎站立不稳。

白勇等人都已是满面泪痕。男儿有泪不轻弹,只是未到伤心处。

不远处的灌木丛后,站着一个纤细的身影。

马妍躲在那里,沉默地看着刑警墙。

她突然蹲下身,把自己蜷缩成小小的一团,满脸泪水,好像整颗心被一刀挖去,鲜血淋漓。失去了那个温暖的身影,失去了活着的意义和方向。

她爱得那么炙热,又爱得那么卑微。现在,她什么都不能做,甚至不敢大声哭出来,不敢走上前。

不知过了多久。

刑警墙前只剩下白勇和程功。两人坚毅又沉默地站在魏明铭的遗像前,一动不动。单宇立在不远处,默默地等着他们。

突然,单宇听到一个女人沙哑的声音:"警察同志。"

单宇回头,看到马妍站在灌木丛后。

她面色苍白,露出半个身子看着单宇,轻声说:"我有事找您。"

京海的夜。

市区灯火辉煌,夜空繁星闪烁。

京海市民的夜生活丰富多彩,平静温馨。有人在酒吧和KTV欢声笑语,有人在书房挑灯夜战读书学习,有人在温暖的床上香甜入睡。

这安宁祥和的背后,是公安干警们坚守岗位的汗水和奉献,是无名英雄们鲜血和生命的付出。

京海市公安局刑侦队。

重案队办公室。

程功猛然从噩梦中惊醒。他从值班室的架子床上坐起,呼吸粗重。

他搓了搓脸,抹去额头的汗水和眼角的泪痕,从虚掩的门缝向外看去。斜对面的办公室,依然亮着灯。

程功到洗手间,用凉水洗了把脸,静静地看着镜子中的自己,眼睛仍有红肿,面容疲惫,只有一双眼睛,带着寒冷的锐意。

王大鹏和魏明铭相继离世,让程功的心理压力到达了极限,几近崩溃。但是,他始终坚持着,一遍遍地告诉自己,支撑下去,查清真相。为了刑侦队全体同仁的坚守,为了捍卫刑警的誓言。

程功定了定神,回到办公室。单宇疲乏地坐在桌前,手边散乱地摆着咖啡罐和咖啡杯,还有几瓶空矿泉水瓶子,咖啡杯里的小半杯咖啡已经冷透了。这样的杂乱,完全不符合他的洁癖。

单宇看看程功,嗓音低沉:"醒了?正准备喊你。"

"怎么样?"程功的声音带着疲乏的沙哑。

单宇神情复杂,低声说:"发现一个情况。"

"什么?"程功走到单宇的办公桌旁,看到桌上铺开了近十张通话记录单,有多处荧光彩笔的标注。

单宇指着通话记录单的标注,介绍道:"我把方辉、汤建成和王大鹏的3个常用手机号码、3个无主手机号码的通话记录理了一遍,发现一个情况。3月4号晚上,一个固定电话拨打过方辉的常用手机号,紧接着,这个固定电话又拨打了汤建成的常用手机号。半小时后,方辉用无主号码给汤建成打了电话,这是汤方两人第一次通话。之后3天,汤建成、方辉和王大鹏三人之间有十几次通话,全部用的无主号码。"

单宇做了大量工作,把6个号码繁杂冗长的通话清单,梳理出清晰的时间脉络。

"3月到4月,他们三个人用无主号码多次通话联系,通话时间都很短暂。直到4月29日晚上9:53,方辉给王大鹏打了个电话,然后,王大鹏就……"单宇停下来,看看程功。

他指着最初那个固定电话号码,说:"也就是说,是这个固定电话,让他们三个人产生了联系。"

程功眼中锐意闪动,说:"这个号码的前四位,是市局经侦队的办公电话。"

单宇点点头,低声说:"我已经在经侦那边打听过,这是他们队长的办公室电话。"

程功一愣:"杨力鸣?"

单宇神色严肃:"这潭水很深,程功,咱们怎么入手?"

程功冷冷地说:"我一定会追查下去!就看咱们郑队,敢不敢扛住了!"

这时,李威威风风火火走了进来。

程功把单宇桌上的通话记录单翻过来,扣放在桌面。

李威威看到程功和单宇脸色凝重,瞪着圆眼睛问:"怎么了两位?气氛这么凝重?"

"怎么还不睡啊?大半夜的跑来串门儿。"程功坐回到椅子上,抱起大保温杯。

李威威清清嗓子,说:"心里闷得慌,睡不着!还不如干活儿!程功,朱然家发现的46万现金和那两根金条,我都看过了!没有发现指纹。"

李威威一屁股坐在椅子上,样子有些疲累,说:"朱然那个房子,又脏又乱,就是一个吸毒的猪窝!我和欧阳去复勘了,现场没有发现凶器和绳索。没查到什么有用线索。"

程功喝了口水,说:"很可能朱然作案后丢弃了。这事儿,得另外想辙!"

次日。

京海市公安局。姜局长办公室。

"啪！"一声响，姜局长把茶杯重重地落在桌上。

郑涛沉得住气，坐得笔直，目视前方。

姜局长冷哼一声，双眼盯着郑涛，面无表情地说："郑涛，你也算是我带出来的干部！你怎么回事?！我知道，关于副局长的位置，你跟力鸣有竞争。但是，你要相信组织安排，不能动不动把案子查到自己人头上！"

郑涛说："姜局！我绝对没有找茬的意思！老汤的事情，您也很重视。这才多长时间，方辉又出了车祸！晟明也是京海市数得上的律师事务所，最近接连出事。邵局长都问了情况，刑侦队压力也很大……"

"行了！别拿邵局长来压我！"姜局长摆了摆手，将目光从郑涛身上移开。

姜局长的手指叩击在桌面上，语气稍微缓和，说："郑涛，你知道，力鸣是政法大学毕业的。在京海这样的金融型城市，经侦工作也确实越来越重要，他平时跟我接触得也就多一些。但是，你的工作我也都看在眼里啊！在我心里，你们俩都是京海公安的中流砥柱，是我的左膀右臂！"

姜局长看着郑涛："现在，你查命案查到了他的办公室！且不说力鸣跟案子有没有关系，就说你们俩现在的竞争态势，别人看了，也难免会怀疑你公器私用……"

"姜局！我郑涛18岁入警，在刑侦队干了20多年，从来没有过私心！命案必破，这是红线！就算有人戳我脊梁骨，说我假公济私，我也绝对不会放过任何线索！"郑涛态度强硬，铿锵有力，每个字都掷地有声。

姜局长一愣，无奈地摇摇头，没好气地说："好好好！你还跟我讲原则底线！行啊，那你就去查吧！有任何情况，第一时间向我汇报！要是出什么岔子，我唯你是问！"

郑涛站了起来："是！姜局，我知道您关心我。您放心，我有分寸，会先跟杨队沟通。"

姜局长摆了摆手，气呼呼地看向窗外，似乎不愿再搭理郑涛了。

郑涛腰板笔直，大步走出办公室。

京海市公安局经侦队。

队长办公室内,杨力鸣坐在办公桌后,看着郑涛。

房间里只有他们两个人,只听到轻微的空调吹风声。

杨力鸣拉开抽屉,拿出打火机和黄鹤楼香烟,递给郑涛。郑涛挥挥手:"谢谢,不抽了。"

杨力鸣一笑,给自己点了支烟,说:"这个事儿,我本来就想跟你谈谈。还没来得及理出思路,郑队就亲自上门了。"

郑涛一语不发,静静地看着杨力鸣。

烟雾缭绕中,杨力鸣缓缓地说:"今年3月初,京海证券的洪兆红来找我,说他老婆晚上一个人在家,被人骗开门,抢走了5万块钱,还抢了个密码箱,里面有京海证券的内部资料。洪兆红说,他老婆人没事儿,钱也不多,但是那些资料非常重要。如果报警,按照一般的抢劫交给基层处理,就是找到了,资料内容也很可能被泄露,后果不堪设想。"

"我当时考虑到京海证券在市金融圈的影响力,如果按流程交给派出所查,保密工作很难到位。这些资料万一被有心人利用了,会对京海经济造成不利影响。我思前想后,还是答应帮他查一下,但是,不能用经侦队的力量!"

杨力鸣陷入在回忆中:"我在老城区分局当过局长,对人员情况比较熟悉,知道汤建成是个能干的!他在律所,干的也是类似侦探的工作。方辉呢,辞职前就是经侦队最突出的业务骨干,可惜他家里出点儿事,年轻人意气用事,辞职去了律所。我知道老汤和方辉的能力,就嘱咐他们俩,帮洪兆红查一下。"

杨力鸣深深地抽了口烟,说:"老汤又找来王大鹏帮忙,说他原来也是刑警,业务很强。果然,他们没几天就把人抓住了,密码箱也找回来了。事情不大,就是两个小区保安监守自盗,往分局一送就认了!没想到后来,王大鹏、老汤和方辉接连出事儿!我也觉得不太对,但是也没有证据证明,谁有问题啊!"

郑涛静静地听杨力鸣讲完,浓眉微锁,沉声说:"杨队,虽然还不能证明谁有嫌疑,但是这个案子牵涉了几条人命,肯定没那么简单!不管它背后是什么人,我都会一查到底!"

杨力鸣沉默地看着郑涛,轻轻吐出一口烟圈,说:"郑涛,明人不说暗话,市局班子快换届了，你我都是副局长的后备人选。按说这个敏感时期，咱们俩不应该搅和到一起。不过……我信任你的人品，也相信刑侦队能查清真相。"

"放心！"郑涛神情郑重，点头答道。

11月8日。上午。
京海市监狱。
一辆警车停在监狱门口的停车空位，程功和单宇穿着干净利落的衬衫长裤，从车上下来。
程功看看监狱大门，轻吁了口气，说："总算来了！"
单宇看向程功："你以前就想来？"
程功淡淡一笑，目光中透着兴奋，说："那时候，不知道这条线啊！大鹏死后，我因为私自调查，被郑队关了半个月禁闭。现在，总算能为他做点事儿了！"
单宇神情郑重地点点头，说："走！咱们今天光明正大地去提审！"
程功神情严肃，大步向前。
他们来到监狱门卫室，出示证件并登记后，进入大门。很快，副监狱长周兴走了出来，客气地握手问好："两位好！我是副监狱长周兴。"
"周监狱长您好！市局刑侦队重案队，程功，单宇。"程功和单宇客气地说。
会客室内。
周兴四十多岁，精明干练，翻了翻手里的服刑人员资料，说："常鑫，赵义山。入室抢劫，刑期四年。他们俩是两个月前进来的，住在一个小号里，表现还可以。"
程功心念转动，说："周监狱长，有些情况需要了解，我们要提审常鑫和赵义山。"
"没问题，我马上安排。"周兴利落答道。
很快，常鑫和赵义山就被带了过来。两人都年纪不大，剃了光头，看起来规规矩矩的，穿着监狱的蓝色囚服。
程功和单宇先把常鑫带到审讯室内。常鑫坐下。
程功看看手里的资料，说："常鑫，我们是市局刑侦队重案队的，找你了解下

3月1日御园一号的入室抢劫案,你再介绍下情况。"

常鑫愣了愣,神色有点惶惑,咽了口唾沫,低声说:"报告!我和赵义山都在御园一号当保安,3月1号晚上,我们俩休息,在小区里闲逛,看到7号楼1201室的房门没关紧……"

程功和单宇单独询问赵义山时,赵义山的眼神闪动了一下,很快又垂下头,低声说了一段和常鑫的陈述很相似的话:"房门没关紧,我和常鑫想着家里没人,就进去顺点儿东西。谁知道,一个女的突然从里屋出来了!我吓坏了,就用绳子把她捆起来,塞到储藏间。我们从柜子里翻出5万多块钱,还有一个密码箱,就赶紧跑了。我们俩连夜跑到青河镇,躲到小宾馆里。然后,然后就被抓了。"

程功问:"你们在小区里闲逛,怎么会跑到12楼?"

常鑫咽了咽口水,说:"我们,我们知道御园一号住的有钱人多,有时候就刷了门卡,在楼里走动走动,看看能不能捡个漏儿。"

赵义山的回答与常鑫差不多。

单宇问:"你们干嘛往青河镇跑呢?"

赵义山微低着头,说:"常鑫以前在青河镇的饭店打过工,比较熟悉。我俩偷了钱,心里害怕,就想离市区远点儿。"

常鑫的回答与赵义山几乎一样。

程功定定地看着常鑫,问:"那个密码箱里,都有什么东西?"

常鑫说:"那个箱子,结实得很!好不容易撬开了,里面也没钱,就是一堆纸。我们也看不懂都写了啥,就没再管它。"

程功问:"这么说,你们两个大男人,抢了5万块钱和一堆废纸,就吓得跑到郊区躲起来了?没别的事儿?"

"没有!没有!就是,就是这样!我们一时糊涂,胆子又小,后悔死了!报告!一定好好改造,走向新生!"常鑫信誓旦旦地说。

"就是5万块钱的事儿!我们,我一定积极改造!"赵义山微抬起头,抿抿嘴唇,语气坚定。

"今天先这样。"程功突然站起身,走到审讯室外,对狱警说:"我们问好了。

麻烦跟周队说下,我想再要个名单。"

程功快步走出监狱大门,速度很快,行路带风。

监狱门外。

单宇加紧脚步跟上,不解地问:"怎么突然结束了?"

程功面沉如水,坐入警车,系上安全带,低沉地说:"案卷记录上,只写了群众发现,扭送公安机关,到底怎么抓的,谁抓的,都没写清楚!而且不管问什么,这两个人的回答都一模一样,很可能串供了!"

单宇没太理解,说:"他们俩是同案犯,又经历过审讯、审判,说的内容都差不多,也是正常的吧?"

程功微微摇头,眼中闪过锋锐的光芒:"这两个人都是初中学历,讲话太有条理了!而且,细节内容一模一样,简直是在背台词!牢都坐了,还一句话不敢多说,一个字儿都不敢差!这事儿,没那么简单!"程功说着,发动了警车。

警车驶离京海市监狱,回市局刑侦队。

京海市公安局刑侦队。

郑队长办公室。

程功独自坐在郑涛面前,郑重地说:"头儿,你终于同意,让我干最想干的事儿了!现在,你得再支持我一把!"

"你觉得,监狱安排有问题?"郑涛看看手里的服刑人员名单,问。

程功冷冷地弯弯嘴角,说:"两个抢劫犯,5万块钱,判了三年零一个月。这样的人,还用关小号?还非得关在一个号里?我怀疑,有人在监狱里安排了贴靠,长期监控常鑫和赵义山。"

郑涛沉吟片刻,说:"嗯,分局刑侦队的队长和分管副队长,是有狱侦权限的。"

郑涛俯身,用钥匙打开了书桌下的铁质文件柜,拿出一叠保密资料,翻查起来。

很快,他的手指敲了敲服刑人员名单,说:"汤建成在老城区分局当刑侦队长期间,有一个狱侦人员叫何雷,就在京海市监狱服刑!你核实一下,如果何雷跟他们俩在一个小号,那就没跑了!"

"难怪了!难怪这两个小子一直背台词儿!估计在看守所就被人点过,到监狱里,又被人给看住了!"程功猛地站起身,兴奋地说:"谢谢头儿!我马上办!"

11月8日。下午。

京海市监狱。

3号房是一间小号房,住了6个人。除了常鑫和赵义山,就是老大何雷跟他的3个小弟。

何雷中等个头,身材结实,坐在架子床上,直勾勾地看着常鑫和赵义山,声音很低:"不管谁来问,你们就记住!交代该交代的!"

何雷旁边的3个小弟或坐或站,都盯着常鑫和赵义山看。

"是是!雷哥!"常鑫哈着腰,忙不迭地点头。

赵义山抬眼看看何雷,也老老实实地点了点头。

此时,铁门被打开。

一个男狱警站在门口说:"3号房,学习时间到了!"

"到!"6人整齐答道,跟着男狱警走出号房,排队进入学习室。

监狱学习室比较宽敞,两面墙摆放着书柜,一面墙放着四台电脑,房中间是几排桌椅。有十几个犯人正在学习室里看书、用电脑。

常鑫和赵义山心里有事,随手拿了两本书,坐在桌前发呆。

很快,有两个身材壮实的犯人走进学习室,其中一个脖颈处纹了个蝙蝠。这两人不声不响地坐在常赵二人两旁,随意翻看着杂志。过了一会,赵义山想去上厕所,站起身打了个报告,就往外走。蝙蝠纹身男马上也站了起来,跟在赵义山身后,往厕所方向走去。

常鑫抬起头,看看蝙蝠纹身男紧跟出去的身影,愣了一下。他又转脸看看身边的犯人,发现对方也在斜斜地看着自己。常鑫突然一激灵,猛地站起来往外冲,想去厕所找赵义山。他身旁的犯人也随即站了起来,紧随其后。

就在这时,副监狱长周兴出现在走廊,叫住了常鑫:"常鑫,正好找你!"

"到!"常鑫本能地站住,大声答道。

周兴往学习室内看了眼,问:"赵义山呢?"

"报告!他在厕所!我去喊他!"常鑫急吼吼地说完,就小跑着冲进厕所。他边推门边喊:"赵义山!"

赵义山正立在小便池前拉裤链。蝙蝠男立在赵义山斜后方,猛地顿了一下,右手迅速一握,将手心里的利刃卷入袖中。

赵义山茫然地回头问常鑫:"咋了?"

常鑫没有看到蝙蝠男手里的动作,只是隐隐觉得不对,喘了口气说:"你快点儿!周监狱长找我们。"

"哦!"赵义山顾不得小便了,拉链一拉,就跟着常鑫出了厕所。

周兴看看常、赵二人,微笑着说:"你们俩也住了一段时间小号了。分监区得统筹调配,给你们换个地方,熟悉熟悉!"

周兴对身后的两名狱警说:"带他们俩办个手续,今天晚上就搬到12人的大房间住吧!"

"是!"两名狱警领命,分别带着常鑫和赵义山,搬入了不同的房间。

这时,蝙蝠男从厕所走出,看看常鑫和赵义山被带走的背影,目光阴沉。

11月9日。下午。

京海市监狱。

常鑫和赵义山被分别带到审讯室内,两人的神色都明显有些慌乱。

程功有备而来,气定神闲地问常鑫:"昨天换房间了?"

"是。"常鑫老老实实地回答。

"睡得好吗?"程功问。

"还,还行。"常鑫喉结滚动了一下,说。

程功看着常鑫,说:"常鑫,案卷上说,你们俩是在青河镇被群众发现,然后被扭送到老城区分局的?路上,你们还试图逃跑,被抓回来了?"

"是,是被人抓住了。在车上我,我说想撒尿,其实,是想跑。"常鑫低声说。

程功问:"是什么人抓住你们的?"

"我们,我们也不认识,在宾馆里,就被三位大哥发现了……"常鑫畏畏缩缩地说,脸色有点发白。

程功把汤建成、方辉和王大鹏的照片摆在常鑫面前,问:"是这三个人抓住你们的吗?"

"是……是。"常鑫不敢多看方辉等人的照片,迅速低下头去。

程功翻着资料,接着问:"我查了看守所的记录,当时赵义山身上有多处挫裂伤,而你却只是一点皮外伤。这是什么原因?"

"我,我跑得慢,被抓住了也不敢挣扎。小山,赵义山,他跑得远,还,还打起来了……"常鑫语焉不详地说了两句,就接不下去了。

程功敲了敲三张照片,问:"是谁带你们下车小便的?赵义山是跟谁打起来的?怎么个打法,拉拉扯扯还是拳打脚踢?"

"他们仨一块儿下的车。是,是他。"常鑫内心对方辉极为畏惧,随手指了指王大鹏的照片,"是他揪住赵义山,踢了几脚。"

"这么说,赵义山和他有近身搏斗。结果,人家一点儿伤没受,赵义山被踢了个半死?"程功冷冷地说。

"……"常鑫微微张口,愣愣怔怔地看看程功,说不出话来。

程功看看常鑫,站起身,打开门,对门外的狱警讲:"我们再跟赵义山谈谈。让常鑫在隔壁等会儿吧!"

常鑫站起来时,脚步发飘。他被带到隔壁后,赵义山才被带进房间。从头到尾,两人没有碰面,始终被隔离。

程功坐下,问赵义山:"赵义山,昨天换房间了?"

"换了。"赵义山微低着头。

"没有何雷看着了,感觉怎么样?"程功问。

赵义山猛地抬头,看向程功,嘴唇翕动了两下。

程功看着赵义山,敲了敲三张照片,说:"案卷上说,你们被群众发现后扭送到公安局,路上还试图逃跑。当时,是在哪儿停的车?这三个人里,是谁带你们下车去小便的?"

赵义山低声说:"在青河镇回市区的高速路上。下车是,好像是他们俩带下去的。"

赵义山指了指汤建成和方辉,慢慢地说:"晚上黑,记不太清了。"

程功追问道:"你们俩是怎么跑的?怎么跟见义勇为的群众打起来的?"

"咳。"赵义山清清嗓子,说:"就是,我们要撒尿,就趁他们不注意,赶紧跑……"

"赵义山,你们俩一块儿跑的,怎么你就被抓住打个半死呢?常鑫怎么就没啥事儿呢?"程功慢条斯理地说。

"他,他跑得快些。我绊了一下,摔倒了,就被抓住了。"赵义山顿了顿,补充说:"他们要抓我,我反抗得厉害,才有的伤。"

"你是被哪个人抓住了?我看你身强力壮的,怎么就把你打成那样?"

赵义山指指方辉的照片,眼神中闪过恐惧和憎恨:"是他,他用棍子打的。"

"哦,是方辉用警棍打的!难怪。"程功有意地揣测细节,淡淡地说。

他站起身走到门外,对狱警说,"麻烦再让常鑫过来吧!赵义山到隔壁待会儿。"

很快,如坐针毡的常鑫又被带了回来。

他坐到程功和单宇面前,擦了擦额头上的虚汗。

程功冷冷地打量着常鑫,半分钟后,才开口道:"常鑫,你们俩这词儿,可没对准啊!"

常鑫紧张地滚动喉结,不知道该说什么。

"怎么下的车,怎么跑的路,怎么挨的打,没一样对得起来!常鑫,一天没有何雷看着你们,台词就记不住了?"

"我……"常鑫吓得脸色煞白,眼眶发红。

"你们俩一进监狱就住小号,很少出来,消息闭塞。我给你讲讲,最近都发生了什么事儿!"程功拍了拍汤建成三人的照片,冷峻地说,"王大鹏,汤建成,方辉,这三个抓住你们的人,全都死了!"

"不!不可能!"常鑫不敢置信地抬起头,满脸惶恐。

程功厉声道:"常鑫!你动动脑子!我是刑警,京海市刑侦重案队的队长!

我能用三条人命来骗你的口供吗?! 抓你们俩送公安局的三个人,全都非正常死亡了! 常鑫,你还敢说自己老实交代了?"

啪! 程功猛地一拍桌子,常鑫吓得一哆嗦。程功问道:"老实交代! 你们到底还藏了多少事!"

常鑫浑身发抖,虚弱地说:"他,他们,什,什么时候……"

"方辉死了一个多月了。"程功敲了敲方辉的照片,在常鑫旁边俯下身子,压低声音说:"常鑫,他们仨都死了! 你觉着你们俩,还能活多久?"

常鑫听到这样震惊的消息,又想到刚才蝙蝠男跟着赵义山进厕所的情形,顿觉不妙。

他吓得眼泪都快出来了,嘴唇抖得厉害:"我,我后悔死了!"

"后悔什么? 后悔不该抢那5万块钱?"程功立在他面前,淡淡地问。

"都是,都是因为那两个箱子……"常鑫彻底崩溃了,哽咽着交代了真相。

七、迷雾背后

> 程功眼中锐意闪动,问:"这个8888,能查到是什么人?"
> 单宇点击鼠标,屏幕上出现一个中年男人的照片及身份信息。

3月6日。惊蛰。夜晚。

青河镇位于京海市远郊,属于翻个身就是"江北移动欢迎您"的城市边缘。

青河镇北部,有一片人员混杂的城中村,面积很小,弯弯绕绕。一辆京海市区牌照的商务车,悄然行驶入城中村的街道中。

车内坐着三个男人,王大鹏面庞清俊,正在开车,隔一会儿就咳嗽几声。汤建成坐在驾驶座后面,摩挲着左手缺失的小指尖的疤痕。方辉坐在副驾驶座后面,正在聚精会神地看着手机上的一条长帖:"聚晋财富故事的真相。"

汤建成凑过来,看看标题,嘿嘿一笑:"这个P2P公司做得很大啊!你们经侦在查吗?"

方辉把手机收起来,淡淡一笑:"随便看看,我都离开经侦一年多了。"

汤建成不以为意,笑道:"你在律所,吃的也还是经侦的饭啊!有杨队的关系,经济案件总能分杯羹!"

方辉淡淡地说:"靠山吃山,各凭本事!汤哥不也跟我坐在了一辆车上。"

汤建成轻轻一笑,看看前方,说:"拿人钱财,替人消灾!"

方辉把手机装入口袋,面无表情地看向车窗外。

汤建成伸了个懒腰,说:"大鹏,马上就到了!赶紧抓住人,回去喝两杯老酒,好好睡一觉!"

王大鹏开车转过一个弯道,突然减速,指着斜前方,说:"通达宾馆!"

"对!就是这儿!"方辉也向斜前方望去,翻了下手里的资料,肯定地说。

通达宾馆是一家三无旅店,位于城中村的西北角,位置偏僻,生意清淡。商务车开到通达宾馆斜对面五六米的地方,靠边停下。

汤建成从随身的大行李包里,掏出三根甩棍和几个塑料质地的一次性手铐,递给方辉和王大鹏:"拿着,待会儿进去,听我安排!"

王大鹏从驾驶座转回身,皱眉问道:"汤哥,咱们都不在局里干了,带这些,不合适吧?找人是一回事儿,扣人,搞不好就是非法拘禁……咳咳……"他话没说完,又咳嗽起来。

汤建成哈哈一笑,说:"这有啥?一天当警察,一辈子都是警察!非法拘禁?我告诉你,我们是见义勇为!"

方辉倒是毫不犹豫,接过甩棍和塑料手铐,塞到斜背的挎包里,冷冷地说:"抓紧时间!"

汤建成看到白面书生一般斯文的方辉,突然浑身冒出一股戾气,并没有很意外。他嘿嘿一笑,把塑料手铐和甩棍塞到王大鹏手里:"赶紧的!别让方律师看笑话!"

王大鹏看汤建成和方辉都已整装待发,都看着自己,犹豫了一下,把手铐和甩棍收到自己的背包里。

三人从车里下来,走进通达宾馆。狭小破旧的门厅里,只有一个简陋的前台,前台内坐着一个十八九岁的女服务员。

汤建成站在前台,敲了敲台面,对里面的女服务员说:"分局的!查个人!"

女服务员正埋头在手机上看韩剧,抬头一瞧,是三个气势汹汹的男人,尤其是汤建成,派头很大。她也不敢多问,急忙站起来:"查,查什么人?"

几分钟后。

213房间门口。

汤建成、方辉和王大鹏都从背包里拿出甩棍,用力甩开。

方辉敲了敲门,说:"打扫房间!"

"不用!"房间里传出一个男人的声音。

汤建成对王大鹏和方辉点点头。王大鹏稍一侧身,方辉后退一步,猛地一脚踹开房门！

三人迅速冲入213房内，汤建成喊道："警察！别动！"

房间里的两个男人正坐在床上抽烟，一时愣住了，甚至还没来得及反抗，就被按倒在地。方辉和王大鹏一人按住一个，用塑料手铐扎了背铐，摁在墙边蹲下。

汤建成关上房门，坐到床上，静静地看着地上两个男人。年轻一点的二十出头，黑瘦矮小；年纪大点的也不到三十，身材微胖。两人都穿着普通，甚至有点邋遢。

汤建成站在房中间，胸有成竹地环顾了下四周，沉声说："常鑫，赵义山，我们是老城区分局派来的，知道为什么抓你们吗？"

常鑫和赵义山猛然抬头看看汤建成，又迅速将头垂下，目光散乱。

汤建成点点头，不慌不忙地说："嗯，看来是知道！老实交代，从御园一号抢走的东西在哪儿？"

常鑫和赵义山垂头丧气地蹲在地上，一声不吭。两张床中间的床头柜上，放着一个棕色背包和一个红色塑料袋。王大鹏翻开检查，塑料袋里只有一些面包、方便面，棕色背包里除了钱包、证件和一些杂物，内夹层里有4万多的现金。

王大鹏举起两沓子粉红色的钞票，追问："这是什么钱？"

常鑫和赵义山埋着头，好像没有听到。

方辉脸色一沉，大声骂道："还敢装蒜！"

他大步冲上前，一把揪住赵义山的头发，将赵义山整个人都快提起来了，啪啪甩了两个耳光！方辉下手极狠，赵义山瘦瘦的脸马上就又红又肿，嘴角渗出血丝，眼泪反射性地流了出来。

方辉把赵义山往地上一扔，又伸手去拽常鑫。常鑫蹲在地上，已经吓傻了，圆胖脸瞬间毫无血色。

王大鹏走上前，拦了下方辉，轻声说："再问问。"

方辉眼中掠过一丝不快和狠厉，停下动作。他裤子口袋里的手机震动起来，发出轻微的嗡嗡声。方辉拿出手机看一眼，走到门口接听电话，低声说："喂。是，抓住了！"

一个中年男人的声音,低沉地从话筒传了过来:"方律师,找到我的箱子后,任何人都不能打开!你也不要看!把箱子带回来,我还有重谢!"

方辉压低声音,说:"好!放心。"

方辉打电话时,汤建成笃笃定定地坐在床边,看着赵义山和常鑫。他慢悠悠地问:"除了这几万块钱,你们还抢了个密码箱,藏哪儿了?"

赵义山腮帮子红肿,狼狈地流着眼泪。常鑫蹲在地上,身体发抖。两人都一声不吭。

方辉挂了电话,逼近赵义山和常鑫,急迫凶狠地问:"老实交代!在哪儿?"

王大鹏观察着赵义山和常鑫的表情,发现常鑫抖抖索索的,目光一直向房门口浮动。他一把拉开了门口的衣柜门。柜子里,有两个箱子!

一个黑色硕大的工程塑料拉杆箱静静地立着,旁边还斜躺着一个黑色密码箱,密码箱的箱口已经被撬开,露出里面的文件袋。

王大鹏俯身把密码箱拿出来,平放在地上,把露出些许的两页文件塞回箱内。

他又伸手去提那个黑色的大拉杠箱,没想到这个箱子极沉重,第一把居然没拉动!

方辉见状过来,也是一愣:"两个箱子?"

王大鹏低声道:"沉得很!"

方辉伸出手,跟王大鹏一起,费力地把黑色大拉杆箱搬了出来,平放在地上。王大鹏一用力,就又咳嗽起来。他捂住口鼻,竭力扼制着剧烈的咳嗽声,憋得脸都有些发红。

方辉看看有些破损的密码箱,问常鑫和赵义山:"密码箱是你们撬开的?箱子里的东西,动过吗?"

常鑫低声说:"是!箱子不好,不好撬。里面没钱,也没……都是些纸!我们,就没动,纸也都放回去了。"

"你们要是动了密码箱的东西!我扒了你的皮!"方辉冷冷地说,蹲下身,试着合上密码箱,可惜已经被撬坏,只能扣住一侧的锁扣,勉强合上。

"那个大箱子里,是什么?"汤建成看看黑色的大拉杆箱,问常鑫。

常鑫白着一张脸,浑身微微颤抖。赵义山则埋着头,一动不动,身体绷紧。

汤建成看看他俩,淡淡地说:"打开看看!"

方辉站到黑色大拉杆箱前,说:"等一下!上面交代了,找到东西后让我先检查!然后,直接带回去!"

汤建成嘿嘿一笑,无所谓地说:"行!行!听上面儿的!"

"大鹏,叫服务员在隔壁开个房间,把人带过去!"汤建成说完,慢悠悠地站起身,揪住常鑫的衣领,厉声道:"都他妈给我站起来!"

很快,汤建成和王大鹏把常鑫和赵义山带出213房,扭送进隔壁的211房,再次把他们按到墙角。

赵义山梗着脖子不想蹲下,汤建成狠狠地踢了他一脚!赵义山疼得脸色都变了,只能蹲在墙角,低声闷哼。

常鑫已经蹲下来了,汤建成惯性地又踢了常鑫一脚,呵斥道:"老实点儿!"

常鑫被踢中腰腹部,疼得一哆嗦。王大鹏有些看不惯汤建成打人,但毕竟是自己的老上司,只好虚虚地劝了一下,说:"您消消气!"

王大鹏想了想,低声道:"也不知道那箱子里是什么材料,神秘兮兮的,还死沉死沉!"

汤建成舟车劳顿地一路赶来,好不容易抓到人,又被方辉防备着压了一头。他心里冒火,脾气也暴躁起来,抬腿又狠狠地踢了常鑫一脚!

汤建成骂道:"妈的!谁知道什么玩意儿?!害老子大半夜跑这么远!还他妈的不让我消停!"

常鑫疼得冷汗直流,蜷缩起来,大喊道:"别打了!别打了!我说我说!箱子里都是金……"

"别说!"赵义山低吼一句,打断了常鑫。

汤建成突然抬起浮肿疲惫的眼皮,眼中闪现出一丝寒意:"箱子里都是,金什么?"

213房间内。

方辉独自一人,静静地看着地上的大黑箱子。

他目光专注,凝神想了十几秒钟,从包里掏出手套戴上,用力地把箱子平放在地上,打开扣板,把箱盖打开。

眼前,金光灿灿!

黑色的工程塑料拉杆箱里,装满了金条,至少150公斤!

方辉震惊地睁大眼睛,这完全是出乎他预料之外的情况!

一瞬间,千万个念头从他脑海里闪过:

京海证券的老总洪兆红,跟自己和汤建成见面时,不肯签署自己准备好的律师合同,直接把劳务费从6万涨到10万,反复强调要找回自己的"箱子";一路追查,洪兆红都在步步紧盯,一直重复叮嘱"不要打开箱子,带回来我还有重谢";看来,洪兆红真正关心的,既不是资料也不是5万块钱,而是这箱黄金……

大约几十秒钟后,方辉回过神来,他深吸一口气,掏出手机,准备给杨力鸣打电话,讲明情况。然而,翻到杨力鸣的手机号码后,他的拇指停在手机的拨出键上,微微颤抖,迟迟按不下去。

时间,似乎凝固了。

"砰砰!"

敲门声响起。方辉赶紧合上箱子,收起手机,站起身站在门口。

"砰砰!"

敲门声持续着,不紧不慢,却很执着。方辉从猫眼望出去,汤建成面无表情地站在门外。

方辉一贯冷静沉着,此时此刻,额头也沁出了汗水。

汤建成站在门外,又敲了几下门,低声说:"开门吧!这个材料这么沉,你一个人又搬不动!"

方辉心中一凛,估计汤建成知道了情况。他擦擦额头的汗水,拉开门把手。

房门刚打开一条缝,汤建成一把就推门进来,根本没有给方辉拒绝的机会。紧随其后,王大鹏按着常鑫和赵义山的衣领也走了进来,又把他俩往墙角一按。

汤建成眯着眼睛,似笑非笑地看着方辉,也不说话,眼神含义莫名。王大鹏站在一旁,神情复杂。

这时,方辉的手机又在口袋里震动起来。"嗡嗡"的声音持续不停,在一片寂静中,十分刺耳。

汤建成关上房门,微笑着问:"怎么不接电话?"

方辉神色有些尴尬,反问道:"你们怎么又回来了?"

"哦!有个新情况,核实一下。"汤建成从随身的皮包里掏出一副手套,不紧不慢地戴上,往黑色大拉杆箱跟前走。

方辉伸手一拦,说:"这个资料,不能看!"

王大鹏一边守着常鑫和赵义山,一边看向汤建成和方辉,神情复杂担忧。

"切!"汤建成轻蔑地一笑,说,"我想看就能看!"

方辉和汤建成四目相对,剑拔弩张。

短暂交锋后,方辉的目光退让了,沉默地放下了胳膊。汤建成撞开方辉,蹲下身,小心地打开箱子盖,果然是一片金光灿烂!

王大鹏虽然刚才听了常鑫的供述,但看到眼前一幕,也惊呆了。他走到箱子前,看看金条又看看汤建成,一脸震惊。

汤建成只觉得心跳加快,但是表面上还算平静。他拿起一根金条掂量了一下,问常鑫和赵义山:"常鑫,赵义山,这就是你们在御园一号7号楼1201室抢的东西?"

常鑫和赵义山微微抬头,看看箱子里的金条,还是不吭声。

方辉冷哼一声,只觉得一肚子戾气无处发泄,上前就揪起了常鑫的衣领!

"别打别打!我说!"常鑫害怕挨打,又见事情败露,连连求饶。

他咽了口唾沫,颤抖地说:"是,是我们抢的!"

方辉脖子上青筋暴露,狠狠地把常鑫扔回地上。常鑫摔得生疼,只能忍着。

汤建成微微吸了口气,说:"你们两个毛贼,胃口不小啊!还有别的东西吗?"

常鑫摇摇头,忙说:"就5万块钱,两个箱子!再没别的了!我们,我们就是奔着这箱金子去的……"

汤建成站起身,用平静而又深沉的眼神看着方辉。

他扭头对王大鹏说:"大鹏,再搜一下!没问题,就全部带走!"

半小时后。

商务车行驶在青河市的夜色中。

王大鹏开车,汤建成和方辉坐在商务车的中间,常鑫和赵义山的双臂被塑料手铐反扎在背后,坐在后排。黑色大拉杆箱和黑色密码箱,都被他们搬到了后备箱里。

方辉静静地看着窗外飞驰而过的夜色,金丝眼镜下,眼神晦暗不明。他突然扭头,问道:"你们俩是骗门进去的吧?"

常鑫最怕的就是方辉,只觉得背脊一凉,老老实实地说:"算是……啊!"

常鑫刚一开口,赵义山就狠狠地蹬了他一脚!赵义山低声用方言说了句话,常鑫就不吭声了。汤建成等人都没听懂赵义山说的方言。汤建成经验老到,指着赵义山说:"老实点儿!不准说土话!"

话音未落,方辉转过身,大力地抽了赵义山一个响亮的耳光!赵义山被打得斜倒在车座上,方辉神色狠厉,抬手就要打第二下。

"是骗门进去的!"常鑫怕方辉继续打人,急赤白脸地说:"我们穿着保安的制服,说要检查水管道。那女的就让我们进去了……"

"伤人了吗?"方辉声音冷冽,目光中闪过狠戾。

"没有!"一直沉默的赵义山开口了。他勉强坐直身体,梗着脖子,倔强执拗。

"真的没有!我们不敢害人!"常鑫也急忙解释。

汤建成掏出一包硬壳中华香烟,点了支烟,徐徐吐出个烟圈。

他瞥了一眼常鑫和赵义山,微微一笑,说:"也是,就你们俩那蠢样儿!一箱子黄金!你们俩也不怕消化不良?别说跑到青河镇,就是跑到天边,你也没那个本事销赃!"

常鑫和赵义山的脸色都有些灰败,显然,被说中了痛点。

汤建成吸了口烟,透过烟雾,看了看方辉的侧脸,又看向常鑫和赵义山,眼神晦暗不明:"老实交代,你们是怎么知道,他们家有黄金的?"

常鑫咽了咽唾沫,说:"上,上礼拜一晚上,我们俩值班巡逻,路过车库……"

2月27日。周一。

深夜。

老城区的一处高档小区"御园一号",地下停车场。

洪兆红将自己的奥迪A8轿车停在停车位上。他坐在驾驶座上,定了定神,拉开车门下车,看看四周无人,打开了车辆后备箱。

后备箱内,静静地躺着一个黑色的工程塑料拉杆箱。

洪兆红拽了拽拉杆箱手柄,试着把箱子提起来,发现自己远远地低估了箱子的重量。毕竟,150公斤的黄金,他也是头一回见到。

洪兆红眉头一皱,掏出手机,翻出老婆侯巧慧的手机号码,正准备打电话,又想到老婆虚胖的身板,轻轻嘟囔了句:"估计来了也搬不动。"

他看着这个大箱子,正琢磨怎么搬运,停车场入口处传来说话声。

"地下停车场也不暖和啊!就是风小点儿!"

"还老潮湿了!"常鑫和赵义山穿着保安制服,鼻子冻得红通通的,手里拿着手电筒,边聊天边晃晃荡荡地走了进来。

洪兆红眉毛一扬,对常鑫和赵义山挥了挥手:"哎!"

常鑫工作时间长点儿,对洪兆红这样的老住户多少有些面熟,便走了过来。

常鑫还堆了个笑容,职业化地说:"您好!"

"小伙儿!帮我搬个东西吧!"洪兆红客气地说。他拉开随身带的文件包,掏出一盒黄鹤楼香烟,给常鑫和赵义山一人递了一根烟。

赵义山急忙摆了摆手,说:"我不抽烟!"

常鑫则笑了笑,接过两支烟,一支递给赵义山,一支夹到自己耳朵上,说:"搬什么啊?"

"哦,老家亲戚给我带点儿土特产!心意太诚了,备了一大箱!"洪兆红指指后备箱里的黑色工程塑料拉杆箱,微笑着说:"这箱子还挺沉,我一个人还真弄不动!"

"这么大箱子啊!"常鑫走到车旁,用手提了提箱把手,发现纹丝不动,皱皱眉头说:"哎哟!这也太沉了!"

"是啊,所以要麻烦两位啊!"洪兆红见状,从皮包里抽出两张一百元钞票,递给常鑫和赵义山一人一张,"这么冷的天儿,这就当我请你们吃夜宵啊!"

"这……"赵义山有点儿不好意思。

常鑫笑着接过两张钞票,递给赵义山一张,自己收起一张,说:"哎哟,谢谢!那行!我们试试啊!"

他提起箱子的把手,对赵义山说:"我搬这头,你搬那头!"

赵义山把钱和香烟塞到裤袋里,弯下腰,两臂抬住箱子底部,两人同时使劲儿:"哎!"

常鑫和赵义山费了好大力气,把箱子抬了起来。洪兆红赶紧合上后备箱,锁好汽车,在前带路。

常鑫和赵义山只觉得这箱子死沉死沉的,俩人抬着走着,脸都涨红了。好容易搬上了电梯,又抬进了洪兆红位于7号楼1201室的家里。

常鑫和赵义山把箱子放到洪兆红家的客厅里,两人只觉得胳膊酸胀,甩甩胳膊活动下。

洪兆红客气地说:"两位,辛苦啊!"

"哎,别客气!走啦!"常鑫打量了一下这家的客厅,装潢高雅贵气,家具摆设奢华,一看就不是普通人家。

"谢谢!"洪兆红客客气气地将常鑫和赵义山送到门口。

他关上门,回头看看客厅里的大箱子,不由得眉眼一弯,喊:"老婆!过来!"

洪兆红的妻子侯巧慧养尊处优,体形丰满。她穿着纯羊绒的家居服,整个人圆乎乎的,脸上敷着面膜,从卧室走了出来,嘟囔着说:"来了,喊什么呢?"

电梯里。

赵义山活动着酸痛的手臂,说:"胳膊酸疼!这箱子真他妈沉啊!"

常鑫出神地看着电梯门,似乎在想什么。

赵义山拍拍常鑫,问:"哥,想啥呢?"

"哦。"常鑫心不在焉地笑笑:说,"我在想,什么土特产,能那么沉啊?"

"就是啊!红薯?玉米?年糕?"赵义山说着说着,摸摸肚子,"肚子都说饿了!"

说话之间，常鑫和赵义山走到楼道外。

此时夜深，小区内除了昏暗的路灯，空荡无人，只有小区内立的电子屏广告牌，还在24小时不停歇地播放着各类广告。

电子屏内，闪过一个黄金首饰的广告图片："岁月沉淀，赤诚黄金。"

常鑫突然停下脚步，站在电子屏前看着这个广告，一动不动。

"看啥呢哥？"赵义山纳闷地看看常鑫。

常鑫喃喃自语地说："我跟你说过吧？我以前，当过两年搬运工，一样的麻袋，装一袋水泥，一袋石头，还是一袋面粉，重量可差太多了！"

"咋了哥？"赵义山愣愣地说，"你还在想那箱子里装的啥呢？走吧！装的啥跟咱都没关系！"

"不对，石头砖头都没那么沉！"常鑫定定地看着电子屏里金光灿灿的黄金广告，突然看向赵义山，压低声音说，"我觉着，是黄金！"

"不能吧！谁能有那么一大箱金子？那得多少钱啊？"赵义山撇撇嘴，完全不相信。

常鑫左右看看，把赵义山拉到僻静的角落，低声说："怎么不会？你看过那个电视剧，叫什么，'群众的名义'吗？"

赵义山摇摇头，说："没看，听说那个剧里的警察，没一个好人！那不是扯的吗？警察要都是坏人，这社会得乱成啥样啊！"

常鑫摆了摆手，说："咱别扯这个！你听我说，那里面儿的贪官啊，家里有一面墙的人民币！卧槽，堆了一屋子钱！"

常鑫神秘地说："我看，那胖子不是一般人！家里有钱！搞不好，这是人家送他的黄金！"

"也对哦！"赵义山年轻，头脑比较简单，"咳！那跟咱也没啥关系。"

常鑫没说话。两人打着手电，接着在小区里转圈巡逻。

常鑫看了看天上朦朦胧胧的月亮，又看看四周的高楼，突然感慨起来："小山，咱们啥时候才能发财啊？别说在京海买房买车了，就是回老家省城买套房，也扬眉吐气啊！"

"咳！打工就这点钱，我是不指望了，下辈子吧！"赵义山叹了口气。

"你看过《水浒传》吗?"常鑫顿住脚步,轻声说,"有句话叫杀富济贫!反正是不义之财,谁拿都一样!"

赵义山愣愣地看着常鑫,低声说:"哥,你是想?"

常鑫凑近赵义山,压低声音说:"我想发财!"

3月1号。晚上10点。

御园一号。7号楼1201室。

门铃响起。洪兆红的妻子侯巧慧穿着件厚绒长睡衣,走到门口,透过猫眼向外看去:"谁呀?"

"物业。楼下漏水了,来看看管道。"常鑫和赵义山穿着保安制服,站在门口。

"漏水啦?"侯巧慧见是两个保安,不疑有他,打开了房门。

"对,主卧洗手间漏水,可能下水管道有问题。"常鑫边进门边说。

常鑫和赵义山一进房间锁上门,马上就变了脸色。赵义山拿出一把水果刀,压在侯巧慧的脖子上!

常鑫低着嗓子说:"别动!别喊!"

"啊!"侯巧慧发出短促的惊呼,向后踉跄几步,靠着墙壁捂住嘴。

"箱子在哪儿?"赵义山用水果刀抵住侯巧慧的脖颈,急促地问。

"什,什么箱子?"侯巧慧声音颤抖。

"别他妈装蒜!那箱子黄金在哪儿?"常鑫恶狠狠地问。

侯巧慧眼里满是惊恐,不明白这两个人怎么会知道自己家的秘密。这时,家里的茶杯犬颠颠儿地凑过来,想要蹭女主人的裤腿,被常鑫一脚踢开。

茶杯犬哀吠一声,躲到了角落里。

"别打它!"侯巧慧又害怕又心疼,眼泪流下来了。

赵义山凶狠地伸手掐住侯巧慧的脖子,说:"快说!不然杀了你!"

"在,在储藏室。"侯巧慧的日子一直富贵安逸,哪里经历过这样的生死劫,吓得脸色苍白,赶紧指指客卧旁边的小储藏室。

常鑫拧了拧储藏室的门,发现锁着呢,转身问:"钥匙呢?"

"在，在这儿。"侯巧慧谨慎起见，这两天一直把储藏室的钥匙随身装着。她抖着手，从睡裙口袋里掏出一把小钥匙。

常鑫一把抢过钥匙，开了储藏室的门，在一堆茶叶、红酒、香烟和杂物后面，黑色的工程塑料拉杆箱躺在角落。箱子上还放着一个黑色密码箱和一个塑料袋。

常鑫打开塑料袋一看，里面有5万现金。他眼睛放光，把钱塞到随身带的帆布袋里，把密码箱放在一边。他定了定神，打开箱子的扣板，掀开箱盖。

顿时，金光灿烂！

常鑫张大了嘴巴，愣愣地看着一大箱黄金，眼中闪烁着贪婪的兴奋，不由得咽了咽口水。

赵义山拿出准备好的绳子，把侯巧慧的双手捆在背后，双脚也捆绑在一起，走到储藏室一看，顿时也惊呆了。

赵义山双眼发光，喃喃地说："哥，咱发财了！"

常鑫合上拉杆箱的箱子盖，说："赶紧来帮忙！"

赵义山弯腰搬箱子，看到旁边的黑色密码箱，问："这小箱子里，不会也是金子吧？"

常鑫双眼泛着贪婪的光，说："不是黄金就是票子！都带上！"

2分钟后。

常鑫和赵义山抬着一大一小两个黑箱子，吭哧吭哧地出了门。

侯巧慧被关在储藏室内，捆得像个粽子一样，流着眼泪，不敢喊叫。

3月7日。凌晨时分。

青河镇到市区的高速公路很通畅，但夜间起雾，车开不快，到现在也只走了三分之一的距离。

王大鹏开着车，神色凝重，紧抿嘴唇。

方辉面无表情，望着窗外，若有所思。

汤建成眯着眼睛，听常鑫和赵义山讲完抢劫过程，淡淡地说："你们俩啊，真他妈两个傻大胆！"

常鑫和赵义山垂着头,再也不敢多说什么。

汤建成凑到驾驶座旁,将烟头弹出窗外,对王大鹏说:"大鹏,前面服务区,休息一下。"

高速路的服务区内。

商务车停在停车场的一角。

王大鹏和方辉给常鑫和赵义山暂时解开塑料手铐,一人拽一个,带他们上了厕所,就被塞回车上,重新系上塑料手铐。

王大鹏站在车门旁看守,手拿一个保温杯,喝着热茶,抑制时时袭来的胸痛和咳嗽。

汤建成和方辉坐在一家 24 小时的快餐店里,一人对着一碗汤面,默默吃着。快餐店里暖气很足,他们脱掉了外套,随意搭在椅背上。

汤建成穿着件半新不旧的羊毛衫,喝了口汤,慢慢地说:"方辉,150 公斤黄金,换算成人民币是多少?"

"大概 3 700 万。"方辉不假思索地回答。

汤建成愣了愣,放下筷子,笑道:"搞经侦的就是不一样,有经济头脑!"

方辉把碗里的面吃完,笑了笑,说:"经侦队的案子,标的动不动就是几千万,几个亿!但是,跟我们干活儿的也没什么关系。经侦那碗饭要是好吃,我就不辞职了。"

"哎,你算好的了!你才三十多点儿吧,就到律所拿高工资了。我们年轻那会儿,一个月也就几百块钱!"汤建成抽了张餐巾纸,擦了擦嘴巴和手,感慨起来:"我老婆有肾病,每个星期都要去医院报到,开销很大啊!哎!干了这么多年革命工作,啥也没给家里攒下来。儿子明年就大学毕业了,连个婚房都没有!他还想出国读书,那国外的学费,太贵了……"

方辉把金丝框眼镜摘下来,从口袋里掏出眼镜布,擦了擦镜片上的雾气,淡淡地说:"汤哥是本地人,家里有自住房,已经很好了!我们外地人在京海生活,更难。"

"哎！我是上有老下有小，一身的伤病，退休了还要出来打工养家。你呢，也不容易，到现在房子还没买吧？"汤建成感慨着，关心地问。

方辉脸色暗了暗，戴上眼镜，说："前年本来要买的，我爸生病要用钱。结果钱花光了，人也没留住。一耽搁，房价又上去了……"

"哎哟！那你真不容易。买房子是大事，你老婆家里，不能帮衬点儿吗？"汤建成惋惜地说。

"呵呵。"方辉冷冷一笑，"她家还有兄弟，条件也不行。因为当时没买房，房价又涨得厉害，她一直埋怨我！去年，离了。"

汤建成惊讶又有些同情地看看方辉，说："就因为这事儿，你下决心辞职，去了律所？"

方辉垂下眼睛："原因之一吧！"

汤建成眉毛上扬，努努嘴说："走！出去抽根儿烟。"

两人穿上夹克外套，走到快餐店外的空地上，汤建成掏出硬中华，递给方辉一支烟。方辉接过烟，给汤建成和自己点了火。

两人徐徐了抽了口烟，吐出烟圈，静静地感受着深夜室外的春寒料峭。

汤建成吐了口烟圈，低声说："方辉，你也不容易啊！"

方辉抽了口闷烟，叹了口气："没办法，在经侦队能做些事情，但是挣不到钱。现在，律所的活儿也难干。律师挣点儿钱，全靠拉单子。走一步看一步吧！"

袅袅烟雾中，汤建成漫不经心地说："你说，要是咱们有1 200万，在京海能买三套房吧？一套自住，两套出租，都不用上班儿了！是吧？"

方辉一愣，看向汤建成的眼神十分复杂，低声说："一般的房子，那是够了。"

"你说，这人跟人的差距啊，他怎么就有那么一大箱黄金呢！他配吗？这一箱子金条上，都没有标记，也没刻上谁家的名字。也是，他谁也不敢刻自己名字啊！"汤建成轻笑一声，带着不忿和嘲讽。

方辉低声说："这个事儿，总归是杨队交代的……"

"杨队交代的？这案子要是名正言顺，干嘛找咱们办啊！经侦队、刑侦队、分局、派出所，都他妈没人了吗？嗯？"汤建成打断了方辉的话，反问道。

方辉没有反驳，抽了口烟，有些心烦意乱。

汤建成盯着方辉，徐徐地说："杨队让你我来办，当然是种信任。不过现在搞这么大，你包不住！我也包不住！我倒是劝你啊！方辉，发财这种事儿，人一辈子也碰不上几回！有了机会，就不能错过。"

方辉沉默地看着汤建成，目光深邃，忽然觉得手心出了很多汗。

汤建成也不讲话，出神地看着远处的商务车。两人都静静地抽着烟，一声不吭。

方辉口袋里的手机又开始震动，嗡嗡作响：杨力鸣来电。

方辉没有看手机，任由它嗡嗡振响着。他眉心微皱，觉得口中的烟雾比往常都要辛辣，心跳逐渐加快。

方辉脑海中，一页页翻过自己过去30年的生活：他从小家境贫寒，逆境挣扎，艰苦求学；18岁考上大学后，勤工俭学，力争上游；大学毕业考上公务员，入警时的兴奋自豪，钻研业务；多年来，工作时谨小慎微，每天都拼命加班；父亲重病，倾尽全力救治却没能挽回，面对生活现实的拮据与无力；他还没从丧父之痛中走出，妻子就绝情地提出离婚，从民政局走出时，内心的决绝和失望；洪兆红西装革履地从奥迪A8中走出，细小的眼睛虽然目光躲闪，却依然充满着"成功人士"的自负和倨傲……

3分钟后，方辉手里的香烟几乎燃尽，滤嘴处烟头微明。

方辉裤子口袋里的手机震动响起：洪兆红来电。

他左手拿出手机，用夹着烟头的右手直接按掉来电，随手把手机揣回裤兜。

顿觉世界安静了。

方辉眉眼微凛，咬了咬牙，将烟头往地上一扔，用脚狠狠地踩灭，沉声说："好！干！"

汤建成扭头，定定地看看他："杨队那边，你能搞定吧？"

方辉属于一旦做出决断，就坚决走到底的性子，沉声说："洪兆红这个人，我查过的。他家庭出身普通，老丈人以前是个副市长，不过已经退休十来年了。他和我们杨队关系不错。但是杨队这个人，最重仕途。现在，是他竞争副局长的关键点。他如果知道洪兆红犯了事儿，肯定不会帮他的！"

汤建成点点头，说："这姓洪的，连个律师合同都不敢签，宁肯把劳务费从6万涨到10万，明显心里有鬼！妈的，3 000多万的黄金，只给老子一人3万块钱，打发要饭的呢?!"

汤建成直视着方辉："就这么定了！干！"

方辉点点头，看看远处的王大鹏，说："不过，得大家都这么想，才好办事。"

汤建成一笑，把烟头扔到旁边的垃圾筒里，说："我去给大鹏买两个包子，你替他一会儿，让他过来吃吧！"

"好！"方辉走了两步，又停下来，转身看着汤建成，说："汤哥，我这个人，讲规矩！在队里，按领导交办工作。出门在外，按社会规则办事！"

"好呀！我也是！"汤建成冷笑道，眼角的鱼尾纹皱了起来，"这事儿，行就行！不行也得让他行！"

几分钟后。

汤建成和王大鹏从快餐店走了出来，站在快餐店窗外的空地上。王大鹏把包子三两口吃完，说："汤哥，我吃好了，咱走吧！"

汤建成慢慢地拉上外套拉链，说："急什么，抽支烟。"

汤建成掏出香烟，看看王大鹏："还是不能抽烟?"

王大鹏苦笑一声："成天咳嗽，怎么抽啊？好在，我也不爱抽。"

汤建成轻笑一声，点了支烟，徐徐吐出烟圈，说："大鹏，你爸身体好点儿吗?"

王大鹏神情变得低落，摇了摇头："情况不太好。"

"你上次说，要做肝移植?"汤建成关心地问。

"嗯。肝源等不到，太难了。咳咳！"王大鹏皱着眉头，有些咳嗽。

"就算等到了，也要花一大笔钱吧?"汤建成缓缓地问。

"是，不行……就把房子卖了。"王大鹏低声说。

春寒料峭，一阵冷风吹来，他又咳嗽了几声，不由得紧了紧外套，抱起保温杯喝了口热茶水。

"你家那套老公房，才能卖几个钱啊！再说，卖了房子，你爸妈住哪儿?"汤建成说。

"唉！走一步说一步吧……"王大鹏年轻瘦削的脸上，泛起愁容。

"大鹏，你知道150公斤黄金值多少钱吗？"汤建成吐了口烟圈。

王大鹏没回过神，看看汤建成，试图回忆黄金兑换比率。

"3 700百万。"汤建成看着不远处的商务车，轻声说。

昏暗中，隐约看到方辉站在商务车的斜前方抽烟，红色的烟头忽明忽暗。

"这么多？"王大鹏愣了愣。

汤建成一笑："是啊！那两个烂仔，有胆子抢劫，没路子销货。这箱子黄金带回京海，还不知道便宜谁了……"

"那还能便宜谁，肯定交给局里啊！"王大鹏喝口茶水，咧嘴一笑。

"大鹏，你还是太年轻了！"汤建成板起脸，冷冷地说："你想想看，这箱子是从谁家搬出来的？这一百多公斤黄金，是什么来路？你以为我们把东西交了，还能全身而退吗？"

"不会吧？这可是，是杨队安排我们来的！"王大鹏浓眉皱起，有些不解。

汤建成冷笑一声，说："安排？我们都不在体制内了，还能奉谁的命？遵谁的旨？"

王大鹏喃喃地说："那，律所那边……"

汤建成冷冷地"切"了一声："律所！咱们这趟出来，签律师合同了吗？这一大箱子黄金，你准备怎么给律所汇报？"

王大鹏愣住了，抱着保温杯，紧皱眉头，一语不发。

汤建成深深吸了口烟，吐出烟雾，低声说："大鹏，洪兆红根本不敢报案，说自己被抢了150公斤黄金！他只敢跟杨队说什么丢了现金和资料，盼着我们给他打掩护！切！看他穿着西装人模狗样儿的，还不是个纸老虎！借他两个胆子，他也不敢声张！"

汤建成诡异地一笑，低语道："所以说，没有大案子，也没有金子！"

王大鹏猛然抬眼看着汤建成，像是不认识他一样，清俊的脸上满是震惊："汤哥！"

"行了！就这么一说，看把你吓得！还是市局刑侦出来的人呢！"汤建成一笑,像没事人一样,把烟头在身旁的垃圾筒上摁灭,"走吧! 出发!"

汤建成大步走向商务车。王大鹏愣了愣,紧张的神色有点释然,紧跟上去。

方辉把烟头扔到停车场的垃圾筒里,看看王大鹏,又看看汤建成。

汤建成对方辉说:"你开车吧! 让大鹏歇歇,开慢点儿!"

"好。"方辉拉开驾驶座的车门,发动车辆。

30分钟后。

商务车行驶在高速公路上,前方有一个岔路口,左侧是通往市区的高速路,右侧是转向郊县的普通公路出口。

方辉看了眼后视镜,看到王大鹏已经闭上眼睛,打起了瞌睡,而汤建成正在默默地注视着自己。他打了右侧转向灯,车辆驶入普通公路,往前开了没多久,进入一段没有路灯的小路。

方辉把车辆靠边停下,说:"下车小个便!"

"好!"汤建成推了推王大鹏,说:"把他们俩也带下去小便!"

"哦!"王大鹏有点儿迷糊,迅速醒过来,推了推常鑫和赵义山,"下车! 上厕所!"

常鑫和赵义山有些不情愿,常鑫还小声嘟囔了一句:"不是刚上过吗?"

"少啰嗦!"汤建成厉声训斥,推了常鑫的脑袋一把。

常鑫再不敢吭声,跟赵义山老老实实地下了车。他们俩一下车,方辉就走过来,对王大鹏说:"我带他们去!"

方辉说完,没等王大鹏反应,就拽着两个人的胳膊走到距离马路七八米的土地上,冷冷地说:"蹲下!"

常鑫马上蹲下,赵义山则直直愣愣地站着不动,还倔强地说:"我不蹲!"

方辉冷笑一声,猛地抬起腿一脚踹在赵义山的膝盖窝上!

"嗯!"赵义山闷哼一声,跪趴在地上。

常鑫吓得把头一缩,大气不敢出。却不料方辉又是狠狠的一脚,踢在常鑫的背上!

"啊"常鑫痛叫一声,倒在地上。

"别打了!"王大鹏见状,就要过去拦住方辉。

汤建成一闪身,站到了王大鹏面前,低声说:"大鹏,方律师办事,你少管!"

"汤哥!人都抓住了,也都交代了!干嘛还要打呢?他办的这是什么事?"王大鹏急了。

"是啊!他们办的什么事呢?既没有立案,也没有合同,哪儿来的事情呢?"汤建成悠悠地说着,扭头看向方辉。

方辉从身上掏出甩棍,拉开后狠狠地抽打赵义山。赵义山蹲在地上,抱着头硬撑,忍不住发出闷哼声。常鑫则吓得蹲坐在地,抱着头瑟瑟发抖。

"汤哥,这不行!"王大鹏要往前冲,被汤建成一把拉住。

汤建成阴沉地看着王大鹏,冷冷地说:"王大鹏,你还看不明白吗?150公斤黄金,是多大的事情?咱们几个,根本扛不住!莫名其妙蹚了这浑水,搞不好就牵扯进去!与其自己倒霉,不如大家发财!"

"汤哥!那怎么可能呢?!"王大鹏压低声音,愤怒地质问。

"怎么不可能?"暗夜里,汤建成的眼睛发出阴鸷的光,"3 000万的抢劫案,这两个傻货的量刑一定很重!只要他们不认,咱们不说,谁知道?!姓洪的也只能哑巴吃黄连,有苦说不出!他不要命了吗?他敢跟谁说,他有150公斤黄金?"

王大鹏茫然地看着汤建成,好像从来都不认识他,声音低哑地说:"汤哥,咱们当过刑警的人,不能知法犯法……"

汤建成冷冷地笑了一声,掏出打火机,点了支烟,悠悠地说:"是啊,咱们当过刑警!刑警就得流血牺牲,只讲奉献?切!那些誓言,都是骗鬼的!大鹏,你在市局刑队那么拼,命都差点儿干没了!结果呢?还不是被发配到分局打杂?要不是我带你到晟铭混口饭吃,你还在那儿整档案呢!"

"那是,那是因为我受伤了……"王大鹏的目光低落暗淡,喃喃地说。

"干刑警的,哪个没受过伤?我这指头尖儿是怎么没的?被黑社会砍下来的!就我这伤,连个二等功都没评上!"汤建成挥了挥夹着烟的左手,左手小指尖的伤痕似乎仍在灼痛。

汤建成面无表情地吐了一个烟圈,说:"你在局里工作几年,攒下钱了吗?

你考出来律师资格证,又怎么样?我没有律师证,也比你赚得多!刑辩律师打交道的,都是穷凶极恶、铤而走险的犯罪分子,怎么可能发财?何况现在的律所,律师想赚钱,全靠拉单子!你还没看明白吗?"

汤建成把烟头扔到地上,一脚踩灭,说:"大鹏,你也快三十的人了!付得起你爸的医药费吗?买得起新房子给你爸妈住吗?你爸要是因为没钱做手术走了,你就是个罪人!"

一阵冷风吹来,王大鹏不由得打了个哆嗦。他下意识地抱起双臂,愣愣怔怔地看着汤建成,眼眶泛红,一言不发。

不远处,赵义山已经被打得蜷缩在地上,发出嘶哑的闷哼声。方辉依然挥动警棍,狠狠地抽打着他。旁边的常鑫也被打了两棍子,缩在地上一动不动,已经瘫软。

王大鹏猛地向前一冲,想要越过汤建成去拦方辉。汤建成眼疾手快,死死拽住王大鹏!

汤建成低声急切地说:"大鹏,你也看见了,方辉已经把人打成这样了!就冲这一条,真闹开了,大家都不好过!搞不好你的律师证也要被吊销!到时候,你们全家人去喝西北风吗?!"

"汤哥,我……"王大鹏愤怒又委屈,眼睛充血泛红,喉头哽咽。

汤建成双臂用力,拽紧了王大鹏的胳膊。他略微浮肿的双眼暴起寒光,死死地盯住王大鹏,厉声说:"大鹏,你再犟下去,方辉把那个姓赵的打个半死!大家就一块儿完蛋……"

"啊!"赵义山被重重地抽了一棍,发出嘶哑的惨叫声。

漆黑的荒野中,赵义山被打得在地上翻滚,发出阵阵凄厉的惨叫声。

王大鹏的脑袋突然"嗡"的一声,像爆炸了一样,大脑一片混乱。他用手遮住额头和眼睛,身体微微颤抖。

"别打了!我知道了!"王大鹏终于受不了了,痛苦地说:"汤哥,叫他别打了!"

汤建成拍拍王大鹏的肩膀,又冲方辉挥了挥手:"方辉!"

方辉停了下来，蹲下身来，低声对蜷在地上一动不动的常鑫和赵义山讲了一段话。然后，他俯身提起那两个人，往前一使劲儿，常鑫和赵义山就跟跟跄跄地跟着走了过来。

方辉把两个人往车里后排一塞，砰地拉上了车门。他转过身，冷厉地看着王大鹏，一字一句地说："3月1号晚上，常鑫和赵义山趁着御园一号7号楼1201室的房门没关紧，入室抢劫了5万块现金后逃逸。3月6号，我们在青河镇办事，看到宾馆里有两个男子形迹可疑，在商量老城区入室抢劫后如何逃窜的事。出于良好市民的警惕性，我们上前询问，发现他们俩随身携带近5万元现金，而且支支吾吾、试图逃跑。我们见义勇为，扭送回老城区分局处置！"

"没错！送交公安机关的路上，他们趁着撒尿想跑，被抓回来的时候，受了点儿伤。"汤建成拍拍王大鹏的肩膀，说："就这样！走吧！"

王大鹏愣愣地看着汤建成，一动不动。

汤建成笑笑，拉开副驾驶座的门，把王大鹏推了进去，给他系上安全带，说："咱们是坐一辆车的，安全第一！"

3月7日，清晨。

京海市老城区分局刑侦队。

队长办公室内，聂队笑嘻嘻地给坐在对面的汤建成点了支烟，又给自己点上。两人姿态放松，一起坐着吞云吐雾。

汤建成弹了弹烟灰，说："老聂，这5万块钱呢，是京海证券老总洪兆红家的。他这种人，身份敏感，顾虑比较多，开始就没找你。我现在无所谓啊，就当个良好市民，顺便收拾两个毛贼，给朋友帮帮忙。"

聂队抚了抚谢顶的稀疏头发，吐了个烟圈，说："汤队，你现在潇洒了，路虎都开上了！"

汤建成一笑："嗨！律所买车是撑门面用的，我这个岁数了，也不可能去考什么律师资格证，就是跑点事情，随便混混！这个案子，你看着处理，洪总两口子会配合录口供的。"

聂队点头："放心吧汤队！你是我的老领导，要不是你力保，这个刑侦队长的位置还不一定是我呢！入室抢劫吗，赃款、口供、人证齐全，就没问题。我们也是按章办事，今天先收监，尽快结案移交！"

"那行！先走啦！"汤建成笑着告辞，聂队把他送到门口。

王大鹏站在门外，神情木然，跟着汤建成离开。

老城区分局门外。

方辉坐在商务车的驾驶座上等待，两个黑色皮箱在后备箱稳稳地放着。

手机震动，洪兆红来电。方辉拿起来看看，目光微动，接起电话："洪总，人已经抓到了……对，箱子也找到了……前面一直押着人，不方便接电话……好，下午3点，郊野公园。"

方辉挂了电话，将手机放回口袋。汤建成和王大鹏上了车，坐在中间两个位置。

汤建成一脸轻松，对方辉说："入监了！"

方辉点点头，说："好，看守所那儿我也做了安排。分局这边你盯着点儿，尽早结案！"

汤建成点点头，侧身看看后备箱里的两个黑箱子，说："那个密码箱大家都别动，你赶紧把它还给姓洪的！这种东西，谁看谁倒霉！"

方辉冷笑一声，发动了车辆，说："我下午就把密码箱给他！哼！咱们动的还他妈的少吗？"

方辉回头，看了看沉默不语的王大鹏，冷冷地说："你别怕，怕也没用！"

王大鹏翕动了下嘴唇，没有发出声音，眼神茫然、慌乱。

汤建成靠在椅背上，平静地说："行了，走吧！"

方辉打了下方向盘，车辆驶离。

3月7日，下午。

京海市老城区看守所。

常鑫和赵义山换上了看守所的黄色号衣，穿着拖鞋，在两名看守所民警的押送下，一瘸一拐地走着。他们穿过一层又一层的铁门，来到了一间监室门口。

铁门拉开,监室内的十七八个男人都穿着号衣,或坐或站,看向门口。

监室面积不大,二三十平方米,一侧是水泥垒砌的长条形通铺,通铺上叠放着一些铺盖卷。另一侧是狭长的过道,还有一个水泥砌的墙柜,放着一些碗勺杯子。监室一角是简陋的洗手池和蹲式便池。

一名看守所民警指指靠边的两个铺位,说:"你们俩睡这儿。"

常鑫和赵义山拘谨地坐了下来,一动也不敢动。看守所民警看看安顿好了,就转身离开,关上了铁门。

门一关上,监室里的十二三个男人马上围了过来。领头的男人30多岁,虎背熊腰,面目凶狠,胳膊上纹有一条盘龙的刺青。

他居高临下,上下打量一番,撇了撇嘴,用粗短的手指戳戳常鑫和赵义山的脑袋,轻蔑地问:"常鑫?赵义山?"

"啊?"常鑫感到巨大的压迫感,微微欠身,想要抬头看看问话的人,被人一巴掌结结实实地拍到头上!

打常鑫的是一个精瘦的光头男人,两只胳膊上全是烫伤的疤痕。他声音嘶哑,恶狠狠地说:"厉哥跟你说话,你他妈也敢抬头?还他妈敢坐?蹲下!"

常鑫赶紧蹲在通铺前的地上,双手抱头蜷在一起。赵义山年轻脾气犟,坐在通铺上一动不动。

光头男人一巴掌打到赵义山头上:"妈的!蹲下!"

赵义山被打得头晕目眩,身体晃了晃。常鑫低着头,伸出手拉住他的胳膊,让他顺势蹲在地上。

厉哥轻哼了一声:"小伙儿还挺硬茬儿!"

他用穿着拖鞋的大脚踢踢赵义山的脸,轻蔑地说:"都他妈到这儿了,还装什么逼呢?"

赵义山不甘受辱,猛地想要站起身,被光头男子和另外几个人死死摁住,动弹不得。他低哑着喊:"你们要干什么?!"

厉哥一屁股坐到铺位上,不耐烦地挥挥手,说:"赶紧拉一边儿!又臭又硬的傻货,就欠收拾!"

光头男子和另外几个人把常鑫和赵义山拖到墙角,围了起来。其中四个人按住他俩,光头男子和另一个纹身男开始捏赵义山和常鑫的耳朵。光头男捏住赵义山一只耳朵,用力将耳廓捏到对折,稍微放开点再捏紧对折。这样循环往复一会儿,赵义山和常鑫就感到耳朵又疼又痒,十分难过,想要挣脱又被死死按住。

两个小时后,这种看似轻巧的惩罚已经成为巨大的折磨。赵义山这样倔强的性子,也已脸色煞白,喉头不停地发出难受的呻吟。常鑫早已经跪坐在地上,不停地求饶:"求求,求求厉哥,饶了我……"

光头男子嘿嘿笑了一声:"现在知道难受了?刚才还敢装逼?以后老老实实的!厉哥说啥就是啥!"

"是!是!"常鑫眼泪都流出来了,哭着说:"都听,都听厉哥的!饶了我吧……"

"我,我都听……"赵义山也被这种持续性的折磨、越来越剧烈的灼痛击垮了意志,跪坐在地上求饶。

厉哥慢悠悠地走了过来,示意光头男子他们暂时停手,高高在上地看着常鑫和赵义山,朝他们脸上各吐了一口唾沫。赵义山和常鑫的精神已近崩溃,似乎没有感觉到羞辱,连擦也不敢擦。

厉哥冷冷地说:"今天先立个规矩!你们两个逼崽子听好了!以后不管谁问,都要按方总交代的说!听懂了吧?"

"听,听懂了!"常鑫瘫软在地,想用手去捂耳朵,一碰就钻心的疼,只能呲牙咧嘴地蜷缩着。

厉哥用穿拖鞋的大脚踢踢赵义山的头,狠戾地说:"记住了!按方总说的办!今天,先捏捏耳朵!你们就算找管教告状,浑身上下也查不到伤!没有证据,你们俩还得回到我的号儿里!到时候,我有一千个办法弄死你们!"

厉哥蹲下身,扇了常鑫一个耳光,又捏住赵义山的脸。他手劲儿极大,几乎把赵义山的下颌骨捏碎,阴狠地说:"要敢耍花样,我就让你们没命走出看守所!只要方总出手,你们就算是躲到监狱里,照样儿是死路一条!知道不?"

"知,知道!"常鑫忙不迭地说,"我们俩就抢了5万块钱!别的啥也不知道!厉哥你放过我吧!"

赵义山也喃喃地说："知道了,别打了……"

厉哥站起身,满意地笑笑："好！你们到底啥事儿,我不管！只要记住,按方总说的办,就能保住你俩的命！"

常鑫和赵义山蜷缩在角落,疼得发抖,毫无生气。

3月7日,深夜。

老城区。嘉园小区。

汤建成打开家门,使着劲儿把一个黑色皮箱提进房内,换了拖鞋,拖着箱子进了卧室。

一回到家,他神色明显放松,身上的尖锐和油滑都褪去许多。

卧室内,汤建成的妻子盖着厚厚的被子,斜靠在床上休息,看到丈夫回来,想要下床去迎："回来啦！吃饭了吗？"

汤建成赶紧过来扶住妻子,温和地说："别起了,我吃过了。你怎么样？"

"还行,就是身上没劲儿。"汤妻脸庞消瘦,声音轻弱,带着南方女子的温婉。

汤建成看看妻子,眼神温柔,说："明天上午,我陪你去医院复诊。"

"嗯。儿子今天还打电话给我,让我多去医院看看。"汤妻微笑着点点头,看看汤建成提进来的皮箱,"你换行李箱了？"

"哦。"汤建成神色不变,起身把行李箱塞到了衣柜里,说："这是我帮人办点事儿,人家给我送的东西。"

"什么东西啊？还放箱子里。"汤妻靠在枕头上,笑着聊家常。

"挺值钱的东西！你先别动啊,这个可要保密。"汤建成说着,到卫生间洗了洗手,脱掉了风尘仆仆的外套。

"衣服先放洗手间吧,我明天洗。"汤妻说。

"跟你说多少遍了！别手洗衣服了,用洗衣机啊！"汤建成边换家居服,边心疼地埋怨着妻子。

"你老在外面跑,衣服磨得脏,还有油点子,洗衣机洗不干净。"汤妻笑道。

汤建成换好家居服,坐到床边,静静地看看妻子刻上岁月痕迹的脸庞。

妻子曾经乌黑油亮的长发,被时光和疾病磋磨后,变得枯干蓬乱,还夹杂着些许白发。妻子身上的睡衣干净柔软,但领口和袖口都磨了边,带着勤俭生活的烙印。

"过几天,我给你请个阿姨!打扫卫生什么的,你就别做了。"汤建成的眼里有心疼有愧疚,低声说:"你跟我这些年,没享过什么福,受苦了。"

"什么吃苦啊!老夫老妻的,突然说这个……"汤妻有些不好意思。

"律所那儿的工作,也没啥意思,我不打算再干了。以后啊,我多陪陪你,陪陪老爹老娘,带你们出去旅旅游。"汤建成伸出少了半个小指尖的左手,粗糙的大手轻柔地摸摸妻子的头发。

汤妻眼睛亮亮的,温柔地望着丈夫,轻声说:"嗯,听你的。"

汤建成握住妻子瘦弱的双手,双眼看向衣柜,目光深深。

箱子里,是他改变生活困境的希望。

老城区一个老式小区。

王大鹏提着一个黑色皮箱,吭哧吭哧地爬着楼梯。黑色皮箱比他们在青河市查到的箱子体积小一些,但也很沉重。王大鹏爬到三楼,擦了擦汗水,打开房门。

王家是一套40多平方米的老公房,一进门就是过道和小厨房,空间逼仄。客厅里摆满了半旧的家具,还放着一张单人床,紧挨着餐桌。单人床的床脚有一个贴墙的小柜子,小柜子上放着一个相框。相框内,程功、王大鹏和欧阳瞳,在刑侦楼前笑得见牙不见眼。

王大鹏的母亲田秀珍听到儿子回来,咳嗽两声,赶紧从卧室出来,笑道:"大鹏回来了?"

"妈,我回来了。"王大鹏勉强笑笑,把黑色皮箱塞到单人床下,又往里推了推,低声说:"这箱子是我朋友的东西,在我这儿放放,你们别动。"

"哦。"田秀珍应道,看儿子脸色不好,担心地问:"怎么脸色这么差?是不是出差太累了?"

"没事儿!"王大鹏干干地咧了咧嘴,低声说:"我爸怎么样?"

田秀珍的眼神黯淡下来,轻声说:"你爸不太舒服,刚吃了止疼药睡了。昨天去医院,医生说指标不太好,让住院治疗,还让准备好手术费……"

"那赶紧住院啊!"王大鹏是孝子,一听就着急了。

田秀珍的眼睛红了,咳嗽几声,用手抹了抹眼泪,哽咽着说:"你爸他,不舍得再花钱了……大鹏,我们知道你想卖房子!但你都快三十了,还没个对象,再卖了房子,可怎么办啊……"

"妈,别说了。"王大鹏心头酸痛,低着头走进卧室。

卧室的家具也是半旧且拥挤的,王大鹏的父亲王兴国躺在床上,面色暗黄,脸颊凹陷,肚子却因为腹水而病态地鼓胀。王大鹏看着父亲憔悴的面容,睡梦中也眉头微锁,皱成川字,不由得眼眶泛红。

他轻轻给父亲掖了下被角,低声说:"妈,钱的事儿你别担心了,我有办法。"

田秀珍倒了杯热水递给王大鹏,心不在焉地说:"你有啥办法?"

"我朋友,做股票做得很好!我攒了点钱,给他帮着投资,收益很高,你放心吧。"王大鹏喝了口热水,含糊地答道。

田秀珍笑着说:"那好啊,你就先别想卖房的事儿了啊!"

王大鹏轻轻嗯了声:"不卖房,我还要买新房子给你们住。"

田秀珍只当儿子吹牛安慰自己,不在意地笑了笑,也为儿子的孝心感到欣慰。

王大鹏走出卧室,衣服也没脱,疲惫不堪地倒在单人床上。

田秀珍心疼儿子,赶紧出来熄灯,说:"快睡吧,啊!"说完便回到卧室,关上房门,生怕打扰儿子休息。

昏暗中,王大鹏缓缓地睁开双眼,俯身看看床下的黑色皮箱,又抬头看看床脚柜子上和程功、欧阳瞳的合影,煎熬地闭了闭眼。

他的双眼再次睁开时,充血发红,茫然绝望。

所有一切,从今天起,都将不同。

与此同时。

市区一栋高档写字楼的门前,挂着"晟铭律师事务所"的铜牌。

方辉独自从写字楼走出,步履稳当。

方辉停下脚步,回头看了看律师事务所,灯火辉煌的办公室内,许多律师还在拼命加班。忙碌的身影往来匆匆,从落地玻璃窗映射出来。

方辉的薄唇微微弯起,目光中划过一丝寒意和嘲讽。

他抬起头,大步离开。瘦长的背影,被路灯拉得笔直。

4月29日。下午。天气阴沉。

京海市公安局刑侦队。

王大鹏独自来到刑侦队大院,站在刑侦楼前,有些踌躇。

张萍华从刑侦楼里出来,跟王大鹏打了个照面。王大鹏客气地说:"张主任。"

张萍华眼底透着不屑,说:"王大鹏,你来办事吗?"

王大鹏犹豫了下,说:"我来找郑队。"

张萍华轻飘飘地说:"郑队出差了,你不是辞职了吗,找他有什么事儿啊?"

王大鹏愣了愣,低声说:"那,我去找程功。"

张萍华对程功一向有偏见,阴阳怪气地说:"程功也不在,抓人去了吧!你们俩不是很熟吗?"

"哦,我,我不知道。他也出差了?"王大鹏愣了愣,失望地说。

张萍华嘴巴一向很碎,薄薄的嘴唇上下翻飞:"是啊!我说小王,你身体不好,干不了刑侦,政治处照顾你,才把你调到分局的!结果你倒好,也不安心工作,去了没几天就辞职了!你看你现在,多大个人了,还在到处瞎混!"

"张主任,我先走了。"王大鹏沉闷地说,转头就走。

"老老实实工作,不要到处乱跑!"张萍华翻了个白眼,踩着高跟鞋离开。

王大鹏独自走出刑侦队大院,从口袋里掏出一块服丧的黑色布条,戴在自己的左肩膀上。

他眼眶泛红,拿出手机拨打程功的电话,却一直无法接通。他深呼吸了一下,给程功发了条微信:"什么时候回?有事跟你说。"

晚上7:53。

京海市中心医院。

八楼,呼吸内科病房。王大鹏穿着白衬衫和黑长裤,衣服已经穿皱了,袖口被粗糙地卷起。他下巴冒出胡茬,双眼红肿,坐在病房的陪床躺椅上,静静地看着病床上的母亲。

田秀珍因为丈夫去世而过度悲伤,加上旧疾复发,晕倒住院。

她面色苍白,闭眼靠在枕头上,似乎是感觉到了王大鹏的注视,缓缓睁开了眼,虚弱地说:"晚饭吃了吗?你回去休息吧……"

"妈,你睡吧!"王大鹏赶紧扶住母亲,心疼地说:"我吃过了。"

"你又喝酒了?"田秀珍闻到儿子身上的酒气,眼泪掉了下来,伤心地说:"妈妈没用啊!没照顾好你爸,也照顾不好你……"

王大鹏声音沙哑地说:"妈,是我没用!是我没照顾好爸!我有钱了也没敢花给他,都怪我……"

田秀珍挣扎着抬起上身,喘息着说:"你爸这病拖了这么久,我心里有数。医生也说了,并发症来得突然,怎么能怪你?你是好孩子……"

王大鹏眼圈一红,低声说:"妈,你好好休息,我回家一趟,给你拿点儿换洗衣服,再拿条毯子,一会儿就回来。"

窗外传来低沉而密集的雷声。

田秀珍躺下,擦擦眼泪,说:"你路上慢点儿。"

"嗯。走了妈。"王大鹏站在病房门口看看母亲,转身匆匆出门。

晚上 9:02。

王大鹏家。

客厅的餐桌被收拾得很干净,摆放着王大鹏父亲的遗照。遗像前供着一盘水果和一盘点心。

王大鹏走到餐桌前,沉默地看着父亲的遗像。他到厨房开了瓶啤酒,咕咚咕咚灌进胃里,随手将啤酒瓶扔进垃圾筒,桶里已经堆着七八个空啤酒瓶。

电话铃声响起,方辉来电。

王大鹏愣了愣,才反应过来,接起电话:"喂?"

"王大鹏,你今天去刑侦队了?"方辉的声音传来。

王大鹏没有说话,只有粗重的呼吸声。

"你想干什么?啊?"方辉的声音有些狠厉,"今天郑涛出差了!等他回来,你是不是还要再去?你他妈知不知道,自己跟谁是一条船的?你他妈是不是想死!"

"我知道!"王大鹏冷冷地说:"我知道,我已经陷到这堆烂泥里了!这可能是报应吧!"

王大鹏说完就挂了电话,将手机随手扔在床上。他灌了口啤酒,愣愣地看着父亲的遗像,然后蹲下身,从单人床下把那个黑色皮箱拉出来,狠狠地捶了两拳!

他抱着头,无声地哭了起来。

不知过了多久。

电话铃声,再次响起。

王大鹏有些不耐烦地接起了电话:"喂?"

听筒里,传来一个陌生而怪异的声音:"王大鹏,你以为,你真能发笔横财吗?"

"你是谁?"王大鹏看看手机,是一个陌生的号码,声音不由得严厉起来。

"我知道你们干了什么事儿!"陌生的声音尖锐粗糙,咄咄逼人,"1小时后,到南郊盛兴大楼顶楼!要不然,我就把你侵吞黄金的证据公布出去!你家里人,你的同事朋友,都会知道你是个贪心做贼的!狗屁律师!"

"你到底是谁?你想要什么?"王大鹏猛地站起身,啤酒瓶砸在了桌上。

对方已经挂断了电话。王大鹏听着听筒里嘟嘟的忙音,双目赤红,嘴唇微微发抖。他站起身,微微晃了晃,扶住餐桌定了定神,转身匆匆出门。

窗外,乌云密布,风雨欲来。

4月29日。深夜11:34。电闪雷鸣,风雨已来。

南郊区,盛兴大楼建筑工地。顶楼。

王大鹏独自走进施工电梯，按了顶楼楼层按钮。雨水落下，电梯上行，发出吱吱扭扭的声音。

酒意和疲惫袭来，他轻微地晃了晃，靠在电梯内侧，拿出手机给程功发了条微信："等你回来，面谈。"把手机放回口袋，他用力揉了揉发红的眼睛。

顶楼到达，王大鹏走出电梯，微凉的雨水落在脸上，他的脚步有些打滑。

顶楼堆积着不少钢材和建筑用料，王大鹏绕开高高的料堆，看到一个站在楼沿处的黑影。那是个身材高大的男人，穿着全黑的连帽风衣，帽檐压得很低，看不清楚脸。

王大鹏定了定神，戒备地走到距离黑衣男人5米左右的地方："你想干什么？"

"王大鹏！别他妈装了！你拿了多少好处，自己心里有数！"男人的声音尖锐粗糙，正是刚才给王大鹏打电话的人。

"你是什么人？"王大鹏抹了把脸上的雨水，绷紧了后背。

黑衣男人咄咄逼人地说："你别管我是谁！你快点儿说，把金条放哪儿了？！"

"什么金条？"王大鹏慢慢地靠近黑衣男人，眼中闪过寒意。

黑衣男人向后一退，厉声道："王大鹏！你妈还在市中心医院躺着！我的兄弟已经去招呼她了！"

王大鹏猛地顿住脚步，震惊地看着黑衣男人。

黑衣男人阴气森森地说："你说出来黄金在哪儿，我马上打电话叫他们收手！"

王大鹏冲上去一把揪住黑衣男人的衣领，大声骂道："操你妈的！你冲我来！"

黑衣男人的风衣帽子滑落，露出一张圆寸发型、下颌宽硬的大脸，正是王自达的贴身保镖李喆！他神情阴狠，嗓音嘶哑地说："你敢动我，你妈就死定了！"

王大鹏紧紧地拧住黑衣男人的脖领，双手青筋暴露。

李喆嘶吼般地说："市中心医院八楼17床！东西在哪儿？交出来！保住你妈的命！"

王大鹏双目发红，微微颤抖，终于松开了手，低声说："东西在我家，客厅床下。你们别碰我妈！"

李喆猛地甩开王大鹏的双手，往右边退了一步，说："你要敢骗老子，就等着给你妈收尸吧！王大鹏，别觉得自己披过那张皮，就是能耐！有的人，你惹不起！"

雨水淋湿了王大鹏的衣服，他恍然不觉，逼向黑衣男人说："我家在哪儿，你们肯定知道，东西你拿走！快打电话！别碰我妈！"

"你他妈最好老实点！"李喆掏出手机，拨了一个电话，"在医院？先别动手！我拿到东西再撤！哦？"

李喆说着，把手机递给王大鹏，说："我兄弟说，你妈好像快不行了！"

"什么？"王大鹏大惊失色，急忙抢过手机。就在他心慌意乱的时候，一个黑影突然从他身后袭来，猛地用一块毛巾捂住王大鹏的脸！

王大鹏一时大意，口鼻突然被捂住。他奋力挣扎，猛然一掰对方的手腕，背后黑影的左胳膊险些被他掰断，发出一声惨叫。然而，毛巾里的强效麻醉药剂迅速发挥，几秒钟内，王大鹏就感到头晕目眩，瞬间失去意识，瘫倒在地。

李喆捡起地上的手机，看看抱着胳膊惨叫的黑影，不耐烦地说："别他妈叫了！"

"哎！李哥……疼死我了！"黑影是个高瘦的年轻男人，疼得半弓着腰，隐约露出脖子上的大片刺青。

李喆向四周张望一下，嫌弃地看看黑影，说："赶紧的！把他扔下去！我还得去拿箱子！"

黑影闻言，忍着疼痛，用右手提起王大鹏的衣领，李喆抱起王大鹏的双腿，两人用力抬起，将昏迷中的王大鹏扔下高楼！

11月9日。下午。

京海市监狱。审讯室。

程功听了常鑫和赵义山的供述，内心波涛起伏。他几乎可以肯定，王大鹏之死与那150公斤黄金有关！他眼前仿佛出现了王大鹏坠楼的惨景，不由得有些晃神。

单宇轻轻拍了下程功的肩膀,程功这才缓过神来。

单宇把在朱然家搜索到的两根金条的照片翻出来,放在赵义山面前,说:"眼熟吗?"

赵义山看着金条,点点头,说:"一公斤一根,上面有4个9,还有'中国黄金'四个字。"

程功淡淡地说:"一共是150公斤黄金,在你们俩手里,也没待几天。"

"是!这事儿干了就干了!我认!我就是恨死他了!"赵义山心头卸下沉重的负担,情绪变得激动,眼眶发红。

"你恨谁?"单宇问。

"姓方的王八蛋!"赵义山用手指戳戳方辉的照片,眼中满是恨意,脖子上青筋暴露,"差点儿把老子打死!还找了看守所里的人,威胁我们,敢说出去就要了我的命!现在看看是谁先没命!"

程功和单宇对视一眼,目光闪亮,神情振奋。

30分钟后。

京海市公安局刑侦队。

队长办公室内,郑涛接到了程功汇报案情的电话。

程功一边和单宇快步走出监狱大门,一边难掩兴奋地说:"头儿,常鑫和赵义山都撂了!跟京海证券老总洪兆红有关,涉案150公斤黄金!"

郑涛听着程功的汇报,不知不觉中站了起来。

程功坐进警车,说:"我现在就去京海证券,把人先控制住!"

郑涛的大脑急速旋转着,目光闪动,沉声说:"洪兆红身份特殊,我马上去市局,向邵局和姜局汇报。市局党委会批准后,尽快对洪兆红立案侦查!"

"还要等多久?我担心来不及!"程功皱着眉头,心急如焚。

"我请示过了,姜局说,既然发现了洪兆红的蛛丝马迹,可以暗中监视他的动向!"郑涛说。

"那我现在就去京海证券!"程功看看单宇,单宇心领神会,警车向京海证券公司疾驶而去。

　　京海证券公司。
　　洪兆红的办公室宽阔豪气，全套红木家具，装潢精美，古色古香。
　　洪兆红坐在办公桌后，一支接一支地抽烟。桌上的烟灰缸里，满满地堆了几十个烟蒂。他看起来疲惫而又焦虑，眼睛带着失眠后的血丝。
　　电话铃声响起，洪兆红看看手机上的一串数字，接电话的声音透着神经质的紧张："喂？"
　　话筒里，传来一个隐约的声音。洪兆红听了几句，脸色变得极差，握着电话的手指开始轻微颤抖。挂电话后，他颓然坐到椅子上，突然间衰老了很多。
　　洪兆红看着窗外愣了几分钟，神情逐渐恢复冷静，目光变得疯狂而又决绝。他站起身，打开办公桌下的保险柜，从柜子里取出一个塑料袋，袋子里装着一本护照和厚厚的两摞美金。
　　洪兆红关好柜子，拨通了司机小郝的电话："小郝，我要去趟新城区，你到楼下接我！对，现在！"
　　洪兆红把护照和美金塞到皮包里，手拿皮包，一副出门办事的样子，笃定地走出办公室。
　　妆容精致的女助理迎面走来，客气地问好："洪总好！"
　　"小梁！"洪兆红颔首微笑，神态自若地乘电梯下楼。
　　司机小郝已经开着黑色奥迪在楼下等待，洪兆红坐进轿车，说："新城区，美华大酒店。"
　　黑色奥迪从经侦队大院门口驶出，开往新城区。
　　奥迪A8刚拐出十字路口，一辆警车便从另一方向驶到京海证券公司楼下，程功对门卫亮了证件："市局刑侦队。"
　　门卫打开闸门，警车进入院内。

　　京海证券公司，前台接待处。
　　女助理小梁走过来，对程功和单宇点点头，说："两位警官，我是洪总的助理小梁,你们要找洪总?"

程功说:"有个案子,想跟洪总了解下情况,他在公司吗?"

小梁客气地说:"很不巧,洪总出去办事了。下次您再来,最好提前约一下。"

"他什么时候出去的?"程功的瞳孔微微收缩,急问道。

"这个,老总的行程我们也不是随时掌握的,抱歉。"小梁温文尔雅,语气疏离。

程功和单宇对视一眼,转身离开。

京海市公安局。

会议室内,邵局长、姜局长等市局领导正在开班子会议。

郑涛从会议室出来,拨通程功的电话:"程功,市局已经有决定了!马上对洪兆红进行控制!"

"太好了!头儿,洪兆红不在公司!他会不会听到风声了?"程功和单宇匆匆走出经侦楼。

一辆黑色奥迪A8从他们身边驶过,停在楼下的VIP车位。

程功看看从奥迪车里出来的司机小郝,心里一动,走上前问:"你好,这是洪总的车吧?他是去市里开会了吗?"

小郝一愣,没有否认,也没有肯定。

程功心里有数,微微一笑:"我是市局的程功,来京海证券办事。"

小郝看程功和单宇气宇轩昂,虽然没搞清楚是哪个市局,也不敢得罪,就说:"是洪总的车,他到外面办事,让我先回来。"

"哟!洪总去哪儿了?他本来约好跟我见面的!"程功遗憾地说。

小郝深知司机不能随便透露领导行踪,就打了个马虎眼:"到新城区办事,具体我也不不太清楚。不好意思啊领导。"说完就快步离开。

程功眯着眼睛,看看小郝的背影,拿起手机低声说:"郑队,洪兆红让司机把他送到新城区,还不让车等!不对劲,我怀疑他准备潜逃!"

郑涛顿住脚步,稍一思索便下决定:"我马上通知机场分局和铁路公安局!

同时对洪兆红进行跟踪定位!"

程功心念电转,说:"我去控制洪兆红的老婆,她是重要证人!"

警车疾驶而去。

京海市国际机场。

洪兆红穿着便服,一手拿着皮包,一手提着小行李箱,从一辆出租车上下来。他向左右看看,快步走进机场大厅。

几分钟后,他站在登记柜台前,拿出护照办理值机:"美国,芝加哥。"

柜台人员看看洪兆红,顺利给他办好了手续。洪兆红的神色明显放松很多,向安检走去。然而,他还没走到安检口,两个穿着警服的机场民警便走了过来,直冲他而来。

洪兆红双手颤抖,站在原地,似乎动弹不得。

御园一号小区。

小区的花园绿地,景色宜人。洪兆红的妻子侯巧慧保养得体,正在悠闲地遛狗。茶杯犬头上戴着粉粉的蝴蝶结,活蹦乱跳。

程功和单宇走了过来,出示证件,说:"侯巧慧,我们是京海市公安局刑侦队的,想要请你跟我们回局里,配合调查!"

侯巧慧眼神中闪过一丝慌乱,迅速仰起头,傲气地说:"你们知道我是谁吗?我爱人是……"

"你爱人是京海证券的洪兆红,请你去局里,就是调查他的事情!"

"你们!你们凭什么?!我要给老洪打电话!"侯巧慧拿出手机就要拨号。

程功伸手拦住,淡定地说:"不用打了,你们很快就会在刑侦队见面了!"

侯巧慧脸色变得苍白,似乎一瞬间,就显出了老态。

京海市公安局刑侦队。

审讯室。

洪兆红戴着手铐,坐在审讯椅上,双目微垂,佯装镇定。

审讯监控室内。

郑涛正在接听姜局长的电话:"姜局,是我。"

姜局长坐在办公室内,办公桌上的烟灰缸装满了烟蒂。他声音不大,说:"郑涛,市局已经把洪兆红的情况向市政法委做了汇报,检察院反贪局也要介入。洪兆红在刑侦队待不了多久,你抓紧时间,先把情况查清楚!"

"是!洪兆红到刑侦队后,一直不开口。我会尽力,尽快!"郑涛利落答道。

"郑涛啊!我对你和力鸣,一直都寄予厚望。哎!力鸣这个事情,处理得确实不太妥当,虽然说,他也是为京海的金融环境着想……"姜局长的声音听起来有些疲惫。

"姜局,我明白。"郑涛斩钉截铁地回答。

"好,那就这样吧。"姜局长挂了电话。

隔壁的审讯室。

洪兆红的妻子侯巧慧戴着手铐,坐在审讯椅上,脸色煞白,不复优雅。

程功把常鑫和赵义山的照片放在洪兆红面前,开诚布公地说:"侯巧慧,认识这两个人吗?"

侯巧慧身体明显地抖了一下,说:"好像,好像是我们小区的保安。"

"就是保安吗?他们对你可是很熟悉啊!"程功微微一笑,拿出装着一根金条的证物袋,拍在侯巧慧面前,"这个呢?"

"我不知道!"侯巧慧愣了愣,依然态度强硬,"你们快放我出去!我要和我父亲通话!"。

"你父亲?侯市长吗?"程功直截了当地说:"侯市长可是一身正气的老党员,对自己和子女的要求都很严格。你觉得,他要是知道黄金的事情,会怎么想?"

侯巧慧高傲地转头不语,似乎还是很有底气:"你是什么级别?我不跟你谈!让你们队长过来!我要见我父亲!"

程功隔着证物袋,慢慢摩挲着金条,缓缓地说:"侯巧慧,你先别急!这根金条,是我从一个杀人犯家里找到的。这个杀人犯,残忍地杀害了退休警察汤建成和他的爱人！他用铁榔头砸了几十次,把汤队夫妻俩给活活砸死了……"

"你！你别说这些！这跟我有什么关系?!"侯巧慧急忙大喊道。

侯巧慧情绪激动,根本不听程功和单宇说什么,始终重复三句话:"我不听这些！我要见我父亲！我要求跟我父亲通话！"

审讯陷入僵局。

郑涛坐在审讯监控室内看着,挠挠头皮,心头的压力越来越重。

程功沉着脸走进审讯监控室,还没开口,郑涛的电话突然响起。郑涛看看手机上显示的姜局长来电,心知不妙。

果然,他一接通电话,就传来姜局长低沉的声音:"郑涛,你们把侯巧慧也带到队里了?"

"是的,姜局。她是黄金案的知情人,得配合调查。"郑涛沉声说。

姜局长缓缓地说:"市里面的领导很关心这个案子,你务必在两天之内查清楚！侯巧慧这个事儿,到底是不是案子？如果不是,就要严格依法办事！你明白吗?"

"明白。"郑涛挂了电话,皱起眉头,定定地看着屏幕中的侯巧慧。

程功了然于心,说:"市局刚对洪兆红批捕,给他老婆说情的电话就来了!"

郑涛的右手放在桌上,食指和中指轻轻地叩击着桌面,说:"毕竟是老市长的女儿！得想办法,让她尽快撂了……"

程功说:"我建议,把她留置在队里！完全隔离,尽快拿下！"

郑涛想了想,下定决心,说:"好！你只有24小时!"

当晚,深夜。

侯巧慧被单独关在一间留置室内,这间留置室相对条件好一些,程功安排阮萌萌在门口看守。

11点多。

张萍华踩着半高跟鞋,提着一袋子水果,来到留置室门口。

阮萌萌站在门口,客气地说:"张主任。"

张萍华依然是态度倨傲,说:"小阮,侯巧慧在这儿吧？把门开开。"

阮萌萌好声好气地说:"张主任,侯巧慧在这间留置室。不过,我不能给您开门。"

张萍华眉毛一挑,声音尖刻:"我是政治处主任,见个人怎么了?你还敢拦着我?"

阮萌萌长相温柔可爱,眼神却坚定沉稳:"张主任对不起!郑队和程队专门交代过,除了他们俩,不允许任何和案件无关的人员跟她接触!"

张萍华被噎得一愣,定了定神,语气温和起来:"小阮,你看,侯巧慧只是来配合调查的,她连嫌疑人都不是!我跟她认识也蛮久了。她一个女同志,哪见过这种场面?多不容易啊!我进去安抚她一下,也是为了让她配合队里的工作。"

阮萌萌站得笔直,说:"张主任,对不起!事关重大,您让郑队跟我说吧!或者程队,他们说能见,您再见!"

张萍华没想到阮萌萌这小姑娘软硬不吃,恨恨地说:"小阮,你可以啊你!你把这袋子水果给她,这是我个人买的!总没问题吧?"

阮萌萌看看水果,说:"张主任对不起!按照规定,刑侦队接受调查的人员,不可以随意吃外来食品!"

"行啊你!哼!"张萍华气得不行,冷哼一声,迈着小碎步离开了。

阮萌萌转了转眼珠,掏出手机,打给程功:"喂,程队……"

重案队办公室。

程功躺在行军床上,刚刚闭上眼睛眯一会儿,就接到了阮萌萌的电话。

他听到阮萌萌介绍情况后,沉吟了一下,说:"萌萌,你做得对!今天晚上看好她。你放心,有事儿我扛着!辛苦!"

程功放下手机,定定地坐在行军床上,出了会儿神。他看看单宇的办公桌,突然想到了什么,站起身向值班室走去。

值班室里,加班多天的单宇也刚睡着。睡梦中的单宇,眉头微锁,带着些散不去的疲惫和压抑。程功叹了口气,还是狠狠心拍了拍单宇的肩膀,摇醒了他。

"怎么了?"单宇条件反射地坐起来,皱巴巴的衬衫领子敞开,露出瘦削而结实的肩颈。

程功坐在床边，若有所思，说："洪兆红从进来到现在，一句话不说。"

单宇揉了揉眼睛，了然地说："他还没死心，等着人保他出去！"

程功沉吟着说："洪兆红是靠老丈人起家的，侯巧慧在家应该比较强势，肯定知道洪兆红不少事儿。把她撬开了，就是突破口！刚才，张萍华去留置室看她，被阮萌萌给拦住了。"

单宇不由得嘟囔了句："张萍华这个老妖婆，关键时刻还这么糊涂！"

程功不由得笑了笑，说："你说话，怎么跟威威一样了！"

"嗨！"单宇抓了抓头发，担心地说："侯巧慧今天要拿下，估计难度不小。"

程功的眼睛在昏暗的环境里，闪闪发亮，说："侯巧慧这个人，年轻的时候靠市长老爸，年纪大了靠老总丈夫，养尊处优了半辈子！她老了，就要靠她女儿。每个人都有软肋，攻心为上！起来吧，得用你的刑侦智能云查点儿东西了！"

单宇看着程功的眼睛，似乎猜到他要做什么了。

次日上午。

审讯室。侯巧慧虽然没休息好，有点黑眼圈，但是神色不像昨天那样惶然，明显心里有底了。

程功和单宇走进审讯室，对侯巧慧笑了笑，说："侯巧慧，今天状态还可以啊？"

侯巧慧白了程功一眼，没说话。

程功笑了笑，说："先跟你说一下，今天下午，你就能离开刑侦队了。"

侯巧慧眼睛一亮，傲气地一笑："我就知道！"

程功说："今天下午，我们会把你从刑侦队送到看守所。"

"看守所？你们凭什么！"侯巧慧的嗓门马上提高了，瞪着眼睛不敢置信。

程功淡定地说："你的女儿叫杨芯儿吧？她在国外读书好几年了。我们调查你给她转账的记录，每年三四百万人民币！我们还查到，她在国外住着市中心的高级公寓，有十几辆跑车！你是个档案局的处级调研员，这些年都是病休状态。你丈夫洪兆红在证券公司的收入虽然不低，但也维持不了这么大的开销！巨额财产来源不明,是可以收押调查的!"

侯巧慧拍着桌子就要站起来,站在侯巧慧旁边的阮萌萌按住了她,不轻不重,刚好把她控制住在审讯桌后。

侯巧慧动弹不得,只好指着程功和单宇痛骂:"你们胡说八道!我要见我父亲!我告诉你!你会丢饭碗的!"

程功挥挥手,说:"侯巧慧,别激动!我的饭碗也不用你操心!你先想想你自己吧!看守所可不比刑侦队,我们这儿还是单间!看守所里面儿,都是大通铺!几十个人,马桶牙刷一块儿用。你到时候,可能得适应适应。"

侯巧慧又惊又怒又怕,身上开始轻微颤抖。

单宇拿出侯巧慧的手机,说:"对了,你女儿给你发了语音,想听听吗?"

侯巧慧愣愣地看着单宇:"芯儿,她说什么?"

单宇点开微信的语音,对面的背景是嘈杂的派对音乐声,杨芯儿娇嗲委屈的声音传来:"妈妈,刚才京海有人打电话给我,说是刑侦队的警察。他们说你和爸爸有重要的事情,要有段时间不能跟我联系,也不能给我打钱了!妈妈,我卡里的钱本来就不多了!Andy 他们下周要去滑雪,我也要去的。你再给我转 100 万啊,不然我怎么过日子啊……"

侯巧慧听到女儿没心没肺的声音,又心疼又失落,红了眼圈,哽咽起来。

程功站起身,说:"侯巧慧,我知道,你心疼女儿,觉得自己很委屈。但是,你真的很无辜吗?你觉得自己拥有一切都是天经地义,失去一点儿,你就要怨天怨地?"

他猛地把汤建成夫妻被害的现场照片拍在审讯桌上,血淋淋的照片摊在侯巧慧面前,大声说:"汤建成抓住了抢劫你们家的犯人,没几个月,两口子就被杀了!"

侯巧慧一看汤建成夫妻的惨状,顿时吓坏了。她嘴唇失去血色,努力地向椅背靠着,声音沙哑地喊:"我,我不知道他们怎么死的!你们不要拿这些死人照片来吓唬我!我要见我父亲!"

程功又把王大鹏坠楼的照片和方辉的车祸照片拍在侯巧慧面前,说:"还有王大鹏和方辉!他俩都帮你们抓过抢劫犯!后来一个坠楼身亡,一个车祸惨死！四条人命！侯巧慧，你敢说跟你和洪兆红没关系?!"

侯巧慧哪里见过这些惨景，心理马上就崩溃了。

她努力地向后靠着，哽咽着说："我，我不知道他们怎么死的！那两个箱子，那两个箱子本来就是我们的！我就是想，想把自己被抢的东西拿回来……"

新城区。一个高档别墅小区。

别墅内装潢奢华，古香古色的红木家具，宽大厚软的波斯地毯。程功和李威威站在保险柜前，看着地上的一片金光灿烂。

"乖乖！"李威威看着近百根金条，不由自主地瞪大了圆眼睛，张大了嘴巴，怎么也合不上了。程功一伸长臂，把李威威张开的嘴巴给捏住，嫌弃地看他一眼，拨通了郑涛的电话。

郑涛站在屏幕前，看着审讯室里的洪兆红。洪兆红神色憔悴，抿紧嘴唇，坐在审讯椅上如同老僧入定。

程功在电话那端，语气振奋地说："头儿，根据侯巧慧的交代，在新城区的雅宏别墅搜到了98根金条，还有几百万现金，单宇他们在清点。"

郑涛眉头舒展："好！"

程功说："侯巧慧承认了，那150公斤黄金是洪兆红带回家的！不过她坚持说，不知道是谁送的，洪兆红工作的情况她也不了解。我看再往后，可能是撬不动了！"

郑涛沉吟了一下，说："好，我知道了。"

审讯室。

郑涛走入审讯室。洪兆红抬眼看看郑涛，目光深沉阴鸷，一言不发。

郑涛走到洪兆红面前，说："洪总，你也是有身份有阅历的人，咱们直截了当吧！你的爱人侯巧慧，已经交代了！"

洪兆红猛地抬头，神色肃变，死死地盯住郑涛。

郑涛坦然地看着洪兆红，说："新城区的雅宏别墅，是你们家的私产吧？程功现在就在别墅里，搜到了98根金条，也就是98公斤黄金！你怎么解释？"

"我……"洪兆红脸色变幻莫测,突然显出灰败。他试着站起身来,额头和脖子青筋爆出,双手抓住胸口,眼睛一翻,晕了过去。

"洪兆红!"郑涛赶紧扶住洪兆红,对审讯桌后的纪闻说:"喊救护车!"

洪兆红头晕目眩,心口剧痛,眼前视线模糊。

往事如潮袭来。

他,也不是不后悔的。

2月27日。周一。夜晚。

洪兆红没带司机,独自开着自己的奥迪A8轿车,来到南郊区的郊野公园。

郊野公园的东北角,有一片幽静的树林。没有路灯,没有行人,只有猫头鹰偶尔的凄厉叫声。

树林边,停着一辆黑色的奔驰轿车,无声无息,没有亮灯。

洪兆红将奥迪A8轿车停在奔驰车旁,距离不到两米,将车灯熄灭。

王自达从奔驰车的后座下来,笑着走过来,谦恭而又亲近地跟洪兆红握手:"洪总,感谢!"

"客气了。"洪兆红心里有些紧张,淡淡一笑。

这时,奔驰车上下来两个年轻男子,圆寸头的高壮男人是贴身保镖李喆,戴眼镜的是私人助理张泉羽。王自达并不多言,挥了挥手。两个年轻男子打开奔驰车的后备箱,搬出一个体积硕大的黑色工程塑料拉杆箱。

洪兆红见状,打开自己车的后备箱,看着他们把拉杆箱搬了进去。王自达走到奥迪A8轿车后,打开箱子的扣板,一把拉开箱盖。洪兆红的眼中,满是金光。

王自达略带得意地看看洪兆红,低声笑道:"洪总放心,我做得很干净。"

王自达说完,扣上扣板,合上后备箱。

洪兆红笑着点点头,伸出手,跟王自达用力地握了握,随即上车,开回御园一号。

3月1号。深夜。

御园一号。7号楼1201室。

洪兆红抽着烟,紧皱眉头在卧室里不停地踱步。

侯巧慧坐在床上,揉着被绳子勒疼的手腕,哽咽地说:"你说说怎么办?将近4 000万的金条,就这么让人给抢走了!我还想给芯儿在国外买个别墅呢……"

"别哭了!"洪兆红焦躁地说:"难道你让我去报案,说自己家丢了一箱黄金吗?"

"那也不能就这么算了!我想想就心疼!不能便宜那两个保安啊!"侯巧慧哭着说:"你给那个老板办了多大的事啊!费了半天劲,便宜了两个死保安……"

"别乱说话!我是正常的金融操作!"洪兆红看起来胖乎乎很憨厚,其实极为谨慎狡黠,工作的内幕信息,即使在家也不轻易吐口。

侯巧慧扁扁嘴,说:"反正,反正不能这么算了!你问问那个老板,能不能帮我们找回来?"

洪兆红皱皱眉,说:"人家送你的东西,你给搞丢了,再让人家找回来?而且,我工作用的密码箱也被抢走了!密码箱里的东西才是关键!不能让外人知道太多,容易授人以柄。"

侯巧慧想了想,说:"对了,你不是跟经侦队的杨队很熟吗?叫他去查!就说咱们家丢东西了,让他们找回来!"

"不行,那两个王八羔子肯定躲起来了……"洪兆红沉吟着说,烟头快要灼烧到手指,也浑然不觉。

"那怎么办?我真是想想就肉疼啊!我爸当年当副市长,工资也没多少钱啊!你干了这么些年证券老总,虽说吃喝不愁,但是芯儿在国外的开销大啊!咱们也没攒多少家底,难得有这么一回……"侯巧慧呆呆地看看洪兆红,又哭起来。

"别哭了!这样,明天我去找杨队,就说家里被偷了,丢了5万块钱和一些公司资料。让他帮我安排人,悄悄地办了。这种事情,还是找白道上的人做,相对可控一点。嘶……"洪兆红的手指被烟头烧了一下,随手把烟蒂按到梳妆台的一个 LAMER 面膜瓶子上。

"那,金条还拿得回来吗?"侯巧慧期期艾艾地问。

"我让杨队安排可靠的人,就说是证券公司的内部材料,悄悄地把箱子带回来,我再单独感谢一下。"洪兆红又点了根烟,狠狠地抽了口。

"那个杨队,能诚心帮忙吗?"侯巧慧抹了抹眼泪,似乎看到了期望。

"诚不诚心的,都是利益关系!我会跟他谈,这事儿要能办好,我会尽我所能,支持他竞争副局长!"洪兆红似乎下定了决心,"我在这个位置上,他总归用得到我!"

"那行!我就想把咱自己家的东西找回来,还有那两个抢劫犯!得把他们抓起来!敢动咱们家的东西!"侯巧慧又恢复了一些阔太气派。

"杨队那边儿,实际情况能瞒就瞒,就是强调密码箱里的东西,谁都不能看!真要有啥事儿,他也得念着老爷子的面子!万一他问你,可记得把话给说圆了……"洪兆红的声音越来越低。

3月7日,下午3点。

南郊区,郊野公园。

东北角的树林掩蔽下,有一片偏僻空地,洪兆红站在奥迪 A8 旁,焦急等待。

很快,一辆商务车平稳驶来,停在奥迪旁边。

方辉从车上下来,洪兆红急切地问:"方律师,怎么样?"

方辉淡淡一笑:"没问题啊!"

洪兆红面露喜色,从手提包里拿出一个 10 万元整捆扎的现金包,笑道:"感谢感谢!"

方辉看了看洪兆红手里的"红色炸药包",轻轻嗤笑一声,眼神里充满了不屑和讥讽。

方辉打开商务车的后备箱,拿出那个只能扣一侧锁扣的黑色密码箱,放到地上。

他没有接洪兆红递过来的现金包,也没有说话,坐上驾驶座,开车扬长离去。

洪兆红立在原地，微张着嘴巴，愣了一会，才回过神。

他赶紧蹲在地上查看密码箱，拉开一侧的锁扣，打开密码箱，震惊地发现：箱子里只有一叠白色打印纸！

"卧槽泥马！"洪兆红气急败坏，把手里那捆现金狠狠地砸在地上！

他在原地转了两个圈，平复一下呼吸，掏出手机给杨力鸣打电话："杨队，我洪兆红！方辉给我找回来的箱子，有问题啊！"

杨力鸣正在开会，快步走到会议室外，低声说："有什么问题啊？方辉说，那两个保安把密码锁撬了，他们动都没动过，就带回来了！"

洪兆红气得一噎，说："他说什么就是什么吗？我的材料有问题！"

杨力鸣也有些不高兴了，语气生硬地说："洪总，你当初找我帮忙，我说的是，让你找方辉咨询一下！既然已经咨询过了，这件事，到此为止吧！"

洪兆红憋红了脸，急吼吼地说："杨队，我要当面跟你谈一下！"

杨力鸣的政治嗅觉极为敏锐，已经隐隐感觉到危险的气息。他毫不客气地说："洪总，你的事情，我不清楚！也不想知道！我要回去开会了，再见！"说完就挂了电话。

洪兆红丢了黄金，丢了材料，只感到一阵眩晕，站立不稳，扶靠在奥迪车身上。

他擦了擦额头上豆大的汗水，拿起手机，拨通了一个电话："喂，是我。"

艳阳高照，洪兆红立在斑驳的光影下，却如坠黑暗之中。

11月12日。

京海市中心医院。心内科的单间病房。

洪兆红躺在病床上，眼睑微微颤动，似睡非睡的样子。病床旁边的输液袋正一滴滴地滴落药水，心电监护仪滴滴作响。

病房门外，周睿和一个年轻刑警穿着便衣，立在两侧。

纪闻透过病房门的玻璃向内看看，拨通了郑涛的电话，低声说："头儿，医生说洪兆红有高血压，引发心梗，已经做手术了，现在基本稳定。不过洪兆红一直没有清醒，也不知道真的假的。我看他是要躺在病床上，死扛到底了。"

郑涛在电话那边,沉声说:"安排人看好了。你先回来。洪兆红毕竟是京海证券的老总,要真在医院出问题,市局也会有压力。先缓一缓。"

"好。"纪闻转身离开。

此时。

刑事技术中心。痕迹实验室。

李威威站在一堆金光灿灿的金条前,正在寻找痕迹。他看到程功走进来,喜滋滋地说:"程功,你说我们痕迹室要不要加强安保啊!我们现在是大户啊!"

"有你老人家坐镇就行了!"程功笑道。

李威威看看程功,说:"98根金条,目前没看到一个指纹。这是被人戴着手套擦过。也没发现任何有用的刮擦痕迹和工具痕迹,看来当事人保护得很好!还有,我们调查了中国黄金总公司的出货记录,没有发现一次性采购如此多黄金的记录。"

"看来这些黄金是分批次购买的,买家的手法很高明,应该是个老手。"程功微微点头。

他看着实验台上的这堆金条,似乎自言自语地说:"一个指纹都没有,擦掉了谁的指纹呢?常鑫和赵义山信誓旦旦,说汤建成、方辉和大鹏从青河带回150根金条。侯巧慧说,洪兆红拿回别墅98根金条。剩下的金条去哪儿了?"

"你那是心理微行为分析,不是证据。"李威威没回头,说了句。

程功依旧喃喃自语:"那朱然家的2根金条是哪儿来的?汤建成家丢失的黑箱子里,装的是什么?"

李威威习以为常,低头工作并不搭腔。

程功继续低声说:"金条应该是150根,会不会是他们三个每人分了50根?大鹏家我去过,什么也没有。方辉家,我要去看看……剩下的50公斤,去哪儿了?1公斤的金条,普通人是花不出去的……"

他眼中光芒闪过,肃声说:"现在洪兆红躺在医院装死,行贿人不清楚,三件命案没有明确联系,只能从金条入手查找线索!全市明的暗的有一千多家回收黄金的点,我马上跟头儿汇报,动用全市的特情,总能找到些蛛丝马迹!"

李威威左手拿一根金条,右手给程功点了个赞。

11月18日。
京海市公安局刑侦队。
重案队办公室。纪闻兴冲冲地走进来,对程功说:"程功,咱们放出去的消息有回音了!是个老熟人,他说要见你。"
"这么快!"程功站了起来,振奋地说:"老纪,你有经验,再跟进一下特情!我马上去见见他!"

1小时后。
新城区,幽幽茶室。
程功和单宇走进茶室。室内装潢简洁古朴,大厅里有几张茶桌,除了两个年轻女服务员,大厅里没有客人。内侧有几个用屏风隔断的小包间。
一个30多岁的板寸男子从最里面的包间探出头来,低声招呼道:"领导!"
板寸男子正是以前给他们提供过线索的线人小鱼儿。程功看到小鱼儿,想到魏明铭,心里一痛。他神色沉郁地点了个头,走进包间。
小鱼儿站起身,露出烟熏黄的牙齿,讪讪笑道:"领导!有阵子没见啦!"
程功和单宇坐到小鱼儿对面。小鱼儿殷勤地给他们俩倒了两杯茶水:"喝茶,喝茶!"
程功开诚布公地说:"小鱼儿,你有黄金的消息?"
小鱼儿清了清嗓子,说:"哎!我,我知道魏队……"
程功神色一暗:"说正事儿。"
小鱼儿有些心虚地看看程功,说:"我呢,上礼拜搞了点儿首饰。嘿嘿。我有个老哥们儿,姓史,道上的朋友都叫他史胖子,在东城做这个的!我就去找他了……"

11月10日。
东城区。一条僻静的小巷,沿街有一家小小的门面房,挂着一块做旧的木制招牌"宝玗斋"。小店里摆满了粗制滥造的假古董,各种做旧的挂件、摆件堆在木架上。

红漆斑驳的木制柜台后,小鱼儿正在向史胖子炫耀自己"搞"到的首饰。他从金丝绒的袋子里,拎起一串铂金项链,得意地说:"你看看这成色,怎么样!"

史胖子是个40多岁的胖子,穿着黑色文化衫,脖子上挂着一个粗粗的金链子,戴着厚厚的黑框近视眼镜。史胖子手里握着一串雕成鬼头的橄榄核,细细地盘着,看看项链,不屑地说:"还行。"

"什么叫还行?就你这橄榄核儿好?又黑又亮的,我看啊,还得再盘十年!"小鱼儿很不服气。

史胖子正要开口争辩,一个手提黑色塑料袋的年轻男人走进店来。

男人三十左右,身材清瘦,正是晟明律师事务所的方辉律师。但是,他看起来又不那么像"方辉",没戴眼镜,青色胡茬,头发长了不少,未经打理的蓬乱,穿着松散的长袖恤衫和牛仔裤。

方辉看看史胖子,问:"史胖子?"

"哎!你是?"史胖子站起来,肚子上的肉微微颠了颠。

"我是小王。这是?"方辉自称小王,看了看小鱼儿,眼中透出一丝警惕。

"哦!这是我伙计!一块儿的!"史胖子很把小鱼儿当自己人。小鱼儿却很识趣,站起身走到里屋,虚掩了房门。里屋的环境跟外间差不多,也是摆的满坑满谷的杂物,只是多了一张凌乱的单人床。床旁有一张电脑桌,堆放着笔记本电脑和一堆杂物。

小鱼儿悠悠地点了支烟,侧着身子,透过两指宽的门缝,向外看去。只见方辉向门外看了看,从塑料袋里掏出一根金条,放在柜台上,说:"你看看!"

史胖子把金条放在手里掂量掂量,说:"等下!"

他拿着金条,走到里屋,从门口的柜子里,拿出一套检测黄金成色的工具。

小鱼儿透过门缝,隐约看到了金光灿灿的金条,羡慕地咧咧嘴。

史胖子把工具在柜台内侧的小桌上摆好,把金条放在干锅上,老练地用打火机点燃喷枪,蓝色的火苗顿时烧灼在金条上……

不一会儿,史胖子眼睛一眯,压低声音说:"嗯……还行!"

躲在里屋偷看的小鱼儿闷声一笑,吐出一个烟圈,喃喃自语:"死胖子,看什么都是还行!"

方辉和史胖子都压低了声音,听不清楚,似乎是在讨价还价。没两分钟,史胖子从柜台下的抽屉里掏出几沓百元钞票,放在柜台上。

方辉脸色铁青,但没再说什么,迅速将钞票装进黑色塑料袋,冷冷地说:"把金条溶掉。"

史胖子一愣,随即明白方辉要销毁金条的形状,有点儿不情愿地说:"这,有点儿可惜吧!"

方辉猛地抓住史胖子的衣领,神色狠戾,低哑地说:"30万的金条你他妈出8万!要不是老子现在有急事儿,能让你占这个便宜?赶紧溶!"

史胖子被勒得喘不过气,赶紧点点头。

方辉松了手。他在经侦队四队队长的位置上干了多年,职业烙印深刻,带着一股倨傲之气,鄙夷地看看形容猥琐的史胖子,说:"快点儿!"

史胖子不敢多言,赶紧用喷枪对准金条,坚硬的金条被蓝色火焰逐渐溶化,在坩锅里变成了一摊金水。

方辉看到金条被溶化大半,这才放心,冷峻地点点头,转身快步离开了宝玗斋。

小鱼儿从里屋出来,见史胖子满头的汗,还在处理坩锅里的金水,打趣道:"又做大生意啦?"

史胖子扭脸看看门外,确认方辉没有去而复返,才敢低声嘟囔:"妈的!中国黄金4个9的金条,非让老子溶了!"

"行了!你也把人家狠宰了一刀!"小鱼儿看看金水,笑嘻嘻地说。

小鱼儿做过很长时间的线人,对警察很敏感,总觉得刚才这个男人身上有点儿不对劲,低声问:"胖子,那人什么来路?"

"头回见!老客户介绍的!他急着脱手,我给这个价儿就算公道了!看他那样儿,身上肯定有事儿!还拽个屁!"史胖子愤愤不平地说,感觉很解气。

小鱼儿抽了口烟,看着坩锅里的金水。

黄金就是黄金,不管什么形态,依然金光璀璨,魅力无穷。

七、迷雾背后

11月18日。

幽幽茶室的包间内。

小鱼儿讲完,邀功般地看着程功和单宇,小眼睛笑得眯起来:"领导,情况就是这样!"

程功看看小鱼儿,眼神莫测,拿出一张金条的照片:"你看到的,是这样的金条?"

小鱼儿看看照片,使劲儿点头:"没错!就是这个!一模一样!"

程功又拿出汤建成、王大鹏和方辉的照片,摊开在桌上:"卖金条的人,在这三个人里吗?"

"就是他!没戴眼镜,头发长点儿,但就是这模样儿!"小鱼儿眼神一亮,留着长指甲的食指用力地按住方辉的照片。

单宇神色微动,看看程功。程功淡淡地说:"你刚才说上礼拜搞了批首饰,那你是哪天去找的史胖子,哪天看到的这个人?"

小鱼儿很笃定:"没错!就上礼拜的事儿,上礼拜三,11月10号吧!在史胖子那儿见的这个人……"

程功突然扶住桌子,倾身向前,严厉地低声喝道,"小鱼儿!你是不是觉得我念着魏哥的情,不敢收拾你!"

"不是!领导!我说的都是实话啊……"小鱼儿有点儿发懵。

"实话?实话就是,你上周刚见过的这个人,两个月前就出车祸死了!"程功声音虽低,目光凌厉,吓得小鱼儿一颤。

小鱼儿慌张地看着单宇,说:"领导,我绝对没说谎!给我一个百个胆子,我也不敢骗你啊!要说他死了,那,那就是有人跟他长得太像了!"

"长得像?你刚还笃定得很,说就是他!"程功冷冷地说。

"领导!你们,你们不相信我!可以拿着照片去问史胖子!"小鱼儿急了,跺跺脚,说:"他肯定跟我说的一样!"

单宇与程功对视一眼,点了点头。

东城区。

单宇和程功走进"宝圩斋",店内依然拥挤杂乱,柜台后面没人。

单宇喊了一声:"老板在吧?"

"来了!"里屋有个男人应了声。

单宇和程功等了有一分钟,史胖子穿着件红色文化衫和低腰肥腿裤,从里间出来。他额头微汗,神态很不自然,用手提了提裤腰,试图掩饰裤裆处的异样。

"史胖子?"程功走到柜台前,问,"我们是市公安局……"

程功话没说完,史胖子突然就往里屋跑。

"别跑!"程功喊道,闪身追入。

程功和单宇紧跟着进了里屋。只见里屋一片昏暗,只有笔记本电脑屏幕亮着。史胖子正在电脑前,握着鼠标不停操作着什么。

程功迅捷地冲到史胖子身后,将其右臂向后一拧。

"哎呀!疼疼疼!"史胖子吃痛,腿一软就往程功身上贴靠。

程功给史胖子上了背铐,把他往单人床上一推,说:"京海市公安局的!删什么呢?"

"删这个呢!"单宇修长的手指在笔记本电脑的键盘上快速飞舞,操作几下,就恢复了史胖子刚才试图关闭的页面。

屏幕中出现一个网聊页面,一个近乎半裸的妖艳女子,正随着音乐扭动身体,眼看就要把胸罩脱下来,成了真正的"裸聊"。

单宇赶紧把页面收起,合上了笔记本电脑。

程功气得低笑一声,说:"我是市局刑侦重案队的!找你,不是因为色情聊天!"

"啊?不是因为这个啊?"史胖子愣了愣,额头上的汗珠滑了下来。

"这个金条,认识吗?"程功拿出金条的照片,在史胖子眼前晃了晃。

单宇打开了里间的灯。史胖子又是一愣,脸色变幻莫测,翕动嘴唇,说不出话。

"这个人,认识吗?"程功又把方辉的照片放到史胖子眼前,"你好好想想,想不起来,就带你回刑侦队好好想!"

"我,我认识他!"史胖子点点头,汗水落在红色文化衫上,说:"前几天来我这儿,想让我收根金条……"

"金条你收了吗?"程功紧盯着史胖子,问道。

史胖子一脸晦气地点点头:"嗯。"

"黄金在哪儿?"单宇问。

"溶成金块了,在保险柜里!我花了不少钱啊!都还没来得及脱手……"史胖子瞟了眼保险柜,一脸肉疼地说。

"这是哪一天的事儿?"程功紧追不舍。

"就,就上周三啊!10号!"史胖子抬眼看着程功,一副我都招认了还要怎么着的神情。

程功倒吸了口气,看向单宇。两人的眼中都是惊异和不解。

京海市公安局刑侦队。

走廊上,程功、单宇和李威威快步走向法医解剖室。

程功问单宇:"你把史胖子的电脑带回来,是要查裸聊?"

"裸聊不一定都是自愿的,如果是胁迫妇女,那是重罪。"单宇口气冷硬。

程功看看单宇,说:"好。"

李威威推开解剖室的门,说:"我去!诈尸啊!真是百思不得其解!"

欧阳瞳穿着白大衣,立在解剖台前,扭头白了他一眼,说:"诈什么尸?尸体一直在我们冰柜里冻着呢!"

欧阳瞳说着,掀开解剖台上的白布,露出一具被烧成焦炭的尸体。

"那你说说,这是怎么回事儿啊?"李威威瞪了瞪欧阳瞳,"是你验的DNA,证明这个就是方辉!结果呢?他上礼拜还带着根金条满大街跑!"

"方辉的母亲身体不太好,那天认尸后就晕倒了。我送到医院,现场抽的血。DNA比对结果,确实是亲母子啊!"欧阳瞳看着尸体,困惑地说。

程功沉声道:"欧阳,你再看看,有没有其他能辨明身份的特征。"

欧阳瞳抬眼看看程功,说:"人都被烧成这样了,只能验DNA。哦,还有牙齿!这具尸体的右下第1齿是假牙,虽然没查到方辉在口腔科就诊的记录,但我问了他妈妈。他妈妈说,方辉在老家的时候,在当地诊所弄过牙齿。这也对上了!"

欧阳瞳边说,边掰开了骸骨的下颌。焦黑扭曲的头颅中,露出两排还算整齐、洁白的牙齿。

"等等!"程功突然俯下身,仔细地看着骸骨的牙齿。他看了快一分钟,喃喃地说:"怎么这么白啊?"

程功抬头问欧阳瞳:"欧阳,高温会让牙齿变白吗?"

"怎么会呢?"欧阳瞳摊摊手。

程功又问单宇:"单宇,你看看!方辉可是个老烟枪!他的牙,能有这么白吗?"

单宇凑上去看看,说:"我记得他是烟不离手啊,好像牙齿黄黄的!"

欧阳瞳轻咳一声,说:"程功,牙齿色泽不能作为客观判断的标准!说不定,人家洗牙了呢!"

"我知道。"程功点点头,直起身,说:"但至少,可以推测一种可能性:躺在这儿的,不是方辉。"

"那是谁?"李威威问。

"我也不知道!我得去趟方辉家,查清楚!"程功斩钉截铁地说。

"他们家可能没人了。我记得方辉妈妈在医院的时候说,要回老家。"欧阳瞳说。

"那我就去方辉老家看看!"程功大步离开法医解剖室。

单宇赶紧跟上,临出门只来得及说句:"谢谢欧阳,走啦!"

李威威啧啧一声,低声说:"好像是有点儿不对劲啊!你说程功这么重视方辉的案子,怎么没跟你一块儿去医院看方辉他妈啊!"

"你还记得大鹏的事儿吗?郑队不会同意他擅自调查的!"欧阳瞳平静地说。

她俯身看看骸骨的牙齿,琢磨着说:"确实挺白,是不是洗牙了?"

11月19日。

洛西县。

县纺织厂家属院位于县城的西北角。县纺织厂已经改制多年，家属院早已是个破旧的老式小区。

一辆京海牌照的轿车开到家属院大门外，在路边停靠，程功和单宇下了车。

两人都穿着夹克衫和长裤，看了看路两侧的沿街店面，在水果店里买了些香蕉、苹果和猕猴桃。两人提着水果篮，走进家属院。

他们来到最靠边的一栋家属楼，敲了敲101室的房门。

过了半分钟，屋内传出一个老年女性的声音："谁呀？"

程功提高点声音，说："阿姨，我们是方辉的同事！到洛西出差，来看看您！"

屋内没有声音，又过了半分钟，房门被轻轻打开。方辉的母亲微微探身，谨慎地看看程功和单宇。

程功拿出警官证给方母看，温和地说："阿姨，我们是方辉的朋友，来看看您！放心，我们不是坏人！"

"哦。"方母看看警官证，又看看单宇手里的水果篮，轻轻拉开门，侧身让他们进屋。

这是一套一室户的老房子，客厅只有一个小窗户，里屋的门关着。因为采光不好，房内比较昏暗。室内的家具都比较老旧，电视机等家电看起来比较新，像是刚刚添置的。

客厅的橱柜上，摆放着两张遗像：一张是方辉的父亲，脸庞瘦削，面容沧桑；另一张是方辉的遗像，戴着金丝框眼镜，斯文儒雅。父子俩的五官有些相似，两张遗像摆在一起，显出几分凄凉。

方母似乎更瘦了一些，似乎是没有料到访客到来，神色有点恍然。她摆摆手，说："坐吧！给你们倒杯茶！"

"阿姨，您别忙了！"单宇忙说。

方母顿了顿，也就坐了下来，低声说："谢谢你们啊！还来看我。"

"应该的！出差在外也没准备什么，就给您带了点儿水果。"单宇把水果盒放在茶几上，坐在沙发上。

程功看了看关着的里屋门，又迅速扫了一眼客厅的整体环境，说："不好意思啊,阿姨,我能用下厕所吗?"

"行啊!"方母指了指和厨房并排的厕所门。

程功路过厨房时,向里看了一眼,狭小的厨房内,除了煤气灶和水池,挤挤挨挨地摆着一台冰箱和一台微波炉。

程功推开厕所门,看了一眼就马上出来,说:"哦,有点儿急事!我借一步,打个电话!"

程功意味深长地看了眼单宇,边说边走到里屋门前,一拧把手就推开了房门,推开门后下意识地往旁边一避。里屋更加窄小,只放着木床和衣柜,窗外安着防盗铁窗。

程功走进房内,合上房门,猛地拉开衣柜,又看看床下,都没有人。他想了想,拉开窗户,用力推了推防盗铁窗,铁窗上全是灰尘。

这时,方母坐在客厅里,摸了摸口袋里的手机,站起身说:"你坐啊!我去下洗手间。"

单宇突然站起来,说:"阿姨,您手机借我用一下吧?我也想打个电话,手机没电了。"

方母愣了愣,把手机拿了出来,放在茶几上。她垂下眼帘,双手微微颤抖。

"谢谢阿姨!"单宇拿起方母的手机,是一部老人常用的智能手机,滑开屏幕,拨打号码。

单宇拨了一个电话,很快放下手机,笑着说:"不好意思啊,阿姨,占线。我等会儿再打。"

方母一愣,看了眼沙发旁的小茶几。小茶几上有一部座机电话。

单宇客气地问:"阿姨,你要打电话吗?"

"没,没有。"方母低下头,不自然地搓了搓手。

程功从里屋走出,与单宇视线相接,微微点点头,便沉默地站在方母身后。

昏暗的客厅中,三人突然陷入紧张的沉寂,只听到时钟嘀嗒、嘀嗒的声音。

方母脸色有些苍白,虚弱地说:"我,我有点儿不舒服,想躺一会儿,你看……"

程功温和地说:"阿姨,您先歇着。我们在这儿坐一会儿,陪陪您。"

单宇拉开水果盒,拿出个香蕉剥了皮,递给方母,说:"阿姨吃点东西?您要是不舒服,我们赶紧送您去医院。"

方母愣了愣,接过香蕉放在茶几上,问单宇:"你还打电话吗?"

"打呀!"单宇一笑,又拨打了一次电话。

他抱歉地对方母说:"阿姨,还是占线。您这手机不错,是什么牌子的?我给我妈也买一部。"

"我也搞不懂,你们年轻人,会玩儿这些。"方母微微皱眉,有点焦躁地站起来,走进里屋,"那我先去躺会儿。你们,要不你们去忙工作吧!"

单宇听到方母的逐客令,看了看程功。

"您放心阿姨,我们在这儿陪您,不影响您休息……"程功站起身,温和地说。

这时。

一个男人走进楼道。他戴着棒球帽,帽檐下压着有点蓬乱的头发,穿着长袖恤衫和休闲裤,斜背着一个帆布包,看起来松松垮垮的。这个普通到有点邋遢的男人,一双眼睛却是深沉尖锐。

男人走到101室门外,刚拿出房门钥匙,就听到房内传出年轻男人的声音!

他本能地倒退两步,右手伸进帆布包,握住了从黑市买来的五四式手枪。他看看楼道外,正是午后,安静无人。

转瞬之间,他的想法变换交错:想走,担心房内母亲的安危;要进,又不知里面是警察还是杀手!

不管是谁,都没有他的好果子吃。与其如此,不如先下手为强!

他犹豫了不到一分钟,却好像过去了一年那么漫长。

终于,他下了决心,从帆布包里掏出枪来,打开保险栓,子弹上膛。

他右手持枪,左手把房门钥匙查到锁孔里,轻轻地、慢慢地地向左拧了一下。

与此同时,房内。

"咔哒！"男人将钥匙插入锁芯拧开的那一刻，就是这极轻微的一声，程功当即就变了脸色。他迅速看了眼单宇，快步冲向客厅门口。

此时，方母刚进卧室，单宇站在卧室门口。他见状一愣，对方母做了一个"嘘"的手势，将方母拉进卧室内。

程功刚跑到客厅门口，房门被一把推开，男人持枪对准程功的头，距离只有十几厘米！

程功顿时心里一沉，眼前的男人，正是方辉！

程功绷紧了身体，死死地盯着方辉，额头上沁出豆大的汗水。方辉咬着后槽牙，狠戾地盯着程功。

两人四目相对，时间似乎在这一刹那凝固了。

方辉已经是开弓没有回头箭，眼中抹过一丝血色，狠绝地扣动了扳机！

"咔！"枪膛内发出极轻微的一声，哑弹！

方辉看着手里的枪，脸上全是不可置信。

程功猛地用双手抓住方辉的右胳膊向上一推！程功一侧身，抬起右腿，抓紧方辉的手腕和前臂往右膝上用力一磕！

"咔嚓！"一声轻响，方辉感到右胳膊好像被折断了！他右手不由自主地一松，手枪落地。程功顺势将方辉的右臂向后一拧。

"啊！"方辉痛苦地大叫一声。

就在这电光火石的几秒钟里，单宇闻声从卧室冲了出来，帮着程功把方辉的左臂控制住。程功掏出手铐，给方辉上了背铐。

"啊！"方母从卧室出来，看到眼前一幕吓愣了半秒，随即发出一声惨叫："快跑啊儿子！我的儿子！"

程功把方辉压制在地上。单宇站起身，面露不忍，说："阿姨，我们是……"

方母像疯了一样，突然弯腰向下，往前冲了两步。

"单宇！"程功发现方母是想去捡地上的手枪，大喊一声。

单宇心一横，把方母的胳膊向后一拧，压在地上。

"儿子你快跑啊！儿子！"方母差一点儿就捡起了手枪，被单宇按住后，只能蓬头散发，满脸泪痕地哭叫着，不停地挣扎。

单宇对方母不敢下重手,又要控制住,一时有点手忙脚乱,还没能上好背铐。突然,方母神情痛苦,面色苍白,双眼紧闭,眼看就快晕过去。

"妈!妈!"方辉被压在地上,看到母亲晕厥,顿时眼眶充血,拼命挣扎起来,"我妈有心脏病!快送医院!"

程功忙说:"单宇!叫救护车!"

单宇赶紧把手铐收起,掏出手机拨打120急救电话。

"药!药!我买了药!"方辉声嘶力竭地喊叫着,脖子上的青筋都爆出来了。

程功按住方辉不停扭动的身体,从他斜背的帆布袋里掏出两瓶药,问:"这个?"

程功看方辉点头,就把药瓶递给单宇。

方辉趁着程功递药的空隙,猛地挣扎着半跪起来,试图站起逃跑。刚从鬼门关走出来的程功,警觉性极高,猛然转身,挥出一记重拳!

"嘭!"方辉被程功击倒在地。他一下子就被打晕了,死死地趴在地上,口鼻窜血。

程功一边压住方辉,一边对单宇说:"吃药!"

"我知道怎么吃!"单宇坐在地上,将方母的上半身靠在自己身上,半仰卧的状态下,将硝酸甘油片放入方母的舌下含服。很快,方母脸色好转,痛苦的面容放松了一些。

程功捡起地上的手枪,这是一把很旧的五四式制式手枪,套筒和手柄都已痕迹斑驳。他拉开枪栓,"咔哒!"

一颗哑弹掉了出来。

程功虽然身经百战,仍是喉结滚动,倒吸一口冷气:刚才真是在鬼门关走了一遭!

此时,他才发现,自己的衬衫已经完全被汗水浸透了,贴在身上一阵凉腻。

几小时后。

洛西县人民医院。

心内科的病房外,站着两个县公安局的民警。

病房内，方母躺在病床上，输液袋在不停滴液，心电监护仪器发出嘀嘀的声音。病情已经缓解，但人还是很虚弱。

医生从病房出来，对程功和单宇说："病人情况基本平稳了，不过还很虚弱，需要住院观察一段时间。"

"谢谢！"程功和单宇点头致谢，转身离开。

单宇边走边歉意地说："今天，对不住了！我没配合好。"

"我也没想到，能跟他撞上！更没想到，他居然有枪！"程功步伐很快，声音疲乏沙哑。

"程功，你是怎么发现方辉在家的？"单宇好奇地问。

程功微微一笑，说："他们家洗手间的马桶坐垫儿，是掀起来的。按说，家里就他妈一个人。男人小便的时候，才会掀起来！"

单宇恍然大悟，一脸佩服。

洛西县回京海的高速路。一辆京海牌照的轿车正在疾驶向京海市。

单宇开车，程功和上着背铐的方辉坐在后排。程功拆开一包牛奶，插上吸管，转身递到方辉脸前："喝点儿东西吧！"

方辉双目微闭，一动不动。

程功说："我们走之前，去医院看过你妈。医生说她病情稳定，休养一下就好，你放心。"

方辉微微睁开眼，舔了舔干裂的嘴唇，俯身喝了几口牛奶，随即坐回原位，一言不发。

程功淡淡一笑，把牛奶放到车门屉里，说："方辉，老朋友这么久不见！你就拿枪招呼我吗？"

"我不是方辉。"方辉突然开口，声音低哑。

程功轻笑一声，指了指后视镜说："你自己照照镜子！你不是方辉，还能是谁？"

方辉看着后视镜中程功的眼睛，说："我叫高贺梁，是方辉的双胞胎哥哥。"

11月21日。

京海市公安局刑侦队。

刑事技术中心。程功和单宇匆匆进来,问欧阳瞳:"欧阳,检测结果怎么样?"

欧阳瞳穿着白大衣,看着刚出来的检测单,神情奇怪:"从DNA检测结果看,这个高贺梁,确实是方辉母亲的亲生儿子!看来,他们真的是双胞胎?"

程功和单宇都愣了愣。单宇说:"高贺梁的身份信息,我们也调查了!他高中毕业后,就在工地打工,单身,没有不良记录,是个普通人。"

程功沉吟了下,说:"纪闻已经到高贺梁的老家去调查了。据说,这个高贺梁是从小被送出去抱养了,所以方家户口本上没有他。前不久,他才认祖归宗。不过……"

程功摇了摇头,眼神锐利,说:"长相一样,DNA一样,但是气质、手段怎么可能一样?这个人,就是方辉!"

审讯室。

方辉戴着手铐坐在审讯椅上,似乎更瘦了,下巴冒出青胡茬,嘴唇苍白皲裂。

程功和单宇坐在审讯桌后,脸色也不太好。

程功看着倔强沉默的方辉,轻轻冷笑一声:"方辉,哦,高贺梁!这都一天一夜了!你不开口,是不是真觉得,刑侦队撬不动你?"

方辉紧闭嘴唇,一语不发。

程功盯着方辉,说:"方辉,你说自己是高贺梁?没错,你们俩是同卵双胞胎,长相身高DNA,什么都一样!但是,高贺梁是个在工地打工的老百姓,哪儿来的手枪?我们调查了,高贺梁既没当过兵,也没打过架,老实本分!这么一个老实人,怎么可能拿着手枪,一进门就对我下杀手?!"

程功冷冷一笑,说:"是啊,你的双胞胎哥哥,确实被烧成灰了!他的DNA和你一样!你是不是觉得,我们就拿你没办法了?方辉,我给你们搞经侦的普及普及刑事技术啊!尸体的牙齿还在呢!你知不知道,他安的有假牙?医院里一查,就能查到!难道说,你们两个30岁的老爷们儿,长龋齿的地方也一样吗?"

方辉神情微变,一语不发。

程功顿了顿,双眼光芒锐利,故意挑衅说:"方辉,别装傻充愣了!大家都是公安的老法师!你自己琢磨琢磨,你这套说辞,谁他妈会信?"

方辉抬眼看看程功和单宇,又闭上眼,憔悴而又决绝。

程功站起身,走到方辉面前,俯身低语:"你昨天拿枪指着我,指着一个执行任务的刑警!扳机都扣了!要不是你在黑市买的枪卡壳了,我他妈当场就交代了!不管你是谁,这都是重罪!"

程功站直了,俯视着方辉说:"但是有一点,我跟你的目标一致!那就是洪兆红!如果你配合,我可以帮你争取最好的结果!"

方辉微微睁开眼睛,看了眼程功和单宇,声音沙哑地说:"你想让我说,谢谢你吗?"

程功轻轻一笑,说:"那倒不必!我知道洪兆红要杀你,你是被迫躲起来的!他已经被市局批捕,我们刑侦队控制起来了。但是,洪兆红的岳父是前任副市长,他本人在京海金融圈经营了几十年,根基很深。现在外面一圈儿人,在给他托关系说人情,暗流涌动!"

程功的食指和中指轻叩桌面,说:"在刑侦队,我可以保证你的安全。但是,我们对你的保护是有限的!你自己能豁出一身剐,无所谓死活!但是你想没想过,你妈怎么办?"

方辉垂下头,薄唇紧抿,睫毛轻轻颤抖。

程功语气温和了些,说:"你放心!我请洛西县公安局的人守着病房了。我们重案队的刑警也连夜过去,贴身保护她。"

方辉猛地抬起头,看着程功,脸上的肌肉微微抽搐。

程功淡淡地说:"你妈很担心你,交代了不少事情。她做过心脏搭桥,确实不能受刺激。不过当妈的就是这样,一提到你们兄弟俩,血压就往上升!"

"为什么要刺激她?你想干什么?!"方辉嘶声低吼,双目赤红。

"我想干什么?方辉!你问问自己!你想干什么!"程功厉声问道。

他俯身紧紧盯着方辉,一字一句地说:"不管你是高贺梁还是方辉,洪兆红和他背后的势力,都不会放过你!你带着生病的老妈,顶着你兄弟的身份,能逃到哪儿去?洪兆红在医院里装死,各界势力都在想办法搭救他!不瞒你说,我们也扛着市里的压力!如果没有关键证据,搞不好他就能逃掉!只要洪兆红有一线生机,死灰复燃,你们母子俩,就是他案板上的肉!跑也跑不掉!"

程功声音冷厉:"方辉,明着告诉你!王大鹏是我出生入死的好兄弟,他替我挡过枪!我跟洪兆红之间,隔着王大鹏的命!我跟姓洪的这笔账,不死不休!你只有说出真相,指证他,和我一起彻底打倒他!才能保住你和你妈!"

程功口气放缓,说:"我知道,你手里有一批黄金!重大贪污罪可以判无期,故意杀人未遂7年,还有非法持枪!好在,你手上没有人命!刑侦队是怎么做事的,你也清楚。指证洪兆红,会是重大立功表现,我们可以给你争取减刑,也会保证你母亲的人身安全!"

程功继续紧盯着方辉说:"方辉,刑侦队的提审快结束了,我们很快就要送你回看守所!咱们都是内行,这趟水这么深!你觉得,你能活到下次提审吗?时间不多了,你自己考虑清楚!"

方辉坐在那里,一动不动。程功和单宇一站一坐,都静静地看着他。

审讯室内,陷入深深的沉寂。

不知过了多久,方辉缓缓睁开眼,声音低哑:"给支烟。"

程功掏出香烟,送到方辉手里,又给他点了火。

方辉狠狠地抽了口烟,声音极低地说:"王大鹏一死,我和汤建成都很紧张……"

4月30日。清晨。

西城区。阳光小区建造于90年代末,六层板式房,没有电梯。

11号楼602室,装修简洁的一室户,方辉租住的安家之处。

"砰砰砰!"一阵急促的敲门声传来。

方辉在睡梦中被吵醒,穿着长袖长裤的休闲衫,在猫眼里看看,皱了皱眉,打开房门。汤建成面色阴沉地站在门口。

方辉愣了愣,侧身让汤建成进屋,关好房门,问:"有什么事儿不能电话里说?"

汤建成声音嘶哑:"王大鹏死了!"

方辉惊愕,问:"什么时候?"

汤建成往卧室方向看了看,确定方辉家没有其他人,低沉地说:"昨天晚上,在南郊区的工地,坠楼!"

方辉沉默着,坐到沙发上,用力地搓了搓脸:"怎么回事?"

汤建成明显没有睡好,双眼带着血丝,坐在方辉对面,紧盯着他,问:"大箱子虽然值钱,但是对姓洪的来说,还不至于要下场搏命!我问你,那个密码箱里的材料,你到底还了没?"

方辉愣了一下,敷衍地说:"箱子我是还了,不过……"

汤建成盯紧不放:"不过什么?"

方辉抬头,斯文的五官因为激动和慌乱,显得有些扭曲,说:"我们拿了姓洪的3000多万,他肯定怀恨在心!如果他蓄意报复,我们在京海怎么立足?还不如手里握着他的把柄,让他时刻怕着我们!我是搞经侦出身,你知道密码箱里的那些资料,意味着什么吗?"

"意味着什么?意味着你把洪兆红逼急眼了!他要跟我们鱼死网破!而且现在,已经害死了王大鹏!"汤建成猛地站起来,愤怒地指着方辉,"你马上把密码箱还给洪兆红!所有材料,一样不能少!"

"我,我真的没想到。"方辉颓然地点点头,"好,我会还的。"

汤建成气得发抖,挥着缺了一截小指尖的左手,指着方辉说:"姓方的,说好的求财不犯事儿!你他妈净整幺蛾子!老子干了三十年刑侦,什么风浪没见过?!姓洪的破财免不了灾,绝不会善罢甘休!他这次下了黑手,大鹏的事,搞不好就定成自杀了!"

方辉没有料到,洪兆红的报复来得如此迅速和狠辣。他用力搓了搓脸,站起身走进卧室,从床下翻出一个棕色的皮包,放在客厅桌上,说:"密码箱里的材料,都在这儿了!我没再动过,我就是,就是想要挟他一下。"

"马上还给他!要不然,我们都他妈得死!"汤建成阴鸷地看着方辉。

方辉心乱如麻,拿起一支香烟点上,狠狠地吸了一大口。

他拿起手机,拨打洪兆红给他留的单线电话。

2 小时后。

老城区,永达超市开门不久。大爷大妈们提着购物袋,穿梭往来,要买到新鲜又便宜的蔬菜水果。

汤建成和方辉坐在超市旁边的小吃店里,面前摆着两碗汤面,碰都没碰,盯着斜拐角的超市储物柜。

一个戴眼镜的高个子年轻男人,走了过来,正是王自达的助理张泉羽。他仍穿着一身笔挺的藏蓝色西装,谨慎地看看四周,输入了一串密码。

一扇柜门轻轻打开,张泉羽把柜内的棕色皮包拿出来,合上柜门,大步离开。

汤建成和方辉马上站起身,走出小吃店。他们远远地看到,马路边一前一后,停着一辆黑色奔驰和一辆奥迪 A8。张泉羽走到马路边,奥迪车的后排车窗落下,他把棕色皮包从车窗里扔了进去,便转身坐回奔驰车内。

很快,两辆车都迅速驶离,在前方十字路口,驶向不同的方向。

方辉低声说:"那个奥迪是洪兆红的车!他拿走了。"

汤建成恶狠狠地看着方辉,压低声音:"姓方的,别再找事儿了!不然死都不知道怎么死的!"

汤建成转身,大步离开。

方辉站在原地,掏出香烟,用打火机点火。打火机拨了两次,都没有燃起来。

方辉烦躁地甩了甩手里的打火机,又拨了一次,蓝黄色的火苗终于袅袅升起。他迫不及待地点燃香烟,抽了起来。

烟雾缭绕中,方辉逐渐镇定下来。他微微仰头,定定地看着天边的白云。

半支烟后,他拿起手机,拨打了一个电话号码。电话那端,熟悉的声音响起。

方辉笑道:"哥,是我。"

11月21日。

审讯室内。

方辉声音低哑,缓缓叙述:"我把密码箱里的材料还给了洪兆红。汤建成也从律所辞了职,躲到郊区。没想到,他还是死了!我当时就明白了,洪兆红肯定不会放过我!我把我妈送回老家,让高贺梁到京海来找工作。我只是想着,多个跟我差不多的人,给自己多争取点儿时间!等我把路铺平了,再离开京海,没想到……"

8月26日。

西城区,阳光小区,方辉的住处。

方辉刚洗了澡,没戴眼镜,穿着大短裤,从洗手间走出来。略长的头发湿漉漉的,他用毛巾不停地擦着。

此时,戴眼镜的方辉从客厅的沙发上站起来,手里夹着香烟,笑着说:"哥,洗好了?"

"啊。"没戴眼镜的男人有些腼腆地点点头。"他"不是方辉,而是跟方辉长得一模一样的高贺梁。

方辉放下香烟,走到卧室,从衣柜里拿出两套衬衫和长裤,还有一条皮带,说:"哥,你原来的衣服就别穿了,穿我的吧!"

"哟,你这衣服都贵啊!"高贺梁有些不好意思地接过来。

"咱们亲兄弟,客气啥!"方辉到厨房倒了两杯水,端着两个杯子出来。

他说:"哥,妈知道你要来,特别高兴!打电话跟我念叨好几回了。哎!要不是当初家里条件太差,怎么也不能把你送到亲戚家……"

"咳!都过去的事儿了。那时候都穷,我们村儿抱孩子、送孩子的,也有好几家。"高贺梁背对着方辉,穿上了方辉常穿的纯色短袖衬衫和西裤。

他穿戴整齐后,转过身来,羞涩又开心地说:"怎么样?"

方辉看着眼前这个和自己长相完全一样的男人,一瞬间也有些恍神。他低头喝了口水,又递给高贺梁一杯水,说:"很精神!到底是我们老方家的人!"

高贺梁神情暗淡了一下,低声说:"我这么些年,一直都叫高贺梁。也就是前两年见了咱妈,才知道我应该叫方庆。"

方辉安慰地拍了拍高贺梁,也就是方庆的肩膀,说:"咱妈说,那时候咱爸身体就不太好,看病花了好些钱。家里太穷,双胞胎男婴养不成,实在没办法!才把名儿取好,还没顾上落户,你就被抱走了。我要早知道我还有个哥,早就找你去了……"

高贺梁眼睛有点红,低声说:"我知道!我爸妈,他们对我挺好,就是前两年才跟我说了实话。要不,我也不能到洛西去找你们。可惜,咱爸已经不在了……"

方辉亲热地搂搂高贺梁的肩膀,说:"没事儿,以后咱们兄弟俩好好过!"

高贺梁点点头,有些羞愧地说:"我,我没你有出息!高中都没上完,一直在老家打工。前阵子,镇政府拖欠老板的工程款,老板又拖欠材料费和工人工资,破产跑了……我想去外地打工,也没有门路,刚好你给我打电话……"

"啪!"方辉拨开打火机,点了支烟,说:"咱妈上个月在京海看病,说起你了,我想着京海的机会多些。我在经侦干这么些年,总归认识一些老板!你不是有驾照吗?我帮你介绍一下,给谁当个司机,当个助理也行啊!"

"那,那可太好了!就是,我能行吗?我这人嘴笨,要不,能连个对象也说不上……"高贺梁眼中光芒一闪,又熄灭了,讪讪地说。

"你没对象啊,是因为你爸妈,你养父母让农村合作社的非法集资给骗了!把你的老婆本儿都填进去了!"方辉淡淡一笑,嘴角带着一丝嘲讽。

"哎!他们,也是好心。没想到……"高贺梁窘迫地低下头,不安地搓着手中的水杯。

方辉见状,语气和缓地说:"要不是你家出了这个事儿,他们老两口儿,是不会让你来跟我们相认的!哥,这不是坏事儿变好事儿吗!不过,京海的骗子更多!你呢,不要跟外面的人轻易来往!老家那些亲戚朋友,也少说这说那的!毕竟,我这公安身份在这儿呢!"

高贺梁连连点头,郑重地说:"你放心!我多留心眼儿,肯定不给你找麻烦!"

方辉一笑,递给高贺梁一部手机,说:"这是咱妈在京海用的号,她回老家就用当地的号了。这个手机,你先用着!"

"哎!哎哟,谢谢。"高贺梁高兴地接过手机。

"来!"方辉拉起高贺梁的胳膊,把他拉到洗手间,看着镜子。

两个身高相仿、五官相同、穿着类似的兄弟站起一起,几乎难以分辨。唯一的区别是:高贺梁的头发长一点,不戴眼镜,目光温和。方辉则是金丝眼镜,手夹香烟,气度矜持,目光冷冽。

方辉笑着说:"哥,你没老婆,我也离婚了!以后,咱们兄弟俩在京海相依为命,共同奋斗!你呢,穿我的衣服,出门儿体面!开我的车,练练手!等你适应环境了,我给你介绍个好工作!"

"谢谢兄弟!"高贺梁是真的感动了,使劲搂了搂方辉的肩膀,鼻尖一酸,眼泪差点儿掉下来。

"自家人,应该的!"方辉低下头,抽了口烟。

烟雾缭绕。方辉突然感到,口干舌燥,眼眶发涩。

9月10日,下午。

南郊区。时光咖啡吧。

方辉从咖啡吧的一个包间里走出,手机贴着耳朵,声音极低地说:"什么事儿?"

电话那端,高贺梁的声音也不由自主地压低下来:"你在忙啊?我就说两句!我发现车左前轮胎漏气,好像扎了钉!"

方辉有点不耐烦地说:"这种小事儿,你就直接办了!就近找个地儿补胎!"

高贺梁低声说:"我看家里有一张万通修车厂的充值卡,才用了一回!就是地方,略微有点儿远……"

"你不嫌远,就开过去吧!"方辉无所谓地说。

"行,那你忙啊!"高贺梁小声说了句,赶紧挂了电话。

方辉微微摇头,回到包间坐了下来。他对面坐着一个黄牛模样的中年男人,堆着笑说:"方总,您让我打听的路子,我都找到了!"

方辉推了推金丝框眼睛,缓缓说:"抓紧时间,我一会儿还有事。"

9月10日。下午5:47。

高贺梁将方辉的车缓慢地开进西城区的万通修车厂。

15分钟后。高贺梁从修车厂步行离开,到附近小饭馆吃饭休息。1小时后,返回修车厂。

晚上7:13。

高贺梁将方辉的车开出万通修车厂。17分钟后,车辆在西郊环线快速行驶,突然偏离车道,撞向路沿隔离墩!

"轰!"车辆翻滚,瞬间发生爆炸!

火光熊熊燃起,车毁人亡。

11月21日。已是深夜。

审讯室。

方辉抬起眼睛,眼眶泛红,哑声说:"我没想让他替我去死!我只是,发现有人跟踪我,想混淆洪兆红的视听。我好腾出手……"

"高贺梁死后,你为什么不站出来?"单宇脱口而出。

方辉冷笑了下,说:"站出来?我本来想着,洪兆红就是个券商,没想到他能下这样的黑手!肯定有一股势力在帮他!我斗不过他们,就得识时务。"

程功点点头,说:"方辉,你放心,我们没有盘问和刺激你母亲。你现在积极配合,我们会保护好她。"

方辉抬头,看着程功,冰冷的眼神带上了一些感情。

程功继续说:"我知道你识时务。不过,你也舍不得那50公斤黄金!金条在哪儿?"

方辉低头,自嘲地哼了一声:"我就出手了5根,没多少钱,妈的!虎落平阳被犬欺!剩下的,都在洛西,我们家的老房子里。"

程功看看单宇,单宇快速做着记录。

方辉冷冷地看向程功:"程功,成王败寇,我没什么可推脱的!洪兆红背后的势力盘根错节,远超我的预计!你也不一定搞得动他!"

程功没搭话,问道:"150公斤黄金的来源,你知道吗?"

方辉摇摇头,说:"不太清楚,密码箱里的资料,我都还给洪兆红了!不过,我看过那些资料,主要是金融上的违规操作,里面的利益链非常复杂!水很深!到底是哪根线上的人,说不清楚。但是我敢肯定,王大鹏,汤建成,还有我哥的车祸,都是洪兆红和他的同伙干的!"

程功点头,说:"金融的非法交易,我们会交给市监察委调查。"

方辉抬起头,看着程功和单宇,说:"我当时把密码箱的材料留下,主要是担心洪兆红为了抢回黄金,对我们蓄意报复。后来,我虽然把原件还了,但是保险起见,我自己复印了一份。复印件,我可以交给你,但是,这必须算我的立功表现!"

程功看着方辉,说:"先拿出来!你放心,我们会依法办事的。"

11月22日。

洛西县。

方辉的老家在洛西县的一个小村庄。村里人口本就不多,近年来,青壮年都出去打工了,只留下老的老,小的小。

一辆警车,驶入有些荒凉的村子,停在了方辉家的老宅门前。

方家老宅是三间平房,院落不大,院内角落处有一个木头盖子盖着的地窖。

纪闻、周睿和两名刑警,押着方辉走进院子。李威威在全程录像、拍照留证。

方辉指了指地窖,周睿把木头盖子掀开,黑乎乎的老地窖就露了出来,深约2米。纪闻和周睿利落地跳进地窖,在一堆杂物里翻找起来。

纪闻腾挪开杂物,看到地上有颜色不一样的新土,笑着看看周睿。周睿马上领会,开始用铁锹挖土。挖了不到半米,铁锹碰到了硬邦邦的东西,一个黑色皮箱!

"找到了!"周睿大喊一声,用力挥动铁锹,很快就把黑色皮箱挖了出来。

纪闻打开箱子一看,45根金条闪闪发光,晃得人眼花缭乱!

纪闻和周睿把黑色皮箱提了出来。方辉又指了指老宅房内,纪闻走到左侧的平房里,在破旧的木板床下,从落满灰尘的角落里,拖出一个破纸箱。他打开纸箱,里面是一个厚厚的文件袋,正是方辉拷贝的京海证券资料。

纪闻低声对周睿说:"洪兆红的密码箱复印件找到了,150公斤黄金也找到了!关键问题是,谁给他的金条?"

京海市公安局刑侦队。

重案队办公室。程功和单宇都坐在桌前,程功在聚精会神地整理堆积成小山的案件资料,单宇则对着厚厚几叠通话记录潜心钻研。

欧阳瞳拿着一叠尸检报告和资料,走了进来,对程功说:"在高贺梁老家的县医院里,查到了他两年多前拔牙和安装假牙的就医记录,就是右下第1齿。"

单宇振奋地说:"太好了,这样死者就能确定了!"

程功听了毫不意外,低低一笑:"方辉搞经侦,是一把好手!不过杀人放火,还是欠点儿意思。我就知道,诈也能把他诈出来!"

欧阳瞳犹豫了下,说:"是我大意了,当时只做了遗骸DNA比对。而且,我问过方辉母亲关于假牙的事,她说就是方辉……"

程功淡淡地说:"欧阳,人的心脏为什么长在左边?因为,人总是偏心的。"

深夜。

京海市公安局刑侦队。

重案队办公室。程功大步走进来,把背包扔在桌上,抱起大保温杯,咕咚咕咚地喝了几口水。

单宇抬头,问:"怎么样?"

程功放下杯子,皱着眉头说:"洪兆红的公寓、别墅、办公室、车辆,全都搜了个遍,没找到密码箱,也没找到方辉说的资料。估计早就销毁了。洪兆红这个老油条,躺在医院里装死,一句话都不说,我恨不得把他掐起来!"

单宇听后没说话,沉默地坐在办公桌前,清俊的脸庞带着疲惫之色。他全神贯注地看着屏幕,如同老僧入定一般。

程功看看单宇的状态,没有打扰,拿起大保温杯去接水。

"砰!"单宇突然猛地拍了下桌子:"程功!就是他!"

程功水也不接了,赶紧抱着杯子过来:"怎么了?"

单宇指着屏幕上自己梳理出的通讯记录时间线:"我整理了洪兆红一年来所有通话记录和短信微信,3月7日下午3:19,也就是他和方辉在郊野公园见面后,他曾给杨力鸣打过一个电话,通话时间很短暂。"

程功点头:"杨队承认了,说洪兆红跟他抱怨密码箱的资料有问题,他没回应。"

单宇指着一个尾号是"8888"的手机号码说:"洪兆红给杨力鸣打电话后,很快就拨通了这个四个8的电话,在接下来的几个月里,洪兆红一直跟这个号码保持着密切联系。"

程功翻看着厚厚的通话记录单,说:"洪兆红人脉很广,社交复杂,频繁联系的手机号肯定不少。"

单宇眼睛发光,摇了摇头,说:"我把洪兆红的副总、助理、老婆、重要客户等常用联系人的通话都做了分类和排除,这个8888的号码很不一样!他们不单通话频繁,而且……"

单宇修长的手指在键盘上飞速敲打,显示出一个列表:"我通过刑侦智能云的机站数据,发现这两个手机平时的生活轨迹都是在不同的空间,但是近几个月,经常聚在一起,有时候连续几天的晚上都在一起!尤其是2月底至3月初、4月底至5月初,以及6月下旬。"

程功的眼神骤然变冷:"刚好是洪兆红丢黄金、大鹏出事和汤队出事的时间段。"

单宇点点头,说:"是的。洪兆红这样的人,每天的行程都在秘书的本子上排着。除非是老婆、情妇,不会跟谁在晚上这么密切地联系,除非,他们在密谋什么重要而且机密的事情……"

程功眼中锐意闪动,问:"这个8888,能查到是什么人?"

"只要被刑侦智能云锁定,他就跑不了!"单宇点击鼠标,屏幕上出现一个中年男人的照片及身份信息:王自达,男,40岁,京海市聚达房地产公司董事长。

照片上的王自达,梳着背头,穿着唐装,看起来温文尔雅。

单宇说:"从查到的资料看,王自达学历不高,是苦出身,早年还有涉黑背景。但是这个人能吃苦、会钻营,近些年不但发了财,还慢慢洗白了。从明面上看,他做的都是正经买卖。不过,聚达公司投资、参股的生意很多,背景非常复杂。"

单宇扭头,问程功:"你还记得,史胖子那台电脑吗?"

程功看单宇突然转变话题,不解地问:"史胖子?哦,是那个裸聊吗?"

单宇微微一笑:"没错!那个裸聊的网络平台,我查了它的公司股东,其中就有聚达下面的控股公司!程功,你说这个王自达,能干净吗?"

程功握紧拳头,砸在桌面上:"查他!"

11月24日。上午。
京海市公安局。
会议室内。郑涛和程功在向邵局长和姜局长汇报洪兆红案情。

大展板上贴着洪兆红、侯巧慧、王自达、李喆、张泉羽、王大鹏、方辉、高贺梁、汤建成夫妇等人的照片,形成一张人物关系图,还有成箱的金条等物证照片。

郑涛神情振奋,汇报调查情况:"邵局,姜局,有了方辉的指证,洪兆红的罪证已经很明确了!我们查出,他近两年跟聚达房地产公司的大股东和实际控制人王自达关系密切,很可能涉嫌股票内幕交易。洪兆红给王自达透露股票交易的重要信息,通过做老鼠仓等方式,帮他投机赚钱。而王自达早期有涉黑背景,公司里养了一批三教九流的人,帮洪兆红干一些上不得台面的事儿。

"根据目前的线索推断,很可能是王自达送给洪兆红150公斤黄金,又帮他杀人灭口,找回被抢的金条。只是现在洪兆红在医院躺着,侯巧慧说不知道行贿人到底是谁,所以目前还没有明确的直接证据。"

郑涛站在展板前,指指李喆和张泉羽的照片,说:"王大鹏是在南郊区的盛兴大楼建筑工地坠楼的。而盛兴大楼的建筑开发商,就是王自达的聚达公司。由此推断,汤建成队长夫妇被害案,也很可能跟王自达有关。"

邵局长点点头,说:"好!这条线要查下去!关于王自达,他是区人大代表,批捕他需要充分的证据,还要提前跟人大沟通。郑涛,你们要抓紧调查,务必形成完整、充分的证据链!如果真的是涉黑团伙,就要除恶必净,一网打尽!"

姜局长说:"邵局长说得对!郑涛,抓紧调查,注意保密,及时向市局汇报!"

"是!"郑涛和程功领命而去,脚下带风。

10分钟后。

姜局长办公室。

姜局长靠在椅背上,正在给杨力鸣打电话:"力鸣,你的情况,我已经跟邵局解释过。不管是什么好的初衷,你当时的处理方式,肯定有问题!"

杨力鸣在办公室内,额角沁出微汗,点着头说:"我明白!我明白!谢谢领导,我会向邵局和您作深刻检讨!一定认真反思,需要我承担的责任,我都愿意承担!"

姜局长的语气温和了些:"你也不要压力太大。切记,最近是非常时期,更要谨慎、低调!"

杨力鸣在电话那端点头称是,态度谦卑诚恳。

姜局长嘱托了几句就挂了电话。

经侦队队长办公室。

杨力鸣挂了电话,有些烦躁地抹去额头的汗水。

他下意识地掏出一支香烟放到嘴边,伸手去拿打火机。一抬眼,仿佛看到20多岁的方辉站在自己面前,脸上带着谦逊克制的笑容,一手拿打火机一手护火,凑过来给自己点烟:"杨队,感谢您的信任,我会带领四队好好干,继续向您学习……"

两年前,方辉神情沉郁而又坚决,递上辞职申请,说:"杨队,谢谢您这些年来的关照,我想好了,还是要离开。以后不管到哪儿,我还是您的兵。"

很快,杨力鸣眼前又出现了汤建成的模样。汤建成那时还是正值盛年的分局刑侦队长,风尘仆仆地从外地抓捕回来,对自己笑着说:"领导,嫌疑人都抓回了！放心吧！"

　　杨力鸣出着神，没点燃的香烟始终粘在嘴边。他摇了摇头，把香烟摁碎在烟灰缸里，看向窗外。

　　云卷云舒，岁月流逝。

　　初冬未至，秋意澄明。

八、破晓之初

> "我没想到……王自达是头野狼,根本不可控!这件事儿到后来,已经完全失去控制了……"洪兆红的眼神越来越暗淡,垂下了头。

11月26日。

老城区。棉厂小区位于老城区的北边,是建造于80年代初的国企家属院。棉厂小区某个单元内。

楼道昏暗不明,脏兮兮的墙壁和楼梯扶手上,贴满了各种狗皮膏药的小广告。601室的门口和防盗门上,都被刷上了血淋淋的大字:"欠债还钱!田莎莎还钱!"

601室内。

房间内摆设杂乱,家具破旧。客厅的旧电视机里正在播放肥皂剧,声音杂乱。一个60岁左右的中年女人赵阿姨,穿着棉质睡衣,头发散乱地靠在沙发上,目光失神地看着电视。她的丈夫,这家的男主人老田也是五六十岁,系着围裙在厨房里忙碌。两口子都形容憔悴,没精打采,看起来比实际年龄沧桑许多。

老田熬好了粥,端着一盘咸菜走到客厅,对妻子说:"喊莎莎起来吃点饭吧?"

赵阿姨点点头,撑着身体从沙发上起来,趿拉着拖鞋走到客卧门口,拍了拍门:"莎莎,吃饭吧!"房内没有声音。

"莎莎!起来吃饭吧!"赵阿姨又喊了几声,房内都没有动静。她心里一沉,去拧门把手,发现房门从里面反锁了。她眼神慌乱地回头望向丈夫:"老田,门反锁了!"

"咋回事儿?"老田赶紧过来,也拧不动把手。他急了,拼命地拍门:"莎莎!开门啊! 莎莎!"

赵阿姨的声音带了哭腔:"老田,她不会想不开吧! 莎莎! 开门啊!"

"你让一下!"老田退后一步,用力地一脚踹在门上。老旧的木门并不坚固,却也没被老田踹开。老田趔趄了一步,到厨房翻出一把铁锤,用力地敲打门把手。

"嘭!"门把手脱落,赵阿姨急忙去推门:"莎莎……"

但是,眼前的一幕让她瞬间瘫软,无声无息地昏倒在地。

客卧是个布置得很女性化的小房间,原本温馨的房内,此时却充满阴森的气息,混合着浓重的血腥和白酒刺鼻的味道。

田莎莎穿着睡裙,斜躺在床上,左手腕上伤痕斑驳,床单上满是黑红色的血污。她头发散乱,面部苍白僵硬,气息全无,死去多时。

床头柜上,倒着一个白酒瓶子,洒出来的白酒已经半干。床边的地上,扔着一把带血的水果刀,刀刃和刀柄上都血迹斑斑。

京海市公安局刑侦队。

重案队办公室。单宇坐在电脑前查资料,对程功说:"我在网上查了很多资料,王自达的集团公司水很深啊! 号称主营做房地产业务,但其实盈利最多的,应该是另外两块,互联网金融和娱乐产业……"

程功抱着大保温杯,冷哼一声:"娱乐和金融? 不就是夜总会和高利贷吗? 黑老大在网上放贷坑蒙拐骗,还真把自己当科技新贵了?!"

单宇认真看看电脑,说:"你别说,他是个很有手段的黑社会! 还有自己的律师智囊团。有自媒体上爆出来,说聚达公司涉嫌聚晋公司的 P2P 爆雷,但是他们处理得很好,找公司法人顶包,后台老板洗得白白净净的! 一点事儿没有!"

程功冷冷地说:"你还记得咱们上次去经侦,经侦队门口那些拉横幅的吗? 就是被聚晋的金融投资产品给坑害了! 听说,上街买个鸡毛菜都要讨价还价的阿姨,一口气投了 200 万给聚晋! 然后,就没有然后了……"

此时，电话铃声响起，单宇接起电话："喂？是我，好，马上出发！"他挂了电话，扭头对程功说："老城区有个命案现场，分局报上来了，说情况比较复杂，希望市局刑侦过去。"

"复杂？走！看看去！"程功站起身，两人快步走出。

新城区高架桥。

一辆警车穿梭在高架桥的车流中。单宇开车，李威威坐在副驾驶座，程功和欧阳瞳坐在后排。

李威威看到旁边车流中有一排婚车，清一色的黑色轿车都喜气洋洋地扎着红色丝带，感慨道："婚车啊！春风得意马蹄疾，一日看尽长安花！"说完扭头，意味深长地看看欧阳瞳。

欧阳瞳假装没看到，望向车窗外。李威威啧啧摇头，说："欧阳，我真没想到，你居然这么快就有男朋友了！"

欧阳瞳看看窗外，淡淡地说："男未婚女未嫁，有什么问题啊？"

李威威提高嗓门，说："问题大了！我和程功、单宇都还单着呢！再说了，就廖聪茗那家庭条件，你以后还在队里干吗？"

程功拍了李威威的脑袋一下："怎么说话呢？欧阳是战友，我们得祝福！"

李威威不服气地说："我就是觉得小廖同志吧，美则美矣！但是欧阳毕竟是我们刑侦队之花，不能轻易被采摘！"

欧阳瞳轻哼一声，说："就有些种苹果的人，又怕苹果被人摘走，又怕苹果烂在地里没人要！李威威，当初是谁埋汰我嫁不出去来着？来回话都让你说了！"

程功淡淡一笑，目光深深地看了看欧阳瞳。欧阳瞳静静地看着车窗外，神情淡然。

单宇利落地打了把方向盘，车辆驶下高架桥。

老城区。

国企棉纺厂的辉煌早已过去，棉厂家属院也已成为年久失修的老破小区。

警车驶到小区门口，一个五六十岁的老大爷披着门卫保安的大外套，正跟两个手提菜袋子的阿姨聊天。门卫大爷伸伸手,把程功和单宇的车辆拦了下来。

单宇按下车窗,亮了下警官证,客气地说:"师傅,我们是市公安局刑侦队。"

老大爷看看小区里面,神秘地说:"警察同志,你们快去看看吧!老田家的闺女儿都死了,讨债公司的人还没走呢!"

"讨债公司?"程功探身询问,眼中锐意闪过。

旁边的黄卷发阿姨凑过来,北方口音说:"嗯呐!这几个月老来啊,一来就是一堆男的!都穿一身儿黑,老凶了!"

另一个阿姨意见不同,说:"人家也不打也不闹,就站在他们家门口儿!说是这房子早就是人公司的了。他们家把房产证儿给抵了,就得把房子交出来啊!"

门卫大爷说:"他说抵押就抵押?咱们也没看见啊……"

黄卷发阿姨摇头摆手,说:"他们不是好人!不管怎么着!也不能把人家小姑娘的照片到处贴……"

"什么照片?"程功打开车门,问道。

黄卷发阿姨叹了口气,说:"唉!你们可去看看吧!贴的满小区都是!老田两口子揭都揭不过来……"

程功似乎想到了什么,目光突然暗沉下来。他"啪"地关上车门,大步向小区内走去。

单宇笑着对大爷大妈说:"谢谢啊!"他开着车,缓缓驶入小区,在路边一个空车位停了下来。

此时,程功站在小区自动收取快递的黄色铁柜旁,低头凝神看着什么。

单宇、欧阳瞳和李威威下车,走到程功身旁,看到铁柜的一侧被红漆刷上了"田莎莎还钱!"旁边还贴着一张照片,竟然是一个年轻女孩的裸照!照片中的女孩神色茫然,看起来有些害怕,手脚僵硬,似乎想要去遮挡自己的隐私部位但又不能。

"王八蛋!"单宇伸手就去撕扯照片。他也不知道自己怎么了,斯文了二十多年,如今竟然动不动就开骂。

"别撕！我先取证！"李威威急忙拿起脖子上的相机，拍照取证。

"撕不完的！小区里一定还有。"程功冷冷地说。

单宇似乎没听到李威威的话，近乎偏执地不停撕扯着照片。照片被粘得很牢，他的指甲修剪得干净整齐，用力抠开照片边缘，一点一点地撕下来。李威威抓紧拍了两张照片，也就由单宇去了。

欧阳瞳神色暗沉，低声说了句："这里是法治的京海！太嚣张了！"

程功沉默不语，转身大步向小区内走去。

小区深处，一栋破旧的六层老楼前，小路上横七竖八摆着许多辆电瓶车和自行车，路两边的墙上，又看到了几处红色油漆的大字和张贴的裸照。

老楼下的路边，斜斜地挤着一辆派出所的警车。十几个小区居民散落地站在楼下，指着楼上小声议论着，却不敢靠前。

楼道口的两侧，站着两个一身黑衣的壮汉，如同门神一般斜站着在抽烟。两人都是黑衣黑裤黑鞋，胸前和背后都贴着两个醒目的白色大字"催款"。

两个黑衣催款人看到程功一行人走来，不由上下打量着他们。程功顿住脚步，目光凌厉地看了看他们俩。两个黑衣催款人的眼神闪躲了一下，望向一旁。

程功等人迈步走进楼道。他们走楼梯来到五楼和六楼的拐角处，就看到楼梯间墙壁上刷着几个红色油漆的大字："田莎莎欠债还钱！601还钱！"红色大字旁边，站着两个穿着一身黑，胸前和背后贴着"催款"两字的男子，一样是混不吝的神情和姿态。

此时，六楼601室内已经传出田父田母的哭声。门口竟然也站着一个黑衣男人，戴着眼镜，双手插在裤袋内，冷眼旁观着房间内的哀泣场面。

程功和单宇对视一眼，大步来到六楼。

601室客厅内，站着两名派出所的民警，正在照顾快要哭晕过去的赵阿姨。赵阿姨披头散发，躺在沙发上，已经哭得上气不接下气。男主人老田站在一旁，不住地唉声叹气，抹着眼泪。

程功走进房间，对年资较长的派出所民警出示证件，说："同志，市局刑侦队,重案队程功。"

中年民警忙乱之中,只顾得上跟程功和单宇点点头,额头上都是汗水:"我姓艾,棉厂派出所所长,刚接到家属报警!小姑娘就在自己家里,割腕自杀了,发现的时候已经不行了!"

欧阳瞳问:"人在哪儿?"

"卧室里,现场我们都没动。"艾所长指了指客卧。

欧阳瞳穿上鞋套,戴好手套,走进房间。她俯身检查了田莎莎的颈部脉搏和眼睛瞳孔等生命体征,发现身体已经凉透,死亡多时。她站起身,对站在门口的程功摇了摇头。

欧阳瞳和李威威开始进行尸检、勘察现场。程功走出卧室门口,询问田莎莎的父亲老田:"你们什么时候发现的?"

老田擦了把泪水,哽咽着对程功和单宇说:"早上九点,我们喊她吃饭,一直喊,也没喊醒,门也反锁了……我们就是怕她想不开啊!连家门都不敢出……我可怜的莎莎啊!我们家房子也没了!女儿也没了!可怎么活啊……"

程功问:"房子也没了?"

赵阿姨突然从沙发上挣扎着起来,指着门外的黑衣眼镜男子,声嘶力竭地喊:"就是他!就是他们!非说这个房子抵押给他们公司了!我,我妈在这儿住了几十年!我们家的房子,怎么就成了你的!你们!你们泼油漆!刷大字!天天跟着我们!你们还,还贴她的照片!你们这帮畜生啊!我们这日子没法过了啊!我的女儿啊!是被你们逼死的!"

老田也不停哭喊着,突然弯膝对程功跪了下去。

程功和单宇赶紧扶住他。老田哭着说:"警察同志!我听见了,你们是刑警!你们给我们家作主啊!他们把我女儿逼死了,还要逼我们搬出去啊!我跟我老婆也活不下去了……"

"我的莎莎啊!让我跟你一起死吧!"赵阿姨声音凄厉地哭喊起来。

程功用询问的眼神看向派出所民警,艾所长一脸无奈地摇摇头说:"唉!这事儿复杂得很,我们派出所也没办法啊!"

程功看看哭泣不止的田父田母,转身走到门口,站在戴眼镜的男人面前,问:"你们是干什么的?"

戴眼镜的男人神情镇定,抽了口烟,说:"我们是聚富公司的工作人员,601室的田家已经把房子卖给我们公司的股东孙总,却拒不搬离!根据公司规定,我们过来催促搬迁。这个房子的房产委托交易,是被公证过的!法院都判决交易有效。"

程功冷冷地看着戴眼镜的男人。男人被程功盯得心里发怵,仍是嘴硬地说:"我们也刚知道田莎莎死了!但是她死了,她爸妈还在这儿住着!田家拿了卖房款,却不肯搬出来!人还要死在这里面!搞得我们孙总的房子要贬值!我们才是最大的受害人!警察同志,你们得保护公民的合法权益吧?"

程功身高臂长,伸手就把眼镜男嘴角那半根香烟捏住,往地上一扔,用脚踩灭,冷冷地说:"室内不允许抽烟!还不允许扔垃圾,把烟头捡起来!"

眼镜男的目光在镜片后闪烁了两秒钟,被程功浑身散发的冷意和气场所震慑,俯身捡起烟头。他直起身,深吸口气,辩解着说:"你看!我们一没动手二没杀人!合理合规地提出产权诉求,有什么问题?"

程功冷冷地说:"现在这里是命案现场,无关人员都要回避!需要你们配合调查时,会传唤你!"

眼镜男从喉咙里哼了一声,却也不敢再待,挥手招呼站在拐角处的催款人员,一同离开。临走时,他从腋下夹着的皮包里抽出一张房产证复印件,向程功和单宇挥了挥,大声说:"看见没?!这房子的产证是我们孙总的!你们警察也要依法办事!姓田的就是全家都死光了,这房子也得挪出来!"

"赶紧滚!"单宇沉声道。他和程功并肩站立,神情冷冽地看着几个催款男人离开。

艾所长见催款人员走了,轻轻地把程功拉到楼梯拐角处,低声说:"程队,你看,为啥要让市局刑侦过来?就是因为这个事儿复杂!"

程功浓眉微挑,问:"艾所,你都了解哪些情况?"

这时,房间里又传来赵阿姨凄哀的哭声。艾所长低低地叹口气,说:"到所里说!"

棉厂派出所。

所长办公室内,艾所长从文件柜里拿出几个大文件盒,"嘭"地一声放在办公桌上。最上面的文件盒因为装得太满,盖子都合不上了,一叠复印纸露在外面,滑落在桌上。

艾所长说:"老田家这个事儿,光所里的材料都这么多了!确实没办法啊!"

程功和单宇坐在桌前,拿起这几页纸:一张棉厂家属院9号楼2单元601室的房产证复印件,产权人是孙义坡;一张银行流水单的复印件,上面用红笔圈出了一笔200万元的转账记录;还有几张田莎莎的身份证复印件和户口本复印件。

程功和单宇翻阅着资料。艾所长拿了两个一次性杯子,倒了两杯热茶放在桌上,又给自己的大茶杯续了水,说:"老田家两口子都是知青,半辈子在外地工厂工作,快四十岁才有个独生女,就是田莎莎。这套房子是老田他妈的,老太太看他们两口子返城后啥也没有,就让他们住在这儿。老太太去世前,心疼这个孙女儿,就把房产留给田莎莎了。"

艾所长端起满是茶锈的大茶杯,喝了口浓浓的茶水,清清嗓子:"田莎莎这孩子吧,也可怜也糊涂!读书不行,上了个三本。毕业后又没个正经工作,就在家待着,靠老田两口子的退休工资混日子!不知怎么的,她就在网上借钱了⋯⋯"

6月3日。初夏的夜晚。

田莎莎穿着睡衣,坐在电脑前刷着购物网页。赵阿姨推门走进来,放了盘苹果块在桌上,问:"莎莎,你小姨上回介绍的男孩,后来怎么样?"

田莎莎不满地撇撇嘴,说:"能怎么样啊?买个电影票都恨不得团购!不肯给我花钱的男人,就不是真心的!找这种男的干吗?"

赵阿姨眼神暗淡了下来,坐在床边,说:"莎莎啊,你爸今天还在说,要不,你还回那个公司上班?总比在家⋯⋯"

田莎莎不开心地说:"那个破公司,每天上下班都要打卡!迟到就扣钱!大早上起来,挤地铁挤得我隔夜饭都要吐出来了!才挣几个钱啊,还不够交通费的……"

赵阿姨一向娇惯这个独生女，无奈地站起身往外走，说："好好，我说不过你！"

田莎莎皱皱眉头，突然撒起娇来，说："妈，下礼拜我中学同学聚会。同学聚会一年才一次，总不能太寒酸！我看中一个包，你能不能支援我一下啊？"

赵阿姨一愣，为难地说："哎！莎莎啊，不是妈妈不疼你。我血压高，你爸爸血糖高，我们俩每个月吃西药、中药调理都要不少钱……"

田莎莎看妈妈没同意，赌气地把妈妈推出门，说："知道啦知道啦！我自己想办法！"

田莎莎把赵阿姨推出门，坐回电脑前，无奈地翻着电脑上的品牌包包的图片。突然一则"钱好花"的小广告引起了她的注意，她点进链接，看到："贷款借钱一点也不难！1分钟免费申请！30分钟到账！无抵押无担保！"

田莎莎眼睛闪亮，兴奋地点了进去。

一周后。傍晚。
新城区的一家饭店门口。
田莎莎收拾得光鲜亮丽，拿着一个新款的LV手包，款款走进饭店。她一进包间，就迎来两个女同学的目光和赞叹："哇塞！莎莎今天好漂亮啊！这个包包是LV新款啊！灵的灵的！"

田莎莎矜持而又开心地笑着。

8月30日。深夜。
棉厂家属院。
田莎莎的卧室内。她穿着睡裙，头发蓬乱地坐在床上，目光紧紧地看着手机上的短信。

突然，一个陌生的号码打了进来。她猛地站起身，把卧室门反锁，低声接电话："你们不要再给我打电话了！我就借了2万块钱！怎么会变成8万呢？你们当时不是说……"

对方似乎说了什么威胁的话,田莎莎看起来更加惶恐。她焦虑地啃着手指头,低声问:"我现在根本拿不出这么多钱!你说怎么办?什么?拍,拍照给你?"

11月26日。
棉厂派出所。
艾所长说:"田莎莎说,她刚开始就借了2万块钱!不知怎么的三滚两滚的,就欠了平台8万!"

程功翻阅着厚厚的资料,问:"这是高利贷吧?"

艾所长摇摇头,说:"我们介入的时候,他们家房子都赔给人家了!老田两口子是一问三不知,田莎莎从头到尾就会哭,根本讲不清楚!这家人啊,老实,也糊涂!聚富公司这帮催款的,要逼老田他们搬家。人家不吵也不闹,就是在你家门口泼油漆,恶心着你!他们家报了警,又说不清楚个道理!"

单宇一直垂眸听着,突然把口袋里撕碎的裸照拍到办公桌上,冷冷地问:"满小区的裸照,派出所也不管吗?"

艾所长一愣,又叹了口气,喝了一大口浓茶,说:"单警官,这裸照是最近几天才出现的!那些催款人员从来不明着贴!都是半夜三更,不知怎么就贴出来了!所里也帮着清理过,还专门安排民警到家属院夜巡!都没有用啊!他们好像是专门雇了人来干这些事儿的!我们所里就这些人手,防得住吗?你看看我这白头发!基层工作,难做啊!"

单宇看看艾所长头顶稀疏的半白头发,没再说话。

程功翻出一张公证处签章的房屋委托书证明,问道:"他们还公证过?"

艾所长点头道:"对!孙义坡是这个公司的股东,这个人很有手段!他们把银行流水单、转账记录、房产证、公证处证明一样样拿出来,当场对质啊!田莎莎确实取走了人家转给她的200万房款,这房产证上又明明白白写着孙义坡的名字!人家是房主,要求你卖家搬出去,是人家的合法权利!老田家也到处找过,但是吧,经侦说管不了,法院也判不了!程队您说,我们派出所,能怎么办?"

程功眼神深沉,看着面前的资料,对艾所长说:"艾所,这些材料,我们全部带走!"

夜晚。

京海市公安局刑侦队。队长办公室。

程功和单宇向郑涛汇报工作。程功对郑涛说:"头儿,田莎莎这个案子虽然是自杀,但背后的原因非常复杂。我们仔细研究了派出所的资料,明明是高利贷、诈骗和恐吓,却设计得天衣无缝,从纸面上看合理合法!我感觉,聚富公司已经把这个套路玩儿得很熟了,受害人肯定不止田莎莎一家!这条线,咱们得挖一挖!"

单宇说:"郑队,程功说得没错,这就是套路!我在网上查了,有位律师在自媒体上,给这种新型犯罪起了个名字,就叫套路贷!一般的高利贷要的是高利息,而套路贷是从无门槛、无抵押的小额借贷开始,设计的合同非常复杂!受害人还款过程中,被百般刁难,再经过多轮平账,最终发展到房产抵押!说白了,他们压根没打算让受害人还钱,就是奔着人家的房产去的!"

程功说:"头儿,您还记得前阵子,经侦队门口那些拉横幅的吗?那拨人就是聚晋投资骗局的受害者。这么多人倾家荡产,都闹出人命了,还能洗白?他们肯定有律师有关系,做了充分准备!还有这个套路贷,真是杀人不见血!社会危害性太大了!"

郑涛认真地翻阅着资料,沉吟后抬起头,目光坚毅,说:"程功,这种案子我们以前还没碰到过!我看,这属于高智商的新型犯罪,作案隐蔽,欺骗性强,侦破难度大!你要做好打硬仗的思想准备!"

程功神色凛然,说:"头儿,田莎莎的死跟这种新型犯罪有直接关系!如果我们刑侦都不敢管,谁来管这些受害群众?这块硬骨头,我们重案队来扛!"

郑涛看着程功,说:"好!这个案子涉黑涉恶,非常复杂,重案队的骨干从今天起,24小时佩枪!我会跟各分局的刑侦队打招呼,先搜集跟聚富公司套路贷相关的所有案件和线索,逐个调查,争取一网打尽!"

"是!"程功和单宇朗声应道。

深夜。

聚达房地产有限公司。

老总王自达的办公室装潢得十分奢华，全套高档的红木家具，处处雕龙琢凤。办公室墙上挂着一幅很大的山水图，看起来颇有气势。王自达仍是一身唐装，跷着二郎腿，靠坐在沙发上，只是神色疲惫，目光暗淡。

助理张泉羽穿着一身深蓝色西装，谦恭地站在他面前，说："王总，护照和出境的事情，都已经安排好了。"

王自达微微眯眼，说："市里面有消息吗？"

张泉羽摇摇头："听说是邵局长亲自督办，一点儿没给侯市长和那几个老干部面子！消息也封锁得很紧，只知道洪总两口子都在刑侦队的留置室关着。刑侦那边儿，是油盐不进的地儿……"

"油盐不进？还是他妈的钱没到位！"王自达不耐烦地挥挥手，失去了平日的儒商优雅作派，狠狠地抽了口雪茄。

烟雾缭绕中，他低声说："两手准备吧！尽量捞人，实在不行，我先出去避避。"

"好的王总。另外……"张泉羽本想离开，顿了顿脚步，欲言又止。

王自达斜睨了他一眼："说。"

张泉羽说："孙总那边儿，有个贷款的女的自杀了，闹出点儿动静。"

王自达轻嗤一声："屁大的事儿！徐律师不是在吗？"

"是，阿喆安排了两个兄弟看着他们。徐律师说，催款部的人在他们家，碰到几个市局刑侦队的警察，好像挺硬茬儿的……"

王自达冷哼一声："想从死人身上挖料？经侦、法院都没事儿，他还能翻天？查查那几个警察，先吓唬吓唬！装什么逼？才挣几个钱，犯得上搏命吗？"

"是。"张泉羽低头称是。

王自达沉吟了下，说："把阿喆叫来。"

张泉羽打开办公室的门，李喆跷着二郎腿，坐在门外的沙发上抱着手机打游戏，听到招呼，赶紧进门。

王自达掀起眼皮看看李喆，缓缓地说："你跟兄弟们交代一下，最近风声紧，网贷和催款这两块,都注意点儿!还有,夜场也盯紧点儿!谁敢乱说话,扒了他的皮!"

"是!放心吧王总!指定把嘴都堵上!"李喆身材高壮,眼神凶蛮,点头应道。

接下来的几天里。

程功带领重案队的刑警们,在多个分局、派出所进行案情收集,发现了近30起与聚富公司有关的套路贷案件,受害人基本上都有房产方面的巨大损失。

他们分成几组,对套路贷的受害群众分别走访。在走访过程中发现,大多受害人都是小有资产但又处于弱势的社会群体。他们泪流满面,痛苦不堪地讲述了受骗经过,有的甚至对着刑警跪地哭诉。尤其是一些五六十岁的中老年人,因为子女的缘故,被迫卷入套路贷陷阱。老人安身立命的积蓄和房产,因此被骗走。他们老无所依,却又求告无门,十分绝望。有两位老人甚至因此突发疾病去世,只剩下老伴儿孤苦伶仃。

深夜。
京海市公安局刑侦队。
重案队办公室。程功和单宇一身疲惫地回到办公室,靠坐在椅子上休息。程功看到桌子上有一封信,信上没有邮件人落款。他把信封扯开,看了眼信纸上的内容,轻笑一声。

单宇给自己冲了一杯无糖的清咖啡,问:"怎么了?"

程功把信纸往桌上一扔,笑道:"这才刚开始查,就有人坐不住了!"

单宇低头一看,信纸上打印着几行字:"程功队长,识时务者为俊杰!挡人财路就是断人生路!你家的地址我们很清楚,再不收手,后果自负!"

单宇放下咖啡杯,眉头微皱地说:"你不担心吗?"

程功站起身,给大保温杯里添满了水,悠悠地说:"枪顶在脑门儿上我都没怂过!一封匿名的恐吓信,算个什么?反动派都是纸老虎!"

单宇的神色并不轻松,说:"我担心,他们还有别的手段!"

程功抱着大杯子喝了口水,平静地说:"那就来吧!怕这怕那,我还当什么刑警?"

深夜。
聚达房地产有限公司。
王自达坐在办公室的老板椅上,出神地看着远处。大玻璃窗外,乌云密布,沉沉压下。
张泉羽立在桌前,小心翼翼地看着老板的脸色。他斟酌了一下,继续请示道:"王总,刑侦队那边还在调查,全市范围的……您看?"
王自达似乎突然回过神来,看着张泉羽说:"你跟了我这么久,这点事儿都处理不好吗?妈的装什么装!还不是等着老子用钱砸他!"
张泉羽嗫嚅了一下,轻声说:"这个程功,好像不太好搞……"
王自达有点儿不耐烦地站起身:"他不好搞,就从他家里人身上搞!他再钢筋铁骨,还能是石头缝儿里蹦出来的?搞成搞不成,我都有的是办法摆平他!"
张泉羽连连点头应道:"好的,王总!"

次日下午。
老城区。某居民小区。
一户老公房内。程功和单宇正在被聚富公司的套路贷坑害的被害人家走访。狭小阴暗的房间里,一个70多岁的老大爷坐在床板上,涕泪横流地说:"儿子不争气啊!30岁的人了,成天在家打游戏!打游戏也要花钱!连我老头子也骗!警察同志,你们说说看!他们,他们怎么就把我家的房子给骗没了啊?"
老大爷看着桌子上老伴儿的遗像,哽咽着说:"老伴儿让他气得发了心脏病!没抢救过来!是活活让气死了啊!我造了什么孽,家破人亡啊!"
单宇面露不忍,说:"李大爷,我们一定会调查清楚情况!"
李大爷擦擦眼泪,说:"警察同志啊,你们要帮我找条活路啊!"
程功沉声说:"您放心!"

问讯结束后,程功和单宇下了楼,走出小区,准备去路边停车位开车。

程功的手机响起,他接起电话,带着方言的声音传了过来:"程功,你在哪儿呢?"

程功没想到久不联系的二叔会打自己电话,问:"二叔?"

二叔的声音听起来有些奇怪:"是我!我,找你有事儿!我在你家小区门口呢!"

程功有些意外,说:"二叔,我正在忙……"

二叔急急地打断了程功,说:"我真的找你有事儿!我在,小区门口的正庄茶馆儿等你!"

二叔说完,手机匆忙挂断,传来嘟嘟的忙音。单宇听到了一些声音,看向程功:"怎么了?"

程功沉吟了一下,说:"你先回队里,我有点事儿,处理好了就回去。"

单宇看看程功,点头道:"好。"

新城区。

正庄茶馆门面不大,这个点儿也没什么客人。程功走进茶馆,看到二叔坐立不安地靠在雅座椅背上,向外张望着。已入初冬,二叔穿着半旧的薄羽绒服,看到程功,咧着嘴打了个招呼。

程功淡淡一笑,坐了下来,问:"二叔,什么事儿,找我这么急?"

二叔搂着身边的一个棕色大提包,眼神有些慌乱,低声说:"这儿说话不方便,到你家去说!"

程功静静地看着二叔,说:"没什么不方便的,说吧!"

二叔看了看周围,确实一个客人也没有。服务台后的女服务员正在入迷地看手机上的电视剧。他咽了咽口水,说:"程功,我知道,你心里对二叔有气!"

程功垂下眼眸,淡淡地说:"谈不上!以前贴补你和二婶的,是我爸妈。我爸受伤后昏迷了十几天,人影儿也看不见的,是二叔你。我爸都没说什么,我有什么好气的。"

二叔长长叹了口气,一副无奈的样子:"程功啊,这都怪你二婶儿!头发长见识短,老娘们死抠门儿!不过啊,咱们毕竟是一家人!我心里一直有大哥,也有你这个大侄子!要不,我怎么能到京海郊区打工呢?我知道,因为当年大嫂的事儿,你对你爸一直有心结……但是,你爸也这么大岁数了,你这后妈也还不错……"

程功有些不耐烦,抬眸道:"行了二叔!你要是来叙旧的,就免了!我还要上班儿!"程功说着,站起身就要走。

二叔连忙拽住程功的胳膊,低声说:"别别!别走!真有事儿!"

二叔拉着程功坐了下来,神神秘秘地把棕色大提包放在桌子上,拉开拉链,露出厚厚的一沓沓百元现金,压低兴奋的声音说:"你看!"

程功肃然问道:"哪儿来的?"

二叔把棕色大提包往程功面前推了推,说:"今天上午,有人到厂里来找我,说是聚达公司的张总,为了体现警民一家亲,给你们刑侦队的捐赠!让我,让我带给你……"

程功目光冷冽,说:"二叔,你办这个事儿,收了多少好处?"

二叔一愣,面红耳赤地说:"你看!你看你这孩子!我,我一片好心的我!"

程功拎了拎棕色大提包,冷笑着说:"他们还真瞧得起我!二叔,你把这钱怎么收的,就怎么还回去!包括你自己的好处费!"

二叔急眼了:"程功!你看看我,我五十岁的人了,还要在工厂打工!我跟你二婶容易吗?这好容易……"

程功站起身,冷冷地说:"我最后叫你一声二叔!我只知道你薄情寡义,没想到你还这么贪心,这么胆大!如果你不把钱还给那帮人,我会亲手抓了你!"

二叔气得手抖,指着程功,压低了声音说:"你!我告诉你!张总说了,你别敬酒不吃吃罚酒!要么大家都发财,好好过日子!要么,全家都得死!你!你就是不管我和你二婶儿,你还能不管你亲爹?!当了几年公务员,你还真以为自己了不起了?"

程功目光中锋芒闪过,冷然道:"程卫建,你告诉他们!我奉陪到底!"

程功说完,转身大步离开。

二叔本想追上去,看到服务员正疑惑地朝他们看来,又顿住了脚步,恨恨地跺了跺脚,暗骂道:"跟你爸一样的倔头!活该穷一辈子!"

茶馆外。

程功疾步走出,来到小区的停车场。他坐到车里,凝望着远处的天空。他掏出手机,拨打了父亲的电话。

几百公里外的三线城市。程功父母家在一个绿化不错的小区里,两梯三户,三居室面积不大,布置得简朴舒适。

客厅的柜子上,放着两个相框:一张照片是程功七八岁时一家三口的合影,父亲高大端正,母亲温婉可亲,程功虎头虎脑的坐在父母中间,笑得很开心;另一张则是程功母亲的遗像,照片中的女人三十八九岁,面容秀丽,神采奕奕。

程功的父亲程卫国正在阳台上举着哑铃健身。自从他腿受枪伤后,很长时间坐在轮椅上,后来经过艰难的康复训练,撑着拐杖可以独自行走。作为一个退休的老刑警,他习惯了锻炼和自律。

程功的继母邱姨50多岁,从厨房里端着一碗热汤出来,说:"老程,鸡汤炖好了,吃饭!"

"来了!"程卫国擦擦汗,拄着拐杖缓慢而稳定地走到客厅。

邱姨在围裙上擦了擦手,犹疑地说:"要不,那个信和钱的事儿,给程功说一下……"

"说什么?"程卫国坐了下来,"恐吓信这玩意儿,当刑警的还能少见?就是以前收的是手写的,现在变成打印的!"

邱姨坐在桌前,有些不安:"那个人从京海跑了几百公里,把钱都送到咱们家门口儿了!我担心……"

此时,电话铃声响起。

程卫国拿起桌上的手机:"喂?嘟嘟。"

"是我。"程功说了两个字,就不知该说些什么。

程卫国惊喜地说:"嘟嘟!你吃饭了吗?"

"哦。你跟邱姨,挺好吧?"程功听到父亲喊自己的小名,心里有些酸涩,干干地问了句好。

程功说:"这个过程设计得非常巧妙,甚至是严谨。聚富公司的股东孙义坡,在银行直接转账给田莎莎200万元,有银行转账记录。田莎莎在银行柜台将200万元现金取出,有取款记录和监控录像为证。但实际上,田莎莎取款后,马上就被聚富公司的人带到一个隐蔽的角落,将200万现金全部还给了公司。他们以此为名义,告诉田莎莎,你的欠款还清了。"

程功说:"田莎莎担惊受怕地签了一大堆合同,以为事情终于有个了结。然而很快,田家的房门被敲开,聚富公司的人以房子产权人的名义,要求他们立即搬出!田家人当然不服气,拒不搬离,催款人员就开始泼油漆、恐吓跟踪、反复骚扰,让他们平时都不敢出门。最后,开始在小区里散播裸照。"

欧阳瞳突然轻声说:"这个,是压垮田莎莎的最后一根稻草。"

程功点头道:"这些受害人,基本上都试过报警、诉讼。但是,聚富公司的手法是经过律师指点的,环环相扣,隐蔽性强,有合同、有视频、有公证,在派出所、经侦队和法院也很难处理。"

郑涛问:"证据搜寻有进展吗?"

单宇看着膝上的笔记本电脑,摇摇头说:"27个案子,查了所有相关银行的监控录像和流水记录,没有证据证明,聚富公司的人在平账后又把钱拿走了。仅靠被害人口述,没发现客观证据。"

纪闻说:"我们在调查聚富公司下属的网贷平台钱好花、任你用时,发现公司的人警惕性很强,从明面上看,抓不到什么把柄。"

李威威叹口气,说:"他们听到风声,估计把对公司不利的证据全部损毁,侦破难度更大。"

郑涛面色凝重,说:"看来,王自达团伙已经形成了庞大的涉黑体系,社会危害性极大。我会向市局领导汇报情况。程功,重案队继续侦查,随时跟进汇报!"

"是!"程功利落答道。他指了指展板,继续介绍道:"在侦查过程,我们发现聚富公司的信贷业务除了套路贷,另一块就是校园贷、裸贷。对象以在校学生和刚毕业的年轻女性为主。用借款人手持身份证的裸照作为借条凭据,通过给借款人的亲朋好友群发侮辱性的短信,打电话骚扰威胁,最终发展到胁迫裸聊,甚至卖淫。京海本地的被害人,有一部分会进入聚达参股的万利、红馆等夜总会,坐台、卖淫……"

次日。

办公室的门突然被推开,张萍华昂着头立在门口。她眼带不屑地看了看程功,对郑涛说:"郑队,有个紧急情况,跟您汇报一下。"

郑涛微微皱眉:"张主任,开好案情分析会再谈吧!"

张萍华一反常态,细眉高挑,坚持道:"事情比较大,市局政治部都打电话来过问了。"

郑涛沉吟了一下,对程功说:"你们先讨论。"他站起身,走出办公室。

张萍华又瞥了程功一眼,踩着高跟鞋走了出去。程功冷冷地将手里的马克笔扔到桌上,说:"我们继续!"

刚讨论了没一会儿,监察室韩主任匆忙赶到。

韩主任一进办公室,就径直走到程功身边。他擦擦额头的汗水,神色凝重地说:"程功,我跟你谈谈。"

韩主任为人正派,坦荡磊落。程功对他一直比较尊重,说了声"好",随即跟着韩主任离开办公室。

纪闻、李威威、欧阳瞳等人面面相觑,神色不安。

单宇感到一阵莫名的担心,问纪闻:"纪哥,怎么了?"

纪闻眉头紧拧,摇了摇头,说:"又是政治处又是监察室,不是什么好兆头。"

刑侦队队长办公室。

张萍华斜趴在郑涛的办公桌上,用力戳指着手机里的网页,对郑涛说:"你看看!网上都传开了!这个帖子,说刑侦队的个别刑警不安本分,滥用职权,插手民间经济纠纷!还说市局刑侦队无视公民合法权益,阻挠房主正当收房!"

郑涛往后躲了躲张萍华的唾沫星子,认真看了一会网页,说:"张主任,你别激动!重案队去追查套路贷,是我批准的。套路贷的伪装性和欺骗性很强,本质上是违法犯罪行为……"

张萍华又往前凑了凑,声音尖细:"您再看看这个微博!上面说得清清楚楚!重案队队长程功收受贿赂,帮助多个老赖抗拒执行,无辜房主含冤受屈!"

郑涛看着这些内容耸动的标题,不由得皱了皱眉:"程功他们还在调查取证,哪里有抗拒执行?这些网络言论也太不负责了!"

张萍华撇了撇嘴,说:"我看这文章说得有鼻子有眼!一天不到就几千的转发量了!郑队,我仗着老资格说一句,在大是大非面前,您可不能偏袒程功!"

郑涛把手机放到桌子上,发出沉闷的响声:"张主任,不管是破案还是纪检,都要讲证据的。我们随时接受人民群众的监督,但也要坚决抵制不实报道和造谣污蔑!"

张萍华没想到郑涛依然如此强硬,愣了一下,低声嘟囔着说:"反正我作为政治处主任,总不能不管的……"

此时,张萍华手机的微信提示音响起。她拿起电话翻看了一下,突然提高嗓门,说:"有证据了!市局督察队收到举报,程功的亲叔叔收了人家100万现金!有照片为证!"

几小时后。

京海市公安局刑侦队。

队长办公室。郑涛眉头紧锁,右手夹着根烟,左手拿着两张信纸,抽了一口烟,就咳嗽了两声。

程功坐在办公桌前的椅子上,神色平静地看着桌上的几张照片。

第一张照片中,在郊区工厂外的小路上,一个背影模糊的戴帽男人,将一个棕色大提包递给二叔程卫建。第二张照片中,程卫建抱着棕色大提包走进程功家附近的正庄茶馆。第三张照片中,透过茶馆的玻璃窗,程卫建坐在程功对面,拉开了桌子上的棕色大提包,露出厚厚的粉红色的钞票。

程功平静地抬起头,说:"头儿,这钱我没拿。我让二叔退回去了,然后,我就离开茶馆了。"

郑涛把两页信纸拍到桌上,说:"这个写举报信的人,路子很清!虚虚实实,断章取义,目的就是要置你于死地啊!"

程功站起来,坦然道:"我问心无愧,请市局和队里调查!把我二叔喊来询问,也可以调取茶馆的监控录像!"

此时,办公室门被急促地敲了两下,随即推开。张萍华和市局督察队的金处长一起走了进来,刘科长站在门口,都是一脸严肃。

张萍华得意地瞥了程功一眼,说:"郑队,这是市局督察队的金处长。正好程功也在,不用金处来回跑了。"

金处严肃地对郑涛说:"郑队,根据群众举报,刑侦队重案队队长程功,涉嫌严重违纪,依据公安机关人民警察纪律条令,现在依法对他采取强制措施。"

郑涛没想到他们来得这么快,愣了一下,说:"金处,重案队的工作还需要交接一下……"此时,他办公桌上的电话铃声响起,来电显示是姜局长的内线号码。

郑涛心里一惊,只好接起电话,低声道:"喂,姜局。"

金处没接郑涛的话,拿出一张调查令,对程功出示了一下,说:"程功,这是调查令!请你马上配合,把你的警官证、手铐、枪支全部交出!跟我们走!"

程功傲然而立,说:"金处,我愿意配合督察队的调查。不过现在聚富公司的案件侦破到了关键阶段,希望督察队能给我……"

张萍华伸出手,用食指点着程功,尖细的声音打断了他的话:"你还好意思说这个事儿!你收人家的黑钱,插手经济纠纷,给我们刑侦队抹黑!你还有脸狡辩?!"

与此同时,郑涛正站在办公桌后,跟姜局长通电话。

姜局长的声音从听筒传来,透出明显的不愉快:"郑涛,刑侦队最近是怎么回事儿?又是舆情又是举报的?"

郑涛压低声音,说:"姜局,重案队查这个套路贷,是我批准的……"

姜局长马上打断了郑涛,说:"你批准的?你批准他收钱了吗?举报信和照片我都看了!问题很严重!郑涛,你这队伍是怎么带的?你要管不好,我让督察队帮你管!再管不好,你自己也别干了!"姜局说完,"啪"地就把电话挂了。

此时,程功听着张萍华尖细刻薄的声音,脑海中翻滚过惨死的王大鹏、田莎莎以及那些哭泣的套路贷受害人……

他脑门上的青筋逐渐爆出,猛地一捶桌子,低声吼道:"张萍华!给公安抹黑的人不是我！是你这种为虎作伥的官僚！"

刘科长和张萍华一向关系不错，见状一皱眉，指着程功大声说："程功，你怎么跟领导说话的！马上交出警官证！"

程功动作极快，一把握住刘科长伸过来的右手食指，手腕微微用力一推。

"哎呀！"刘科长疼得面容扭曲，猛地往后退了一步。

"程功！"郑涛和张萍华、金处都没想到程功会突然动手，同时喊出了声。只不过郑涛是关心急切，张萍华则是厌恶畏惧。

程功冷冷地说："在事情调查清楚之前，我还是个人民警察。任何人都不能用手指，指着一个刑警！"

程功说完，从口袋里掏出警官证，从肩套里拿出手枪，从腰后的尼龙套里拿出钛合金手铐，一样一样地拍在桌子上。

程功抬起头，平静地看着郑涛，说："郑队，案子交给重案队的单宇和纪闻牵头。我先走了。"

郑涛定定地看着程功，手指微微颤抖，什么也没说。

程功转身，大步走出办公室。刘科长握了握酸痛的手指，咬着牙根，跟着金处快步跟上，连招呼都没跟郑涛打。

张萍华色厉内荏，吓得愣了半天，愤愤然地说："到督察队关你的禁闭！看你还能不能出来？"

郑涛突然一拍桌子，厉声说："张萍华！你是刑侦队的政治处主任！不是市局督察队的眼线，更不是某些人的跟班！你搞清楚自己的位置！"

"郑队！我，我可没那个意思！"张萍华倚老卖老多年，郑涛人品厚道，对她一直比较忍让，她也因此自我感觉良好。现在郑涛突然发火，还点破了自己的私心，张萍华不由得紧张起来。

"你记住，我对老同志的容忍，也是有底线的！"郑涛怒气冲冲地说。他低下头，疲惫地冲她挥了挥手，说："出去吧！"

"郑队，我，这……"张萍华脸色发白，唯唯诺诺地走了出去。

郑涛站在办公桌后，胸口极为压抑沉闷，猛地捶了一下办公桌。嘭！

深夜。冬季的寒风袭来，吹不走笼罩在京海夜空的乌云。

红馆会所，灯红酒绿。

马妍穿着一件深色的长呢大衣，姿态妖娆地从会所走出。她瘦了很多，锁骨突出，看起来更加纤细脆弱，不紧不慢地走到街口处，拐进了东边的小巷。

小巷内的阴影处，静静地停着一辆轿车。马妍款款走来，拉开车门坐了进去。

单宇坐在驾驶座上，静静地回头看着马妍，还记得她在魏明铭遗像前痛哭的模样。他低声问："你还好吧？"

马妍垂下眼睑，轻轻地"嗯"了一声。她回头看看后排的纪闻，微微颔首。

纪闻坐在副驾驶座上，眼神锐利，打量了马妍一眼，问："不吸了？"

"我戒了。"马妍抬起头，声音沙哑但是清晰。

单宇顿了顿，问："你查到了什么？"

马妍低下头，轻声说："有个叫 GiGi 的，真名好像叫陶晶，看起来小得很。她说自己还不到 18 岁，借了高利贷还不上，就出来做了。"

单宇猛然抬眼，眼神中闪过厉色。

马妍叹了口气，说："其实，这样的事情一直都有，真真假假的，都说自己是欠了债的女学生，迫不得已才下海……不过这两年，确实蛮多是被高利贷搞进来的，甚至有十五六岁的……一个个都被公司管得服服帖帖的……"

单宇问："从校园贷、套路贷到胁迫卖淫，这是集团化的操作。能让她们开口吗？"

马妍摇摇头，欲言又止地说："她们都不敢讲的。最近风声很紧……"

纪闻说："就是红馆的幕后老板吧？红馆和东城区的另外两家夜场，都是聚达的背景。"

马妍点点头，说："有个叫喆哥的，好像是管这个的。最近红馆的经理和妈咪，几次提醒大家小心说话。经理说老板的背景很厉害，市公安局领导都搞得定，一般警察都不怕的。谁敢乱说话，就剪了谁的舌头……"

纪闻看向马妍，问："你不害怕吗？"

马妍微微一愣，自嘲地笑了笑，低声说："我爸妈很早就离婚了。他们分别再婚,又生了孩子,顾不上管我。我是跟奶奶长大的,17岁来京海读书,18岁交了个男朋友。他跟我说,说出车祸撞了人,急需用钱,让我去接客,给他还账救命。我那时候喜欢他,爱得要死要活,愿意为他做任何事情,包括出卖我自己。后来,他看我下海了,还嫌不够,又带我吸毒。我不愿意,他就往死里打我。"

马妍诉说着往日的悲惨遭遇,眼中却没有泪水,似乎眼泪已经流干了:"我实在是,被他打怕了,就做了冰妹。有一回,我溜了冰,被七八个客人给……魏哥救了我,还把那个混蛋抓去坐牢了。如果没有魏哥,我早就是孤魂野鬼了……"

马妍垂下眼睑,嘴唇有些颤抖:"我这条命,本来就是捡回来的,无所谓了。"

单宇听了马妍的经历,心中不忍,从口袋里拿出一个装钱的信封递给她,说:"线人费,你拿着。我们会调查的,你一定注意安全!"

马妍没有接,摇了摇头说:"我不要这个。"

单宇一愣,问:"为什么?"

马妍愣愣地看看他,又看看纪闻。一身正气的单宇和纪闻,身上有着和魏明铭类似的光芒与纯粹。

她眼中有泪光闪过,匆忙拉开车门离开,声音极低地说了句:"有消息,我会再联系你们。"

寒风中,马妍瘦弱无力,却走得极快。

她脸上泪水肆流,心里一遍遍呐喊着:

"我想做一个,他会喜欢的那样的人。"

"我想做一个,他会喜欢的那样的人。"

单宇和纪闻看着寒冷暗夜中马妍身形单薄的背影,一时沉默。

纪闻低声说:"她还会吸毒的。"

单宇愣了愣,看向纪闻。纪闻凝神看着无边的黑夜,说:"在夜场混的冰妹,戒不了的。"

单宇心头烦躁,搓了搓脸,疲惫地说:"这样的查法,也不知道什么时候能有突破。"

纪闻神色沉郁,低声说:"现在也只能这样,我们尽力而为。"

单宇扭头,定定地看着纪闻:"纪哥,你之前提过,有个大学同学在市局督察队?"

"是。"纪闻点点头,似乎想到了什么,猛然抬眼看向单宇,"你的意思是?"

单宇的眼睛在昏暗的车厢里闪闪发光,低声说:"打听一下,程功被举报的内容,到底有什么实锤?能把重案队队长收了枪,关了禁闭!"

纪闻想到了什么,犹豫地说:"郑队,估计不会同意我们调查……"

单宇坚定地说:"如果需要,我就去汇报!他同不同意,我都会查下去!"

纪闻眉心微皱,拧开矿泉水瓶子,喝了口水,断然道:"查!"

此时。
京海市公安局。
督察队的禁闭室内,逼仄沉闷。程功赤裸着上身,在狭小的空间里做着伏地挺身。强壮的身体因为运动而散发出热气,滚烫的汗水从他的下颌滑落。

程功的脸上冒出了青色的胡茬,眼中带着些微的血丝,但眼神却澄澈坚定。

次日,深夜。
新城区。万利会所。
洗手间内。陶晶被客人灌了很多酒,蹲在马桶前呕吐,紧身的白色小礼服绷到大腿根,样子十分狼狈。

马妍穿着一袭白色长裙,悄然走进洗手间,帮她把长发梳拢到背后,又递给她两张纸巾。

陶晶愣了愣,接过纸巾,吐完了胃内的酸水,擦了擦嘴角的污渍。她虚弱地站起来,靠在厕所门板,眼含泪水,迷茫地看着马妍。

她声音沙哑,轻声说:"我什么都不会说,不要劝我了。"

马妍看看洗手间,确认无人,低声地问陶晶:"你打算一直这样下去吗?"

陶晶嘲讽地笑了笑,轻嗤一声,说:"切!你不也只能这样吗?"

马妍眼中带着绝望,纤瘦的双手抓住陶晶的肩膀,说:"我吸毒太久了,我这辈子已经完了！你这么年轻，还来得及！"

陶晶神色悲伤，垂下眼睛，低声说："没用的，我逃不掉了……我找过警察，派出所管不了，连案都立不了！"

马妍看陶晶神色松动，说："总有办法的，现在……"

陶晶突然抬起头，眼神中带着恐慌和畏惧，说："我们斗不过他们的，只会活得更惨！刚才我，我看到两个很小的，最多十五六岁，好像是网贷的学生，被带到强哥的包房……"

马妍一听，微吸了口冷气。强哥是李喆的左膀右臂，手段强悍狠辣，脖颈有大片刺青。李喆有性虐倾向，而强哥则是喜欢年纪很轻的少女，对待她们也很粗暴。会所的女孩子都很怕强哥和李喆，但是又不敢违抗他们。

"GiGi！"洗手间门被咚咚重敲，经理的声音传来。

"来了！"陶晶匆忙从随身小坤包里掏出粉饼盒，补了补妆，快步走到洗手间门口。陶晶手拉门把手，低声说："我只想保住自己这条命，能活一天算一天。"

马妍在卫生间的门后站了一分钟，也走了出去。

她身材曼妙，袅袅婷婷地沿着会所长廊走着。她穿梭走过曲折的长道和楼梯，缓步来到会所所在楼宇的后门。会所的后门外是一个小庭院，停着公司高管的几辆豪车。

马妍看到消防箱旁边挂着一件值班保安穿的迷彩棉大衣，随手拿下来披在肩上。她推开玻璃门，走到门外，从小坤包里掏出一包香烟。

冷风吹来，她似乎浑然不觉，用打火机点燃香烟，深深地吸了一口。

门外站着一个裹着迷彩棉大衣的年轻男保安，看了马妍一眼，似乎对这些犯烟瘾、有毒瘾的女孩已经见怪不怪。马妍把剩下的大半包香烟递给保安，讨好地笑笑："哥，抽烟。"

保安笑着接过香烟，一看是中华，不由得眼含笑意，用带着方言口音的普通话说："上班儿不能抽。"

马妍挑眉，妩媚一笑："上班儿还不能去厕所吗？"

保安闻言，眼睛都眯了起来，瞅瞅四周无人，嘿嘿道："我去趟厕所哈！"保安说完，快步走进楼内，找个角落过烟瘾去了。

马妍悠悠地抽了口烟,烟圈在冷雾中散开。她收起脸上的笑意,看看四周无人,拿出手机,按出单宇的电话号码,准备拨出。

此时,走廊里传出一阵响动。马妍回头一看,会所后门旁边,一个十四五岁的小姑娘从二楼的一扇小窗户里爬了出来。她沿着水管道往下攀逃,手脚无力,跌落在地上,好在地面草坪厚实,没有受伤。

马妍借着院内微弱的路灯灯光,看到小姑娘蓬头散发,身上的蓝裙子套得歪歪斜斜,脖颈和大腿上似乎有暗红色的血污。

马妍愣了愣,忽然想到刺青男强哥那凶狠的样子,心里划过一阵冷意。她急忙走上前,低声问道:"你没事吧?"

"别碰我!"小姑娘的声音充满恐惧。她勉强站起来,满脸惊恐失措,直愣愣地冲向院门外。

这时,二楼打开的小窗处,隐隐传来男人咒骂的声音:"操他妈的!跑哪儿去了?!"

马妍跟着小姑娘跑到院外,看着她单薄的身影隐入黑暗,怎么想怎么不放心。

她脱掉高跟鞋在手里拿着,边追着小姑娘跑,边拨通了单宇的电话:"单警官,我在万利!快来救人!"

新城区。

万利会所位于很不错的地段。东侧是新城区一片高档住宅区,南侧是一片人工湖泊,市民称之"新湖"。西侧还有大片的绿地,据说新城区正在规划,准备建个高尔夫球场。

人工湖泊周边有一圈围栏和人行道,沿岸是树木和绿化带,环境优美安静。马妍裹着迷彩棉大衣,踩着高跟鞋,强撑着走了好几百米,终于找到了蓝裙小姑娘。

阴冷昏暗中,蓝裙小姑娘蜷缩在湖边的围栏下,瑟瑟发抖,愣愣怔怔。

马妍慢慢靠近她,轻微的脚步声最终还是惊动了小姑娘。她猛地站起来,嗓音发抖:"别过来!"

马妍停下脚步,缓缓伸出手,掌心中是一个亮晶晶的宝格丽钻石耳钉,黄金镶嵌黑玛瑙,折射着暗幽的光芒。

马妍轻声说:"这个耳钉掉在岔路口上,我才知道你往湖边跑了。"

小姑娘的左耳垂有一个一模一样的耳钉,右耳垂则是空的。她脸色苍白,双臂紧紧抱在胸前,尖叫着说:"我不要!我不要!"

马妍忙把手里的耳钉扔在地上,说:"不要就不要,你别急!"

与此同时。

高架桥上,单宇开着一辆民牌轿车,飞驶而来。手机铃声响起,他接起电话,听到话筒那边马妍模糊的声音:"你多大?"

女孩的声音更加微弱:"15岁……"

马妍的声音被风声刮过,断断续续:"你冷吗?我把衣服给你。新湖边的风太大了。"

单宇低声道:"新湖!"

他打了转向灯,车辆变道,疾驶下高架桥。

新湖岸边。

小姑娘仍靠站在湖边围栏,在寒风中冻得嘴唇发紫。她眼神恐慌而又绝望,纤弱的身体在寒风中轻微颤抖:"我,我就是想要个宝格丽的耳钉……我看同学用LV、GUCCI,我不敢想那些,我就想买个漂亮耳钉……他们说拍照就能拿到钱,网贷几千块钱,没事的!可是怎么就,就变成几十万了!欠那么多钱,我妈会打死我的……"

马妍看着小姑娘,眼中满是痛惜。小姑娘挪动了一下冻得发僵的身体,慢慢转身向外,说:"我真傻!他们说,陪人喝酒聊天,就能还钱,其实是……他们,他们拍了我的照片、视频,踢我,打我,还……"

小姑娘说不下去了,心里全是羞辱、痛苦和懊悔。她用尽力气,翻过了半人高的围栏。马妍惊呼:"不要!"

此时,单宇一路寻来,恰好看到眼前这一幕:小姑娘站在湖边围栏外,脚尖踩着围栏外侧窄窄的水泥台。寒风之中,她单薄的身体摇摇欲坠。

马妍就立在三四米远处,不敢向前。

单宇看到湖边女孩的身影,脑子和心都轰的炸开了!

往事一幕幕地窜入脑海,记忆深处那个漂亮女孩临死前的样子,灼得他目眦俱裂,五内俱焚。

马妍看到不远处的单宇,忙说:"你别跳!警察来了,他们会帮你的!"

小姑娘微微扭回头,已是泪流满面。她的嘴角扯出一个凄凉的微笑,轻声说:"谢谢,不用了,我太脏了。"

话音未落,单薄的身影落入湖水中!

"啊!"马妍看到小姑娘消失在眼前,瞬间沉入湖水,只来得及发出短促的一声惊叫。

单宇飞速冲上前,不要命一样地,猛地翻过围栏,跳入冰冷的湖水中!

暗夜,寒风。

湖水阴冷刺骨,湖面深邃平静。

马妍紧抓住围栏,死死盯着湖面,眼眶发红。时间似乎瞬间凝固。

深深的湖水中,黑暗而又冰冷。单宇目不能视,只能在这片水域上下摸索。他全身越来越僵硬疼痛,呼吸越来越困难。渐渐的,他的眼前出现幻觉:

多年前阳光灿烂的校园,青春美好的女孩,穿着校服,长发飘飘,回眸看着他,粲然一笑。

那个不堪回首的夜晚,幽暗阴冷的小巷,几个年轻男人邪恶的笑声,少女无助的呻吟。

湖边,穿着校服的女孩,摇摇欲坠的单薄身影,坠入湖中的绝望和沉没。

嘭!那声巨响,震醒了单宇冻僵麻木的大脑和身体。

他奋力挣扎,向前游动。终于,他碰触到了小姑娘的手臂!

单宇用尽全力,抱住着女孩肩膀向上游去。

平静的湖面被打破,单宇一只胳膊挟着小姑娘,冒出了头。

马妍喜极而泣,流下泪水。单宇冻得嘴唇青紫,一只胳膊用力向前划水,靠近岸边。他耗尽全身的力气,把小姑娘推举起来,马妍急忙拉住她的胳膊,往岸上拉。

终于,两人连推带拉,把小姑娘救上岸。单宇艰难地爬上来后,跪坐在地上,焦急地把小姑娘口中的湖水和分泌物清理出来,检查了她的呼吸心跳。虽然小姑娘昏迷不醒,呼吸微弱,但是心跳还在,颈动脉仍有搏动。

"还有心跳。"单宇极微弱地说了句,和马妍都放心了不少。他将小姑娘的腹部放在自己屈膝的大腿上,头部下垂,按压小姑娘的背部,将呼吸道和胃内的水倒出。小姑娘哗哗地呕出不少湖水和污物,终于恢复了比较正常的呼吸。

这时,她挂在左耳垂的耳钉滑落,落在湿漉漉的地面上。

一道微弱的曙光,从东方逐渐显现,划破了暗夜的黑幕。

1小时后。

京海市中心医院。急诊室。

急救室内,小姑娘躺在病床上输液,看起来比较平稳。尹慧伊身穿白衣,站在一旁,跟急诊科医生低声说着什么。

门外,单宇披着一件男士羽绒服,站在门口。马妍仍裹着那件迷彩棉大衣,呆呆地坐在走廊的塑料椅上。

尹慧伊从急诊室走出,轻声对单宇说:"病人情况基本稳定了。不过,她被侵犯过,需要再做一些妇科和传染病的检查。心理方面,也需要介入。"

单宇感谢地说:"谢谢你。"

尹慧伊点点头,看着单宇,说:"是你,把她从湖里救上来的?"

单宇微微一愣,沉默地点点头。他似乎想到了什么,说:"我下周来复诊。"

尹慧伊看着单宇的眼睛,他的头发还有些微湿,眼神中少了些阴郁,多了几分释然。

尹慧伊微微一笑:"好,我等你。"

单宇的眉眼舒展了不少,点了点头。急诊科医生也走了出来,尹慧伊跟他一起走进医生办公室,讨论着安排住院的事情。

单宇走到马妍面前,低声说:"她没事了,你早点儿回去休息吧。"

马妍点点头,说:"陶晶在万利,但什么都不肯说。李喆和他几个兄弟最近经常来。我想……"

单宇打断马妍的话,低声说:"你可能暴露了,别再回去,注意安全。"

马妍摇摇头,看了看急救室,说:"她就是被李喆的小弟强哥害的,她才多大!我……"

单宇打断马妍,严肃地说:"你不能冒险!我们会处理的!所有的一切,都有清算的那天!"

"我,我走了。谢谢。"马妍扭头就要走。

单宇着急地拉住她的胳膊,说:"小姑娘的事,他们很可能会查到跟你有关!你尽快离开京海避一避,至少不能再回万利了!"

马妍看看单宇抓住自己的胳膊,又抬眼看着单宇的眼睛。那双眼睛里,有坚定而深邃的光。

这样的光,马妍曾多次在魏明铭眼中看到过。

"嗯。"她匆匆应道,心头一阵涩痛,低头离开。

清晨。

京海市公安局刑侦队。

重案队办公室内,纪闻、周睿等几名刑警或靠在躺椅上,或躺在行军床上,沉沉入睡。蒙蒙的微光从窗外照射进来,只有轻微的鼾声。

单宇独自坐在桌前,头发还有些微湿,眼睛泛红,疲惫却又亢奋地对着电脑不停忙碌。

纪闻靠在躺椅上,披着件警用大衣,姿势别扭地睡着。口袋里的手机突然嗡嗡震动起来,他睡眠极浅,骤然惊醒,坐起身来。

纪闻搓了搓脸,拿起手机,看到是妻子林薇如的微信视频请求。他眼里掠过温柔,一边往外走一边打开了视频通话。

林薇如怀孕的肚子已经凸显出来,穿着宽松软绵的睡衣,靠在床上,眼眶微红,低声说:"老公,我吵醒你了吗?"

纪闻咧嘴一笑,声音有点沙哑:"没事儿,你怎么醒这么早?又吐了?"

林薇如有点委屈地撇撇嘴,眼泪在眼眶里打转转:"嗯……"

纪闻心疼地说:"这臭小子,这样折腾他妈妈……哦,也说不定是个臭丫头……"

林薇如不由得一笑,柔声说:"我没事儿,就是有点儿,想你了……"

纪闻心怀愧疚,哑声道:"老婆,对不起,你大着肚子,又吃不下东西,我也不能陪你……"

林薇如看着视频中纪闻消瘦憔悴的脸,手指轻轻触摸着手机屏幕,说:"我没事儿,放心吧!老公,你辛苦了,我明白的。程功……他现在怎么样?"

纪闻的眼神暗淡了:"他不会有事儿的,你别操心了,安心休息。"

林薇如笑着说:"好啊,我去喝点儿果汁,还要吃叶酸,回头聊!我爱你!"

"我也爱你。"纪闻立在走廊,背贴着墙壁,温柔地低声说。他挂断视频,低头静立。

这时,单宇猛地从办公室内冲出,急匆匆走到纪闻面前,压低的声音中有难掩的兴奋:"我找到他在哪儿了!"

几分钟后。

纪闻和单宇敲响了队长办公室的门。

"进来!"郑涛答道。他也睡在单位,年纪大了睡眠少,早早醒来泡了杯浓茶。

纪闻和单宇一进门,单宇就说:"郑队,我们要去趟江北。"

郑涛微微一愣:"去干什么?"

单宇神色急迫,说:"去找程功的二叔,我查到了他的手机定位!"

郑涛慢慢把茶杯放到桌上,看看纪闻,又看看单宇,沉默不言。

纪闻低声说:"头儿……"

单宇看看纪闻又看看郑涛,急切地说:"郑队,这事儿是我拉着纪哥干的!等我们从江北回来,我愿意接受处分!"

郑涛轻咳一声,说:"调查套路贷这样的大案子,是要到处跑的,去办个出差手续吧。"

单宇眼睛发亮,大声说:"谢谢郑队!谢谢头儿!"

郑涛无奈地挥挥手:"赶紧走吧!你怎么越来越像程功了?"

纪闻笑着拉了拉单宇:"走!办手续,马上出发!"

夜晚。

万利会所。休息室内,马妍因为昨晚受凉,有些感冒,抱着一大杯热咖啡,有些蔫蔫地坐在沙发上。旁边坐着几个漂亮的女孩,陶晶对着化妆镜在补妆,其他几个在小声谈笑。

休息室房门打开,一个短卷发的明艳女子走进来。

马妍忙站起来,笑着打招呼:"瑛姐。"

瑛姐点点头,看看还在补妆的陶晶,皱了皱眉,说:"老板来了,赶紧补好妆到V1!"

马妍微笑着说:"大老板光临啊?"

瑛姐打量了马妍两眼,虽嫌她话多,却也承认她姿色动人,便微微点头:"喆哥要求高,你也过去,小心安排!"

马妍心知李喆是集团的骨干分子,心头一动,说:"放心吧!"

瑛姐深知李喆性情暴躁,十分冷血,而且有性虐待的倾向,看看马妍明媚的笑容,心里叹了口气,表面上依然平静。

几分钟后。

瑛姐领着七八个高挑靓丽的女子走进V1包房。

V1是万利会所最豪华的包间,装修得富丽堂皇,并不恶俗,甚至带着几分雅致。

李喆穿着淡色条纹衬衫,黑色休闲西服扔在一旁,跟几个兄弟坐在沙发上喝酒。近期公司气氛不同,他也感到有些烦躁,一口接一口地喝着闷酒。

瑛姐满面笑容,给李喆倒了杯酒。旁边一个油头粉面的男经理谄媚地笑着,饱含深意地问:"喆哥,这几个美女都是公司最好的,您亲自给培训培训?"

李喆"咕咚"一声灌了一大口洋酒,挑起眉毛,看了看站在自己面前的一排女孩。马妍穿着黑色紧身短裙,容貌清丽妩媚,身材凸凹有致,十分显眼。

李喆酒后的眼中,浮起贪婪的色欲,抬手指了指马妍:"你,过来!"

经理笑得灿烂,忙给马妍使眼色:"快过去!"

马妍脸上挂着职业化的笑容,坐到李喆身边,温柔小意地给他的空酒杯倒了酒,嗲嗲地说:"喆哥,我叫烟烟。"

李喆嘿嘿一笑,一把搂住马妍,粗鲁地揉了揉她柔软的纤腰,说:"不喝酒,喝你!"

周围的男男女女发出不怀好意的哄笑声。

马妍假装羞涩地垂下脸庞,眼神中划过一丝寒意。

陶晶被一个脖颈上有刺青的男人挑中,搂在怀里,不停地灌酒。马妍看到她不堪忍受却又不得不忍的样子,心生不忍,轻轻地说:"强哥,对我妹妹温柔点儿。"

刺青男正是强哥,长相凶蛮,浑身酒气,斜睨了马妍一眼,说:"温个屁!昨天跑掉的那个,还没找她算账!让我抓回来非弄死她!"

强哥说着,狠狠地捏了陶晶的胸部一把。陶晶痛叫出声,泪水含在眼中打转。

李喆抱着马妍,扭头对强哥骂了一句:"叫什么叫?你也是,连个人都看不住!傻逼玩意儿!"

强哥对李喆显然十分畏惧,闻言随即松开了陶晶。

马妍低声说:"谢谢喆哥。"

李喆色眯眯地一笑:"把这杯喝掉!一会儿好好谢我!"

陶晶捂住被撕开的裙子,眼含感激地看了马妍一眼,跌跌撞撞地跑出了包房。

李喆被几个小弟频频敬酒,搂着马妍纤细的腰肢,觉得一阵燥热。他喝了一大口酒,拽着马妍就站起来:"妈的!走!"

豪华包房的角落,有专门的洗手间。李喆搂着马妍,推开洗手间的门,拥了进去。强哥和几个小弟交换了一下暧昧和色情的眼神,都知道李喆想干什么。一个小弟挤眉弄眼地凑到强哥身边,说:"喆哥厉害啊,一晚上能开好几炮!"

李喆喝得面红耳赤,脚步有些虚浮,但是手劲依然很大,用力把马妍抛在大理石台面的盥洗台上,扑了上来。马妍本能地伸手,试图推开紧紧压住自己的男人。李喆眉毛一拧,抬手就打了马妍一个耳光!

李喆一边解腰带,一边骂骂咧咧地说:"靠!出来卖还装什么逼!"

马妍捂住火辣辣的左脸,不由自主地流下泪水。李喆突然胃内一阵翻涌,一手提着裤带,一手扶住马桶,"哇"地吐了出来。

马妍想走又不敢走,犹豫了一下,凑过去扶住李喆:"喆哥……"

洗手间外,仍是一片酒池肉林。强哥坐的靠近洗手间,且略微警醒,似乎听到李喆呕吐的声音。

"妈的,关键时刻还吐了!"强哥暧昧又不屑地一笑,摇摇晃晃地走到洗手间旁边,拍了下门,"哥,喝多啦?"

"没事儿!滚!"李喆吐完之后,稍微舒服一点,不耐烦地喊道。

他一把推开马妍,在盥洗台洗了把脸,扭头瞪着赤红的牛眼,用力拽住马妍的头发,喘着酒气说:"你觉得老子喝酒不行?老子连警察,连律师都敢杀!妈的!狗屁律师,照样给他从楼上扔下去!"

马妍被死死拽住头发,头皮疼得厉害,听到这话仍是愣了愣,眼中光芒闪过。

"老子喝酒不行?好好伺候!要不然,把你也扔下楼!"李喆不再说话,粗暴地撕扯开马妍的小短裙,抽掉自己裤子上的皮带,粗鲁地按住马妍,压了上去。

洗手间外,强哥并没有离开。他听到李喆吹牛逼的声音,眉头皱了起来。此时,一个身材丰满的褐发美女凑了过来,娇媚地说:"强哥,他们欺负我,你陪我喝酒啊!"

"妈的!谁敢欺负你!"强哥也喝得晕晕乎乎,凑到美女脸颊上亲了一下,抱着她去喝酒了。

凌晨3点。

万利会所外。阴冷的薄雾,透射昏暗的路灯光线,飘散在空荡荡的马路上。

马妍受到李喆的折磨虐待,身上伤痕累累,嘴角淤青。她勉强用大衣裹住自己的身体，一瘸一拐地走出会所。

不长的一段路，马妍却走得格外艰难。她挣扎着走到酒店门外的岔路上，向四周看了看，除了两个醉汉在几十米外晃悠，没有其他人。她颤抖着手，拨通了单宇的电话。

京海市公安局刑侦队。重案队的值班室。

单宇合衣躺在两张木板床上。连续加班后，他刚刚睡着，神色疲倦，眉心微皱，发出轻微的呼吸声。一片沉寂的幽暗里，手机铃声突然响起。

单宇几乎是一秒钟就醒来接通了电话，声音带着疲惫的沙哑："喂。"

听筒那边，传来马妍轻微的声音："喆哥，李喆说，说他杀过警察。"

单宇反射性地坐了起来："他怎么会跟你说这个？"

马妍垂下眼睛，说："他喝多了，我陪他的时候，他说自己杀过警察，还，还杀过律师，把人扔下楼了……"

单宇的目光，随即变得警醒冷厉："什么时候？是哪个警察，哪个律师？"

马妍摇摇头，说："别的，别的什么都没说。我也不知道，他是不是喝多了吹牛，我……"马妍话没说完，就突然挂了电话。

单宇急忙再打过去，已经是忙音。

万利会所外。

一辆 SUV 停在了马妍旁边，刚才包间里的几个男女坐在车上，放着夸张躁动的音乐。

开车的男人隔着车窗，招呼马妍："走吧美女，带你去玩儿！"

马妍握着手机，勉强地弯起嘴角，笑道："谢谢哥，我不去了。"

一个艳妆美女讥嘲地笑道："她啊，怕是让喆哥搞得腿都合不拢了！咱们走吧！"

几个人发出肆意的笑声，车辆扬长而去。

马妍只觉得汗湿后背，靠在路边的树干上，舒了口气。

江北县。

环城墙旁,有一条门面参差不齐的街道。深夜时分的街道,来往的行人不多。一家招牌上写着"旺发足浴"的洗浴店,开在街道的偏僻处,粉红色的灯光折射出暧昧不清的味道。

程卫建喝了点小酒,脸色发红地从洗浴店里出来,晃晃悠悠地走在街道上。他刚到拐角处,突然有两个高大的男人围了过来,一左一右地架起了他!

单宇低声说:"程卫建!警察!"

纪闻用力地把程卫建往下一摁:"别动!京海市公安局!"

程卫建又软又怂,瘫跪在了地上,不停地嘟囔:"别!别打!饶命啊!"

次日,下午。

聚达房地产有限公司。

董事长办公室内,王自达坐在老板椅上,神情莫名。张泉羽和李喆都穿着深蓝色西服,站在桌前。

张泉羽微微弯腰,小心谨慎地汇报道:"王总,程功在市局监察队关着呢!他那个二叔,我指点了一下,拿着钱跑到外地了。刑侦队出了这么大事儿,个个儿都得夹着尾巴,最近消停多了!"

王自达若有所思地看着办公室墙上的山水图,仿佛没听到下属的汇报。

李喆和张泉羽交换了一下眼神,轻咳一声,说:"王总您放心!要是姓程的出来了,还是不识相,我就把他爹妈抓起来,把他引到荒郊野外给做了!京海这地界,警察能有多牛逼?咱不照样……"

王自达突然抓起桌上的水晶烟灰缸,用力向李喆掷去!李喆离得太近,又不敢明显躲开,左侧额角被划了一个血口子,鲜血马上涌了出来。

王自达神情冷漠,缓缓地说:"李喆,你跟了我这么多年,怎么就光长肌肉不长脑子?啊?!重案队长你也敢杀?你睁开你的狗眼看看,现在是什么时候?!"

李喆用手擦了一把脸上的鲜血,随手往裤子上一抹,一句话也不敢说。张泉羽也低着头,一声不吭。两人的额头上,沁出了细密的汗水。

王自达背着手,焦躁地踱了两步,说:"现在是什么局势?洪兆红在医院里半死不活！杨力鸣那个两面派，滑不溜秋，明哲保身！妈的，拔了毛的凤凰不如鸡！姓洪的要死不死，里三层外三层地看守着，真要死了也干脆！就怕拖得越久，越难翻身……"

张泉羽小心翼翼地想要解释："王总，要不我们再打点一下？有两个老领导，口风比较松动……"

王自达垂下眼，挥挥手说："我再想想，你们出去吧！"

"是！"张泉羽和李喆恭敬地弯腰，出门后轻轻地将门合上。

王自达的办公室外是秘书室，秘书室旁有一个小型会客室。

强哥带着两个小弟，坐在会客室里等候。李喆从秘书室的办公桌上抽了两张纸巾，张泉羽看看他流血的额头，没有说话，匆匆离开。

李喆用纸巾捂住伤口，走到小型会客室门口。

"喆哥，咋了？"强哥左手拿着一包软中华，右手夹着一根烟，赶紧站起身询问。

李喆不耐烦地骂道："跟你说了多少遍！老板不喜欢闻烟味儿，还他妈抽烟！赶紧把窗户开开！"

"开窗！"强哥赶紧示意身后的小弟，打开了窗户。

李喆一屁股坐到会客室的沙发上，又抽了几张湿纸巾，擦拭着脸上的血迹。

强哥看李喆心情不佳，估计是被王总骂了，也不敢多言。他想了想，挥挥手让两个小弟出去："你们俩，门口等着！"

两个小弟闻言赶紧出去关了门。强哥坐在椅子上，搓着手，看着李喆。

李喆眯着眼睛，看向强哥："有事儿？"

"喆哥，还真有个事儿！昨天晚上在万利，我听见你跟那个妞儿说……"强哥凑到李喆耳边，低声说了几句话。

李喆脸色马上就变了。他仔细回忆了一下，当时自己酒后失态，好像真的说了不该说的话。他神色变化，懊恼地骂道："老子喝多了！你他妈也不拦着我！"

强哥赶紧低声说："我当时也喝蒙了！这不是刚想起来，咳！其实也没啥，那个妞儿好像叫烟烟，是个冰妹，她懂个屁啊！听了也不会当真！"

李喆想了想，目光阴沉地说："当不当真，那是你想的。给瑛姐打个电话，今天晚上，把她喊到南郊。"

李喆的脸上仍带着血迹，眼神十分阴狠。

强哥看得心头一凛："是！听喆哥的！"

此时。

京海市公安局刑侦队。

审讯室内，纪闻面带疲惫，神情严肃地坐在审讯桌后："程卫建，你好好地在工厂打工，为什么突然辞职？为什么要跑到江北？你房子里的107万现金，是哪儿来的？"

程卫建坐在审讯椅上，脸色青白，絮絮叨叨地说："我，我中彩票了，拿着钱去外地享福……"

单宇冷冷地说："中彩票？你在哪个投注点买的彩票？中的是哪一期的奖？"

程卫建支支吾吾："我，我记不清了……"

纪闻厉声说："程卫建！你还装蒜？你从聚达公司姓张的手里拿了100多万！照片都被拍下来了，你还想蒙混?!"

程卫建开始轻微发抖，颤声道："照，照片？什么照片？"

单宇走到程卫建面前，说："程卫建，你知道程功他人在哪儿吗？他在市局监察队关禁闭！你仗着自己是程功的二叔，收了张泉羽的好处费，帮他给程功送钱。程功当然不会收！他看你是亲叔叔的份上，让你退回去，你倒好！你卷上所有的钱，拍拍屁股就跑了！你知道受贿100万，要判多少年吗？你知道不当得利数目巨大，要坐牢吗？你一个法盲，还搞反侦查？跑到江北还知道换号！"

单宇弯下腰，死死地盯着程卫建，压低声音说："我告诉你！趁着我还有一点耐心，你最好老实交代！如果程功不能洗刷冤屈，出了什么事儿，我就是拼上这身警服，都要把你这个狗杂种送去吃牢饭！"

程卫建吓得低着头，躲避单宇的目光，颤抖着说："我说！我说……"

夜晚。寒风阴测。

南郊区。城中村内的曲拐小道上,几个裹得厚厚的行人匆匆而过。

三无酒店"利高旅馆"的门前,一辆出租车靠边停下,瑛姐和马妍都画着精致的妆容,穿着厚厚的长羽绒服,从车里走了出来。

马妍抬头看看利高旅馆有些破旧的门面和灯牌,心中掠过一丝不安,低声问:"瑛姐,真的是喆哥的客人吗,怎么安排在这儿啊?"

瑛姐用手拂了拂被寒风吹起的长卷发,一副见怪不怪的样子:"你懂什么?有的客人身份特殊,就是要在小地方玩儿,不惹眼。"

瑛姐瞥了马妍一眼,说:"喆哥喜欢你,是你的福气,好好把握。"

"嗯,谢谢瑛姐。"马妍微微一笑,压下隐约的心悸。瑛姐先走进了旅馆,马妍跟在后面,打开手机,迅速地给单宇发了条微信:"李喆要见我,我去了。"

瑛姐见马妍没有跟上,回头看了看。马妍急忙笑着收起手机,说:"垃圾短信,可烦人了!"

宾馆四楼,走廊尽头。

瑛姐伸出保养得当的玉手,敲了敲425房间的门。强哥开了门,马妍跟着瑛姐进了房间。不大的标间内,只有李喆和强哥两个人。

瑛姐笑得妩媚:"喆哥!"

李喆斜靠在床头,左额角贴着两个创可贴,正在低头摆弄手机。床头柜上,摊着吸冰毒的简易工具和几包K粉。李喆抬眼,看了看瑛姐和她身后的马妍,点点头:"坐!"

马妍压制着隐隐的担忧,笑着坐到李喆身边,柔声道:"喆哥,怎么受伤了?"

李喆坐起来,一把搂住马妍,揉了揉她的细腰,说:"小事儿!主要是想你了!喏,阿强搞了批新货,一块儿尝尝!"

房间里的空调开得暖和,强哥只穿着肌肉背心,拿出两包冰毒,嘿嘿一笑:"保管你爽翻天!"

马妍脸色变了变,强笑着低声道:"强哥,我,我不溜了……"

"啪!"强哥抬手就扇了马妍一个耳光!马妍被打得倒在床边的地上,半张脸马上就红肿起来。

瑛姐愣了愣,忙劝道:"强哥,小姑娘不懂事,你别……"

强哥抬手又扇了瑛姐一个耳光,眉目狠戾地说:"少他妈废话!你赶紧给我滚!把嘴给老子闭紧了!"

瑛姐被打得站立不稳,退后一步,捂住脸,恐惧地看向李喆。

李喆面无表情,又靠在床头了。瑛姐混迹多年,一看情势不对,急忙赔笑道:"对不住了喆哥!我先走了。"说完,她就急匆匆离开房间。

马妍蜷缩在地上,嘴角渗出鲜血,耳朵嗡嗡作响,头晕目眩。她把手伸进大衣口袋,用指纹按开了苹果手机的按键,弓着身体匍在地上,想要给单宇打电话求救。

强哥一把揪住她的头发,用力提了起来。

"呃……"马妍被迫抬高了身体,发出痛苦的呻吟。

强哥把她手里的手机夺了过来,又把冰毒往她手里一塞,狠戾地说:"赶紧吸!溜了冰,伺候得才舒服!"

李喆冷冷地靠在床头,看着马妍,如同看一只濒死挣扎的猫狗。

马妍的眼泪不受控制地流了下来,神情绝望。她浑身颤抖,拿起溜冰的工具,慢慢地埋下了头……

很快,马妍就感到一阵眩晕。失去清醒的意识前,她隐约听到强哥的声音:"喆哥,反正要搞死她,我先爽一把……"

次日上午。

京海市公安局。

局长办公室内,邵局长坐在办公桌后,翻看着手里的笔录和照片。

郑涛坐在对面,对邵局长和旁边的姜局长说:"邵局,姜局,程卫建的口供很清楚!107万现金也在江北找到了!完全可以证明程功的清白!"

邵局长翻看着材料,一语不发。姜局长看看邵局长,又看看郑涛,清了清嗓子,说:"郑涛,市局现在面临的压力很大,不仅有舆论压力,还有系统内部的不同意见!现在是非常时期,刑侦的队伍绝不能乱了!发现任何问题,都必须严肃查处！"

郑涛浓眉皱起，说："严肃查处是应该的！但也不能矫枉过正！让一个好警察蒙受冤屈！"

邵局长抬头，看向郑涛："郑涛，你这么肯定他没问题？"

郑涛猛然站起来，站得笔直，双目泛红，大声说："是！我郑涛，用刑侦队队长的职务，用我的党性，担保程功无罪！恳请立即把程功从禁闭室放出来，回归刑侦一线！如果以后，市局督察真的查到他有问题，我愿意接受组织任何处分！"

姜局长一听就有意见了："你提着脑袋保他，你就这么肯定？！"

"老姜。"邵局长摆了摆手，劝阻了姜局长。

邵局长定定地看了郑涛几秒钟，说："郑涛，程功可以返回工作岗位。如果查实有问题，你也别干了！"

"是！谢谢局长！"郑涛大声说，眼中是掩饰不住的振奋之情。

南郊区。

三无酒店"利高旅馆"门前，停着一辆警车。单宇开着车，停在路边，急匆匆地下来，走进旅馆。

4楼的走廊尽头，425房间门前站着个头发略微谢顶的中年民警。爬了四层楼上来的单宇气息急促，向中年民警出示了证件："市刑侦队，单宇。"

中年民警愣了愣，说："怎么还惊动刑侦队了？"

单宇神情严肃，问："人在里面？"

中年民警侧了侧身，说："在里边儿！我是南郊分局的，姓张。"

单宇快步走入房间，脚步陡然顿住。

房内一片狼藉，臭味扑鼻。马妍一动不动地躺在地上，肢体僵硬，毫无生机。她曾经年轻美丽的身体几乎半裸，身上残留着被性侵、虐待的伤痕，惨不忍睹。她脸上还沾着一些呕吐物，被撕碎的裙子半挂在身上，身下还有便溺的痕迹。床头柜和地上散落着溜冰的工具、几包冰毒和麻古。

一个年轻民警正在卫生间里查找有没有其他毒品。老张捏着鼻子走了进来,站在卫生间门口说:"这吸毒的太恶心了,死也死得这么脏!这味儿能把人熏晕过去!"

单宇看着眼前冰冷的尸体,眼眶红了,哑声问:"你们什么时候发现的?"

老张说:"半小时前,宾馆打扫卫生的发现了尸体,报的警。单警官,你怎么这么快到了?我们才报给分局啊!"

单宇从地上捡起了马妍被摔碎的手机,低声说:"她涉及一个重要的案件,突然联系不上,我对她的手机做了定位。她,死之前,被……"

"哦,我就说!这女的一看就是个冰妹,溜冰哪有不乱搞的!这吸毒过量啊,完全是咎由自取!"老张见多不怪,随意地说。

单宇看着马妍年轻美丽却毫无生机的脸,低哑地说:"她不是咎由自取!她叫马妍。她,是个好人。"

京海市公安局。

"咣!"禁闭室的铁门,缓缓打开。

程功再次站在禁闭室门口,身上的衬衫和警裤依然是皱巴巴的。他身材高大,站得笔直,神情冷峻,目光犀利。

市局督察队的金处站在门口,眼神复杂地看着程功:"程功,你可以到门口领回你的警徽和佩枪。"

程功面无表情地微微点头,大步离开。

京海市南郊区。

一辆警车行驶在高架桥上。

纪闻开车,李威威坐在副驾驶座,欧阳瞳和周睿坐在后排。

"喂?程功!出来啦!"李威威接起电话,兴奋地大喊。纪闻神情振奋,拍了拍方向盘。欧阳瞳和周睿也都喜形于色,放松地笑了起来。

"好!好!我们现在出现场!行!回去开会!"李威威竹筒倒豆子般地说着,笑嘻嘻地挂了电话。他扭头对纪闻和欧阳瞳、周睿说:"程功队长重回江湖!已经直接回队里开工了!等咱们回去,马上开会!"

"太好了!"周睿开心地说。纪闻长期紧皱的眉心终于放松了下来。欧阳瞳笑意盈盈,正准备说什么,突然电话铃声响起。

欧阳瞳接起廖聪茗的电话,清冷的声音更是流露出轻松和温柔:"喂?我现在路上,出现场,你呢?"

电话那一端,廖聪茗穿着休闲,站在窗前,语带关爱地说:"又是饭点儿出现场啊,没吃饭吧?"

欧阳瞳点点头:"没呢,来不及了,回去再说。"

廖聪茗笑笑,说:"你啊!我给你备的巧克力、饼干还有吧,吃点儿垫垫。"

欧阳瞳声音变轻了:"嗯,知道了。"

廖聪茗说:"最近公司比较忙,我过两天去找你,还要去看看叔叔阿姨。"

欧阳瞳笑道:"好,你忙吧!快到了,拜拜!"

欧阳瞳挂了电话,看向车窗外,有些出神。

远处,阴云薄雾,树影摇动,秋尽冬至。

警车驶入一个小区,停在警戒线拉起的楼下。

纪闻等人下车,一个30多岁、中等个头的警察迎了上来:"纪闻,好久不见!"

"冯队!最近怎么样?"纪闻跟冯队握手。两人比较熟悉,冯队似乎有话想跟纪闻交流。周睿说了句"我先看看外围"便走开了,纪闻跟冯队低声谈了起来。

欧阳瞳和李威威向冯队点点头,提着现场勘察箱上楼开工。进入楼道,李威威低声说:"冯队是南郊刑侦的队长,跟纪哥聊啥呢?"

欧阳瞳停了一下脚步,声音极低地说:"你忘了吗,大鹏是在南郊出的事儿,冯队最先到现场。那天下着大雨,现场很糟糕,冯队的意见是定自杀。后来程功还找他闹过,估计冯队心里,也一直没过去。"

"确实,毕竟大鹏是我们的战友。"李威威点头,圆圆亮亮的眼睛也蒙上一层阴沉。

中心现场在顶楼603室。

一个年轻的分局刑警站在客厅里,扶着一个抱孩子的女人坐到沙发上。正好碰到欧阳瞳和李威威。

年轻的刑警看到他俩的现场勘察服和工作证,了然地说:"我是南郊分局刑侦队的小于。受害人丁建超,32岁,就在卧室遇害的。这是丁建超的爱人宁月,一个多小时前带着孩子回到家,发现丈夫被害,报了案。"

抱孩子的女人宁月三十出头,棕色长卷发,穿着小清新的对襟薄绒衫,眼睛红肿。她抱着的小女孩不到两岁,胖乎乎的十分可爱,正趴在母亲怀中呼呼大睡。

欧阳瞳点点头,说:"您节哀顺变,我们先看现场。"

宁月眼内盈满泪水,看看欧阳瞳又低下头,柔弱地哭泣着。

年轻的刑警小于心生不忍,尽量温和地低声劝慰:"你放心!我们一定尽快抓住凶手,绝不会让他逍遥法外!"

李威威和欧阳瞳走进两室一厅的603室内,开始工作。

中心现场在主卧,男主人丁建超穿着背心和睡裤,躺在床上,腹部有两处很深的创口,身上和床上都满是暗红色的血迹。

欧阳瞳常规性地检查尸体,确认死亡。她喊了句:"威威,来帮忙!"

"稍等!"李威威正蹲在洗手间里看一个鞋印,应了一声。

站在客厅门口的小于听到,戴上手套就走了进来,问:"帮什么忙?"

"翻身,轻点儿!"欧阳瞳使了个眼色,小于帮着他,尽量轻柔地把尸体轻轻翻了个身。

欧阳瞳褪下死者的睡裤,开始给死者测量肛温。小于好奇地看看,问:"这是干嘛,测尸体的温度?"

欧阳瞳看了眼初出茅庐的新人刑警,说:"对,要测量尸体温度,推测死亡时间。"

小于轻轻地哼了一声,说:"欧阳老师,用得着这么麻烦吗?死者妻子说了,10点多刚跟死者通过电话,那时候死者还活得好好的!等她12点带着孩子回到家,发现死者已经死亡!这不是摆明了,死亡时间是在两小时前吗?"

欧阳瞳看了眼卧室墙上挂的钟表,现在是1:38,距离报案时间刚过去一个多小时。她淡淡地挑眉,说:"对个表,现在几点?"

小于抬起手腕,看看表,有点不耐烦地说:"1点38分,放心吧!明摆着的死亡时间,还用法医忙活着提供?"

欧阳瞳没有说话,又从现场勘察箱里拿出一支温度计,开始检测室内温度。小于见状,不解地摇摇头,走出卧室。

一刻钟后,欧阳瞳拿出测量尸体温度的温度计,看到它停留在22摄氏度。她眼睛一亮,不动声色地走出卧室。

此时,小于正温和地对不停啜泣的宁月说:"你们这几天先搬到亲戚家住,放心,我们会尽快破案的!"

欧阳瞳走到宁月面前,淡淡地问:"宁月,你是几点钟跟你爱人通的电话?"

宁月抬起梨花带雨的脸颊,带着哭腔说:"10点,10点多点儿。"

欧阳瞳语气平淡:"你们通话了多长时间?"

小于对宁月这样柔弱的年轻母亲和丧偶女子,有着本能的怜惜。他口气不悦地说:"欧阳法医,我看过她的手机通话记录,10:04到10:06,跟死者丁建超通话2分钟!询问报案人是我们侦查员的事儿!您做好尸检就行……"

欧阳瞳丝毫不理会小于的出言不逊,紧盯着宁月问:"2分钟的通话,你确定接电话的是你爱人吗?"

宁月擦了擦眼泪,抬起头说:"当然!我老公还问我,今天买了好东西,有没有带孩子去游泳!我,我哪知道,才一会儿工夫,他就……"宁月说着,又泪如雨下,泣不成声。

宁月怀里的小女孩已经醒来,几滴泪水落在她的脸上。

"妈妈,不哭!"小女孩声音稚嫩,慢悠悠地晃动着小脑袋。她看到欧阳瞳时,眼睛像月牙一样弯了起来,十分可爱。

欧阳瞳冷静的眼神有一瞬间软化,不由得对小女孩笑了笑。一瞬间后,她敛起笑意,淡淡地看看宁月,转身走到门口。

603室门外,纪闻和周睿正在跟601室的住户了解情况,做问讯笔录。

欧阳瞳对纪闻和周睿轻声说:"跟我来。"

纪闻和周睿一愣,什么也没说,就跟着欧阳瞳下了半层楼。

站在楼梯拐角处,欧阳瞳低声说:"死者的妻子,也就是报案人,有重大嫌疑。"

纪闻眼睛也是一亮,随即沉静地问:"怎么说?"

"死者的尸体温度是22摄氏度,卧室的室温也是22摄氏度。死亡时间至少在12小时以上,尸体温度才会和环境温度基本一致。可是死者的妻子,坚持说10点多刚跟死者通过电话,死者是2小时前才遇害的。"

纪闻当然信任欧阳瞳的分析与判断,赞赏地看看她,沉声说道:"你说得不错!我马上带她回去!"说着,转身就要上楼拿人。

"等等!"周睿脱口而出,自己也愣了愣,低声说:"小孩儿怎么办?"

欧阳瞳轻声说:"咱们不是经历过吗?"

纪闻自己也是快当父亲的人了,点点头,温和地说:"放心,我有数。"

欧阳瞳想到那个眼睛弯弯的小女孩,站在楼梯拐角踌躇了一会,没有立刻上楼。

很快,603室传来女人的哭喊声:"不要啊!你们凭什么带我走啊?"

欧阳瞳听着女人的哭喊声,垂下眼眸,遮住眼底的情绪。

京海市公安局刑侦队。

审讯室。

宁月纤细的手腕上,戴着冰凉的手铐。

纪闻和周睿坐在审讯桌前,说:"宁月,你女儿在她姑姑家,你放心。你现在交代清楚,还有争取宽大处理的可能。"

宁月的眼睛依然红肿,却不再流泪。她听到自己女儿被照顾得很好,似乎舒了口气,低声说:"没想到,那个女法医。呵,一根体温计就把我看破了。"

纪闻问:"你什么计划?"

宁月抬起眼眸,冰冷地声音像是在讲述别人的故事:"丁建超这两年做生意赚了点钱,越来越看不起我。他喜欢喝酒,经常动手打我!还打孩子!我觉得总有一天,我们娘儿俩会被他打死……"

12月5日,也就是前一天晚上。

603室内。丁建超喝了点酒,坐在沙发上,醉醺醺地拨打着电话,电话听筒又一次传来:"您拨打的电话已关机。"

丁建超生气地把手机往沙发上一扔,大声骂道:"操!到底哪儿去了?"

宁月在客卧里,刚把孩子哄睡着,孩子被吵醒了,开始啼哭。

宁月走出卧室,生气地说:"你找不到那小贱人嚷什么?把孩子都吵醒了!"

丁建超被酒精熏红的眼睛一瞪:"你说谁是贱人?你他妈才是贱人!你个臭婊子!"

宁月一听眼眶就红了,委屈地说:"丁建超!就算我当初下过海,我也是你孩子的妈妈!这套房子,你做生意的本钱,都是我给的!你不能没有良心……"

丁建超不耐烦地打断了宁月:"去你妈的良心!你天天啰嗦这些破事儿,还嫌老子不够心烦!妈的,找了你,老子头顶都是绿的!你当过婊子,一辈子都是婊子!"

宁月气极反笑,煞白着脸说:"是!我是婊子,你找的小三儿就不是吗?我想跟你好好过日子,养孩子!她就想你的钱!你把家里的存款都给了那个贱人!那是我辛辛苦苦熬出来的!那是我要供孩子上学用的!你们两个狗男女溜冰胡混,把我的钱都糟蹋没了!"

"你放屁!"丁建超猛地冲上前,蒲扇一样的大手用力扇向宁月的脸。宁月赶紧一偏头,还是被打到了脸上。她向后一踉跄,瘦弱的身体靠在墙上,有些站立不稳。

这时,他们的女儿推开客卧的门缝,头发蓬乱,哭着看她:"妈妈,妈妈!"

宁月俏丽的脸上浮起红肿的手印,火辣辣的疼。她赶紧蹲下,强忍住眼泪,给孩子擦去泪水,温柔地说:"宝宝不哭,不怕啊!妈妈带你去睡觉啊!"

丁建超冲女儿挥了挥拳头,不耐烦地喊:"滚!老子揍你!"

孩子害怕地看看爸爸,缩在妈妈身后,"哇"地哭了起来。

"哭你麻痹哭!"丁建超不耐烦地踢向宁月和女儿,宁月赶紧搂着孩子护住,被一脚踢在腰椎上!

宁月被踢得趴卧在地上,腰椎剧痛,眼泪哗地流下来。她用尽全力抱住女儿，用自己的身体保护孩子。

"操！丧门星！臭婊子！"丁建超用力地踹了宁月好几脚，好像踢的不是自己的妻子孩子，而是杀父仇人，是一堆死肉。他似乎踢累了，脚下打了个趔趄，骂骂咧咧地去拿茶几上的白酒喝。

宁月勉强挣扎着爬起来，半拥半抱地把女儿带到客卧，放在小床上。孩子的脸上都是泪水，满眼惊恐地说："妈妈，怕怕。"

宁月趴在床边，轻声地哄孩子："宝宝别怕，妈妈在！睡觉觉。"

孩子眨眨泪眼，在妈妈温暖的怀抱中感受到了安全，慢慢地平复了情绪。没一会儿，孩子就闭上眼睛，很快睡着了。

这时，门外又传来丁建超摔盆打碗骂娘的声音。宁月怜惜地看着女儿可爱的小脸，温柔地拍着她的肩背哄睡。她的眼神逐渐变化，不再有脆弱凄惶，一点点冷硬起来。

1小时后，客厅里的声音没有了。宁月轻轻地关上客卧的门，走到卧室门口，看到丁建超穿着背心短裤，躺在床上呼呼大睡。宁月摸了摸自己脸上的红肿掌印，冷冷一笑，似乎在嘲笑自己曾经的为爱付出和愚蠢信任。

她走进厨房，用一块软抹布垫着，拿起一把锋利的尖头菜刀，双手背后走进卧室。看着床上这个呼呼大睡的男人，宁月神情冷漠，眼里是疯狂的决绝，轻声说："不等她了。丁建超，我先送你上路吧！"

她举起尖刀，狠狠地刺向丁建超的腹部！

审讯室。

宁月冷冷地讲述了杀人的经过，甚至微微一笑，说："可惜啊，最近那个小贱人突然失踪了。丁建超也找不到她，急成傻逼了，成天打我，还打我女儿！呵，找不到小三，就打老婆孩子出气！我不等了，先杀了他！我本来想，上午带孩子出去，弄个不在场证明，将来再去搞死那个贱货！没想到……"

她突然看向纪闻，泪水盈满眼眶，说："警察同志，我求求你们！把我的女儿送到她姑姑那里，照顾好她！我娘家就知道跟我伸手要钱，那个家七零八散的，指望不上。丁建超是个畜生，他妹妹还有些良心。我的孩子，命太苦了！"

纪闻看看宁月,说:"放心吧,我们会把孩子妥善安排的。"

宁月苦涩地说:"我知道,我女儿有个杀人犯的妈,日子不好过。这都是我造的孽!可我被他们逼得没有办法!以前年纪小,家里人催我挣钱,我就想挣快钱!后来,想上岸,找个老实可靠的男人,生个宝宝,安安稳稳过日子。可是啊!这世界上,只有穷男人,哪儿有老实人?!"

宁月说着,两行清泪落下。

这泪水,不是为了欺瞒世人,而是因为心疼自己。

刑事技术中心。

欧阳瞳面色有些疲惫,从法医室里走出,看到小于刑警站在走廊上,踌躇地看着自己。她心中了然,走上前说:"孩子安排好了吧?"

小于脸有点红,低声说:"安,安排好了。她姑姑在照顾她。"

欧阳瞳放松地舒了口气,说:"那就好。"

小于脸更红了,说:"欧阳老师,我真没想到死者的老婆会……对,对不起。"

欧阳瞳温和地说:"没关系,我只是按照法医勘验流程办事。咱们的目标是一样的。"

小于眼睛亮亮的,说:"谢谢。"欧阳瞳微微一笑。

12月7日。

京海市中心医院。

心内科的单间病房外,站着两个执勤的年轻警察。

洪兆红躺在病床上,闭着眼睛,很久没染黑的头发露出许多白色,看起来苍老了不少。

程功和单宇穿着警服,欧阳瞳穿着白大衣,走进病房。单宇支起了简易的录像机架,按下了录像键。

程功说:"洪兆红,还睡呢?医生说你术后恢复得很快,血压也控制得挺好,现在各项指标都正常,该跟我们走一趟了吧?"

洪兆红好像没听见,仍旧闭着眼睛,一动不动。

欧阳瞳说:"洪兆红,我是市公安局刑侦队的法医,现在给你检查身体。"说着,欧阳瞳手脚麻利地戴上听诊器,给洪兆红听诊,检查起来。

很快,欧阳瞳说:"根据医院的各项检查结果,结合我刚才的体检情况,你现在的身体状态,完全可以接受问询。"

程功用手扶着洪兆红的肩膀,冷冷地说:"起来吧,今天,我扛也要把你扛到审讯室!"

洪兆红睁开了眼睛,看看程功、单宇,又看看欧阳瞳,久未开口的嗓音有些沙哑:"你是法医?你是个看死人的,你给我看病?"

欧阳瞳正色道:"谁说法医只看死人?我们刑事技术中心的法医,每年承担全市一半以上的验伤鉴定!看活人伤成什么样,我最在行。"

洪兆红被气得闭了闭眼,说:"你们太不人道了!我心脏刚做过搭桥,就要被你们带走拷问!如果我出了什么事,有了生命危险,你们要负全责!"

欧阳瞳"啪"地拍出一张写好的承诺书,说:"我就知道你会这么说!这是我写好的承诺书,如果审讯期间你出现生命危险,我欧阳瞳负全责!"

"你……"洪兆红被噎得说不出话,胖大的脸庞气得发红。

单宇拉开门,两个身强体壮的男法医推着担架车进来。

欧阳瞳优雅地伸手:"洪总,请吧!"

京海市公安局刑侦队。

审讯室。郑涛和程功身穿笔挺的警服,威严地坐在审讯桌后。

洪兆红不再是西装革履大背头的派头,穿着看守所的红马甲,头顶稀疏的头发有些凌乱,一副萎靡不振的样子。

郑涛把椅子从审讯桌后搬出来,坐在洪兆红面前,像拉家常一样说:"洪总,身体好些了吧?我是市局刑侦队的郑涛,咱们年前在市里开会碰过面,不过没说话。"

洪兆红抬抬眼皮,没言语。

郑涛不急不躁地说:"我们跟医院确认过,法医也检查过,都说你恢复得不错。这是好事儿啊,身体最重要。这趟你过来,医院还安排了护士在外面守着,保障你的身体。怎么样,谈谈吧?"

洪兆红垂着眼睛,一语不发。

郑涛轻轻叹了口气,说:"洪兆红,我知道你在等什么。现在这个案子,是市委领导亲自督办。经侦的杨力鸣队长,已经明确表态,全力支持刑侦队查明真相,给法律一个交代,还死者一个公道。侯市长也表了态,支持政府严查严办。"

洪兆红扭动了一下庞大的身躯,靠在审讯椅上,面无表情。

郑涛笑了笑,说:"我知道,你觉得我们没证据,想要消极抵抗,拖延时间。但我可以告诉你一件事……"

郑涛往前俯身,紧盯着洪兆红的双眼:"方辉,他压根儿就没死!"

洪兆红猛然抬头,眼神出现片刻的慌乱,随即恢复镇定。

程功打开一个笔记本电脑,把屏幕对着洪兆红,播放了一段方辉在审讯室受审的监控视频。虽然视频没有声音,但是方辉穿着看守所的红马甲,清瘦的模样显示得非常清楚。

洪兆红这时候才相信方辉真的没死,似乎骨头里的一根筋被抽走了,颓然地倒在审讯椅上,一言不发。

郑涛紧盯着洪兆红,说:"车祸里烧死的是方辉的双胞胎哥哥。方辉是当过警察的人,深知坦白从宽的政策和好处。他为了争取立功表现,把你们的事情交代得清清楚楚。我现在问你,也是给你一个坦白从宽的机会。"

洪兆红低着头,身上微微发抖,仍旧一言不发。

程功站起来,把一叠金融交易的资料复印件摔在洪兆红面前,厉声道:"洪兆红,你看看这是什么?!你密码箱里的资料早就被方辉拷贝了!他已经全部上交了!我告诉你,那150公斤黄金是谁给你的,我们也一清二楚!现在唯一的区别是,你自己说,还是我跟你说!直接定罪和坦白从宽,差着多少年刑期,你知不知道!"

洪兆红看着眼前的复印件,脸色越来越灰白,细小的眼睛里充满了血丝。他颤巍巍地抬起头,喉头压抑:"给,给我支烟。"

程功拿出一包软中华香烟,递给洪兆红,用打火机帮他点上。

洪兆红抬起戴着手铐的右手,手指微颤,深吸了一口。烟草浓郁的辛辣冲入喉管,他的思维从恐慌中拉回一些,缓缓地说:"杨力鸣这个人,就是个官僚!我被他害惨了。"

程功和郑涛对视一眼,深知此事的敏感性。程功低头,开始做笔录。

郑涛顿了顿,说:"先说你自己的问题,不要讲别人。"

洪兆红缓缓开口,说:"150公斤黄金,也就是3 000多万,对我来说,其实真的无所谓。我住在京海最贵的小区里,没想到被两个保安啄了眼。他们俩如果只抢走那箱黄金,我肯定不会追究。我在京海证券当这么多年老总,一年手里过个上千亿!千把万的东西,丢了就丢了,多大点事儿!"

"我跟杨力鸣关系一向不错,公事私事,经常互相照应。就想让他帮忙,把密码箱找回来。没想到,他还挺讲原则!"洪兆红冷笑一声,说:"他不肯用经侦的资源,找了两个律师帮我,说是他的老下属,肯定没问题。没问题个屁!"

洪兆红愤愤然地说:"妈的,那两个律师,早他妈穷疯了!一看见黄金,马上就起了贪心!黄金,你拿就拿吧,老子认了!你他妈扣我的资料干啥?!还想拿这个威胁我!"

洪兆红叹了口气,说:"我三十出头就是证券公司的副总,这些年升得太快,脱离基层啊!处理这种低层次的事情,太缺乏经验,我太大意了,太大意了!那个方辉,还有姓汤的,觉得一箱黄金是天大的事情!他们的目的是拿走金条,我还不敢声张,就想用密码箱的资料来要挟我!妈的这帮穷鬼,压根儿就不知道对我来说,证券公司的资料才是最重要的!几千万的金条,老子还能再赚!但是密码箱里的资料,无论如何我都要拿回来!"

洪兆红脸色涨红,面目有些扭曲,狠狠地说:"既然你们已经知道了,我也没什么可隐瞒的!一句话,那些内幕交易如果被揭开,京海市是要大地震的!"

郑涛严肃地说:"内幕交易的事情,京海市监察委会来找你谈的!我们刑侦队,要先把汤建成夫妇、王大鹏还有方辉他哥的死因搞清楚!"

洪兆红长吁了口气,把烟头在审讯椅的台板上按灭,哑声说:"我能怎么办?那些资料如果被泄露出去,我都不一定活得成……杨力鸣个滑头,发现情况不对,马上就撇清自己!我只好去找王总,王自达了……"

郑涛问:"是聚达公司的王自达?"

洪兆红点点头："是。我知道他背景复杂，黑白通吃，但我当时，实在没别的办法。我只是让他找回密码箱资料，黄金拿回来也好，落在别人手里，总归是个把柄。但是，我可从来没让他杀人！"

洪兆红抬头，声音也高了些："我洪兆红在京海金融界是什么身份？赚钱对我来说，就是一个高级的游戏！是智商和意志力的战争！杀人放火，谋财害命，我根本就不屑为之！我只是想拿回自己的资料，怎么能让王自达干这种事情！"

"我没想到……王自达是头野狼，根本不可控！我坦白地说，这件事儿到后来，已经完全失去控制了……"洪兆红的眼神越来越暗淡，垂下了头。

12月10日。

京海市公安局刑侦队。

会议室。因案情涉密，仅有郑涛、程功、单宇和纪闻参会。大展板上，全是王自达、李喆、强哥、张泉羽、洪兆红、侯巧慧等人的照片和资料。

程功汇报着案情进展，说："经过这么多天的调查，以聚达公司王自达为首的涉黑集团，涉嫌套路贷、裸贷、组织和强迫卖淫等犯罪事实清晰，案件线索明确，证据链齐全。而且，关于王大鹏、高贺梁、汤建成夫妇的被害案，以及洪兆红的黄金受贿案，也已经基本查明真相。"

程功指指刺青男强哥的照片，说："这个人叫孙新强，人称强哥，是李喆最得力的小弟，也是最可能帮洪兆红杀人越货的爪牙。"

程功看着李喆的照片，眼底闪过狠厉，说："根据线报和案情分析，李喆很可能是杀害王大鹏的凶手。"

单宇指着马妍的尸体照片，沉声说："我们的线人马妍，因为吸毒过量死亡，死前还被性侵虐待，高度怀疑是李喆和孙新强下的手。"

郑涛沉声说："这些情况已经汇报市局。市局领导研究决定，今晚1点，特警队、刑侦队，全市统一行动，拉网抓捕！"

京海市中心。

中园一品是市区有名的高档公寓小区。

王自达花了五六千万,购置了顶楼的一处豪华大平层。

室内,王自达和两个年轻的冰妹刚溜了冰,厮混了半夜。

程功、单宇、纪闻和周睿从电梯里走出,恰好碰到李喆和张泉羽从大平层的房内走出!

"警察!"程功一看李喆,眼睛就红了,急速往上冲。

纪闻一把按住张泉羽,给他扎了背铐,推给赶上来的一名特警。纪闻、单宇、周睿等人冲进房间,王自达和两个年轻的冰妹都半裸着身体,横七竖八地躺在大床上,场面淫靡不堪。

单宇抓起地上的两件外套,扔在两个半裸的女人身上,帮她们遮住隐私部位。一名女特警上前,给她们戴上了手铐。

"警察!"纪闻和周睿按住神情懵懂的王自达。

王自达挣扎着试图反抗,纪闻利索地给他扎上了背铐。

此时此刻。

李喆猛地向楼梯上跑,程功猛追不舍!

李喆身体强健,逃命般地跑到顶层,顺着扶梯爬到了顶楼天台上。程功紧随其后,也爬上了天台。

顶楼天台有高高矗起的蓄水箱和层层叠叠的管道,面积不大。李喆一边跑,回过头抬手就是一枪!

子弹落在程功斜后方的地面上,他毫无惧色,猛地冲向李喆!

李喆心知自己若被抓到死罪难逃,心一横,冲着相隔5米左右的另一栋楼宇的顶楼平台,极速奔跑!他跑到平台尽头时猛地一发力,隔空跃起,跳到了对面的楼顶!

程功一愣,顿住脚步,深吸一口气,毫不犹豫地向前冲去!他跑到平台尽头,腿部发力,用尽全身力气向前一跃,稳稳地落在对面的楼顶!

李喆没有料到程功会拼命一般也跳楼过来,赶紧跑到蓄水箱后。

这栋楼天台的蓄水箱旁,搭了几个晒衣架,上面晾着一些床单被罩,飘飘荡荡地阻挡了视线。程功双手持枪,绕过床单被罩,警惕地向蓄水箱后走去。

"砰！砰！砰！"李喆借着蓄水箱的掩护，连续向程功开枪！

程功迅速闪在蓄水箱的背后，子弹呼啸而过！程功被第一颗子弹划伤了左臂，鲜血瞬间流下。

李喆剩下的几发子弹都射击到了天台地面和围栏上，因找不到目标而暂停下来。程功迅猛转身，向蓄水箱后射击！"砰！砰！"

李喆子弹打光，枪夹已空，他绕过蓄水箱，悄悄潜到程功身后，猛地将程功扑倒在地！李喆是个练家子，身强体壮，冲击力之下，程功的手枪掉在了地上。

李喆顺势腿压手钳，左手狠狠地勒住程功的脖子，右手用手枪猛砸程功的头脸！

程功头被砸了一下，脖子被勒得青筋暴出，左手用力制掣李喆的胳膊，右臂肘部用力向后攻击他的腹部！李喆腹部吃痛，胳膊一松！

程功迅速挣脱，翻身压住李喆，一拳击出，正中面部！李喆顿时口鼻窜血，但依然穷凶极恶地反抗，用力去掐程功的脖子。两人贴身肉搏，用尽全力地钳制着对方的胳膊和脖颈。

突然，李喆猛地用头磕向程功的脸！程功向后一避，鼻梁仍被重重地磕到，极为酸痛，头也猛地一蒙。李喆趁着这 0.5 秒的机会，转身就跑！

程功的额头、左臂、鼻子都在流血，但仍迅速捡起地上的枪，拔脚就向前急追！只见李喆快速奔跑着冲向天台的边缘，纵身一跃，再次跳向旁边一栋楼的楼顶！

然而，他搏斗已尽全力，逃跑又太匆忙，力量不足，一跃过去，双臂才刚碰到对面楼顶的边沿！

"啊！"李喆惨号一声，身体向下坠落！

程功跑到天台边沿，喘着粗气，冷冷地看着李喆坠楼。

程功探身向外，看着楼下绿化带中李喆的尸体。他从嘴里吐出一口血水，神色凌厉而又鄙夷，低声说："大鹏，你要是看见他，接着往死里打！"

程功缓缓转身，走到蓄水箱旁，捡起李喆掉在地上的手枪。

他昂首阔步，向楼下走去。

同一时间段。

万利会所、红馆会所、聚豪酒店等多个王自达涉黑团伙的聚集地,被市局刑侦队、特警队组成的抓捕组分别围剿,一网打尽。

强哥在万利会所被捕时,还搂着两个被网贷胁迫卖淫的女孩,均是不满18岁的未成年人。万利会所的妈妈桑瑛姐和其他会所、酒店的高管均被现场抓获,带回公安机关受审。

市中心。

中园一品小区。楼下的VIP停车坪上,停着一辆王自达的顶级豪车。

纪闻把车钥匙交给李威威,说:"威威,这个车也是证物,你开回局里。"

"放心吧!"李威威接过车钥匙,打开车门,正准备进去。

此时,阮萌萌和一名女刑警押着王自达的短发情人,正准备进入不远处的警车。

那个短发女子看了眼李威威,突然喊道:"这个车!这个车的拨片,你可千万别动啊!"

李威威没理解:"拨片?"

"方向盘下面那个拨片,不能碰……"短发美女话没说完,就被阮萌萌猛地按了一下,推进了车内。

阮萌萌斜看了李威威一眼,嘴角微微一撇,上了警车。

李威威愣了愣,莫名其妙地上了车。这豪车的内饰也是十分精美奢华,坐起来很舒服。

李威威发动车辆,平稳地向外驶去。没几分钟,转弯后就上了高架桥。

高架桥上。

此时车辆不多,李威威开得从容,也得以边开车边观察车内的各种新奇零件和设备。他低头一看,方向盘下方果然有一个拨片,自言自语道:"还真有个拨片!"

李威威年轻气盛,好奇心强,嘿嘿一笑:"小爷我拨一个看看!"说着,就把拨片朝内轻轻一拨。

"轰!"

车辆瞬间迅猛加速,轰的一声就窜出去几十米!

还好路前方没有车辆,否则铁定追尾,后果不堪设想!

李威威吓得嘴唇发白,赶紧踩着刹车,降下车速,哆嗦着说:"我靠!真他妈不能拨啊!"

豪车平稳地行驶在高架桥上。

东方,曙光微现。

与此同时。

聚达房地产有限公司。

在刑侦队的刑警的监管下,保安打开了公司大门。

多个小区的住宅门口。门铃被敲响。

聚达房地产有限公司及其聚富公司等相关企业的高层核心,如法律顾问、高管人员均被带回公安机关,协助调查。

12月13日。

审讯室。

王自达戴着手铐,坐在审讯椅上,看起来有些漠然。

郑涛和纪闻坐在审讯桌后,冷冷地看着他。

郑涛对王自达说:"王自达,洪兆红已经完全交代,你下面的人也都撂了。就剩下你一个人,负隅顽抗,有意义吗?唯一的下场,就是判得更重。"

李威威推门进入审讯室,把怀里抱着的纸箱放在审讯桌上。

郑涛从纸箱里拿出一叠材料,翻了翻,说:"王自达,这一箱材料,都是你和团伙成员的犯罪证据!警方有大量的人证、物证,证明你们是具有黑社会性质的团伙,涉嫌高利贷和诈骗,组织和强迫妇女卖淫、裸聊,涉毒,涉赌,杀人!"

王自达的脸色越来越难看,但始终不发一言。

郑涛说:"你不要妄想谁能保住你,我告诉你!我是市局刑侦队队长,为什么是我来跟你谈？因为这个案子是市领导督办的重案要案,洪兆红他自身难保！你现在还有坦白从宽的机会,还憋着,我也不会再来跟你谈！"

王自达目光阴沉,声音嘶哑地说:"洪兆红这个层面的人,愿意带着我一起发财,这是老子的造化。我用我的方式,帮他平事儿,这是我的义气。至于其他的,你们查多少算多少！"

郑涛定定地看着他,说:"行！零口供,我也能给你判了！"

审讯室。

强哥,也就是孙新强,戴着手铐和脚镣,坐在审讯椅上。

程功和单宇坐在审讯桌后,说:"孙新强,三天三夜了！京海证券的洪兆红交代了,你老板王自达交代了,张泉羽也交代了。就你一个小喽啰,还打算顽抗到底吗？"

单宇说:"孙新强,实话告诉你,警方现在证据齐全,起诉你完全没有问题！你们的犯罪事实很清楚！现在我们让你讲,是给你一次主动交代的机会！"

孙新强头颅微低,眼神闪动,心理承受力已经是强弩之末。

程功看着孙新强的眼睛,慢慢地说:"孙新强,你们干那些杀人放火的事儿,都是秃子头顶的虱子,明摆的！我看你唧唧歪歪,就是他妈的太怂！敢做不敢认！"

孙新强猛然抬起头,说:"你他妈才怂！"

单宇厉声道:"嘴巴放干净点儿！"

程功微微一笑,掏出一包中华烟,递给孙新强一根。孙新强抬起戴着手铐的右手,接过香烟,就着程功的打火机点燃香烟,狠狠地抽了一口。

孙新强像是被抽去了筋骨一般,瘫坐在审讯椅上,眼神散漫地看着前方。

程功问:"说说吧！汤建成夫妇,是谁杀的？"

孙新强抽了口烟,说:"汤建成他们几个,吞了老板给洪总的金子,还拿了些什么材料。洪总气不过,想找人拿回来。喆哥找人办的。"

单宇问:"找的是谁？"

孙新强想了想,说:"就是个吸毒的烂仔。"

单宇问:"他是不是叫朱然?他是怎么死的?"

孙新强回忆了一下,点头道:"是,好像姓朱,以前身手不错,后来吸毒太多,废了。"

程功直截了当地问:"朱然,他是怎么死的?"

孙新强徐徐吐了口烟圈,说:"咳!吸毒的都靠不住,少了两块金条,肯定不能留了。喆哥让老鬼给了他加料的毒品。按他那个骚法儿,肯定活不长!"

程功问:"那老鬼呢?"

孙新强摇摇头:"姓朱的死了,我们就知道,老鬼早晚会被盯上。喆哥把他骗到明海河大桥上,推下去了。"

"老鬼是个老油条,李喆一个人怎么推下去的?"单宇问。

孙新强冷笑一下:"老鬼也是个傻逼,吸毒吸了好几年,可卡因!吸毒的脑子,都他妈秀逗的!喆哥扔给他一包现金,傻逼正数钱呢,头一敲,往桥下一扔!简单。"

程功缓缓地问:"说了半天,件件事都跟你没关系。那个年轻的律师,王大鹏,是怎么死的?"

孙新强微微抬头,沉默地看着程功,香烟已经快要燃尽,烟头在他指缝间明灭。

单宇说:"李喆说过,他连警察都敢杀!说的就是王大鹏吧!王大鹏当过刑警,你们也敢动!"

孙新强闻言,喉头滚动了两下,低哑地说:"他,他是从楼上掉下去的。"

程功俯身,看向孙新强:"怎么掉下去的?王大鹏训练有素,李喆一个人绝对做不到!"

孙新强把烟头按在审讯椅的台面上,说:"老板说了,那个律师当过警察,要去警局告发洪总,会牵连到公司。操!拿了那么多金条还不消停,必须做掉他!那天,是我们运气好,他喝了不少酒。喝醉了,就好下手。而且,喆哥,李喆安排人在医院盯着他妈,要不然……李喆用了点药,把他麻晕了……"

程功的双手微微颤抖,他把手背在身后,问:"然后呢?"

孙新强搓了搓脸,低声说:"然后,李喆就,把他扔下去了。"

程功眼睛有点充血，深呼吸了几口，尽量平静下来。单宇问："王大鹏手里的黄金呢？"

孙新强闷声说："从他家拿走，还给洪总了，一块没少。"

程功闭了闭眼睛，问："方辉怎么回事？"

孙新强愣了愣，说："老板说，姓方的一直拿着密码箱，肯定看过里面的材料。金子找没找到，他都不能活。不过这个方辉，警惕性很强，办了好几回都没成，最后还是喆哥，李喆在汽修厂给搞定了……"

单宇拿出一张照片，放在孙新强面前，冷冷地问："你认识她吗？"

孙新强神色大变，低下了头："认，认识。"

单宇看着照片上马妍死去后苍白冰冷的模样，眼眶发热，低声说："她叫马妍，22岁，在京海读大学，大一的时候出去打工，被骗染上毒瘾，变成冰妹，被迫辍学。她试过戒毒，试着过正常人的生活，还想帮我们做点对的事情。然后呢？她惨死在一个小宾馆，死之前还被你们糟蹋！"

孙新强急忙抬头，辩解道："都是，都是李喆干的！是他喝多了，跟这个女的吹牛逼，说自己杀过警察杀过律师，怕走漏风声，就，就让瑛姐把她带到宾馆，给她上了冰……"

单宇怒火翻涌，猛地一拍桌子："你还狡辩！马妍身上，有明显被侵犯过的痕迹，她身上查到了你的DNA！你，你就是那个在她吸毒过量快死的时候，还要糟蹋她的畜生！"

孙新强吓得一抖，说："我，李喆不会放过她，早晚是个死，我，就玩……"

单宇紧握拳头，突然冲上前，要痛揍这个恶棍一顿。程功一把拉住了他，目光深深地拍了拍他的肩膀。

单宇用尽全力控制住悲愤，快步走出审讯室，站在走廊一侧，热泪滚涌而出。

法医解剖室。

马妍年轻的身体平躺在解剖台上，长卷发被梳理在脑后，苍白冷硬的脸庞，仍能看出曾经的青春秀美。

欧阳瞳穿着白衣,戴着手套,右手轻柔地拂过马妍的眼睑。

欧阳瞳声音温柔,轻轻地说:"害你的人,一个死了,一个被抓了,会受到法律的严惩。你好好睡吧,在梦里,会见到你想见的人。"

审讯室。

方辉坐在审讯椅上。程功和单宇走进审讯室。

方辉又清瘦了一些,精神还可以,看起来甚至有几分轻松,说:"洪兆红都交代了吧,他就是怂货!"

程功审视般地看着方辉,问:"方辉,你是不是还有什么需要跟我们讲的?"

方辉靠在椅背上,说:"该说的我都说了,该给我的政策,你也要兑现。"

程功淡淡一笑,走到他身边,低声说:"方辉,那天高贺梁会出事儿,你其实是知道的。或者说,你知道他早晚会出事儿。因为你让他来京海,就是为了给你当替死鬼。"

方辉猛然抬头,张了张嘴,想要说什么。

程功神情淡淡地说:"王自达的手下已经交代了,他们开摩托车撞过你,你躲过去了。派人尾随你回家,被你发现了。以你的精明和警惕性,怎么会想不到车辆进汽修厂后的风险?你什么都想到了,也太精明了!汤建成和王大鹏都死了,密码箱里的资料也还了,只要高贺梁替你死了,洪兆红就会真正放心,从此放手。你和你的黄金,就安全了。"

方辉看着程功,眼中一片冷意。

程功摆了摆手,说:"你不用辩解,从法律上,我不能把你怎么样。但是,我知道,你知道,天知道。"

他微微俯身,紧盯着方辉,用极低的声音说:"该申报的我会给你申报,但是你记住,你手上沾着血!大鹏的,汤队的,你哥的。方辉,你洗不干净了!"

方辉神情木然,眼中却似乎有千万种情绪。他看了看程功,始终沉默。

程功站直身体,意味深长地冲方辉点点头,走出审讯室。

几天后。

京海市公安局。

报告厅内，邵局长在主持京海市第四季度表彰奖励大会。姜局长、郑涛、程功、单宇、纪闻、李威威、欧阳瞳、周睿、白勇、老彭以及全市刑侦条线的刑警代表坐在台下。第一排中间的位置，坐着魏明铭的遗孀詹岚。詹岚沉静地坐着，一身素衣，双眼泛红。

邵局长说："京海市刑侦队充分发挥扫黑除恶主力军的作用，面对新型犯罪的复杂形势，全面梳理、摸除黑恶犯罪线索，积极开展线索摸排、深挖彻查保护伞等工作。对王自达为首的恶势力犯罪团伙进行立案侦办，扣押、查封、冻结涉案资产折合5.6亿元。同时，在打击毒品犯罪方面不遗余力，歼灭国际贩毒组织，抓获毒枭，打掉隐蔽在海外的制毒窝点，收缴毒品1 200公斤，制毒原料约3 000公斤。"

邵局长看了看台下的郑涛和程功，说："同志们，作为人民警察，作为刑警，要以维护稳定为天职，对党忠诚、服务人民、执法公正、纪律严明，这是我们奋斗终生的事业，也是需要用鲜血乃至生命完成的使命！经市局党委研究决定，向公安部政治部申报，追认魏明铭为二级英模，1019特大跨国毒品案专案组记集体一等功，1126严重涉黑案专案组记集体二等功，程功荣立个人二等功。"

台下掌声雷动。程功的脸上没有多少喜悦，平静到近乎冷肃。几乎每一个刑侦队的刑警，都想到了牺牲的魏明铭，神色肃穆，眼圈泛红。

白勇用力地鼓着掌，两行热泪，沿着坚毅的脸庞流下。

会后。

在报告厅外的走廊尽头，郑涛和杨力鸣对面而立，一时无言。

杨力鸣略带尴尬地一笑："案子破了，祝贺郑队。京海证券的违规交易，经侦会积极配合市监察委调查。"

郑涛看着杨力鸣，语气平静："力鸣，现在时代进步了，杀人越货的越来越少，经济犯罪越来越多。尤其是在京海这样的大都市，经侦战线太重要了！作为刑侦队长，我愿意全力协助你。力鸣，我知道王大鹏出事以后，你跟洪兆红还有过联系。"

杨力鸣听到此话，神色不虞地说："郑队，在你我这种岗位，事事完美，不出一点儿差错,是不可能的!没错,王大鹏死后,洪兆红曾给我打电话,试图修补关系,我跟他又吃过两次饭!我当时没想太多,只是考虑到他的社会身份,跟经侦关系密切,我也是为了工作!王大鹏的事儿,当时也没有定性为谋杀啊!我能为了没证据的事情随便跟人撕破脸吗?这个,不算什么问题吧?"

郑涛说:"是不算什么问题。而且,根据目前的调查和证据,我相信你没牵扯到这几件谋杀案里。但是力鸣,如果你能更信任我一些,早点儿跟我沟通这些情况,也许老汤,也许方辉……"

郑涛性情耿直,他的肺腑之言在杨力鸣听来,却是嘲讽和挑衅。

杨力鸣神色愤慨,断然打断了郑涛的话:"郑涛!组织上对我有考察有要求!错就是错,对就是对!不用你来教我做人!而且,咱们俩之间,还远没有到盖棺定论的时候!咱们山水有相逢!"

郑涛想到王大鹏和汤建成的惨死,心里发堵,生硬地说:"咱俩在市局开个会,不就相逢了?杨队,我们是党的干部,是人民的警察!我刑侦条线每年都有人牺牲,上刑警墙!魏明铭的血都还没冷!他才35岁!套路贷和金融诈骗,这种恶性经济犯罪,杀人不见血,一定会逼出命案!我也跟你表个态!不管是什么案子,我郑涛,只求对得起这身警服和警徽!对得起我们刑警立过的誓言!"

郑涛说完,转身大步离开。

杨力鸣脸色冷硬,沉默地看着郑涛的背影。

傍晚,京海市公安局刑侦队。

程功快步走出刑侦楼,在拐角处的绿地旁,遇到迎面而来的李威威。

程功看到李威威停下脚步,点头道:"威威。"

李威威顿了顿,说:"程功,祝贺你啊!有件事儿,本来不想跟你说的。"

"那你干嘛提啊?"程功笑了笑,看向李威威,目光沉静。

李威威摸摸后脑勺,斟酌了一下,说:"欧阳,欧阳可能要订婚了。嗯,因为魏哥的事……她没有心情,不过,还是要聚一下……"

"好,知道了。"程功低声说,转身要走。

李威威叫住他:"程功!你到底怎么想的?"

程功下颌绷紧,过了两秒钟,回头一笑,说:"我还有事,先走了。"

李威威心口一闷,也甩手就走,撂了句:"行!走吧!"

程功独自走了没几步,不知怎的,突然停了下来。

他高大挺直的身影凝固了几秒钟,似乎在看着远处出神。很快,他收回目光,大步向前。

当晚。京海市公安局刑侦队。

重案队办公室。程功、单宇和纪闻都坐在办公桌前,心里是卸下重担后的轻松,身体是极端紧张后的疲惫。纪闻和单宇坐在办公桌前慢慢地整理卷宗,写结案材料。程功则抱着大保温杯,一脸平静地喝着茶,整理着桌面的资料。

欧阳瞳走进办公室,对单宇说:"单宇,有空吗?我们开个会,讨论一下刑事技术数据库的更新!"

单宇有些疑惑:"今天开?不是说好,等队里的新人都来了,一起开?"

纪闻也抬起头说:"对!我也听头儿说了,队里马上要来一批新人,这两天正办手续呢!"

欧阳瞳看看纪闻又看看单宇,说:"是我的原因。我刚接到通知,要到公安部借调一年。"

她顿了顿,没有看程功,只望着单宇,说:"下周就走。"

程功沉默地抱着大保温杯,一语不发。

"下周?你不是要订婚……"单宇脱口而出,说到一半觉得不妥,又硬生生地咽了下去。欧阳瞳听了,垂下眼眸,没有回答。

纪闻毕竟是结过婚又快当爸爸的人,人生经验丰富。他看看欧阳瞳又看看程功,对单宇说:"单宇!走!跟我一块儿去趟,食堂!"

"食堂?食堂这会儿没饭了啊?"单宇不明所以,一脸懵逼。

"有有有!我让王阿姨给你开小灶!"纪闻说着,拉起单宇的胳膊,大步走了出去。

单宇出门时,很不放心地看着房内的欧阳瞳和程功,说:"你们俩吃啥不?程功,我给你带包子吧?"

纪闻摇着头，一把拉走了单宇。

办公室内。

欧阳瞳看着程功英挺的侧脸，说："程功，先告个别吧！过两天，队里会组织新人、举行仪式，参加完仪式，我就准备走了。"

程功抬起头，看向欧阳瞳："公安部？"

"嗯。"欧阳瞳微微点头，说："我一直对刑事技术的智能化很感兴趣，刚好有这个机会，我就主动请缨了。"

程功站起身，问："那你？"

欧阳瞳抬头，澄澈的目光看着程功："其他的事情，我还没想好。倒不如，交给时间，还有距离。"

程功静静地看着欧阳瞳。两人四目相对，沉默无语。

两天后。

京海市公安局刑侦队。一楼大厅内，肃穆的白墙上，悬挂着国旗和党旗。

大厅白墙的正中间有两排庄严的铜质大字，正是习近平总书记提出的十六字方针："对党忠诚　服务人民　执法公正　纪律严明"。

程功、单宇、纪闻、欧阳瞳、李威威等人站在前列，几十名新入职的刑警站在后排，郑涛和韩主任等人站在一侧组织主持。所有刑警都身穿笔挺的警服，正在举行庄严的宣誓仪式。

程功和单宇站在第一排领誓。年轻的刑警们字字铿锵，声声有力，宣读刑警誓言："我立志当一名刑警，永远忠于党、忠于祖国、忠于人民、忠于法律，以维护稳定为天职，以人民满意为宗旨，对党忠诚、服务人民、执法公正、纪律严明，为公安刑侦事业奋斗终身！"

（第一季终）

图书在版编目(CIP)数据

刑警誓言 / 万安,陈琳著. ―上海:文汇出版社,
2020.9
 ISBN 978-7-5496-3275-6

Ⅰ.①刑… Ⅱ.①万… ②陈… Ⅲ.①长篇小说―中国―当代 Ⅳ.①I247.5

中国版本图书馆 CIP 数据核字(2020)第 133171 号

刑警誓言

作　　者 / 万　安　陈　琳
责任编辑 / 黄　勇
特约编辑 / 建　华
封面装帧 / 张　晋

出版发行 / 文匯出版社
　　　　　上海市威海路 755 号
　　　　　(邮政编码 200041)
经　　销 / 全国新华书店
排　　版 / 南京展望文化发展有限公司
印刷装订 / 上海新文印刷厂有限公司
版　　次 / 2020 年 9 月第 1 版
印　　次 / 2020 年 12 月第 2 次印刷
开　　本 / 720×1000　1/16
字　　数 / 510 千字
印　　张 / 33

ISBN 978-7-5496-3275-6
定　　价 / 88.00 元